Ralf Gréus
Wolfgang Barthel
Annette Barthel

MIT DEM WOHNMOBIL DURCHS PIEMONT & DAS AOSTA-TAL

Die Anleitung für einen Erlebnisurlaub

DER WOHNMOBIL-VERLAG
D-98634 Mittelsdorf/Rhön

Bibliografische Information der Deutschen Bibliothek

Die Deutsche Bibliothek verzeichnet diese Publikation in der Deutschen Nationalbibliografie.
Detaillierte bibliografische Daten sind im Internet über <http://dnb.ddb.de> abrufbar.

Titelfoto: Blick auf Serralunga d'Alba (Tour 9)
Seite 6: Fresko in der Burg von Manta (Tour 10)
S. 320: Wein- und Haselnussanbau in der Langhe (Tour 9)
S. 332: bei Castiglione Falletto (Tou 9)

2. Auflage 2016

Karten: von den Autoren;

Fotos: Seiten 215 von Werner Hemler, Seiten 293 (unten) und 294 von Andrea Lossen, Seite 328 von Florentine Zeun; Titelbild ©istock.com/rglinsky; Seiten 19 ©AdobeStock/elenagissi, 41 ©AdobeStock/Massimo Cattaneo, 59 ©AdobeStock/marcovarro, 69 ©istock.com/PeJo29, 111 ©AdobeStock/franc100, 122 ©AdobeStock/matt1st, 138 ©AdobeStock/berti87, 159 ©AdobeStock/Antonio Scarpi, 196 ©AdobeStock/Silvia Crisman, 268 ©AdobeStock/marcobarone, 286 ©AdobeStock/Stefan Schurr, 295 ©AdobeStock/Patrik Stedrak;
alle anderen von den Autoren.

Druck:
www.schreckhase.de

Vertrieb:
GeoCenter, 70565 Stuttgart

Herausgeber:
WOMO-Verlag, 98634 Mittelsdorf/Rhön
Position: N 50° 36' 38.2" E 10° 07' 55.6"

Fon: 0049 (0) 36946-20691
Fax: 0049 (0) 36946-20692
eMail: verlag@womo.de
Internet: www.womo.de

Autoren-eMail: Greus@womo.de

Alle Rechte vorbehalten.
Alle Angaben ohne Gewähr.

ISBN 978-3-86903-732-5

EINLADUNG

Wozu, fragen Sie sich, werden Sie in diesem Buch eingeladen?
Auch wenn Sie damit keine Meeresküsten bereisen können, erleben Sie auf den Touren durch den Nordwesten Italiens einen Querschnitt abwechslungsreicher Reiseziele. In einem Land, dessen Aufgeschlossenheit Wohnmobilen gegenüber schon fast sprichwörtlich ist:

Sie beginnen am Lago Maggiore mit einem europäischen Top-Ziel und winden sich bis in die Westalpen zu hoch gelegenen Orten und Stellplätzen. Dazwischen aber, und darin liegt ein besonderer Reiz dieses Buches, durchqueren Sie touristische Entwicklungsgebiete, die landschaftliche und kulturelle Highlights bereithalten, wie sie selbst in Italien ganz vorne rangieren.

Verbinden Sie Berglandschaften mit der Kunst des Barocks, eine Wein-Schlemmer-Reise mit einem Wanderurlaub sowie mit Badetagen.

Erleben Sie eine ungeahnte Vielfalt Italiens, ein Potpourri unterschiedlichster Regionen, Klimazonen und Stellplätze. Alles ist möglich, von den Alpen bis fast zum Meer, und das meiste unter südlicher Sonne.

Dabei wünsche ich Ihnen viel Freude

Ihre

Waltraud Roth-Schulz

Sehr geehrter Leser, lieber WOMO-Freund!

Reiseführer sind für einen gelungenen Urlaub unverzichtbar – das beweisen Sie mit dem Kauf dieses Buches. Aber aktuelle Informationen altern schnell, und ein veralteter Reiseführer macht wenig Freude.

Sie können helfen, Aktualität und Qualität dieses Buches zu verbessern, indem Sie uns nach Ihrer Reise mitteilen, welchen unserer Empfehlungen Sie gefolgt sind (freie Stellplätze, Campingplätze, Wanderungen, Gaststätten usw.) und uns darüber berichten (auch wenn sich gegenüber unseren Beschreibungen nichts geändert hat).

Bitte füllen Sie schon während Ihrer Reise das Info-Blatt am Buchende komplett aus und senden Sie es uns sofort nach Ihrer Rückkehr zu (per Brief, Fax oder formlos als eMail). Dafür gewähren wir Ihnen bei Ihren nächsten Buchbestellungen direkt beim Verlag ein Info-Honorar von 10%. Aktuelle Korrekturen finden Sie auch in unserem Forum unter: forum.womoverlag.de

Um die freien Übernachtungs- und Campingplätze auf einen Blick erfassen zu können, haben wir diese im Text in einem Kasten nochmals farbig hervorgehoben und, wie auf den Karten, fortlaufend durchnummeriert. Wir nennen dabei wichtige Ausstattungsmerkmale und geben Ihnen eine kurze Zufahrtsbeschreibung. "Max. WOMOs" soll dabei andeuten, wie viele WOMOs dieser Platz maximal verträgt und nicht, wie viele auf ihn passen würden (schließlich gibt es auch Einwohner und andere Urlauber)!

Übernachtungsplätze mit **B**ademöglichkeit sind mit hellblauer Farbe unterlegt. **W**anderparkplätze sind grün gekennzeichnet. **P**icknickplätze erkennen sie an der violetten Farbe. Auf Schlafplätzen, denen die gerade genannten Merkmale fehlen – also auf einfache **S**tellplätze – weist die Farbe Gelb hin. Empfehlenswerte **C**ampingplätze haben olivgrüne Kästchen. Wanderungen, die wir Ihnen besonders ans Herz legen möchten, haben wir hellgrün unterlegt.

Und hier kommt das Kleingedruckte:
Jede Tour und jeder Stellplatz sind von uns meist mehrfach überprüft worden, wir können jedoch inhaltliche Fehler nie ganz ausschließen. Bitte achten Sie selbst auf Hochwasser, Brandgefahr, Steinschlag und Erdrutsch!
Verlag und Autoren übernehmen keine Verantwortung für die Legalität der veröffentlichten Stellplätze und aller anderen Angaben. Unsere Haftung ist, soweit ein Schaden nicht an Leben, Körper oder Gesundheit eingetreten ist, ausgeschlossen, es sei denn, unsere Verantwortung beruht auf Vorsatz oder grober Fahrlässigkeit.

Inhaltsverzeichnis

GEBRAUCHSANWEISUNG.. 7

ANREISE... 15

DIE TOUREN 18

Tour 1: Von der Promenade in die Bergwelt
Cannobio - Riale - Domodossola - Mergozzo 22

Tour 2: Hol über, Fährmann!
Cannero Riviera - Verbania - Baveno
Borromäische Inseln - Arona - Gignese 50

Tour 3: Vom Badevergnügen zur Erleuchtung
Orta San Giulio - Pella - Ronco - Varallo..................... 63

Tour 4: Walserdörfer, Walserwege u. eine RayBan-Brille
Campertogno - Alagna - Rimasco - Rima
Carcoforo - Cervatto - Rimella.. 75

Tour 5: Heilige Berge und fruchtbare Ebenen
Oropa - Graglia - Biela - Candelo
Viverone - Mandria - Chivasso 98

Tour 6: Römer, Walser und große Fische
Ivrea - Gressoney - Bard - Cervinia - Aosta
Bionaz 120

Tour 7: Hoch im Westen, wo die Sonne versinkt
Arvier - Cogne - Val Savaranche - Val Grisenche
Valle di la Thuile - Courmayeur - Val Veny
Val Locana... 146

Tour 8: Hauptstadt und Umland
Torino - Rivoli - Stupinigi - Avigliana
Sacra di S. Michele 174

Tour 9: Die Langhe - mehr als eine Genussreise
Alba - Barbaresco - Neive - Diano d'Alba
Serralunga d'Alba - Barolo - La Morra........................ 200

Tour 10: Durch die Westkurve in die Südkurve
Cherasco - Savigliano - Racconigi - Cavour
Fenestrelle - Saluzzo - Mondovi - Vicoforte
Marsaglia - Garessio 227

Tour 11: Arme Reiche - Valle Maira und Valle Varaita
 Dronero - Chiappara - Elva - Marmora - Sampeyre
 Pontechianale - Colle dell´Agnello - Exilles 248

Tour 12: Berge, Wein und Reisfelder
 Voltaggio - Ovada - Acqui Terme - Asti
 Casale Monferrato - Angera - Maccagno 270

DIE TIPPS UND INFOS 297

Campingplätze 297
Diebstahl 297
Freies Camping / Stellplätze 299
Gas 303
Geld 304
GPS 305
Hunde 306
Internet 307
Karten 308
Literatur 309
Notfälle 310
Rad fahren 311
Reisezeit / Klima 311
Restaurants 313
Sehenswürdigkeiten / Öffnungszeiten 317
Telefonieren 318
Toiletten 318
Unfall 318
Verkehr / Tankstellen 320
Wanderungen 323
Wasserversorgung 324
Wein 325

STICHWORTVERZEICHNIS 329

TOURENÜBERSICHT .... hintere Umschlaginnenseite

Zeichenerklärungen für die Tourenkarten

Touren / abseits der Touren

▬▬ / ▬▬	Autobahn
═══ / ───	4-spurige Straße
▬▬ / ▬▬	Hauptstraße
▬▬ / ▬▬	Nebenstraße
▬▬ / ▬▬	Schotterstraße
······	Wanderweg
⑪	WOMO-Stellplatz, Wander-, Picknick-,
⑫ ⑬ ⑭	Badeplatz (nicht für freie Übernachtungen)
⑪	WOMO-Stellplatz, Wander-, Picknick-,
⑫ ⑬ ⑭	Badeplatz (geeignet für freie Übernachtungen)

♱ ♰	Kirche, Kloster
♜	Burg, Schloss, Ruine
▲ 1493 m	Berggipfel
∴ 🏛	Ausgr./antik. Bauw.
✳ ✴	Sehenswürdigkeit
→✴	Aussicht, Rundsicht
🚰 🚿	Trinkwasser/Dusche
V/E	Ver-/Entsorgung
?	Problemstrecke
24 C	empf./sonst. Camping

Alle Stell- und Campingplätze sind im Text und auf den Tourenkarten fortlaufend durchnummeriert mit Positionsangaben: N 50° 36' 38"   E 10° 07' 12"

Gebrauchsanweisung

Piemont und das Aostatal waren früher Thema von Band 52 der WOMO-Reihe, gemeinsam mit Ligurien, der schmalen Region am Meer. Schon vor der letzten Auflage hatten wir größte Mühe, alles Neuentdeckte auf das zur Verfügung stehende Seitenkontingent zu quetschen. So war es das Resultat einer fast zwangsläufigen Entwicklung, dass der Nordwesten Italiens auf zwei Bücher verteilt worden ist. Piemont und Aostatal werden nun noch ausführlicher beschrieben, auch wenn die Stellplätze an den Seen im Norden, am Lago Maggiore, am Lago Mergozzo und am Lago d'Orta kaum zahlreicher geworden sind (das wird sich auch in Zukunft sicher nicht ändern).

Aber im restlichen Piemont, namentlich dem der Wein- und Trüffel-Liebhaber, in der Gegend um Alba, ähnlich auch im Aosta-Tal und in den sogenannten West-Tälern, gibt es Stellplätze in Hülle und Fülle, traumhafte Landschaften und reichlich Sehenswürdigkeiten.

Die Größe des Gebiets erlaubt uns weiterhin nicht, es vollständig zu beschreiben. Das Piemont ist die größte Festlandsregion Italiens (die größte Region ist Sizilien), unsere Auswahl ist daher zwangsläufig subjektiv geblieben und lässt immer noch einige Top-Sehenswürdigkeiten vermissen. Dafür beschreiben wir Dinge, die sonst niemand beschreibt und die anderswo »Geheimtipps« genannt werden. Die Weitläufigkeit, die unterschiedlichen Landschaften und die schwierige Straßenführung in den Westalpen haben uns außerdem zu einer etwas inhomogenen Abfolge der Touren gezwungen. Hierbei wird Ihnen auffallen, dass sie unterschiedlichen Federn, eher Festplatten, entstammt, und dass die Autoren nicht nur verschiedene Stile pflegen, sondern auch ungleiche Urlaubsgewohnheiten und Interessen. Wir haben uns bewusst nicht bemüht, das alles zu glätten, Sie merken sowieso sehr schnell, wer was geschrieben hat.

Seit dem Vorgängerbuch hat sich für Wohnmobilreisende erfreulich wenig verschlechtert. Unter dem Strich können wir, außer an den Seen, sogar eine spürbare Verbesserung der Wohnmobilbedingungen verbuchen, was wir an dieser Stelle, wenn wir Ihnen neue Bücher oder Auflagen vorstellen, wirklich selten schreiben dürfen.

Erwarten Sie bitte auch in diesem Buch nicht, dass wir Unmögliches herbeizaubern können: den allzeit zugänglichen Superbadeplatz an den Seen oder auch nur Preise wie im letzten Jahrhundert. Trotzdem werden wir Sie häufig durch touristisch fast unbeleckte Kulturlandschaften führen, in denen Sie in jeder Beziehung, auch stellplatzmäßig, aus dem Vollen schöpfen dürfen.

Im Gebirge sind manche **Straßen** sehr schmal. Aber alle von uns erwähnten Strecken können nach unserer Beurteilung, für deren Richtigkeit wir allerdings ebenso wenig einstehen wie für alle anderen Tipps, von Wohnmobilen normaler Größe befahren werden. Dazu zählen wir Fahrzeuge mit einer

Langhe bei Grinzane Cavour - Tour 9

Breite bis 2,30 m, mit 3 m Höhe und 7 m bis 8 m Länge (wahrscheinlich kommen Sie auch noch mit 2,35 m Breite zurecht, was wir aber nicht sicher beurteilen können – alle Breitenmaße in diesem Buch sind ohne Spiegel gemeint). Wer ein größeres Wohnmobil besitzt, kann vermutlich selbst am besten einschätzen, wo er durchfahren kann.

Die Straßen im Gebirge sind bisweilen nicht so breit, dass an allen Stellen zwei Fahrzeuge im Begegnungsverkehr aneinander vorbei passen. Das klingt schlimmer als es ist, wenn Sie vor unübersichtlichen Kurven hupen – das macht jeder italienische Busfahrer auch – und entsprechend langsam fahren. Und wenn Sie nicht die Nerven verlieren, falls Ihnen ein ähnlich breites Fahrzeug auf einer zu engen Straße entgegen kommt. Der Verkehr auf diesen Straßen ist nach unseren Erfahrungen auch an Wochenenden schwach. Solche Begegnungen kommen selten vor und lassen sich erstaunlich einfach schadenfrei lösen. Meist ist der Entgegenkommende ein Einheimischer, der sein Fahrzeug durch langjährige Übung und dadurch gewonnene Sicherheit rückwärts zur nächsten Ausweichstelle lenkt. Rangieren Sie selbst in solchen Situationen mit äußerster Vorsicht und mit Hilfe des Beifahrers, achten Sie auf Hindernisse über dem Auto und auf ein ausschwenkendes Heck. Lassen Sie, wo das möglich ist, die Einheimischen die Hauptrangierarbeit leisten, bleiben Sie im Zweifel erst mal stehen.

Die **allgemeinen Tipps** am Ende des Buches nerven Sie vielleicht schon, wenn Sie andere Bücher von uns besitzen, in denen Sie einige Passagen wortgleich wiederfinden. Wir bitten Sie um Nachsicht, wenn wir so schreiben, dass auch ein Erstleser zurechtkommt und wir beispielsweise unsere Tipps über Diebstahl, die Stellplatzfindung per GPS oder andere Themen, die ganz unabhängig vom Reiseziel verfasst werden müssen, nicht in jedem Buch neu formulieren. Aber Sie sollten unbedingt beachten, dass Details unserer Hinweise in neueren Büchern deutlich aktualisiert sein können. Als Beispiele erwähnen wir den Internetzugang mit mobilen Computern während der Reise oder die Verkehrsregeln.

Das Prinzip vorliegenden Buches entspricht dem aller anderen der Reihe: Die **Bau- und Kunstdenkmäler** kommen nicht zu kurz, wobei Sie aber bitte nicht vergessen dürfen, dass Sie keinen Kunstreiseführer vor sich haben. Die angegebenen Öffnungszeiten und noch mehr die **Preise** haben ein sehr kurzes Verfallsdatum. Sie dienen hauptsächlich einer groben Orientierung. Wir erwähnen in der Regel nur die nicht ermäßigten Preise für Erwachsene und oft nur die Öffnungszeiten des Sommerhalbjahres. Dabei geben wir, soweit sie uns bekannt sind, die Kassenöffnungszeiten an, weil Sie eine Eintrittskarte benötigen.

Von einem Mitautor sind Sie aus anderen Büchern **Restaurant-Tipps** gewohnt, auch wenn sich einige Leser daran stören, die sich nur in oder vor den eigenen rollenden Wänden ernähren. Halten Sie es doch wie mit den Kirchen und den Museen: Es muss ja nicht jeder Leser alles besuchen, was in einem Reiseführer empfohlen wird. Die Gewohnheiten und Vorlieben unserer Kundschaft sind dermaßen unterschiedlich, dass nichts unmöglicher ist, als einen Reiseführer zu schreiben, der allen Lesern in allen Punkten gleichermaßen gefällt. Wir bemühen uns insgesamt, das Angebot so zu mischen, dass für jeden Geldbeutel etwas dabei ist.

Aber was gesagt werden muss, wird auch hier nicht verschwiegen. Für die meisten Gaststätten gilt, was auf viele Dinge des Alltages zutrifft – Teures ist keinesfalls immer gut, Gutes aber leider oft nicht ganz billig. Wir könnten in größerer Zahl Pizzerien nennen, in denen Sie eine ordentliche Pizza bekommen. Wir sind allerdings der Meinung, in einen Reiseführer gehöre kulinarisch mehr als schierer Durchschnitt, weil ansonsten die Empfehlung letztlich nichts anderes wäre, als die Warnung vor dem Reinfall anderswo.

Selbstverständlich wird auch wieder **gewandert**, zumal wir die Alpen mehr als nur streifen. Wir empfehlen Ihnen

Rundwanderungen nebst der dazu erforderlichen Wanderkarte, und wir nennen die von uns benötigten Gehzeiten. Damit wir die nicht wandernden Leser nicht quälen und damit diese im Text leichter weiterlesen können, sind längere Beschreibungen von Wanderstrecken grün unterlegt.

Aber deswegen haben Sie diesen Reiseführer nicht gekauft. Sie planen eine Reise mit einem Wohnmobil und erwarten nun von uns Vorschläge für **Stellplätze**. Wir helfen Ihnen dabei, und häufig haben wir die Plätze fotografiert. Längst nicht alle kommen für Wohnmobile im Lastwagenformat in Frage, wenngleich wir meistens auch auf die möglichen WOMO-Größen eingehen (wobei es sehr schwierig ist, sich nur in der Vorstellung in ein Wohnmobil größerer Dimension zu setzen – Maßangaben sind daher nur eine Schätzung). Manche unserer Tipps sind für Fahrzeuge mit einem Gesamtgewicht über 3,5 t nicht zugänglich, weil einige von uns genannte Strecken für LKW verboten sind (zumeist um Lastwagen aus Wohngebieten fern zu halten).

Aus vielen Zuschriften haben wir erfahren, wie unterschiedlich die Gewohnheiten und Bedürfnisse der Leser geworden sind. Wir können mit unseren Büchern nicht alle gleichermaßen ansprechen, und nicht jeder Tipp kommt für Jeden in Frage. Das gilt vor allem für Stellplätze, die klein oder nur über schmale Zufahrten erreichbar sind. Dummerweise gehören viele schöne Plätze zu dieser Sorte. Wir haben uns entschlossen, diese denjenigen Lesern nicht vorzuenthalten, die sich bewusst für ein kurzes, niedriges, vor allem für ein schmales Wohnmobil entschieden haben, auch wenn wir damit wir die anderen Leser, die in ihrer Behausung mehr Wert auf Platz und Komfort legen, enttäuschen.

Wir geben immer die vor Ort durch Beschilderung oder Markierungen ausgewiesene oder die von uns geschätzte **Kapazität von Stellplätzen** an, bei öffentlichen Parkplätzen die Anzahl, die man der einheimischen Bevölkerung noch zumuten kann.

Bitte beachten Sie, dass sich nicht alle Stellplätze für jede Jahreszeit in gleicher Weise eignen. Bei unseren Reisen haben wir uns beispielsweise an Ostern für Stellen begeistert, die wir im Sommer nie ansteuern würden. Wir berichten Ihnen, wenn die Plätze einsam liegen, und den Übervorsichtigen sagen wir meistens, welche Plätze »offiziell«, also von öffentlichen oder privaten Eigentümern zum Zweck der Übernachtung im Wohnmobil, eingerichtet worden sind.

Soweit wir über **Strom** auf Stellplätzen berichten, bedeutet das nicht, dass der Strom kostenlos ist, dass er rund um die Uhr abgezapft werden kann und dass jeder Benutzer einen Steckdosenzugang findet (meistens steht dieser nur in wenigen Bereichen zur Verfügung). Wir machen zum Strom (wie auch zum Wasser) bewusst nur ausnahmsweise Preisangaben, da sich diese in der Vergangenheit zu häufig geändert haben.

Auch in diesem Buch wird Ihnen verraten, wenn Plätze **klappstuhlgeeignet** sind, wenn Sie dort also außerhalb Ihres Fahrzeuges sitzen und essen können. Niemand zwingt Sie aber, dort Ihre Campingmöbel vor die Tür zu stellen, falls sich unsere Einschätzung als zu unsensibel erweist.

Kein Stellplatz in diesem Buch und in unseren anderen Büchern, wirklich keiner, ist dafür geeignet, sich tagelang wie auf dem Campingplatz aufzuhalten, mit Vordach, Möbeln, Grill und Satelliten-Antenne. Kein Stellplatz in unseren Büchern eignet sich dafür, Campingmöbel über Nacht vor der Tür zu belassen, sich leicht bekleidet zu sonnen, und nur wenige Stellplätze sind Grillplätze.

Wenn wir bei den Stellplätzen **Toiletten** erwähnen, geschieht dies in erster Linie nicht als Möglichkeit zur Entleerung des Chemieklos (dessen Inhalt Sie nur ausnahmsweise und rücksichtsvoll einer öffentlichen Toilette überlassen sollten), sondern das dient mehr den Lesern mit Campingbusausbauten oder der Schonung des eigenen Tanks.

»Freie« Stellplätze werden in diesem Buch auch solche genannt, die Geld kosten. Sie unterscheiden sich bisweilen gar nicht mehr so sehr von **Campingplätzen**, die wir selbstverständlich auch erwähnen. Leider ist deren Anzahl im Piemont niedrig. So fiel es uns leicht, alle guten, uns bekannten Plätze zu erwähnen. Aber wir bewerten kaum die sanitäre Ausstattung. Unser Augenmerk liegt nicht in der detailgenauen Differenzierung der Campingplatzführer, sondern bei den landschaftlichen und atmosphärischen Reizen. Wir bitten Sie auch, nicht zu vergessen, dass sich die WOMO-Führer dem freien Übernachten verschrieben haben. Das bei den Campingplätzen angegebene **Preisniveau** ist nur eine Orientierung und bezieht sich auf einen Platz für ein WOMO mit zwei Personen in der preiswertesten und in der teuersten Zeit – ohne Strom (es sei denn, er wäre in einem Pauschalpreis enthalten), Hund und Kurtaxe. Die von uns erwähnten Öffnungszeiten der Campingplätze variieren und haben sich in der Vergangenheit nicht als zuverlässig erwiesen. Falls Sie im Grenzbereich zu den angegebenen Zeiten unterwegs sind, sollten Sie auf der Internetseite des Campingplatzes, die Sie über eine Suchmaschine finden (falls Sie auf diese Weise keine Seite finden, hat der Campingplatz keinen Internetauftritt), die Öffnungszeiten anschauen; sie werden oft nur bei den Preisen *(prezzi* oder *tariffe)* angezeigt.

Von einem Wohnmobil-Führer erwarten Sie Angaben über **Entsorgungsstationen** und über **Wasserstellen**. Aber längst nicht an jedem erwähnten Wasserhahn kann das WOMO mit dem Schlauch befüllt werden. Oft müssen Sie das Wasser in Behältnissen eine gewisse Strecke tragen.

Seit die **Navigationsgeräte** Einzug in die Führerhäuser der meisten Wohnmobile gehalten haben, müssen wir Ihnen nicht mehr erklären, wie Sie die Stellplätze finden. Falls Sie Ihr Gerät mal vergessen, sollten Sie sich mit den **Himmelsrichtungen** vertraut machen, weil wir Sie mit den Angaben ‚rechts' oder ‚links' nur so lange zum Ziel führen können, wie Sie sklavisch an den Tourenstrecken kleben. Weitere Einzelheiten zur Satellitennavigation finden Sie hinten bei den Tipps unter der Überschrift GPS. Bei realistischer Betrachtung sind die Navis eher der (unnatürliche) Feind des Reisebuchautors. Sie nehmen ihm die Aufgabe ab, seine Leser positiv motiviert zum Ziel zu führen und entbinden diese von der Pflicht, sich mit Hilfe einer Karte zu orientieren. So fahren die Leute heute buchstäblich planlos durch die Gegend. Der Weg ist längst nicht mehr das Ziel. Die Fixiertheit auf das Ende einer Strecke steht aber in diametralem Widerspruch zu dem Anliegen der WOMO-Reihe, weil das Reisemobil nicht erfunden worden ist, um anzukommen, sondern um unterwegs zu sein.

Bitte vertrauen Sie nicht blindlings Ihrem Navigationsgerät und hinterfragen Sie dessen Anweisungen. Bisweilen werden Sie zu Stellplätzen über Strecken gelotst, die mit Wohnmobilen nicht befahrbar sind. Die satellitengesteuerte Stell- und Campingplatzsuche erspart Ihnen viele Mühen. Aber sie ist keine Garantie für ein hindernisfreies Ankommen und erlaubt Ihnen nie ein kritikloses Befolgen der elektronischen Anweisungen.

Die den Touren vorangestellte **Tourenkarte** soll Ihnen die Orientierung ermöglichen, sie und das Navigationsgerät können aber keinesfalls eine professionelle Straßenkarte im Maßstab 1: 200.000 (1 cm = 2 km) ersetzen, ohne die unser Buch keinen Spaß macht. Möglicherweise ist bei unseren Tourenbeschreibungen bisweilen eine Straßennummerierung falsch, wobei es insgesamt unerheblich ist, ob es sich um eine SS oder SP handelt, oder ob wir sie nur mit S bezeichnen.

Die **Entfernungsangabe** neben der Tourüberschrift bietet nur einen groben Anhaltspunkt über die Länge der Tour und betrifft die Entfernung ab dem letzten Stell- oder Campingplatz der vorhergehenden Tour, soweit diese an die beschriebene Tour unmittelbar angrenzt (sonst vom ersten Platz der laufenden Tour), bis zum letzten Stell- oder Campingplatz der aktuellen Tour. In der hinteren Umschlagseite finden Sie eine **Übersichtskarte** der Touren dieses Buches, die Ihnen ein erstes Verständnis und einen Überblick darüber verschafft, in welchen Teilen des Reisegebietes die einzelnen Fahrten verlaufen.

Wie alle Reiseführer enthält auch dieses Buch Fehler, und es wird unaktuell. Eine Restaurant-Empfehlung, erst recht ein Geheim-Tipp, sind kurzlebig. Es ist sehr schwer, bestimmte Angaben ständig aktuell zu halten. Beispielsweise kann man nicht alle Wanderstrecken auf Veränderungen absuchen und auch nur eingeschränkt in allen Gasthäusern Auflage für Auflage einkehren. Sie helfen uns also wirklich sehr, wenn Sie uns schreiben und uns dabei auch Orte nennen, die in diesem Buch noch nicht vorkommen (einige Leser werden ihre Hinweise in dieser Auflage wieder entdecken). Bitte beschreiben Sie Selbstentdecktes, vor allem Stellplätze, möglichst genau, mit Koordinaten oder zumindest Himmelsrichtungen. Auch in diesem Buch konnten wir Leserhinweise deshalb nicht berücksichtigen, weil wir vor Ort das Beschriebene einfach nicht gefunden haben. Gehen Sie bitte nicht davon aus, dass uns von Ihren Erfahrungen schon ein anderer Leser berichtet hat. Sie unterstützen uns genauso, wenn Sie berichten, dass alles noch so ist, wie wir es beschrieben haben. Uns interessieren an Ihren Zuschriften nicht nur Veränderungen oder Hinweise bezüglich der Stellplätze, wir würden genauso gerne wissen, ob beispielsweise Wanderrouten gleich geblieben sind, Ihre sonstigen Erfahrungen und welche Ziele Ihnen gar nicht gefallen haben. Wir bitten Sie daher um Ihre Zuschrift an den Verlag oder – stellvertretend für die Autoren – an

Dr. Ralf Gréus
Bahnhofanlage 18
D 68723 Schwetzingen
Fax: 0049/6221/980531,
greus@womo.de

wobei nach einer E-Mail (idealerweise eine pro Buch und die Hinweise in der Reihenfolge des Buches) die Weiterverarbeitung Ihrer Informationen am leichtesten ist. Um Ihnen das Feedback zu erleichtern, befindet sich hinten im Buch eine vorbereitete **Antwortkarte**, mit der Sie sogar einen Bonus für Neubestellungen verdienen können. Noch lieber ist uns, ehrlich gesagt, wenn Sie das Prinzip einer solchen Antwortkarte in einer E-Mail aufgreifen, weil wir damit Ihre Zuschriften besser sortieren können (Sie bekommen auch damit den Bonus). Wir beantworten grundsätzlich alle an uns direkt gerichteten E-Mails und Schreiben (nicht jedoch ausgefüllte Antwortkarten), manchmal aber erst nach Monaten! Wir bitten um Nachsicht, wenn uns dennoch bisweilen auch mal ein Missgeschick unterläuft und wir die Antwort auf eine bestgemeinte Zuschrift vergessen. Denn unsere Danksagungen sind bewusst nicht automatisiert.

Bitte beachten Sie auch die Hinweise auf Seite 4. Informieren Sie sich unter http://forum.womoverlag.de/ über Stellplatzsperrungen und ähnliche Veränderungen und vermitteln Sie dort mit eigenen Beiträgen anderen Lesern aktuelle Informationen.

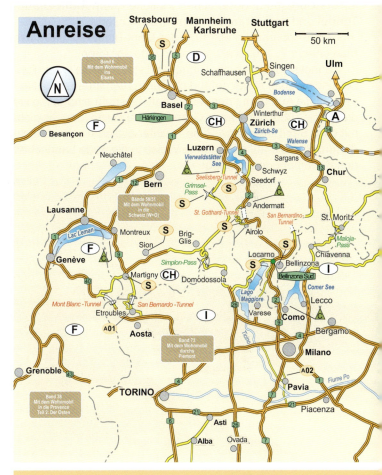

Die Anreise in das Land *zu Füßen der Berge*

Wer das Piemont besuchen will, muss nach unserer Auffassung als Erstes diesen Reiseführer kaufen. Alsdann hat er sich die unter *Tipps* mitgekauften Empfehlungen zu Herzen zu nehmen, damit die Reise zu einem ungetrübten Vergnügen wird.

Und schließlich muss er – nach vorsorglicher Lektüre dieses Reiseführers, Prüfung der Reisekasse und -zeit sowie detaillierter Abstimmung mit der lieben Gattin/dem lieben Gatten, dem Klassenlehrer (wegen der schulpflichtigen Kinder) und den Nachbarn (wegen der Geranien) – entscheiden, ob die erste Begegnung mit dem **Land *zu Füßen der Berge*** – denn das bedeutet die lateinische Herkunft des Landesnamens *ad pedem montium* – von **wilder** oder von **milder** Natur sein soll.

Wer nämlich gleich hinein in das **wilde Aosta-Tal**, in die Bergwildnis und damit in unsere Tour 6 einsteigen will, kann für die Überquerung der Alpen zwischen dem **Mont-Blanc-Tunnel** und dem **Gran San Bernardo** wählen.

Erfolgt dabei die Anreise über den Mont-Blanc-Tunnel, muss man unsere 7. Tour praktisch rückwärts abfahren.

Tunnel sind langweilig, Tunnel sind stellenweise teuer, Tunnel sind mitunter sogar gefährlich, Tunnel verhindern dem Reisenden die Aufnahme der Landschaft. Deshalb empfehlen wir die Anreise über den **Passo Gran San Bernardo** (den Sie nicht mit dem San Bernardino-Pass – weiter östlich – verwechseln dürfen), der Sie auf spannende Weise in die wilde Landschaft des Seealpenbogens bringt.

am Großen Sankt Bernhard

Wir beginnen demnach mit der Beschreibung für die wilden Aosta-Liebhaber, die also von Westen her einsteigen wollen. Und wir nehmen grundsätzlich zu Ihren Gunsten an, dass Sie aus der gesegneten Gegend um Mannheim, Schwetzingen oder der fröhlichen Pfalz kommen oder auf Ihrer Anreise eben diese gesegnete Gegend irgendwie streifen (nicht nur wegen unseres ebenfalls gemeinsam verfassten Reiseführers, *Mit dem Wohnmobil durch die Pfalz*'). Der Weg zum **Gran San Bernardo** führt Sie dann über die A 5 nach Basel (hierzu gibt es übrigens als schöne Alternative die französische A 35) und weiter über die eidgenössische A 2 bis zur Verzweigung Härkingen. Von hier aus geht's weiter über die A 1 nach Bern, über die A 12 Richtung Fribourg/Montreux und von dort durch das Rhônetal über die A 9 nach Martigny. Auf der L 21 durchfährt man danach das Val d'Entremont und erreicht nach etwa 40 km den 5.800 m langen Tunnel bzw. den Colle del Gran San Bernardo, die über das Valle Gran S. Bernardo nach Aosta und damit zu unseren Touren 6 und 7 führen.

Etwa 13 km südlich des Tunnels oder ungefähr auf halber Strecke zwischen Pass und Aosta, sollten Sie sich direkt an der Route das Dorf **Etroubles** ansehen, das sich rühmen darf, den *I borghi più belli d'Italia* (schönsten Dörfern Italiens) anzugehören, einer Vereinigung, in der bei Drucklegung 12 Dörfer des Piemont und des Aostatals Mitglieder sein durften. Fast nichts eignet sich besser zur Besichtigung eines solchen Dorfes als ein gemischter Stell- und Campingplatz:

(A01) WOMO-Stell- und Campingplatz: Etroubles
GPS: N 45°49'07" E 7°13'45", Strada Chevriere 4.   **Max. WOMOs**: 9.
Ausstattung/Lage: Ver- und Entsorgung (im Sommer), Mülleimer, Gaststätten, Geschäfte, Wanderwege / Ortsrand.
Zufahrt: Der Platz ist in Etroubles an der Straße zum Gran San Bernardo als *Camping Tunnel* beschildert und liegt direkt vor dem Campingplatz.
Gebühren: 13 - 18 €.   **Hinweise**: Höchstens 48 Stunden, keine Tische und Klappstühle.

Der angrenzende fast ganzjährig geöffnete **Campingplatz** kostet zwischen 20 und 24 €.

Am 2.469 m hohen Pass des **Großen Sankt Bernhard**, dem dritthöchsten schweizer Alpenpass, kann man möglicherweise sogar übernachten. Wir haben das noch nicht selbst versucht und erinnern uns an restriktive Schilder (die das Parken nur für wenige Stunden gestatten), aber auch an anderslautende Zuschriften. Die beeindruckende, aber etwas langwierige Straße ist neu verbreitert, jedoch von Oktober bis Mai gesperrt. Dann bleibt Ihnen der 5.800 m lange, 1964 gebaute **Sankt Bernhard-Tunnel**, dessen Zufahrt in der Regel schneefrei gehalten wird (siehe unter www.letunnel.com/). Das lässt man sich – auch im Sommer – sehr teuer bezahlen. Die Vignette nutzt Ihnen hier nichts, weil die Röhre privat betrieben wird. Die einfache Strecke kostet 43,40 Euro!

Wer aber den Einstieg über die **milden** Ufer des Lago Maggiore bevorzugt, hat die Wahl zwischen drei Varianten: dem **San Gottardo**, dem **San Bernardino** und dem **Simplon**, der über Domodossola an den See führt. Alle drei Varianten führen zum Beginn unserer Tour 1.

Als Hauptroute gilt hier die Anreise über den **San Gottardo** (Gotthard): Wieder ist unser Ausgangspunkt die gesegnete Pfalz. Bis zur Verzweigung Härkingen entspricht der Weg dem oben beschriebenen, von hier setzen wir unsere Fahrt auf der A 2 fort bis zum Gottardo. Ob Sie dann durch den Tunnel (16.900 m lang) oder über den Pass fahren, müssen Sie in Göschenen entscheiden. In der Regel ist der Pass zwischen Mai und November offen und mit Wohnmobilen problemlos befahrbar. Auf der Alpensüdseite geht's dann – immer noch auf der Autobahn durch das Valle Leventina nach Bellinzona und von dort über die Landstraße nach Locarno. Hier ist der Weg zur *confine del stato* bzw. nach Cannobio ausgeschildert (zuletzt relativ schmale Straße, auf der aber auch breite Busse verkehren), wo unsere erste Tour beginnt.

Die zweite Variante: Wer nicht eindeutig aus der Saumagen-, sondern eher aus der Weißwurstgegend anreist, wird über den **San Bernardino** und damit an der Ostseite des Bodensees vorbeifahren. Sein Weg führt über Bregenz (Achtung: in Süd-Nord-Richtung oft sehr verstopft!) auf der A 13 nach Chur, von dort weiter durch das Rheinwaldtal und erreicht den Tunnel des S. Bernadino (6.600 m Länge) etwa 35 km hinter Thusis. Auch hier muss je nach Straßenlage zwischen Pass und Tunnel gewählt werden. Der Weg nach Bellinzona führt dann durch das Val Mesolcina. In unserer ersten Tour beschreiben wir einige Details dieser Anfahrtsvariante.

Die dritte und nach unserer Auffassung schönste Anfahrts-Variante in das Piemont ist die über den **Grimsel-** und den **Simplonpass**. Der erste Abschnitt entspricht der Gottardo-Variante, biegt jedoch etwa 10 km hinter Luzern auf die A 8 Richtung Sarnen ab. Am Sarner See geht die Autobahn über in die L 4, die am Lungernsee vorbeiführt (hier gibt's hervorragende Schwingerturniere!) und uns über den **Brünigpass** in das Hochtal der Aare und auf der L 6 nach Handegg bringt. Hier beginnt die **Grimselstraße**, die dramatisch hinauf in die Bergwelt führt und uns in unauslöschlicher Erinnerung bleiben wird, weil wir in der Gaststätte am Pass (2.165 m) zwei liebenswerte und etwas ältliche WOMO-Kollegen belauscht haben, die sich verwundert darüber aussprachen, dass bei nebligem Wetter kaum Unterschiede zwischen der Auffahrt zum Pass und der Weiterfahrt nach Süden zu erkennen wären.

Ihnen war nämlich – wie sie sich schließlich offenherzig bekannt haben – folgendes passiert: Nach Erreichen des Passes hatten sie eingeparkt und waren auf einen Kaffee eingekehrt. Kaum hatte man Platz genommen, musste wegen eines ankommenden Reisebusses das WOMO umgeparkt werden. Für ein schönes Fotomotiv wurde nach dem Kaffee das WOMO nochmals umgeparkt. Nach der Fotosession kehrte man aufs Neue auf ein wohlverdientes Gläschen Wein ein, unternahm dann einen kleinen Verdauungsspaziergang, parkte rückwärts aus und fuhr weiter, vermeintlich nach Süden. Irgendwann hat sich dann ein Zweifel über die Reise gelegt: Wieso sieht es hier denn genauso aus wie bei der Auffahrt zum Pass?

Man hatte sich durch das mehrfache Umparken, den Kaffee und das Gläschen Wein ganz einfach in seiner Orientierung um 180° gedreht und war beharrlich nach Norden zurückgefahren. Selbstverständlich haben uns diese lieben, alten Leute mit ihrer ganz besonderen Ortskenntnis beim Abschied den richtigen Weg nach Süden gewiesen.

am Simplonpass

Die beiden und die zwei schönen Stauseen hinter uns lassend, kurven wir bergab Richtung Gletsch und wenden uns nach Westen in das Rhônetal. Wir nehmen uns Zeit, die alte Furka-Dampfbahn zu bestaunen, einen Blick auf den Rhônegletscher zu werfen und uns beim Abfahren durch das Tal nach Brig an wunderschönen bäuerlichen Anwesen zu erfreuen. In Brig ist der Weg zum **Simplon** ausgeschildert. Am 2.005 m hohen Pass sind ein altes Pilgerhospiz, ein erstaunliches historisches Spittel und manchmal einige allerliebste Murmeltiere zu besichtigen. Die Abfahrt nach Domodossola gilt als der älteste Fußweg über den Pass, er ist als solcher in Teilstrecken noch sichtbar und war später unter Napoleon wichtiger Handelsweg zwischen Milano und Paris. Auskunft über diesen Abschnitt der Alpenbezwingung gibt ein hervorragendes Museum links der Straße, zu dem auch eine sehr ambitionierte Brückenkonstruktion gehört, die Bestandteil des historischen Stockalperweges ist.

In Domodossola landen Sie mitten in unserer ersten Tour und damit genau in den Themen dieses Reiseführers: Wasser, Berge, Wein und alte Kulturen.

Mit **Stellplätzen seitlich der Anreiserouten** geizen wir in diesem Buch, weil in mehreren anderen Führern des Verlages, besonders ausführlich in den beiden Büchern über die Schweiz (Band 50 und 51 der WOMO-Reihe), ein wenig auch in den Führern über Ligurien (Band 74) und die Toskana (Band 8) schon alles geschrieben worden ist, einschließlich diverser praktischer Hinweise für unterwegs. Wir haben auf der vorstehenden Karte zur Anreise diverse Plätze eingezeichnet („S‘ steht dabei für Stellplatz).

Aber einen besonders empfehlenswerten Tipp wollen wir Ihnen nicht vorenthalten: Nach unserer Tourenabfolge ist es eher ein Etappenplatz für die Heimfahrt, sofern Sie Tour 12 schon bei Asti verlassen und über die A 21, vorbei an Alessandria, auf der A 7 Richtung Milano fahren. Das ist eine der klassischen Autobahnstrecken, die wir selbst öfters wählen, auch wenn sich das in unseren Büchern bisweilen anders liest.

Certosa di Pavia

Die **Certosa di Pavia**, eine im 15. und 16. Jahrhundert etwa 10 Kilometer nördlich von Pavia mit dem Geld des Herzogs von Mailand erbaute Klosteranlage, gehört besonders wegen der Renaissance-Fassade der Kirche zu den großen Sehenswürdigkeiten Norditaliens *(Mittagspause 11.30 – 14.30 Uhr, montags geschlossen)*. Der Umweg über die SS 35 ist nicht der Rede wert und auf jeder Straßenkarte eingezeichnet. Er lohnt sich immer, würde aber womöglich hier nicht erwähnt, gäbe es nicht in der Nähe auch einen vorzüglichen, seit der

Vorauflage allerdings verlegten und leider nun auch kostenpflichtigen Stellplatz:

> **(A02) WOMO-Stellplatz: Certosa di Pavia**
> **GPS**: N 45°15'25" E 9°08'30", Via di Vittorio.   **Max. WOMOs**: 30.
> **Ausstattung/Lage**: Ver- und Entsorgung, Toilette (9-18 Uhr), Mülleimer, Gaststätten, klappstuhlgeeignet / außerorts, aber meist besucht und nicht einsam.
> **Zufahrt**: Die Certosa di Pavia liegt ca. 10 km nördlich von Pavia und östlich der A 7. Sie verlassen die A 7 entweder im Norden an der Abfahrt ‚Binasco' oder im Süden bei ‚Pavia Nord', fahren in beiden Fällen Richtung ‚Pavia' und folgen später dem Wegweiser zur ‚Certosa di Pavia'. Der Platz liegt links vor dem Klosterkomplex und ist als Parkplatz beschildert.
> **Gebühr**: 10 €.

Sie werden uns verdächtigen, schon unterwegs weniger der Kunst als einem Stern der Firma *Michelin* gefolgt zu sein. Aber Sie irren. Die **Locanda Vecchia Pavia ‚Al Mulino'** ist ein Zufallstreffer unserer Reise. Sie liegt etwa 300 m von der Certosa entfernt (vor dem Tor nach rechts gehen) und war nicht zu übersehen, als wir im Dienste des Lesers das Umfeld erkundet haben. Und zufällig war sogar ein Tisch frei. So konnten wir unsere Mission nicht einfach abbrechen, denn günstiger liegt selten ein Spitzenlokal beim Stellplatz. Wer bereit ist, 65 Euro pro Person für ein Essen auf den Kopf zu hauen, wird noch nach Jahren von der einfallsreichen Küche schwärmen, der wahrscheinlich besten in diesem Buch *(Tel. 0382 925894; im Sommerhalbjahr montags und dienstagmittags geschlossen)*. Schräg gegenüber gibt es ein weiteres, ganz schlichtes Lokal, und im Frühsommer singt am Parkplatz die Nachtigall.

Aber wer wird schon weiter von der Heimreise sprechen, wenn Ihnen hier eine Anreise versprochen ist und Sie sich schon darauf freuen, mit Ihrem Wohnmobil durch die wunderbaren Landschaften des Piemont und dabei, wie auf unserem Foto, durch die Langhe (Tour 9) zu kurven.

Tour 1: Von der Promenade in die Bergwelt – Nördlicher Lago Maggiore und Val Formazza 190 km

Cannobio - Riale - Domodossola - Vogogna - Mergozzo

Stellplätze:	in Cannobio, bei Traffiume, in Santa Maria Maggiore, an der Cascata del Tocce, bei Riale, in Montorfano, in Mergozzo
Campingplätze:	in Cannobio, in und bei Mergozzo
Besichtigen:	Cannobio, Cascata del Toce, Sacromonte Calvario di Domodossola, Vogogna, San Giovanni di Montorfano
Wandern:	von Cannobio nach S. Agata und zum Orrido di Sant'Anna, von der Cascata del Toce nach Riale, Spaziergang zum *Punto Panoramico* und zum Steinbruch von *Cima Montorfano*
Essen:	Ristoranti *La Streccia* oder *Antica Stallera* in Cannobio, Ristorante *Grotto Sant'Anna* bei Traffiume, Trattoria an der Cascata del Toce, Trattoria *Belvedere* in Montorfano, Pizzeria *Raggio di Luna* am Lago di Mergozzo

Unser Einstieg in das Piemont führt über den altehrwürdigen San Bernardino. Wir empfehlen die Fahrt über den alten Pass und machen auf eine kleine und merkwürdige Sehenswürdigkeit aufmerksam: Ungefähr neun Kilometer nach dem Passieren der berüchtigten Via Mala-Schlucht, in die hinunter zu steigen die Verspannungen der Anfahrt vertreiben kann, taucht in einer der vielen Spitzkehren rechter Hand an einem großen Parkplatz ein Gasthaus auf, in dem man nicht nur einen Kaffee serviert bekommt, sondern von dem aus man auch gegen Entrichtung von 3,50 Fränkli die Roffla-Schlucht begehen kann, in die zwischen 1907 und 1914 der wackere Schweizer Bergbauer Christian Pitschen-Melchior mit Hilfe des Handbohrers und unter Einsatz von 10.000 Sprengladungen einen Steig getrieben hat, der den Besucher tatsächlich **unter** dem Hinterrhein hindurchführt. Ein schönes Bauernstübchen im Gasthaus erläutert anrührend die Geschichte dieser eidgenössischen Heldentat.

Die Abfahrt vom Sattel des Passes hinein in das Tessin spült warme, mediterrane Luft in die weit geöffneten Seitenscheiben hinein. Immer wieder lohnt sich eine kleine Pause, um aus der Ferne die Bemühungen von Generationen zu bewundern, an den Steilhängen auch kleinste Almen und Felsvorsprünge für die Landwirtschaft oder die kirchliche Baukunst nutzbar zu machen.

Bei Bellinzona treffen sich die Gotthard- und die Bernardino-Routen. Die Hochebene des Ticino, wichtigster Zufluss des **Lago Maggiore**, führt uns an Locarno vorbei an das Westufer des Sees. Wir sind im **Piemont** – einem Land, welches übrigens völlig zu Unrecht mit dem Anbau von Kirschen für die Herstellung einer bekannten Konfektsorte verbunden wird. Diese kommen nämlich fast ausschließlich aus Deutschland. Wir werden aber andere Köstlichkeiten entdecken – später.

Bald erreichen wir **Cannobio** (5.000 Einwohner), traditionsreiches Mittelzentrum am Zufluss des Cannobino in den Lago Maggiore und Ausgangspunkt unserer ersten beiden Touren. Mitten im Ort führt uns ein offizielles Wohnmobil-Schild nach rechts zu einem Stellplatz, der direkt am Fluss liegt:

(001) WOMO-Stellplatz: Cannobio *(offiziell)*

GPS: N 46°03'42" E 8°41'32", Via San Rocco.   **Max. WOMOs**: 44.
Ausstattung/Lage: Ver- und Entsorgung, Toilette, Dusche, klappstuhlgeeignet, Mülleimer, Grillplatz, Gaststätten und Geschäfte in der Nähe, Wanderwege / Ortsrand.

Weg in die Altstadt und zur Promenade etwa 15 Minuten: Gehen Sie aus dem Stellplatz heraus und geradeaus durch einen schmalen Weg, an dessen Ende rechts und gleich wieder schräg links bergauf – merken Sie sich oben in der Altstadt die Abzweigung für den Rückweg.
Weg an den Seestrand etwa 15 Minuten: Wählen Sie den Fahrrad- und Fußweg, der bei der Hängebrücke beginnt und rechts des Flusses beim See, dem offiziellen Strandbad und einer großen Liegewiese endet.
Fuß- und Radweg zur Badestelle und dem Ristorante bei S. Anna (2 km) auf der anderen Flussseite – gehen Sie über die nahe Brücke und dann immer so nahe wie möglich entlang des Flusses; siehe auch beim folgenden Wandervorschlag.
Zufahrt: An der Durchgangsstraße, der SS 34, sehen Sie in Höhe der Altstadt ein nach Westen weisendes Stellplatzschild.
Gebühr: 16 €/Tag über Automat, der nicht immer auf Anhieb funktioniert; erst abgezählte Münzen einwerfen, dann die Taste drücken.
Hinweise: Der Platz ist am späten Nachmittag bisweilen belegt, früh anreisen! Höchstens 3 Tage. Im hinteren Teil des Stellplatzes dringen aus einer nahen Trafo-Station mitunter bedrohliche Kurzschlussgeräusche.

Auf dem Stellplatz machen wir Bekanntschaft mit einem WOMO-Kollegen aus Norddeutschland, der uns mitleidig mustert, als wir uns auf schwach geneigtem Gelände einrichten wollen. Nachdem wir ihm erklärt haben, dass wir ohnehin am nächsten Morgen früh aufbrechen werden und deshalb die Dosenlibelle auf dem Armaturenbrett nicht allzu ernst nehmen, gibt er uns einen wahrhaft genialen Tipp: Bei Eile habe es sich auf seinen Fahrten schon immer bewährt, die Auffahrkeile nicht unter die Reifen zu legen, sondern unter die Kopfkissen. Der Effekt für die Lage des Kopfes sei der Gleiche.

Wir nehmen diesen Rat nicht an, empfehlen Ihnen aber, bei Überfüllung jenes Stellplatzes als Alternative einen großen Parkplatz aufzusuchen, der wahrlich kein Frohlocken auslöst, aber in Betracht gezogen werden muss, seit der große Platz am nördlichen Ende der Promenade umgebaut und mit WOMO-feindlichen Schildern ausgestattet worden ist:

> **(002) WOMO-Stellplatz: Cannobio** *(Santuario SS. Pieta)*
> **GPS**: N 46°03'51" E 8°41'56", Via di Rimenbranze.   **Max. WOMOs**: 5.
> **Ausstattung/Lage**: Mülleimer, Gaststätten und Geschäfte, Wanderweg, Zugang zur Promenade nach links über eine Treppe / innerorts, laut.
> **Zufahrt**: Biegen Sie von der Durchgangsstraße, der SS 34, seitlich eines Supermarktes beim Wegweiser ‚*Santuario SS Pieta*' zum See hin ab.
> **Gebühr**: 8-20 Uhr 1 €/Std. (zeitweise außer Betrieb).
> **Hinweis**: Das ist wirklich nur ein Notstellplatz, auf dem Sie die eingezeichneten blauen Markierungen kaum einhalten können, weshalb der Tipp auch nicht ganz legal ist.

In Cannobio können Sie unter sechs Campingplätzen auswählen, wobei in der Superhochsaison alle gut belegt und leider bisweilen auch ausgebucht sind. Dann kommt wahrscheinlich immer noch der relativ schön am Fluss gelegene *Camping Valle Romantica* – mit Pool und Badegelegenheit im Fluss – bei Traffiume in Frage, wenn Sie südlich der Altstadt in das Tal abbiegen (siehe bei unserem nachstehenden Tourverlauf an der SS 631). Unter den Plätzen am See, die umso lauter sind, je nördlicher sie liegen, empfehlen wir Camping *Riviera* (am Ortseingang) mit Badestrand und heiterer Geselligkeits-Atmosphäre:

> **(003) WOMO-Campingplatz-Tipp: Cannobio** *(Riviera)*
> **GPS**: N 46°04'08" E 8°41'44",
> Via Carsali Darbedo 2.
> **Ortszentrum**: 0,4 km.
> **Tel**: 0323 71360.
> **Ausstattung**: Laden, Gaststätte, direkt am Badestrand, Wanderweg.
> **Öffnungszeit**:: Ende März – Mitte Oktober.
> **Zufahrt**: Der Platz liegt nördlich des Ortszentrums, gleich nördlich der Flussbrücke.
> **Preise**: 26-37 €.

Lago Maggiore - bei den Campingplätzen

Cannobio scheint auf den ersten Blick ein wenig darunter zu leiden, dass der Stadtkern von der Hauptstraße durchschnitten und entsprechend belärmt wird. Machen Sie trotzdem mit uns einen Spaziergang durch die Altstadt, um ihre mittelalterliche Schönheit zu genießen:

Wir zweigen von der Hauptstraße nahe am südlichen Ortsausgang in die Via Petrolini ab und erreichen die **Piazza San Ambrogio**, welche durch die gleichnamige Kirche mit einem bemerkenswerten Läutwerk und einer profanierten Kirche des Franziskanerordens mit schönen Fresken eingefasst wird. Auf vielfarbig ornamentiertem Flussstein-Pflaster erreichen wir die Via Umberto I., die uns am spätgotischen **Palazzo Casa Pironi** mit spitzwinkligem Grundriss und dunklen Arkaden vorbei über eine der vielen steilen Treppengassen zur Promenade führt, die sicherlich die schönste am ganzen See ist.

Auf dem Weg zur Wallfahrtskirche **SS. Pieta** genehmigen wir uns eine kleine Stärkung in der *Bar Sport* und genießen dabei den Blick auf das lombardische Ostufer des Sees und das bunte Treiben auf der Promenade, die an schönen Tagen auch einen Überblick auf die Modellpolitik der führenden Motorradhersteller bietet, deren Bewunderer hier ein lärmendes Schaulaufen veranstalten.

An der Anlegestelle kann man sich mit dem Express-Boot über Maccagno nach **Luino** an der Ostseite des Sees einschiffen – das Tragflächenboot legt im Sommer alle 25 Minuten ab und ist in der gleichen Zeit am Ziel. Die Passage ist alleine schon deshalb erheiternd, weil die Selbstgefälligkeit des überaus zahlreichen uniformierten Personals an frühere Erlebnisse mit dem Personennahverkehr zu Hause erinnert. Luino selbst begrüßt den mutigen Kreuzfahrer mit einer einladenden Uferpromenade und einigen sehenswerten Villen am

Hang über der Stadt. Ein Spaziergang lohnt sich auch deshalb, weil sich die Lage und Formation Cannobios vom Gegenufer bestens verstehen lassen:

Der **Lago** – wie ihn der Kenner kurz nennt – weist wegen seiner Nähe zu den Alpen und einem aus der Enge der Seitentäler entstehenden Düseneffekt verschiedene Winde auf, die je nach Jahreszeit überraschend kräftig blasen können. Am Knickpunkt von Cannobio kreuzt sich mitunter der *Levante* mit dem *Inverno*, was dazu führen kann, dass gute Segler urplötzlich auf Gegenkurs gehen, ohne die Segelstellung im Geringsten verändern zu müssen.

Sonntags (im Sommer auch freitagabends) findet in Cannobio ein kitschig-authentischer Wochenmarkt entlang der Promenade statt, zu dem sich glücklicherweise nicht nur Touristen einfinden, sondern auch die Erzeuger dessen, was den Piemont-Reisenden innerlich bewegt: Pilze, *Maroni*, mächtige geräucherte Schinken und – Trüffeln, über die später mehr erzählt wird.

Cannobio

Wer den Weg zu Fuß fortsetzen will, kommt hinter SS. Pieta zum ruhigeren Teil von Cannobios Promenade mit einer Handvoll interessanter Läden und Restaurants. Am Ende der Promenade liegt in öffentlich-rechtlicher Beschaulichkeit der Zollhafen. Wir stoßen auf den oben erwähnten umgestalteten Parkplatz, nunmehr mit Saumstein, Konzertmuschel und Hundekacketütenautomaten ausgestattet, überqueren die Einfallstraße, gehen auf einem Holzsteg am südlichen Ufer des Cannobino entlang und geraten hinter einem Sport- und Freizeitgelände zu einem Relikt der gewerblichen Vergangenheit

in Cannobio

der Stadt, nämlich zu den Ruinen einer ehemaligen Ölmühle, deren Sanierung andauert. Ein Wehr mit einem imposanten Monolith als Sturzstein ist noch da, die Spuren der früheren Kanalisierung des Flusses, der bis zur Abschöpfung seiner Kraft im Mittellauf hier früher viel mehr Wasser führte, sind undeutlich zu erkennen.

Kurz vor dem Erreichen des beschriebenen Stellplatzes – Sie erinnern sich an die Begegnung mit dem Keil-Kollegen – überquert die Hängebrücke *Ponte Ballerino* den Fluss. Sie heißt völlig zu Recht *Tanzbrücke*. Es lohnt sich, sie zu begehen, denn sie ist nach dem Prinzip der statischen Weichheit konstruiert, also ohne jegliche Queraussteifung an zwei Tragseilen über Betonpylone abgespannt worden, auf welche sich jede Bewegung sichtbar überträgt. Achten Sie auf dem Rückweg auf die Antennen am Kopf der Pylone und befassen Sie die Tragseile an ihrem Verankerungspunkt, um einen Eindruck davon zu bekommen, welche Kräfte und Verformungen ein einzelner Mensch auf einer Hängebrücke mit dieser enormen Spannweite auslösen kann. Längst hat hier die florentinische Sitte Einzug gehalten, die ursprünglich dem dortigen Ponte Vecchio vorbehalten war: Junge Liebende hängen ein Vorhängeschloss in ein Kettenglied der Brü-

Ponte Ballerino

cke ein und werfen den Schlüssel in die Fluten, um auf diese Weise die Unlösbarkeit ihrer gegenseitigen Zuneigung zu beweisen. Es fällt auf, dass die am Minigolfplatz geparkten Fahrräder wesentlich besser gesichert sind als die lebenslangen Versprechungen der Liebenden – und wenn man sich die große Anzahl kleiner und popeliger Schlösser betrachtet, dass die Investitionsbereitschaft in die Liebe eher gering erscheint.

Unsere *passegiata* führt uns weiter durch die *Via ponte Ballerino* in die *Via cimetero*. Wer der Landessprache unkundig ist, kann sich von einem schönen Detail eines runden schmiedeeisernen Gitters in der mächtigen Mauer zur Linken erklären lassen, was der Straßenname und eben diese Mauer bedeuten.

Am Ende der Straße lädt eine schattige, schmale Gasse, gesäumt von hohen Trockenmauern, zum Weiterschlendern ein. Sie führt uns in die *Via Antonio Giovanola* und damit zurück in das Geschäftsleben der Stadt. Im Haus Nr. 11 wird derart gute handgemachte *Pasta* verkauft, dass Signore T. es nicht für erforderlich hält, seinem Laden auch nur irgendeinen Namen zu geben oder etwa ein erklärendes Schild aufzuhängen. Signore T. sagt uns in breitem Singsang, dass die Qualität seiner Erzeugnisse jegliche Werbung überflüssig mache. Man spricht **kein** Deutsch. Noch einen *Espresso* in der *Via Umberto I*, vielleicht auch einen *Pinot spumante*, und unsere fußläufige Exkursion ist beendet.

Wer Lust auf eine größere Runde hat, folgt uns sicher gerne auf einer Wanderung, bei der die schönsten Ziele der näheren Umgebung am Weg liegen und die man auch bei wärmerem Wetter gut gehen kann:

Von Cannobio nach S. Agata und zum Orrido di Sant'Anna

Wir starten in **Cannobio** an der Uferpromenade beim alten Hafen und flanieren am Seeufer nach Norden. Zwischen Sportplatz und Strandgelände wendet sich der Weg nach links, weil wir auf der Brücke den Fluss überqueren müssen. Auf dem anderen Flussufer spazieren wir erneut auf einem Pfad entlang des Wassers (anstatt an der Straße weiterzugehen, was auch möglich wäre). Dort, wo die Straße, die SS 1, ans Ufer stößt (20 Minuten seit dem Start), überqueren wir die Landstraße und sehen auf der anderen Seite, am Beginn eines uralten, zunächst grasigen Maultierpfades, ein Wanderzeichen.

Auf einem Steinweg, der vor Jahrhunderten mit viel Mühe am Hang angelegt worden ist, gewin-

Blick von S. Agata auf Cannobio

nen wir allmählich immer mehr Höhe und treten bei **Campeglio** aus dem Wald (45 Minuten seit der SS 1). Nun müssen wir die Straße mehrfach überqueren und stets darauf achten, dass wir die rot-weiße Markierung (gelegentlich auch gelbe Pfeile) und den Wegweiser ‚*S. Agata*' nicht verlieren. Es geht im Prinzip immer weiter bergauf. **S. Agata** ist die höchste Stelle unseres Weges, entsprechend prachtvoll ist die Aussicht vom Platz neben der Kirche (20 Minuten seit Campeglio).

Direkt hinter der Kirche beginnt in der Via Traffiume der Abstieg, der großenteils auf einem steilen, etwas steinigen Pfad stattfindet, der wiederum nur stellenweise rot-weiß markiert ist. Nach 30 Minuten erreichen wir die Häuser von Traffiume, wo wir neben der Kirche am Rande des Parkplatzes den Wegweiser ‚*Orrido di S. Anna*' finden. Man kann sich hier, wie eigentlich auf der ganzen Wanderung, nicht verlaufen, denn

Cannobio - Uferpromenade

die Straße führt zu der kleinen Kirche über der **Schlucht** (Orrido), die wir im weiteren Verlauf der Tour auch mit dem Wohnmobil anfahren (10 Minuten seit Traffiume).

Wenn wir im Sommer wandern und die Badesachen dabei haben, können wir uns nun unterhalb des früheren Gotteshauses am Ausgang einer beeindruckenden Schlucht, erfrischen, ehe wir am Rand des Flusses auf der *Pista ciclopedonale* nach **Cannobio** zurückwandern. Beim **Ponte Ballerino** (30 Minuten seit Sant'Anna) überqueren wir den Fluss und könnten nun am Stellplatz die Wanderung beenden. Wer zurück zur Uferpromenade möchte, kann sich die Wegbeschreibung beim Platz Nr. 01 ansehen. Wer zu den Campingplätzen zurückwandert und nicht durch Cannobio bummeln will, bleibt auf dem linken Flussufer, bis er quasi zu Hause ist.

Die ganze Wanderung beansprucht rund 2,5 Stunden reine Gehzeit; die Karte Nr. 58 aus dem Verlag Zanetti (1 cm = 300 m) bildet die gesamte Wegführung ab, ist aber nicht erforderlich.

Und noch ein Tipp für die Radfahrer: Am *Ponte Ballerino* oder schon an der Flussbrücke nördlich der Innenstadt beginnt eine mit *Pista ciclopedonale* beschriebene Strecke, auf der Sie an den Strand und Badeplatz beim Orrido di Sant'Anna (siehe unten) oder in anderer Richtung an den Seestrand radeln können. Unser Wanderweg hat diese Passage ebenfalls benutzt.

Wenn man Reiseführer schreibt, steuert man leider viel zu oft Ziele an, die man ohne jene Aufgabe nicht besuchen würde. Wenn man aber einen Ort immer wieder anfährt, obgleich man glaubt, dort alles gesehen zu haben (oder sich sogar mal ein Pflichtziel verkneift), ist das einer unserer **Lieblingsorte**. Und genau dahin hat sich Cannobio vom einstigen Pflichtziel

Von der Promenade in die Bergwelt

entwickelt. An einem solchen Lieblingsort verbringen wir den Abend allerdings meist nicht im Wohnmobil. So lecker die oben erwähnte *Pasta* auch ist, so austauschbar liegt sie unter geriebenem *Parmigiano*, auf unserem Teller auf einem unbestreitbar angenehmen, aber doch ebenfalls austauschbaren Stellplatz. Der Abend an der Uferpromenade hingegen gehört zum Besten, was der *Lago* zu bieten hat, auch wenn man keinen *Spumante* und keinen *Aperol-Spritz* ordert (nur die Gestrigen trinken am *Lago* noch *Campari-Soda*). Aber wir konnten uns nicht entscheiden, welchen Restauranttipp wir hier veröffentlichen sollen: Wollen Sie dort sitzen, wo die Stimmung brodelt und die Gäste beim (schlechten) Essen mit den Köpfen im Takt der Livemusiker wippen? Dann kommt nur der südliche Teil der Promenade in Frage. Reicht Ihnen der Platz an der Promenade für jenen *Spritz* und ein Mineralwasser nach dem Abendessen? Dann haben Sie vorher zum Essen die Wahl zwischen dem authentischen **Ristorante La Streccia** *(Tel. 0323 70575; donnerstags geschlossen, im südlichen Teil der Promenade beschildert eine Treppe hoch)* oder dem **Ristorante Antica Stallera** *(Tel. 0323 71595; dienstags geschlossen; von der Promenade neben der Bar Sport zwei Treppen hoch)*, mit der eindeutig besten Küche in Cannobio, wo es aber eher aussieht wie beim Italiener in Freudenstadt. In Frage kommt auch das Ristorante beim Orrido di Sant'Anna, dazu gleich.

Für den Liebhaber der großen Fahrt über wunderschöne Bergstraßen empfehlen wir nun eine Route, die das **Naturschutzgebiet und Wanderparadies Val Grande** umrundet:

Sie beginnt kurz vor dem südlichen Ortsausgang an der Abzweigung in die *Strada Valle Cannobina*. Nach etwa 1 km kommen Sie seitlich der SS 631 an einer öffentlichen Mineralwasserquelle, der *Fonte Carlina*, und nach weiteren 200 m sollten Eigner größerer Fahrzeuge hier geradeaus fahren, während die VW-Bus-Fraktion den Weg nach rechts über **Traffiume** nehmen und durch enge, blumengeschmückte Gassen zum Orrido di Sant'Anna kurbeln kann. Beide Strecken und erreichen kurz danach die profanierte **Kirche Sant'Anna**, die auf das 17. Jahrhundert datiert, vor etwa 40 Jahren aufgegeben worden ist und seitdem noch immer den Ausgang der Cannobino-Schlucht bewacht. Eine zierliche Brücke überspannt das steile Tal – sie ist vielleicht wirklich römischen Ursprungs, aber sicherlich innerhalb der letzten 50 Jahre mit neuzeitlichen Mitteln instand gesetzt worden. Von ihr schaut man direkt in die unerwartet schmale Schlucht *(orrido)*.

Wer Cannobio gegen Abend verlassen hat, könnte hier nach einem angenehmen Abendessen im direkt hinter der Kirche gelegenen **Ristorante Grotto Sant'Anna** verweilen. Das

Sant'Anna mit Badestrand

Ristorante belegt seine lange Geschichte als Gasthof der Bergreisenden mit grobkörnigen Schwarz-Weiß-Fotos und tischt ohne jede Wichtigtuerei hervorragende Antipasti, hausgemachte Pasta und zeitweise auch ausgefallenen Hauptspeisen auf *(montags geschlossen, Tel. 0323 70682; vom Stellplatz Nr. 01 nach 30 Minuten Fußweg – siehe dort – oder mit dem Fahrrad ebenfalls zu erreichen; der Weg ist nur teilweise beleuchtet; man kann aber ohne großen Umweg auch durch beleuchtete Straßen gehen).*

Oberhalb der Kirche befindet sich ein kleiner, ruhiger Parkplatz, der Treffpunkt von Sporttauchern und Naturfreunden geworden ist. Wer im Ristorante den ausgezeichneten *Nebbiolo* verkostet hat, wird trotz der Schieflage des Platzes hier geruhsamen Schlaf finden:

(004) WOMO-Badeplatz: Traffiume (Sant'Anna)

GPS: N 46°03'40" E 8°40'05". SP 94, via S. Anna.
Max. WOMOs: höchstens 3.
Ausstattung/Lage: Bademöglichkeit, Wasser, neue Toilette, Mülleimer, Gaststätte, Wanderwege / außerorts, einsam.
Zufahrt: Biegen Sie am südlichen Ortsende von Cannobio nach Westen ab über die *Strada provinziale della Valle Cannobin*. Nach etwa 3 km führt eine schmale Abfahrt hinunter zur Kirche (Wegweiser ‚Orrido di Sant'Anna').

Von der Promenade in die Bergwelt

Hinweise: Ein Schild erlaubt nur eine Parkzeit von 3 Stunden per Parkuhr, vermutlich damit Wanderer hier nicht lange parken, um den Badetourismus am Fluss zu regulieren und um den Gästen des Ristorante Parkraum zu bieten (also kein Nachtparkverbot und auch kein Wohnmobilverbot!). Nachts parkt und steht hier kein Mensch. Wer gehorsam ist oder seine Parkuhr nicht ständig weiter drehen möchte, kann hier zumindest an einer sehr schönen Stelle stimmungsvoll baden.
Teilweise sehr schräg; für sehr große WOMOs ist die schmale Abfahrt ungeeignet.

Vom Kirchplatz führt ein gepflasterter Steig hinab zum Fluss, in dessen grünem, klarem Wasser man wunderbar baden und tauchen kann. Es gilt aber als gefährlich, in die Schlucht hinein zu schwimmen.

Unsere Tour soll uns nach Westen durch das Valle Cannobina nach Domodossola führen. Wir haben die Strecke früher kritiklos empfohlen. Auf der neuesten Michelin-Karte wird der Straßenverlauf als schwirig gekennzeichnet. Das schien uns etwas übertrieben. Aber die Straße ist im weiteren Verlauf wegen enger Serpentinen bei Orasso nur für Fahrzeuge bis 7,5 m Länge (und 12 t) erlaubt. Sie sollten also mit einem neuen, 2,35 m breiten Mietmobil ohne größere Fahrpraxis nicht unbedingt das Valle Cannobino durchfahren!

Etwa drei Kilometern nach der Sant'Anna-Schlucht kann man rechts kurz hinter einer alten Schmiede parken und

ein Lehrstück in Sachen **Brückenbau** besichtigen: Über den Taleinschnitt des Flusses führen hier in unmittelbarer Nachbarschaft **drei Brücken**, die den Zusammenhang zwischen Fortschritt und Vergänglichkeit erkennbar machen: die älteste, kaum noch sichtbar, überquerte die Schlucht an zwei Tragseilen über gemauerten Pylonen mit einer Spannweite von ca. 60 m und einer Breite von knapp 1,20 m. Sie ist um 1880 gebaut worden und hat eine Furt durch den Fluss ersetzt, die kaum noch zu erkennen ist. Noch 1999 konnte man auf dieser Brücke den Gang über die Schlucht wagen – irgendwann seitdem sind die Tragseile gerissen. Einige wenige Fragmente der Zugseile mit Resten des Bohlenbelags hängen nunmehr bizarr verzwirbelt am nördlichen Steilhang. Wer den Hang hinunterkrabbelt, kann noch Reste der Trockenmauern entdecken, die die ehemalige Zufahrt eingefasst haben. Die Rückverankerungen der gerissenen Zugseile sind ebenfalls noch aufzufinden – nicht auszudenken, welches Sturmereignis die Tragfähigkeit der Trossen an ihre Grenze gebracht und mit welchem Tosen das filigrane technische Meisterwerk seinen Dienst eingestellt hat. Weil die Brücke nicht von Automobilen benutzt werden konnte, hatte man bereits in den 20er Jahren eine neue, etwas höher gelegene Brücke errichtet, ebenfalls eine abgehängte Stahl-Konstruktion, aber mit einer Spannweite von ca. 72 m und einer Fahrbahnbreite von immerhin 2,70 m. Sie ist zwar inzwischen gesperrt, aber dennoch durchaus sicher begehbar (Anmerkung: diese Beurteilung erfolgt unter Ausschluss jeder Haftung). Wegen ihres Belags aus Betonfertigteilen ist diese Brücke außerordentlich querstabil und ruhig beim Begehen. Interessant ist der nördliche Brückenkopf, bei dem man wegen der Topologie des Hanges eine ungewöhnliche Lösung gewählt hat: Der Fahrweg knickt unmittelbar am Brückenende hinter dem Pylon nach rechts ab und unterquert die Abspannung des Tragseils. Die mit dieser Lösung verbundene Einschränkung der Kopfhöhe und die Schwierigkeiten beim Begegnungsverkehr der einspurigen Fahrbahn haben dazu geführt, dass man in den 1970er Jahren wiederum eine neue Brücke, noch etwas weiter oberhalb und mit einer Spannweite von ca. 90 m, gebaut hat – eine schmucklose Hohlkastenkonstruktion aus Stahl, über die man Cavaglio erreichen kann. Besser als mit diesen drei Brücken kann das Dilemma des Ingenieurbaus nicht beschrieben werden: Je größer die technischen Ansprüche werden, umso ungeschlachter und unansehnlicher werden die gestalterischen Lösungen.

Wir fahren weiter Richtung ‚*Domodossola*' und passieren in Ponte Spoccia eines der wenigen noch intakten öffentlichen Waschhäuser mit einer interessanten Sammlung von allerlei handgemachten Wurzel- und Wichsbürsten und dann eine der vielen fragmentarischen Hängebrücken, deren Bestimmung mit der Aufgabe der landwirtschaftlichen Kultivierung der Gegenhänge erloschen ist. Kurz darauf erfahren wir durch ein Straßenschild, dass der nächste Abschnitt der Tour für Fahrzeuge mit mehr als 12 Tonnen Gewicht oder 7,50 m Gesamtlänge nicht befahrbar ist. Tatsächlich müssen wir dann und wann bei Gegenverkehr eine der Ausweichbuchten in Anspruch nehmen. Unterhalb der Straße tauchen in herrlicher Landschaft die ersten *Rustici* auf, einräumige Hirtenhäuser und Schutzhütten aus mörtellosem Trockenmauerwerk mit Bedachungen aus Steinplatten, von denen manche – sorgfältig saniert – den Wohlhabenden als Wochenendhaus dienen.

Ab **Cursolo** verbreitert sich die Straße wieder. Unmittelbar hinter dem westlichen Ausgang des Tunnels *Galeria di Creves* parken wir an der rechten Straßenseite und entdecken eine kleine Sehenswürdigkeit: Wir überqueren die Straße und wandern einen knappen Kilometer auf der aufgelassenen alten Straße am Tunnel vorbei zurück. Es ist sehr still hier, Eidechsen huschen über den brüchigen Asphalt, Pionierpflanzen drängen beharrlich durch alle Ritzen und besiegen den Fortschritt. Wir stoßen in Abgeschiedenheit auf ein anrührendes Denkmal  für den Colonnello Attilio Moneta, der hier als Partisan im Kampf gegen die Deutschen sein Leben gelassen hat. Der Blick auf die Gipfel des **Parco Nazionale Val Grande** gibt einen ergreifenden Bildhintergrund für die Bronzebüste des Helden ab. Manchmal bringt jemand Blumen für dessen Gedenken hierher. Still und fragend schaut der Colonnello in das kleine Stück Heimat hinab, dessen Verteidigung seinen Tod bedeutet hat.

Beim Überschreiten der Grenze des Nationalparks, am Weiler **Finero**, stößt man nochmals auf das gleiche Thema: Am Ortsausgang stellt man sein Gefährt auf dem Parkplatz des Friedhofs ab und läuft einige Meter zurück: Eine kleine Allee aus 15 Bäumen mit 15 dazugehörigen Gedenkstelen erinnert an 15 Partisanen, die hier am 23.6.1944 von deutschen Soldaten mit Genickschüssen getötet wurden. Die Szene ist beklemmend, das Geplapper der wenigen Touristen erstirbt abrupt.

Unsere Weiterfahrt führt uns auf die Hochebene **Piano di Sale**, auf der sich schöne Picknick- und Rastplätze fast wie Perlen aneinanderreihen. **Malesco** lohnt eine kleine Pause und einen kleinen Fußweg. Die Straßen der beschaulichen Altstadt sind mit Flusskieseln gepflastert, es riecht nach geräuchertem Schinken und frischer Wäsche; die unruhige Welt des Reisens hat hier noch keinen Einzug gehalten. Im westlich benachbarten **Santa Maria Maggiore** finden Sie nahe der Durchgangsstraße einen offiziellen, aber teuren Stellplatz vor dem Campingplatz:

> **(005) WOMO-Stellplatz: Santa Maria Maggiore**
> **GPS:** N 46°07'55" E 8°27'17", Via Pineta.   **Max. WOMOs:** 25.
> **Ausstattung/Lage:** Ver- und Entsorgung, Mülleimer, klappstuhlgeeignet, Gaststätten in der Nähe, Laden im Campingplatz, Wanderwege / Ortsrand.
> **Zufahrt:** Folgen Sie am westlichen Ortsende der Beschilderung zum Sport- und Campingplatz.   **Gebühr**: 18 €.
> Alternativ kann man wahrscheinlich weiterhin kostenlos in der Ortsmitte auf dem **Parkplatz beim Minimarkt** bleiben;   **GPS**: N 46°08'01" E 8°28'04".

Es geht – mit oder ohne Schinken im Gepäck – weiter, vorbei an einem hübschen Wasserfall, in Richtung Domodossola.

Doch halt: Hier bietet sich eine bemerkenswerte Exkursion in den nördlichsten Zipfel des Piemonts an: das Val Formazza oder auf Walserdeutsch, das Pumatt-Tal.

Die Spritztour führt durch einen drehwurmigen Tunnel, vorbei am Wasserfall mit festen Öffnungszeiten und hinauf zum Stellplatz am Zaubersee. Bevor man den Fluss Toce überquert, biegt man nach Norden aus in Richtung Masera. Bald ist Crevoladossola erreicht und damit das Valle Antigorio. Die Fahrt führt stetig nach Norden, immer am Fluss Toce entlang, dem wir später nochmals begegnen werden. Aus dem Valle Antigorio wird unerklärlich dann plötzlich das **Val Formazza**. Es ist seit eh und je über den Griesspass mit dem Wallis verbunden. Lange Zeit hat das Tal einen be-

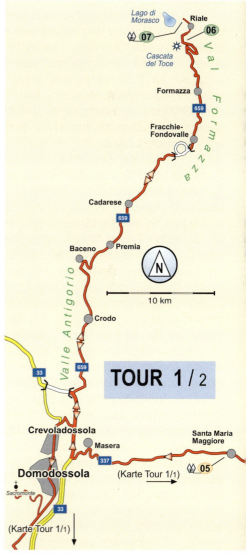

Von der Promenade in die Bergwelt

deutenden Verbindungsweg zwischen der Lombardei und der Alpennordseite dargestellt. Davon ist heute nichts mehr zu erahnen. Was für ein Glück!

Im gesamten Val Formazza wohnen angeblich nur 447 Menschen – das sind 3 Menschen pro km². In Berlin hingegen wohnen 3.891 Menschen pro km², also 1000mal so viele. Wir geben das zur Kenntnis, weil wir oben im Talschluss einmal drei T4-Busse mit insgesamt 14 Insassen angetroffen haben, die hier die Bevölkerungsdichte mehr als verdreifacht haben, während man in Berlin ihre Abwesenheit wahrscheinlich nicht als dramatische Abnahme des Siedlungsdrucks wahrgenommen hat.

Man passiert in ruhiger Aneinanderreihung die Weiler Crodo, Baceno, Premia und nähert sich dann Fondovalle (oder Stafelwald), oberhalb einer Staustufe gelegen. In Crodo übrigens hat 1964 ein Schrullkopf einen pappigen und grellorangenen alkoholfreien Aperitif angerührt, dessen Name an seinen Ursprungsort erinnert – mehr wollen wir aus rechtlichen Gründen nicht dazu sagen. Bis heute löst er unmittelbar nach seinem Genuss intensiven Schluckauf und bisweilen auch Schwermut aus.

Vor Fondovalle aber wird man unversehens in einen Tunnel hineingesaugt, der jeden ADAC-Sicherheitstest bestehen würde: blitzsauber, gut beleuchtet, mit Notausgängen und reflektierenden Signalen. So was hat man eigentlich nicht erwartet, zumal hier so wenige Menschen leben. Die Fahrt durch den wunderbaren Tunnel führt in einer stetigen Linkskurve sanft bergauf. Nach einigen Minuten oder Stunden empfängt einen am Ausgang des Tunnels das Licht der Welt, so wie es am Ende des Tunnels auch sprichwörtlich üblich ist.

Aber: irgendwas stimmt hier nicht. Wer im Hochsommer mittags in den Tunnel einfährt, der hat die Sonne im Rücken. Wenn der Tunnel eine lange Linkskurve macht, müsste man an seinem Ausgang eigentlich die Sonne auf dem linken Unterarm, diesen lässig aus dem Fenster hängen lassend, verspüren. Aber nein: die Sonne steht immer noch im Süden. Das ist außerordentlich irritierend. Ruhe bewahren. Alles wird gut. Keine Schwäche zeigen. Das wird sich später klären lassen.

Also mal lieber weiterfahren: durch den unschuldigen Ski-Ort Valdo, nach Grovella, nach Canza. Überall kann man innehalten, überall ist es schön. Dann kommt aber das Brett, die **Cascata del Toce**, einer der höchsten Wasserfälle der Alpen, oberdramatisch gelegen – und obendrein mit festen Öffnungszeiten! Hier fällt der Toce in einer Breite von 60 Metern von 1861 mNN auf 1.718 mNN herab, überquert also tosend und sprudelnd ganze 143 m ziemlich senkrecht. Das ist extrem spektakulär, das sieht aus wie eine perfekte Fotomontage.

Aber eben nicht immer. Mal kommt man an, und er tost und sprudelt, mal kommt man an und nix und garnix ist zu sehen. Das nervt total. Aber wer mit uns schon in Umbrien war, kennt von der 165 m hohen Cascata del Marmore das gleiche Phänomen (Band 12 der WOMO-Reihe).

Woran liegt das nun wieder? Ganz einfach: In der Regel wird der Toce einige 100 Meter

Cascata del Toce

oberhalb der Abbruchkante ausgeleitet und in ein Wasserkraftwerk eingespeist. Dann würde man im Vorbeifahren wohl nicht merken, dass man einen trockengefallenen Riesenwasserfall passiert, wenn man es nicht durch diesen famosen WOMO-Reiseführer schon in der Vorbereitungsphase des Urlaubs erfahren hätte.

Nur im Sommer darf der Wasserfall in knappen Zeitfenstern den Touristen erfreuen, nämlich (Stand 2015) vom 13.Juni bis zum 21. September – jeweils montags bis samstags von 11.30 bis 13.30 Uhr und sonntags von 10 bis 16.Uhr. Unten gibt es nicht viel Platz zum Parken, aber man kann sich ruhig mal kurz am Straßenrand etablieren, um sich dem Gebrause zu Fuß zu nähern. Das ist echt gewaltig. Das fetzt.

Links vom Wasserfall führt eine pfadige *direttissima* hinauf zur Abbruchkante, die bei nassem Boden schon viele lustige Purzeleien ausgelöst hat. Also besser mit der Gurke hinauf und oben auf dem großen Parkplatz korrekt eingeparkt und aufgekeilt, denn hier kann man auch eine tüchtige Mütze voll Schlaf nehmen:

(006) WOMO-Wanderparkplatz: Cascata del Toce
GPS: N 46°24'36" E 8°24'44", SS 659. **Max. WOMOs**: 20.
Ausstattung/Lage: Abends klappstuhlgeeignet, Mülleimer, Gaststätte, Wanderweg / außerorts, wegen der Gaststätte nicht einsam, 1.800 m.
Zufahrt: Der Riesenplatz liegt unübersehbar oberhalb des Wasserfalls.

Schon von weitem hat man ein postgelbes Bauwerk wahrnehmen können, welches seit 1863 fallsüchtige Sommerfrischler angezogen hat: das **Albergo Cascata Toce**, mit schöner Sonnenterrasse und anspruchsvoller Karte. Einmal haben wir da gegessen und einen kurzen Moment lang das Gefühl gehabt, dass ein Teil des Personals bereits seit der Eröffnung des Etablissements auf der Lohnliste steht, aber da müssen wir uns wohl getäuscht haben.

Links neben der gelben Pracht, etwas ärmlich scheinbar, in Wahrheit aber obergemütlich, bietet die kleine Osteria **Bar Frua** kleine Speisen, leckere Getränke und allerlei Spezereien wie Honig, Senf und Kräuterwerk an. Hier fühlt man sich auf patinierten Zirbenholzbänken pudelwohl und wird ausgezeichnet bedient. Der bärtige Chef lässt einen geduldig in der Landessprache fragen, bestellen, nachbestellen, nach dem Klo fragen und sich bedanken, und kontert dann beim Abschiednehmen in fließendem Deutsch mit Dortmunder Akzent. Er hat dort zwei Jahrzehnte als CNC-Dreher gearbeitet.

Riale

Weiter oben wartet der Walserweiler **Riale**, im Walserdeutsch Chärbäch, auf Deutsch Kehrbach. Über die Walser informiert dieser Reisführer übrigens ausführlich auf seiner 4. Tour. Der Besuch Riales ist insofern nur die Ouvertüre eines großen Werks und wird hier ohne die unvermeidliche Kulturbelehrung vorgenommen.

Man kann vom Parkplatz oberhalb der Cascata auf einem schönen Saumweg in einer reichlichen Stunde nach Riale **wandern**, wobei man den Einstieg nicht übersehen darf: Direkt vom Parkplatz führt er über eine Wiese, nicht leicht zu erkennen.

Oben, in Riale, erreicht man eine unvergleichliche sonnengebräunte Ansammlung von Stein-Holz-Häusern, deren drei oder vier Gassen man stundenlang durchstreunen kann. Einige Osterias laden freundlich ein, von denen die *Walser*

Schtuba im Sommer zu einem amtlichen Bikertreff mutiert ist. Cool hängen die Glatzenhelme am megabreiten Lenker, die Benutzung des Hauptständers wäre ein Stilbruch. Im Winter kann man von hier aus sehr exklusiv zum Heliskiing aufbrechen. Man muss es aber nicht.

Etwas erhöht und irgendwie entrückt steht auf einem Felssporn die Dorfkapelle wie ein Wachtturm.

Wer hier hinauf**gelaufen** ist, wird wieder hinunterlaufen. Wer aber hinauf**gefahren** ist, hat dafür einen guten Grund – nämlich den genialen Stellplatz unterhalb der Staumauer des **Lago di Morasco**:

(007) WOMO-Wanderparkplatz: Lago di Morasco
GPS: N 46°25'30" E 8°24'29".   **Max. WOMOs**: 60.
Ausstattung/Lage: Ver- und Entsorgung, klappstuhlgeeignet, Gaststätte 400 m, Wanderweg / außerorts, gut besucht, 1.800 m.   **Gebühr**: 6 €.

Zufahrt: Der Stellplatz ist Teil eines riesigen Areals, auf dem ein kostenpflichtiger Bereich für WOMOs abgetrennt ist (auf dem Rest ist WOMOs das Parken verboten). Sie kommen unweigerlich vorbei, wenn Sie auf der SS 659 an Riale vorbei fahren. Wir vermuten, dass die große Fläche vor allem den Wintersportlern dient.

Von hier starten wunderbare Wanderungen in die Bergwelt. Weiter oben befinden sich zwei Refugien mit Massenlagern, in denen wir nicht geschlafen haben, weil wir lieber im WOMO nächtigen. Aber wenn wir mal im Massenlager schlafen wollten, dann sicherlich hier.

Auf dem Rückweg nach Domodossola müssen wir noch das eigenartige Tunnelrätsel lösen. Wir fahren mit heruntergeklappten Sonnenblenden, also bei südlichem Sonnenstand in den Tunnel hinein, klappen die Sonnenblenden sofort nach oben, verlieren in einer langgezogenen Rechtskurve spürbar an Höhe und sehen nach einigen Minuten oder Stunden das Tageslicht wieder. Eigentlich müsste nun die Sonne den rechten Arm der Beifahrerin bräunen. Stattdessen müssen wir die Sonnenblenden wieder herunterklappen, denn die Sonne steht immer noch genau voraus. Rätselhaft. Wir müssen nun professionelle Hilfe suchen.

In **Premia** betreten wir unsicher die Touristen-Information und reden dusseliges Zeugs. Wer will schon offenbaren, dass er gestern – und heute schon wieder – eine widernatürliche Sonnenwanderung im Tunnel beobachtet hat?

Die nette Dame hört jedoch aufmerksam zu und rät uns zum Wandern, das würde die Nerven beruhigen und vor Blähungen schützen. Sie empfiehlt uns dazu dringlich den Erwerb der *Carta escursionistica No. 2* im Maßstab 1:30.000 und deren aufmerksames Studium.

Sofort zeigt sich, dass das Aufsuchen professioneller Hilfe immer besser ist als jede Selbstmedikation. Die Wanderkarte zeigt nämlich eine ungewöhnliche kreisförmige Struktur südlich von Fondovalle. Man hat hier 1992 den mühsamen Aufstieg über 10 Serpentinen durch den »Kehrtunnel« ersetzt, der in einem Vollkreis von 360° mit einem Durchmesser von ca. 800 Metern sich helixartig um ungefähr 200 Meter hinaufschraubt. Alles klar. Konnte doch gar nicht anders sein.

Nach unserer Kenntnis ist dieser »Kehrtunnel« der einzige Straßentunnel auf der gesamten schönen Welt, der einen Vollkreis beschreibt.

Bald kommen wir beruhigt in **Domodossola** (18.500 Einwohner) an, das seit keltischer Zeit den Eingang zum strategisch wichtigen Simplonübergang bewacht. Die Straßen der Altstadt sind immer noch auf die **Piazza del Mercato** zentriert, auf welcher ohne nennenswerte Unterbrechung tatsächlich und ohne Übertreibung seit 1917 allsamstaglich der Wochenmarkt abgehalten werden darf. Die Einrahmung des Platzes durch reich gegliederte Patrizierhäuser aus dem 15. und 16. Jahrhundert mit verbindenden Arkaden ist sehenswert. Außerdem gibt es hier einen ausgezeichneten *Espresso* für den Herrn, während die Dame vielleicht einen *Semifreddo* nimmt. Ernst blickende Geschäftsleute in braunen polierten Maßschuhen eilen vorbei.

Über die westliche Umgehungsstraße in Richtung Villadossola erreichen wir (500 m vor dem Ortseingang rechts ausbiegend) mit dem **Sacromonte Calvario di Domodossola** das erste bedeutende Monument der Gegenreformation auf unserer Reise durch das Piemont, welches sich jahrzehntelang in der Spannung zwischen Katholizismus und Protestantismus ebenso wie in der Spannung zwischen französischer und italienischer Herrschaft befand. Als Antwort auf die ketzerischen

Einflüsse des schweizerischen und deutschen Protestantismus sind hier – an der Schnittstelle der Systeme – bemerkenswerte Wallfahrtsorte entstanden, mit deren Hilfe der Kirchenapparat die verunsicherte Bevölkerung fest an das personen- und ereignisbezogene Weltbild des römischen Glaubens binden wollte.

Sacri Monti – die Heiligen Berge Oberitaliens

Die neun Heiligen Berge, bis auf diejenigen von Varese und Ossuccio alle im Piemont gelegen, gelten immer noch und obgleich sie im Jahr 2003 auf die Liste des UNESCO-Welterbes kamen, als eine nahezu unentdeckte Sehenswürdigkeit. Dabei wird wohl nirgends die biblische Geschichte vergleichbar anschaulich an Figuren und Bildern erläutert.

Die Idee hatte ein Franziskanermönch, der schon um 1490 den Gläubigen, die nicht lesen und auch niemals nach Jerusalem reisen konnten, die Passionsgeschichte nahe bringen wollte. Er ließ daher bei Varallo (Tour 3) Kapellen bauen, in denen mit lebensgroßen Figuren Szenen aus der Bibel nachgestellt worden sind. Was anfangs noch keinen kirchenpolitischen Hintergrund hatte, wurde bald, nach der Reformation, ganz gezielt eingesetzt, weshalb sich die Anzahl der Heiligen Berge schnell vermehrt hat.

Kapelle am Sacromonte di Domodossola

Das grundsätzliche Problem der Purpurträger in Rom bestand nämlich in den überraschend umfangreichen Abwanderungstendenzen innerhalb der ungebildeten Bevölkerungsschichten, denen die diesseitsbezogenen Tendenzen des Protestantismus naturgemäß gelegener kamen als die leidvolle Selbstaufgabe zugunsten eines selbstgefälligen und mitunter repressiven Kirchenapparates. Hinzu kam, dass die Verkünder des neuen protestantischen Glaubens in der Landessprache der Menschen predigten, während in Rom bzw. Avignon ausschließlich in der lateinischen Sprache gelehrt wurde. Also liefen sozusagen der Kirche die Fans davon.

Wie sollte man diese Unkundigen, diese Armseligen, fest an den Glauben binden, ohne ihre verachtenswerte Umgangssprache zu benutzen? Man griff die Idee jenes Mönches auf, die Verkündigung der Kirche und ihrer Hauptfiguren zu bebildern, indem man – Vorläufern des Jahrmarkt-Dioramas gleich – die Stationen der Schöpfungsgeschichte, der Passion oder der Heiligen als plastische Darstellungen in einzelnen Kapellen inszenierte, teilweise mit größter inhaltlicher und künstlerischer Überhöhung. So entstanden dreidimensionale Bildergeschichten – eine kurz gefasste Bibel für die Leseunkundigen.

Wir zitieren aus der Begründung der UNESCO im Jahr 2003:

»*Die neun Sacri Monti in Norditalien sind eine Gruppe von Kapellen und anderen architektonischen Gebäuden, die im 16. und 17. Jahrhundert errichtet wurden und verschiedenen Aspekten des christlichen Glaubens*

gewidmet sind. Zusätzlich zu ihrem symbolischen und geistlichen Wert besitzen sie bemerkenswerte Schönheit, da sie meisterhaft in ein natürliches und landschaftliches Umfeld als Hügeln, Wäldern und Seen eingegliedert sind. Sie enthalten außerdem sehr bedeutende Kunstwerke in Form von Wandmalereien und Statuen«.

Die neun Sacro Monti sind (Jahr des Baubeginns):

Sacromonte di Varallo (Tour 3), 1486
Sacromonte di Crea (Tour 12), 1589
Sacromonte di Orta (Tour 3),1590
Sacromonte di Varese (Lombardia),1598
Sacromonte di Oropa (Tour 5), 1617
Sacromonte di Ossuccio (Lombardei), 1635
Sacromonte di Ghiffa (Tour 2), 1591
Sacromonte Calvario di Domodossola (Tour 1), 1657
Sacromonte di Belmonte, Valperga, Cuorgne, Pertusio, und Prascorsano, (zwischen Torino und Ivrea), 1712

Der **Sacro (M)monte Calvario di Domodossola** gehört in gestalterischer oder architektonischer Hinsicht nicht unbedingt zu den bedeutendsten Beispielen dieser Heiligtumsarchitektur des 17. Jahrhunderts. Aber er ist irgendwie unbescholten und sehr liebenswert in seiner Nebensächlichkeit. Eine Wallfahrtskirche, 15 motivische Kapellen und Rudimente ehemaliger Wirtschaftsgebäude liegen unschuldig in den Bergwald hineingewürfelt. Manche Bauten sind unsachgemäß addiert worden und bewirken eine eigentümlich angekitschte Atmosphäre. Eine kleine Gaststätte bietet hausgemachten Kuchen und einfachen Wein an, den der Pilger immer noch ohne Bezahlung genießen kann, nicht aber der Tourist.

Wir fahren weiter gen Süden über Villadossola, biegen in einem Kreisel links ab, überqueren den Toce und passieren Cuzzego. In **Vogogna** (1.800 Einwohner) halten wir inne und betrachten die beiden oberhalb der Stadt gelegenen Burgen, deren Befestigungen sich bis in die Stadt hinunterziehen. Sie dienten über 2 Jahrtausende dem Schutz des Tales gegen Angriffe von Nordwesten und wurden schließlich am Anfang des 16. Jahrhunderts geschleift. Unbeschädigt blieb eine mittelalterliche Markthalle mit freien Gewölben und Fresken-Resten. Das Dorf zählt zu den *I borghi più belli d'Italia (Die schönsten*

Dörfer Italiens), einer Vereinigung mit strengen Zugangsbeschränkungen, der im Piemont und Aostatal derzeit 12 Mitglieder angehören. Das merkwürdige Denkmal erinnert an den unglücklichen Peruaner Chavez, der 1910 als erster mit einem Flugzeug erfolgreich den Alpenkamm überquert, dann aber bei Domodossola, am Ende seines Fluges, doch noch abgestürzt ist, weil die Flügel des Flugzeuges kurz vor der Landung infolge eines Material- oder Konstruktionsfehlers nach hinten klappten. Chavez starb im Krankenhaus von Domodossola.

Die Straße führt uns über Cozzago weiter in Richtung *Laghi* an Steinbrüchen und Steinverkäufern vorbei, welche Marmor und Granit feilbieten. Wir erreichen das mittelalterliche Mergozzo. Bevor wir uns diesem bezaubernden Ort näher widmen, empfehlen wir dringend die Auffahrt und die Begehung der fast unentdeckten Wallfahrtskirche San Giovanni, die an der östlichen Flanke des Berges Montorfano liegt. Ursprünglich war diese kegelförmige Erhebung eine Insel im Lago Maggiore, der einst bis hinauf nach Cuzzago schiffbar war und als Transportweg Richtung Simplon diente. Das vermehrte Einbringen von Geröllmassen durch den Toce ließ das Einlassdelta des Flusses zunehmend versanden. Der kleine **Lago di Mergozzo** wurde schließlich vom Hauptsee abgetrennt.

Von Mergozzo kommend umfährt man den **Montorfano** an seinem westlichen Fuß auf der Straße nach Verbania und biegt direkt vor der Bahnunterführung links hinan. Nach kurzer und steiler Auffahrt sollte man dort einparken, wo die Asphaltstraße aufhört und alleine schon deshalb zu Fuß weitergehen, um das am Eingang des Weilers gelegene Waisenhaus lärm- und staubfrei zu

Blick v. Montorfano auf den Lago Maggiore

passieren, welches dem Namen des Berges *(‚Berg der Waisenkinder')* seinen Sinn gibt. Inmitten einer kleinen, von Mauerrudimenten früherer Kirchenbauwerke durchzogenen, großen Wiese stößt man auf **San Giovanni**. Die Kirche wurde im 12. Jahrhundert direkt über einer **Quelle** erbaut, die vermutlich Teil eines vorchristlichen Heiligtums war. Die Einfassung der Quelle hat man beim Bau der Kirche rücksichtsvoll durch eine Aussparung im Boden der Nachwelt erhalten. Interessant ist daneben der Übergang eines quadratischen Mittelschiffs des Kirchleins in einen achteckigen Querschnitt der Kuppel, gelöst

Wallfahrtskirche San Giovanni

durch feine viertelkreisförmige Gewölbe, die man Trompen nennt. Die sparsamen Öffnungen in der Fassade sind früher – das ist belegt – mit Alabasterplatten »verglast« gewesen, deren Verbleib ungewiss ist. In sparsamer List hat man zunächst an ihre Stelle hundsgemeine Acrylglasplatten eingesetzt; bei unserem letzten Besuch waren diese durch bronziertes Kathedralglas in Stahlrahmen ersetzt worden – ein gestalterisches Kapitalverbrechen, für welches wir nie und nimmer Ablass gewähren können.

Ein kleiner Spaziergang führt, den Schildern ‚Punto Panoramico' folgend – an der **Trattoria *Belvedere*** vorbei zu einem Aussichtspunkt, der einen überraschenden Blick über die Bucht von Pallanza anbietet: Zu Füßen liegt der aktive Steinbruch, den man beim Auffahren auf den Berg passiert hat. Wer noch etwas herumstreunen will, wird überall in der blühenden Landschaft Spuren der ehemaligen landwirtschaftlichen Nutzung finden. Interessant sind die schönen Einfriedungen aus Granit-Stelen, die den untergegangenen Gärten etwas Mystisches verleihen.

Die Trattoria bietet die viel zitierte »ehrliche und einfache Kost« an. Wer keinen Wert auf gestärkte Tischwäsche und ritualisiertes Flaschenentkorken legt, ist hier – außer mittwochs abends und donnerstags (Ruhetage) – wirklich gut aufgehoben.

Wer etwas mehr Zeit hat, sollte von dem Parkplatz vor der Kirche den Wegweisern ‚Cima' zum Gipfel folgen. Eine gute Viertelstunde des Aufstiegs führt uns in einen aufgelassenen Steinbruch, dessen gewaltiger Derrick-Kran mitsamt allerlei technischer Ausrüstung seit über 20 Jahren als unbekanntes Denkmal des Tagebaus vor sich hinrostet. Mit etwas Geschick und Manneskraft allerdings kann man den Kran immer noch in majestätische Drehbewegungen versetzen und sich so eine Illusion davon verschaffen, wie hier einst WOMO-große Granitblöcke gebohrt, gesägt und verladen worden sind. Wer noch Saft und Kraft hat, kann den Weg bis hinauf zum Gipfel des Berges nehmen und sich von dort oben die Welt zwischen See und Bergen zu Füßen liegen lassen.

Montorfano ist ein unentdecktes Kleinod mit einer ganz starken Atmosphäre. So soll es bleiben. Unter der Bedingung der rücksichtsvollen Nutzung verraten wir es trotzdem als Stellplatz, aber bitte nur für 2 bis 3 kleine Fahrzeuge:

Cima Montorfano

(008) WOMO-Wanderparkplatz: Montorfano
GPS: N 45°56'43" E 8°27'56". **Max. WOMOs:** 2-3.
Ausstattung/Lage: Gaststätte, Wanderwege, Picknickplatz, Spielwiese / im Ort. **Zufahrt:** Folgen Sie südlich des Lago di Mergozzo ab der SS 34 dem Wegweiser nach Montorfano.
Hinweis: Nur für kleine Fahrzeuge unter 6,50 m Länge.

Unser Weg führt uns wieder hinunter zur SS 34 und nach Mergozzo. Wir biegen nach Passieren des Steinbruchs links ab und umfahren den Lago Mergozzo diesmal an seiner Ostseite.

Mergozzo (2.000 Einwohner) lohnt einen Spaziergang, obwohl die beschauliche Promenade ein wenig unter einem ampelgeregelten Engpass der Straßenführung leidet. Trotzdem raten wir zur Einkehr in einem der Straßencafés, am besten montags, wenn ein kleiner und kunsthandwerklich wirklich interessanter Markt abgehalten wird, vielleicht in der *Vineria Portici*,

Mergozzo

Von der Promenade in die Bergwelt

wo man vielleicht doch einen *Spritz* und ein *Affetato* bestellen sollte, um dem gemächlichen Treiben seine Aufmerksamkeit zu schenken. Hier tauchen mitunter *Celebrities* der norditalienischen Bussi-Gesellschaft mit ihren zitternden Windhunden auf und lassen sich lässig anstarren. In der Bäckerei *Al vecchio Fornaio Pasticcere* kann man ein *dolce tipico* erstehen, *la Fuga Scina*, welches ursprünglich nur zum Fest der Heiligen Elisabeth hergestellt worden ist. Heutzutage wird es täglich frisch gebacken und freundlich angeboten.

Wer am Lago di Mergozzo um touristische Kundschaft wirbt, verkündet gerne lauthals, der See sei der sauberste in Europa. Umso bedauerlicher ist die Sperrung aller Parkplätze am östlichen Ortsrand für jeglichen WOMO-Verkehr. Aber es gibt seit der letzten Auflage einen klitzekleinen Lichtblick auf der Nordseite des Dorfes:

(009) WOMO-Stellplatz: Mergozzo
GPS: N 45°57'43" E 8°26'37", Via Sempione 51. **Max. WOMOs**: 6.
Ausstattung/Lage: Ver- und Entsorgung, Strom, Mülleimer, Gaststätten und Laden in der Nähe, Wanderwege / Ortsrand, es sind nur wenige Schritte ins Dorf.
Zufahrt: Der Stellplatz liegt (nicht am See) an der SP 54 nordwestlich des Ortes. **Gebühr**: 10 €.
Hinweise: Der Platz ist nicht besonders lauschig. Man wird tagsüber vom Verkehr und nachts ein wenig auch von der Bahn gestört.

Da wir am See stehen wollten, haben wir uns auf den Campingplätzen umgesehen – und wären auch dabei fast gescheitert. Am schönstgelegenen Gelände, wenige Schritte vom Dorf und mit Blick auf die bunten Hausfassaden, war am letzten Freitag im August nichts zu machen. So blieb uns nur die 2 km entfernte Alternative, wo es ausreichend Platz gab. Auch wenn man keine der aufpreispflichtigen Parzellen am Ufer – mit wunderbarer Sicht über den See zu den Bergen – erwischt, kann man auf Camping *La Quiete*, auf einem Zeltplatz, wie sie früher fast alle waren (wenn man nicht zu dem Bereich mit den Mobilhomes schaut), gut ein paar Tage in einer Mischung aus Alpenluft und südlichem Flair urlauben:

WOMO-Campingplatz-Tipps: Lago di Mergozzo

(010) Camping *La Quiete*
GPS: N 45°57'14" E 8°28'38", Via Filippo Turati. **Ortszentrum**: 2 km.
Tel. 0323 496013. **Öffnungszeit**: Ostern – Ende September.
Ausstattung: Badestrand, sauberer See, Gaststätte in der Nähe, kleiner Laden, Wanderwege.

Zufahrt: Der Platz ist am Ostufer des Sees nicht zu verfehlen.
Preise: 17 – 34 €; Uferrandplätze sind teurer.
Hinweis: Der Platz liegt im Gebiet der Stadt Verbania

(011) Camping *Lago del Fate*
GPS: N 45°57'41" E 8°27'27", Via Pallanza. **Ortszentrum**: 0,2 km.
Tel. 0323 496013. **Öffnungszeit**: Ostern – Ende September.
Ausstattung: Badestrand, sauberer See, Gaststätten und Geschäfte in der Nähe, Wanderwege.
Zufahrt: Der Platz ist am Ostufer des Sees direkt vor Mergozzo nicht zu verfehlen. **Preise**: 27 – 43 €; Uferrandplätze sind teurer.

Das **Ristorante *Raggio di Luna*** südlich neben Camping *La Quiete* haben wir zunächst für einen Stätte gehalten, in der man Touristen mit dem einzigen Anspruch auf schnelles Geld abfüttert (denn südlich liegt ein weiterer Großcampingplatz). Aber dann sahen wir als Qualitätsmerkmal Einheimische in großer Anzahl einparken. Wir haben über die *Pizza con patate frite e wurstel* hinweggesehen und deshalb gut gegessen. Denn selten waren die Auswahl gigantischer und die Preise niedriger *(montags Ruhetag)*.

Von der Promenade in die Bergwelt

TOUR 2

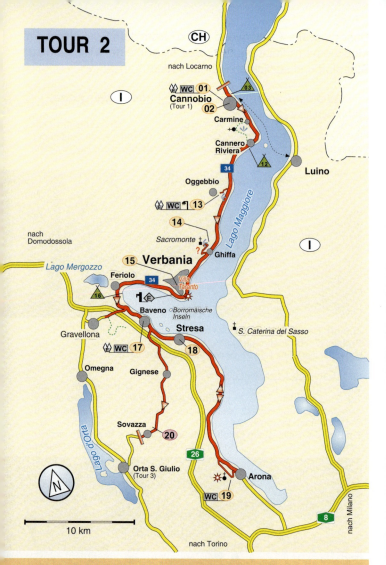

Tour 2: Hol über, Fährmann!
Der südliche Lago Maggiore 88 km

Cannero Riviera - Verbania - Baveno - Arona - Gignese

Stellplätze:	in Oggebbio, in Verbania, in Baveno, in Stresa, in Arona, am Rio Agogna
Campingplätze:	in Cannero Riviera, in Feriolo
Besichtigen:	Borromäische Inseln, Riesenkarl in Arona, Schirmmuseum in Gignese
Wandern:	von Carmine nach Cannero Riv.; zum Steinbruch Baveno

Unsere zweite Tour beginnt – wie die erste – in Cannobio und führt uns am Westufer des Sees hinab nach Süden. Stellen Sie sich auf eine wunderschöne, mediterrane Landschaft, opulente Vegetation und viel Verkehr ein!

Und unsere erste Wanderung bei dieser Tour starten wir am südlichen Ortsausgang von **Carmine**. Eine lang gezogene Ausweichbucht [N 46°02'13" E 8°42'34"] bietet hoffentlich Platz zum Anker werfen:

Über Carmine superiore nach Cannero Riviera

Wir gehen – mit Kamera, Botanisiertrommel und guter Laune perfekt ausgestattet – zurück ins Dorf und steigen am Wegweiser *'Carmine superiore'* über einen gepflasterten Serpentinenweg innerhalb von 15 Minuten hinauf in das kleine Festungsdorf oberhalb des Sees - in den 1960er Jahren schon von den Landflüchtigen verlassen und dem Untergang geweiht. Inzwischen haben Landflüchtlinge und Liebhaber einige der ineinander geschachtelten Berghäuser gekauft und saniert. So kurz der Spaziergang durch die schulterbreiten Gassen ist, so reichhaltig und wehmütig machend sind die Eindrücke. Am Kopf des Hanges steht die freskierte **Kirche S. Gottardo**, von deren kleiner Terrasse, dem ehemaligen Friedhof, der nördliche Teil des Sees überblickt werden kann.

Der Abstieg in die Jetzt-Welt kann nach Süden über eine weite Schleife hinunter zum Ausgangspunkt Carmine genommen (ca. 35 Minuten) oder auf halber Strecke noch nach **Cannero Riviera** (ca. 75 Minuten) verlängert werden. Dieser Weg ist geradezu verwunschen und führt an zahlreichen Artefakten vorbei, die die frühere intensive Nutzung der Hänge zum Obst-, Wein- und Kastanienanbau belegen. Der Rückweg zum Fahrzeug ist dann allerdings weniger verwunschen, denn er führt, abgesehen vom ersten Kilometer, an der Uferstraße entlang. Wir haben es bei unserem letzten Besuch so gemacht: einer geht den kurzen Wanderweg zurück zum Auto und holt die anderen in Cannero ab. Man kann sich aber auch mit dem Boot von der Promenade in Cannero zur Station Carmine zurückfahren lassen.

Sie werden bei der Weiterfahrt zwei rätselhafte kleine **Inseln** bemerken: die **Castelli di Cannero**, ehemals Festungen der Visconti gegen die Schweizer Bedrohung, dann Fluchtburgen einer brandschatzenden Sippschaft namens Mazzarditi, später Lustschloss des Grafen von Borromäo, heute nur noch bizarre Ruinen. In **Cannero Riviera** (1.225 Einwohner) – und übrigens auch auf der Ostseite des Sees, nämlich in Luino – können Ruder oder sogar Motorboote gemietet werden, mit denen man die Inseln umrunden kann. Zu betreten sind die verfallenen Bauwerke leider nicht. Seit Jahren signalisiert ein mächtiger Turmdrehkran auf der größeren der beiden Inseln umfangreiche Bautätigkeit. Die Einheimischen erklären nebulös, dass Reiche und Mächtige aus dem Nahen Osten die Insel gekauft hätten.

Wie oben erwähnt, herrscht in Cannero dramatischer Parkplatzmangel. Wer sein Fahrzeug nicht oben an der Uferstraße abstellen kann, hat keine Chance. Leider ist auch der sehr schön gelegene Campingplatz häufig ausgebucht:

Oggebbio (Platz 013)

(012) WOMO-Campingplatz-Tipp: Cannero Riviera *(Lido)*
GPS: N 46°01'13" E 8°40'48". **Ortszentrum:** 0,5 km.
Tel: 0323 787148 (Reservierung nur für mehrere Nächte).
Ausstattung: Badestrand, Minimarkt, Pizzeria, Wanderwege.
Öffnungszeit: Mitte März – Ende Oktober. **Preise**: 19 – 26 €.
Zufahrt: Folgen Sie in Cannero Riviera an der SS 34 dem Wegweiser.

Außerdem lockt – zu erreichen durch eine Unterführung unterhalb der Uferstraße – ein ordentlich vom Berg herabdonnernder Wasserfall.

Die Szene in Cannero, die Cafés und die Sträßchen sind so interessant, dass man in Betracht ziehen sollte, sich etwa 4 km weiter südlich auf einem wirklich unglaublich guten Stellplatz niederzulassen, dessen Nachteil, dass ein Ort zum Flanieren fehlt, durch die gute Sicht über den See aufgewogen wird:

Hol über, Fährmann!

(013) WOMO-Stellplatz: Oggebbio
GPS: N 45°59'48" E 8°39'13", Via Martiri Oggebbiesi. **Max. WOMOs**: 21.
Ausstattung/Lage: Entsorgung, Wasser an jedem Platz, Strom, Toilette, Spülbecken, beheizte und saubere Sanitärräume, alles behindertengerecht, klappstuhlgeeignet, Mülleimer, kleine »private« Terrasse mit Seeblick an einigen Plätzen; ein Treppenweg führt zum See; Gaststätte in der Nähe, Lebensmittel nach etwa 500 m / am Rande des Dorfes, das über dem Stellplatz liegt.
Zufahrt: Fahren Sie auf der SS 34 zwischen km 24 und 25 am Stellplatzschild hoch.
Gebühren: 1. Reihe: 20 €/Tag, 2. Reihe 18 €/Tag, Dusche 1 € – trotzdem lohnenswert!
Hinweise: Der Anfang der Zufahrt ist so steil und schmal, dass man meint, man habe sich verfahren. Aber direkt am Zuweg steht ein Wegweiser. Die Straße geht schmal weiter, aber sie endet nach etwa 250 m. Der Platz ist bekannt und deshalb in der Saison früh am Abend voll. Man kann dann nach unseren Erfahrungen auch davor stehen.

Wer Interesse an den Sacri Monti (siehe Tour 1) gefunden hat, darf südlich von Oggebbio die Abzweigung nach Ghiffa nicht verpassen. Aber man muss sich zutrauen, sein nicht elefantöses Fahrzeug auf der etwa 2 km langen, teilweise schmalen Zufahrt bei Gegenverkehr an den Rand zu rangieren. Wir haben das **Sacromonte di Ghiffa** und seine schöne Aussichtsterrasse mit Blick auf den Lago allerdings selbst noch nicht besucht und können daher leider keine verlässlichen Angaben zu den Qualitäten des Parkplatzes übermitteln, der uns von Lesern wärmstens als Stellplatz empfohlen worden ist:

(014) WOMO-Stellplatz: Sacromonte di Ghiffa
GPS: N 45°57'45" E 8°36'59". **Max. WOMOs**: 4-5.
Ausstattung/Lage: Tagsüber Toilette und Gaststätte in der Anlage, abends klappstuhlgeeignet / außerorts, einsam.
Zufahrt: Biegen Sie von der SS 34 gegenüber dem rosafarbenen Rathaus beim Wegweiser ‚Santuario SS. Trinita' ab
Hinweis: Teilweise enge Zufahrt; bis 8 m Länge; die Straße ist auf den ersten Metern sehr schmal und wird dann breiter.

Weiter geht's nach Süden: Als nächster Ort taucht **Verbania** (30.500 Einwohner) vor uns auf, gelegen auf einer Halbinsel und einst Zuflucht sowie Sommerfrische reicher Menschen und sehr reicher Engländer. Von dieser gloriosen Zeit zeugen eine wunderschöne Uferpromenade mit bekiesten Wegen, Denkmälern und Imbissbuden, einige pompöse aufgegebene Hotels im

in Verbania

Verbania

Empire-Stil und ein botanischer Garten bei der **Villa Taranto** (ungeliebt wegen großer WOMO-Verbotsschilder auf dem Parkplatz), der dem blässlichen Reisenden gegen Ende des 19. Jahrhunderts einen Einblick in die Möglichkeiten mediterraner Gartenarchitektur geben sollte. Hier kann man sich einschiffen zur Isola Madre und die Interieurs eines borromäischen Schlosses genießen.

Verbania ist eigentlich als verwaltungstechnischer Zusammenschluss der beiden Gemeinden Intra und Pallanza entstanden. Intra war stets gewerblicher verfasst als Pallanza, wovon man sich durch einen Spaziergang am Ufer des Flusses San Giovanni überzeugen kann: Interessante manufakturelle Gebäude lassen ahnen, dass es hier vor der Erfindung des Tourismus bereits reges Treiben gab. Der ehemalige Stellplatz direkt am See ist einem Bauvorhaben zum Opfer gefallen, und der offizielle Ersatz liegt landeinwärts und sieht so aus, wie ein Stellplatz aussieht, der angelegt werden musste, damit die Gemeinde weiterhin einen Stellplatz aufweisen kann:

(015) WOMO-Stellplatz: Verbania

GPS: N 45°55'52" E 8°33'12", Viale G. Azari 97.   **Max. WOMOs**: 30.

Ausstattung/Lage: Mülleimer, klappstuhlgeeignet, Gaststätten und Geschäfte in der Nähe; aus dem Stellplatz nach rechts / Stadtrand; ins Zentrum des Ortsteils von Pallanza gehen Sie die breite Straße nach rechts immer geradeaus Richtung See, man kann aber auch in den Ortsteil Indra spazieren.

Zufahrt: Der Platz liegt beschildert im südlichen Ortsteil Pallanza nördlich des Corso Europa, das ist die SS 34.   **Gebühr**: 12 €.

Ver- und Entsorgung am Corso Europa, das ist die SS 34, ein Stück weiter in **östlicher** Richtung bei N 45°55'38" E 8°33'47".

In Verbania streifen wir fast das Ende unserer ersten Lago-Tour, kürzen aber an der Mündung des Flusses Toce etwas ab. Wir können den Ruhebedürftigen von den zahlreichen Campingplätzen in der Bucht von Pallanza nach sorgfältiger Abwägung am ehesten den Camping *Conca d' Oro* empfehlen – direkt am Wasser, ruhig, freundlich. Die beste Parzelle, sofern verfügbar, ist Platz 3:

(016) WOMO-Campingplatz-Tipp: Feriolo *(Conca d'Oro)*
GPS: N 45° 56'07" E 8°29'14", Via 42 Martiri, 26. **Ortszentrum:** 0,5 km.
Tel: 0323 28116. **Öffnungszeit:** Mitte März – Ende September.
Ausstattung: Badestrand, Restaurant, Laden, sehr ruhig.
Zufahrt: Folgen Sie zwischen Feriolo und Verbania dem Wegweiser.
Preise: 25 - 45 €, Plätze am Wasser sind noch teurer.

Als Alternative dazu können wir einen Stellplatz in Baveno empfehlen, der zwar billiger, aber dafür ziemlich belärmt ist:

(017) WOMO-Stellplatz: Baveno
GPS: N 45° 54'41"; E 8° 30'03", Via Brera. **Max. WOMOs:** 20.
Ausstattung/Lage: Ver- und Entsorgung, Toilette, Spülgelegenheit / Ortsrand.
Zufahrt: Fahren Sie von Feriolo kommend in Baveno nach der Brücke (Hinweisschild) rechts unter den Bahngleisen hindurch.
Gebühr: 12 € / Nacht (kein Automat vorhanden, gelegentlich wird vom *Padrone* der gegenüberliegenden Vespa-Werkstatt abkassiert).
Hinweise: Früh kommen, der Platz ist abends oft belegt, Belästigung durch Zugverkehr und gelegentlich durch feiernde Jugendliche. In der Nähe ein sehr toller Adventure-Park mit Hochseilgarten.

Wichtiger als alle Stellplätze dieser Gegend sind aber die **Steinbrüche von Baveno**, die über viele Jahrhunderte hinweg kostbaren rosafarbenen Granit auf die großen Baustellen der Renaissance geliefert haben. Einen dieser Steinbrüche kann man – allerdings nur durch eine sehr beschwerliche Wanderung – ersteigen:

Aufstieg in die vergessene Steinwelt

Dazu muss man in Feriolo in Richtung Gravellona Toce abbiegen und kurz vor dessen Ortseingang nach links in die *Via Cantonaccio* auffahren. Nach ungefähr 300 m sieht man links am Steilhang – schon fast wieder untergegangen in der Vegetation - vage die Überbleibsel einer

Zahnradbahn, die früher das Gestein in atemberaubendem Gefälle zu Tal gebracht hat. Hier sollte man parken.

Ein asphaltierter Weg führt hinauf in die Stille des Berges. Eine Schranke muss überflankt werden, Verbotsschilder spielen plötzlich keine Rolle mehr. Die von jahrhundertelangem Gebrauch und vielen Zerstörungs- und Sanierungsspuren gezeichnete Straße führt endlos hinauf in die Berglandschaft.

Oben, noch sehr weit oben, sieht man manchmal das Ziel: die große tote Wunde im Bergmassiv. Die Wanderung ist anstrengend und still; nicht oft gehen hier noch Menschen hinauf, weshalb man sogar nicht selten Schlangen aufschreckt, die sich arglos auf dem warmen Asphalt räkeln.

Dann und wann tauchen Artefakte auf. Zweimal überquert man die Reste der erwähnten Zahnradbahn. Der Lohn der Angst und der Anstrengung ist das Ziel selbst: der **Steinbruch**, aufgelassen, überflüssig geworden. Noch nicht mal die großen Radlader hat man hinuntergefahren, als der lange Transportweg den Abbau unwirtschaftlich werden ließ.

Hier ist das Ende der Welt, aber eigentümlicherweise noch nicht seit langem. Eine grandiose Ära des Bergbaus hat außer massivem Schrott nur Stille hinterlassen. Die Natur kommt mächtig zurück. Der Weg hinab ist genauso anstrengend, wie der hinauf es war.

Zurück zum See: Wir erreichen **Stresa** (4.640 Einwohner), Ausgangspunkt für die Besichtigung der berühmten **Borromäischen Inseln**. Mehr noch als in Verbania kann man hier den Untergang des ganz großen Hoteltourismus des 19. Jahrhunderts besichtigen.

Lido di Stresa mit Blick zur Isola Bella

Der schöne Stellplatz am Ufer existiert schon lange nicht mehr. Wer unter zeitlichem oder höchstem erotischen Druck ist, kann einen Parkplatz von Stresa ansteuern:

(018) WOMO-Stellplatz: Stresa

GPS: N 45°53'17" E 8°31'34", Via Regione San Carlo. **Max. WOMOs**: >5. **Ausstattung/Lage**: sehr laut, sehr voll, sehr eng / direkt an der Durchfahrtsstraße. **Zufahrt**: Von Norden kommend direkt hinter der Brücke an der Kreuzung auf der rechten Seite. **Hinweis**: Das ist nur ein Park-, aber kein Übernachtungsplatz für kleine Fahrzeuge.

Ein aufmerksamer Leser hat uns als Alternative einen Stellplatz im Norden von Stresa im **Foscolo Via Ugo** empfohlen, den wir nicht antesten konnten; **GPS**: N 45°53'20" E 8°31'43".

Aber es geht ohnehin um die Inseln – die **Isola Bella** und die **Isola dei Pescatori**. Der Kluge nimmt das Linienboot vom offiziellen Anleger (Isola Bella oder Isola dei Pescatori: jeweils 3,90 €/Person). Nur Vetrauensselige geben der Versuchung nach, sich von einem weiß bemützten Kobermann am Anleger einen »Spezialtarif« für die Überfahrt mit einem kleinen *motoscaffo* aufschwätzen zu lassen. Das kostet – je nach Laune des Seebären – ungefähr 18 €/Person für beide Inseln und dauert nicht länger und nicht kürzer als die offizielle Überfahrt.

Die Isola dei Pescatori war früher, wie schon der Name verrät und wie überall nachzulesen ist, die Heimat redlicher Fischer und ihrer Lieben. Heute ist sie die Heimat unredlicher Andenkenverkäufer und ihrer schlecht bezahlten Erfüllungsgehilfen. In der Tat ist die Uferlinie der kleinen Insel so flächendeckend

Isola Bella

von Buden und Postkartenständern umgeben, dass der Blick auf die gegenüberliegende Küste fast völlig verstellt ist. Hastig und unentwegt werden erstaunliche Menschenmengen angelandet und – ausgestattet mit T-Shirts, Eiswaffeln und bemuschelten Papstbildern – wieder abgeholt.

Die Isola Bella wiederum war, wie ebenfalls überall nachzulesen ist, der Höhepunkt des borromäischen Schaffens und

Isola Bella

wirbt mit **terrassierten Gärten** und enormer Blütenpracht. Auch hier spucken die Schiffe ganz enorme Mengen an Zeitreisenden aus und sammeln sie alle wieder ein, nachdem sich diese gegen Entrichtung von 12 Euro durch die Drehkreuze der Sehenswürdigkeit haben pressen lassen. An den Ablegern können in der kurzen Wartezeit T-Shirts, Eiswaffeln und beseesternte Papstbilder und T-Shirts der Stars von *Juve* käuflich erworben werden.

Zusammenfassend: Wir halten einen Besuch der berühmten Inseln eigentlich für verzichtbar. Wer von Stresa aus eine Seefahrt unternehmen will, sollte besser für 7,80 €/Person nach **S. Caterina del Sasso** übersetzen. Wir kommen auf diese schöne und stimmungsvolle Eremitage am Ostufer des Sees auf Tour 12 zurück. Es gibt dort allerdings weder Eiswaffeln noch beperlmutterte Papstbilder!

Außerdem bietet sich an der Anlegestelle ja auch noch die außerordentliche Möglichkeit, sich mit der Seilbahn auf den Hausberg **Mottarone** hinauf zu schaffen und sich nach ausgiebigem Fernblick von dort entweder mit eigenen oder geliehenen Mountainbikes wieder seewärts hinabzustürzen.

Arona

Hier gabelt sich unsere Tour. Wer noch Lust auf die brodelige Uferkultur hat, kann uns hinab bis **Arona** (16.150 Einwohner) begleiten. Auf dem Weg dahin wird man bemerken, dass der See mit dem Zurücktreten der Bergflanke seinen Charakter verändert: Mit der Zunahme an Fläche wird das kulturelle Angebot ebenfalls etwas seichter – übrigens eine Regel der Architektur: Hochwertiges entsteht eher im Rahmen der räumlichen Verknappung.

Arona - Colosso di San Carlo

In Arona gibt es trotzdem ein hochinteressantes Angebot an Sakralbauwerken: **Zwei Kirchen** stehen in enger Nachbarschaft für die Entwicklung frühbarocker Kunst aus romanischem und gotischem Ursprung: SS. Graziano e Felino und die Basilika Sta. Maria zeichnen sich beide durch gelungene Freskierungen und überraschende Lichtführungen aus. Immer noch ist die Besichtigung beider Bauwerke wegen andauernder Sanierungen allerdings eher ungewiss. Ebenfalls berühmt und etwas kurios ist der **Colosso di San Carlo**, von seinen guten Bekannten auch vertraulich Carlone (Riesenkarl) genannt. Die insgesamt 35 Meter hohe Statue des Heiligen Karl wurde in vorbildlich kurzer Bauzeit von 1624 bis 1698 nach Plänen von Jean-Baptiste Crespi im Auftrag des Kardinals Federico Borromäo erbaut. Eigentlich sollte das gesamte Bauwerk aus reinem Marmor errichtet werden, was an statischen Problemen scheiterte. So wurde dann die Basis aus Vollziegeln gemauert und außen mit Kupferblech verkleidet. Der Koloss darf innerlich über eine schön ausgeführte Treppe für 5 Euro bestiegen werden. Man kann dann aus dem Kopf des Riesenkarls hinausschauen wie aus einem pfälzischen Fasnachts-Schwellkopf und erblickt erwartungsgemäß den See von oben (der Blick vom Sockel kostet nur 3 €).

In der schräg gegenüber gelegenen frühbarocken **Kirche San Carlo** ist eine hochinteressante Dauer-Ausstellung mit (faksimilierten) Zeichnungen des genialen Leonardo da Vinci zu besuchen, die sich mit Fragen der technischen Innovation beschäftigt. Der zum Colosso und zur Kirche gehörende Parkplatz ist ein beliebter Stellplatz, der nur darunter leidet, nicht am See, sondern weit oberhalb desselben zu liegen:

(019) WOMO-Stellplatz: Arona (Riesenkarl)
GPS: N 45°46'06" E 8°32'41". **Max. WOMOs**: 15.
Ausstattung/Lage: Mülleimer, Toiletten (Entsorgung und Wasserfassen ausdrücklich untersagt), klappstuhlgeeignet, Gaststätte/Ortsrand, Fußweg hinunter nach Arona an den See 2,2 km bzw. etwa 40 Minuten.
Zufahrt: Man erreicht den Stellplatz von Norden kommend, wenn man am Ortseingang von Arona scharf rechts abbiegt und ins Vorgebirge auffährt.

Hinweis: Leser wurden von der Touristen-Info genau zu diesem Platz geschickt – ihnen wurde außerdem der Platz direkt neben der Info (tagsüber häufig belegt) empfohlen.

Wir fahren hinab ins Ortszentrum und haben – es ist Dienstag – Glück: Seit dem 14. Jahrhundert wird an der Promenade Markt gehalten. Man bietet neben geklöppelten Deckchen und Socken im Sechserpack auch frisches Gemüse, den Fisch des Sees und andere Köstlichkeiten an. Wir beobachten fasziniert einen Marketender beim Abbau seines Standes. Innerhalb von zwei Minuten falten sich seine stützenfreien Markisen mit einer Grundfläche von annähernd 90 Quadratmetern funkferngesteuert aus dem Aluminium-Gehäuse auf dem Dach seines *Ducatos*. Das sollte man mal am Ostersonntag auf einem gut besuchten Stellplatz zelebrieren!

Seeufer bei Arona

Neidisch schweift der Blick von der Monstermarkise hinüber auf das lombardische Ostufer des Sees: hier thront oberhalb von **Angera** auf der Rocca Borromäa das Meisterwerk der emsigen Familie: die mittelalterliche Burg. Sie ist die perfekte Kulisse für ein Abschiedsfoto vom See.

Hol über, Fährmann!

Aus dem Zentrum von Stresa führt uns der Weg zunächst durch leichtes Vorgebirge mit landwirtschaftlicher Prägung nach **Gignese** (835 Einwohner). Weil Gignese auf eine jahrhundertealte Tradition der Textilverarbeitung zurückblicken kann, hat die Gemeindeverwaltung hier in einem etwas prätentiösen Gebäude mit schirmartigem Tragwerk nichts Geringeres als das bedeutendste **Schirmmuseum** Europas eingerichtet. Eigenartigerweise stehen dem Museum nur drei Parkplätze zur Verfügung. Wir empfehlen also, etwa 300 Meter weiter hinter dem Rathaus zu parken und sich je nach Wetterlage mit oder ohne *ombrello* der wirklich hochinteressanten Kulturgeschichte der Regenabwehr zu nähern *(1. April bis 30. September 10-12 und 15-18 Uhr außer montags; 2 €).*

Wir verlassen die gut beschirmte Stadt durch ein heiteres Tal in Richtung Sovazza. Kurz vor dem Ortseingang dieser kleinen und unbedeutenden Gemeinde liegt – mit einem gelben Schild bezeichnet - in einer lang gezogenen Linkskurve auf der Talseite des Rio Agogna ein angenehmer Stellplatz für diejenigen, die auf dem Land verweilen möchten und besonders den Lesern empfohlen wird, die uns immer wieder schreiben, wir sollten möglichst viele einsame Plätze preisgeben.

(020) WOMO-Picknickplatz: Sovazza

GPS: N 45°49'34 E 8°28'43". **Max. WOMOs**: 5-8.
Ausstattung/Lage: Grillplatz, Tische und Bänke, Mülleimer, klappstuhlgeeignet, Spielwiese, Ausgangspunkt für Wanderungen / außerorts.

Zufahrt: Der Platz liegt an der Straße von Gignese nach Sovazza; weil die Abfahrt von der Straße bei unserem Tourverlauf in spitzem Winkel nach links abzweigt, muss man zunächst an der Abzweigung vorbeifahren und nach einer Kehrtwende in Sovazza den schönen Stellplatz ansteuern.
Hinweis: Der Platz liegt einsam, er ist aber sehr idyllisch.

Von hier aus geht es weiter über Sovazza und Armeno nach **Orta** und damit zur nächsten Tour.

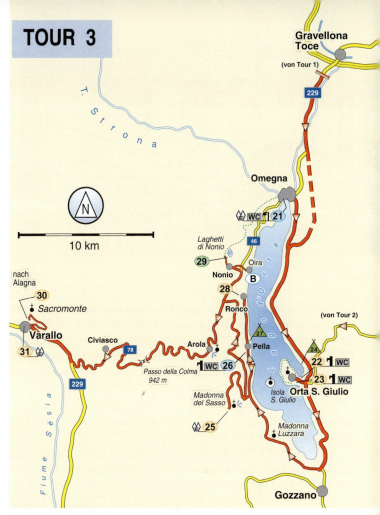

Tour 3: Vom Badevergnügen zur Erleuchtung 90 km

Orta S. Giulio - Pella - Ronco - Varallo

Stellplätze:	in Omegna, in Orta S. Giulio, bei Madonna del Sasso, in Pella, in Ronco, bei den Laghetti di Nonio, in und bei Varallo
Campingplätze:	in Orta S. Giulio, in Pella
Besichtigen:	Altstadt und Sacromonte in Orta S. Giulio, Isola S. Giulio, Madonna del Sasso, Sacromonte di Varallo
Essen:	Restaurants *Al Boeuc* in Orta, *Vecchio Albergo* bei Varallo
Wandern:	um die Halbinsel Orta S. Giulio, von den Laghetti di Nonio nach Omegna, durch den *Sacromonte di Varallo*

am Lago d'Orta

Wir haben in Stresa die etwas hektische Welt des großen Sees verlassen und sind übers stille Land zu seinem kleinen Brüderchen gekommen, dem **Lago d'Orta**, der völlig zu Unrecht ein Schattendasein in den Fahrplänen der Freizeitkapitäne führt. In römischer und noch in mittelalterlicher Zeit wurde die Bedeutung des Orta-Sees wesentlich höher eingeschätzt als die des Lago Maggiore, weil die Straße an seiner Ostseite die bessere Verbindung zum Simplon und damit zur Alpennordseite bot. Davon ist heute nicht mehr viel zu spüren – trotzdem lohnt sich ein Besuch unbedingt.

Falls Sie in Fortsetzung der 2. Tour weiterfahren, treffen Sie direkt auf Orta S. Giulio. Alternativ biegen wir von Tour 1 kurz vor der Auffahrt auf den Montorfano in Richtung Gravellona Toce ab. Wir vermeiden danach die Durchfahrt durch **Omegna** (15.300 Einwohner, donnerstags sehr großer und beliebter Markt; siehe auch weiter unten auf dieser Tour), indem wir den Tunnel nehmen. Südlich der Innenstadt wurde ein schöner, offizieller Stellplatz mit etwas komplizierten Zugangsregeln gebaut:

(021) WOMO-Badeplatz: Omegna

GPS: N 45°51'49" E 8°23'56", Via Caduti di Bologna 7. **Max. WOMOs**: 22.
Ausstattung/Lage: Badegelegenheit im unmittelbar angrenzenden See mit Liegewiese oder im Schwimmbad, Ver- und Entsorgung, Toilette, Dusche, Strom, Mülleimer, klappstuhlgeeignet, WiFi im Preis enthalten / Ortsrand, zu Zentrum ca. 1,8 km.
Zufahrt: Der Stellplatz liegt südlich der Innenstadt von Omegna. Sinnvollerweise fahren Sie auf der Uferstraße des Westufers des Lago di Orta bis zum Stellplatz beim Schwimmbad und vor einem Sportplatz.
Gebühr: 10 - 20 € / Tag, je nach Saison.
Hinweis. Vermutlich muss man sich weiterhin beim Schwimmbades/Sportzentrums (dem angrenzenden Parkplatz (Piazzale Lodi) anmelden, wo man gegen Kaution eine Fernbedienung bekommt, um die Einrichtungen benutzen zu können. Vielleicht wurde der Unsinn aber inzwischen geändert.

Wir fahren zurück und oben um den See herum, auch wenn, die Straße an der Ostseite des Sees nicht viel Erbauliches bietet, weil das Ufer über lange Strecken von der Eisenbahntrasse belegt oder in Privatbesitz ist. Vor vor Orta S. Giulio stößt man auf einen weiteren Stellplatz:

> **(022) WOMO-Stellplatz: Orta S. Giulio** *(Tourist Info)*
> **GPS:** N 45°47'50" E 8°24'58", Via Panoramica.   **Max. WOMOs**: 20.
> **Ausstattung/Lage**: Toilette, Wasser, Mülleimer, Geschäfte und Gaststätten in der Nähe / am Ortseingang, Fußweg in den Ort über den Sacromonte, siehe im folgenden Text.
> **Zufahrt**: Biegen Sie von der Zufahrt nach Orta direkt hinter der Touristeninformation nach rechts ab.   **Gebühr**: 12 € / Tag.
> **Hinweis**. Störungen durch Reisebusverkehr. Nicht für WOMOs über 7 m Länge geeignet. Ab hier ist die Weiterfahrt in den Ort für WOMOs verboten.

Wem es hier zu laut oder zu unromantisch vorkommt – diesen Stellplatz teilt man sich mit Reisebussen, der sollte sein Glück auf dem altbekannten und wunderbaren Stellplatz versuchen, den man dem Schild ‚Sacromonte' folgend nach ca. 500 m aufwärts in den Wald hineinfahrend erreicht:

> **(023) WOMO-Stellplatz: Orta S. Giulio** *(Sacromonte)*
> **GPS:** N 45°47'49" E 8°24'44".   **Max. WOMOs**: 8.
> **Ausstattung/Lage**: Toilette, Wasser, Mülleimer, abends klappstuhlgeeignet, schöner Baumbestand / außerorts,
> **Zufahrt**: Fahren Sie gegenüber dem vorgenannten Stellplatz bergauf. Die Einfahrt des Parkplatzes selbst ist spitzwinklig angelegt – große Fahrzeuge müssen rangieren oder besser die Ausfahrt als Einfahrt benutzen.
> **Hinweis**: Der Platz ist sehr ruhig, etwas abgeschieden, jedoch in der Regel gut besucht.

Der kürzeste Weg in das Zentrum und an den See führt auch von Platz 20 ohnehin über den **Sacromonte** – warum also nicht ausnahmsweise einmal der Bildung den Vorzug gegenüber den fleischlichen Genüssen geben? Sie sollten unbedingt zunächst den Park mit seinen Kapellen zügig durchqueren, um die Aussichtsterrasse an seiner Westseite zu erreichen, wo der Pilgerweg in der chronologischen Ordnung

im Sacromonte d'Orta

Vom Badevergnügen zur Erleuchtung

der Kapellen beginnt. Genießen Sie hier ausgiebig den Blick über den See zu Ihren Füßen und die geheimnisvolle Isola S. Giulio. Dann sollten Sie gemächlich über stille Wege die Lebens- und Passionsgeschichte des Heiligen Franz von Assisi nachgehen, wie sie hier in 20 Kapellen (geplant waren eigentlich 50) in erstaunlich plastischer Bildhaftigkeit dem Volk in Erinnerung gerufen worden ist. Auch ohne jede Erläuterung, sogar ohne belehrende Kommentare aus allwissenden Reiseführern, offenbaren die farben- und formenreichen Szenen alleine durch aufmerksame Beobachtung die bewegenden Themen der Lebensgeschichte des Heiligen, der der katholischen Glaubenslehre einen fast vergessenen Aspekt wiedergegeben hat: Besitzlosigkeit, Demut und bedingungslose Nächstenliebe – in eigentümlicher Entsprechung genau zu denjenigen Zielen, welche die verhasste Reformation den Menschen anbot.

Wer noch etwas bleiben und das Gesehene bedenken will, kann in dem lauschigen **Gartenrestaurant *Sacromonte* *(dienstags geschlossen)*** einen preiswerten Imbiss einnehmen.

Selbst in der Hochsaison ist der Park des Sacromonte erstaunlich unbevölkert. Anders sieht es aus, wenn man den Pilgerweg in die Altstadt hinabsteigt. Trotzdem fühlt der Reisende sich hier wohl, denn der Weg durch steile Gassen, vorbei an der spätgotischen Kirche S. Maria, über die kieselgepflasterte Magistrale zum Hafen hat magische Kraft. Unten, an der Piazza, im Gegenüber der Insel, treffen sich alle Wege und alle Menschen in anmutiger Umgebung. Honoré de Balzac hat seine Eindrücke in seinem Reisetagebuch so zusammengefasst: *»Das Prunkvolle und sein Getümmel liegen entfernt, seine Proportionen werden wieder menschlich«*

Wir können Ihnen zwei Varianten für die Gestaltung des Aufenthaltes in **Orta S. Giulio** (1.000 Einwohner) empfehlen, das sich als eines der *Schönsten Dörfer Italiens* bezeichnen darf (*I borghi più belli d'Italia*): Der ruhige Betrachter bezieht

Isola S. Giulio

Orta S. Giulio

Stellung in einer der vielen Trattorias und nimmt einfach das Treiben in Augenschein.

Der Rührige und Suchende begibt sich auf die geheimnisvolle **Insel**: Das Motorboot fährt alle 10 Minuten und bringt ihn für 2,50 Euro hinüber. Die Überfahrt dauert ungefähr 20 Minuten.

Wer allerdings zur Romantik neigt oder seiner Lieben/ihrem Lieben imponieren möchte, muss in der **Trattoria *Albergo Ristorante Leon d'Oro*** (rechts vom Anleger) dem Kellner beim Begleichen der Rechnung ein kleines Trinkgeld zustecken, wofür ihm wortreich gegen ein weiteres kleines Trinkgeld ein hauseigenes Ruderboot anvertraut wird, welches man nach erfolgreicher Expedition zusammen mit einem dritten kleinen Trinkgeld wieder abzuliefern hat.

Die Insel bietet zwei beschilderte Rundgänge an: den **Weg der Stille** und den **Weg der Meditation**. Beide schlängeln sich um die Basilika, welche berühmt ist für ihre schwarze Marmorkanzel und die dem Heiligen Julius zugeschriebenen Reliquien. Viel schöner und vor allen Dingen viel echter als diese sind die kleinen Stichwege, die von den beiden Rundwegen durch

Vom Badevergnügen zur Erleuchtung   67

schmale Gassen hinab zum Wasser führen und immer andere Perspektiven auf die gegenüberliegenden Uferabschnitte des Sees anbieten. Etwas merkwürdig muten hingegen die zahlreichen und mehrsprachig präsentierten Sinnsprüche an, die den Besucher ermahnen, trösten oder nachdenklich machen sollen.

Wer sich von all dieser Wichtigkeit nicht beeindrucken lassen will, kann – zurück auf dem Festland – von der Piazza eine schöne *Passegiata* zurück zu den Stellplätzen unternehmen: Nach Betrachtung der offenen Markthalle sollte unbedingt ein erstaunlicher Pasta-Hersteller in der Via Olina 8 gewürdigt werden: **Il buon Gustaio** sichert grundsätzlich umfassende Vielsprachigkeit zu. Wer tatsächlich doch keine der hier aufgerufenen 16 Sprachen sprechen sollte, kann einfach auf sprachlos machenden Schautafeln die abwegigsten Varianten der nudeligen Welt genießen. Allerdings nur als Trockensubstanz. Wem der Magen knurrt, empfehlen wir eine Einkehr in die **Taverna Al Boeuc Cantina del 1500** in der Via Bersani, einer Querstraße der Hauptstraße *(dienstags geschlossen, Tel. 339 5840039)*, in welcher man zu zweit für lumpige 14 Euro einen wunderbaren Teller mit *Bruscetta* bekommt, deren Belag von Tomaten mit Basilikum über Radiccio-Crema bis hin zu Trüffel-Crema reicht.

Noch einen *Espresso*, vielleicht eine *Grappa*, und weiter bis zur Via Professore Antonio Poli. Hier ist einer Waschfrau am 28.07.1997 Erstaunliches passiert: Sie erkannte urplötzlich in den Ausblühungen einer durchfeuchteten Fassade zweifellos das Antlitz des heiliggesprochenen Padre Pio wieder und verhökert seither nebenan in einem bezaubernden Laden allerlei heiliges Zubehör. Wir **glauben** erkannt zu haben, dass eine defekte Dachrinne den Putzschaden ausgelöst hat, aber es fehlt uns vielleicht in dieser Hinsicht an ausreichender Frömmigkeit.

Von hier aus erreicht man nach angemessenem Erstaunen den Uferweg, der einen um die nördliche Hälfte der Halbinsel an die oben erwähnten Stellplätze zurückbringt. Der **Spaziergang** dauert etwa eine halbe Stunde. Kleine Naturhäfen zeigen deutlich, dass der Wasserspiegel des Lago früher um einen halben Meter höher lag als heute. Die Einbindung des Sees in die Wasserversorgung der Region hat zwar zu einer Niveauabsenkung geführt, aber im Gegenzug dafür gesorgt, dass sich seine Wasserqualität beträchtlich verbessert hat und der See überall zum Baden einlädt.

Nördlich der Halbinsel, an der Straße nach Pettenasco bzw. Omegna, also auf dem Ostufer, liegen einige Campingplätze, von denen nach unserer Auffassung der schönste der Campingplatz *Orta* ist, besonders wenn man einen der Plätze direkt am Ufer erhaschen kann:

> **(024) WOMO-Campingplatz-Tipp: Orta-Pettenasco** *(Orta)*
> **GPS:** N 45°48'06" E 8°25'14", Via Domodossola 28. **Ortszentrum:** 1,5 km.
> **Tel.** 0322 90267. **Öffnungszeit:** März bis Jahresende.
> **Ausstattung:** Laden, Gaststätte, direkt am Badestrand oder von der Straße vom Strand getrennt, Wanderweg.
> **Zufahrt:** Der Platz liegt beschildert nördlich des Ortes und nördlich der Halbinsel an der Straße nach Pettenasco.
> **Preise:** 24-36 €; Plätze direkt am Wasser sind teurer.
> **Hinweis:** Am besten sind die Plätze Nr. 1A bis 12A.

Unsere Tour führt uns zurück um den Südzipfel des Sees zum Westufer, vorbei an den selbstbewussten Villen bis Buccione. An einem Kreisel vor Gozzano fahren wir Richtung San Maurizio d'Opaglio. Kurz vor der Stadtgrenze liegt rechts unterhalb der Straße die kleine **Kapelle Madonna di Luzzara** in ziemlicher Vergessenheit. Sie kann im Inneren leider nicht besichtigt werden; eine Betrachtung der eigentümlichen Fresken und der drei bienenkorbartigen Absiden von außen lohnt sich trotzdem.

In Maurizio biegen wir Richtung Lagna bzw. Pella ab, um ein Stück weit am Seeufer entlang bis zur Kirche S. Filiberto mit ihrem freistehenden Glockenturm zu fahren. Dort winden wir uns Richtung Boleto ansteigend durch den winzigen Ort Alzo hindurch. Bald führt uns eine Abzweigung nach links über steile Serpentinen durch den Wald hinauf zur stolz über dem See gelegenen **Wallfahrtskirche Madonna del Sasso**. Hier finden wir in der opulenten Barockkirche erstaunliche Fresken und

Madonna del Sasso

Trompe l´Œils sowie von der Terrasse eine traumhafte Aussicht auf den Orta-See und die Isola S. Giulio vor, vor allem einen überaus empfehlenswerten Stellplatz:

> **(025) WOMO-Stellplatz: Madonna del Sasso**
> **GPS:** N 45°47'22" E 8°22'20". **Max. WOMOs:** 15.
> **Ausstattung/Lage:** Ver- und Entsorgung, Mülleimer, abends klappstuhlgeeignet, Gaststätte mit Aussichtsterrasse, Spielplatz und WC beim nahe gelegenen Kiosk / außerorts, einsam.
> **Zufahrt:** Der Platz liegt vor dem Santuario rechts genau gegenüber dem Friedhof.
> **Hinweis:** Nur für Fahrzeuge bis 6,50 m erlaubt (was nicht ohne Grund angeordnet worden ist), Engstelle an der Zufahrt (Spiegel einklappen). Leichte Schräglage.

Vom Badevergnügen zur Erleuchtung

Wegen der Steilheit der Uferhänge ist die Westseite des Lago d'Orta nur bis Ronco erschlossen. Südlich von **Pella** (1.180 Einwohner) kommt ein Parkplatz als Stellplatz infrage, der sogar fast ans Seeufer grenzt:

(026) WOMO-Badeplatz: Pella
GPS: N 45°47'42" E 8°22'59". **Max. WOMOs**: 10.
Ausstattung/Lage: Badestelle jenseits der Straße, Wasser, Toilette, Mülleimer, abends klappstuhlgeeignet, Gaststätte und Geschäft im nahen Dorf / Ortsrand. **Zufahrt:** Der Platz liegt am südlichen Ortsrand von Pella.
Gebühr: 10,50/Tag.

Nördlich des Dorfes entdecken Sie einen kleinen Campingplatz in schöner Lage. Außerhalb der Hochsaison lohnt sich der Versuch, hier an einem der Stege Anker zu werfen:

(027) WOMO-Campingplatz-Tipp: Pella
(Castellania del Lago d'Orta)
GPS: N 45°48'12" E 8°23'15". **Ortszentrum:** 0,5 km. **Tel.** 0322 969298.
Öffnungszeit: Unbekannt. **Ausstattung:** Snack, Brotverkauf, Bademöglichkeit, sehr ruhig.
Zufahrt: An der Straße von Pella Richtung Ronco am Ortsausgang rechts.
Preis: 24 €. **Hinweis:** Keine Hunde!

Auch wenn die Straße in **Ronco** als Sackgasse endet, sollte man den Weg in das kleine Dorf nicht scheuen. Denn hier ist die Welt wirklich noch in Ordnung. Am Ortseingang gibt es Platz für etwa 5 WOMOs, durchaus auch für eine Übernachtung:

(028) WOMO-Stellplatz: Ronco
GPS: N 45°49'36" E 8°22'52". **Max. WOMOs**: 2.
Ausstattung/Lage: Mülleimer, Gaststätte / Ortsrand.
Zufahrt: Fahren Sie von Pella nach Ronco und parken Sie am Ortseingang.
Hinweis: Für große Wohnmobile nicht geeignet, etwas eng.

Weiter hinein zu fahren ist unmöglich, denn der kleine Fischerort besteht lediglich aus einigen Gassen, die zu einer beschaulichen Piazza am Wasser führen. Wer baden will, sollte aus den Weingärten einem schmalen Terrassenweg nach Norden folgen, der ihn nach ca. 800 m an einen beschaulichen und schattigen Kiesstrand bringt.

Wer die Westküste des Sees weiter erkunden möchte, kann die Straße von Pella über Cesara Richtung Nonio nehmen. Hier zweigt nach links eine kleine Straße in die Mitte des Dorfes ab, welche dann die Hauptstraße unterquert und auf einer steilen Stichstraße zum See hinunter nach **Oira del Lago** führt. Dieses Sträßchen ist jedoch allenfalls für kleine WOMOs geeignet und dies auch nur bis zum öffentlichen Parkplatz am rechten Straßenrand, von dem aus nach etwa 400 m Fußmarsch das vergessene Örtchen erreicht wird. Wir raten aus eigener

Erfahrung dringend davon ab, mit dem WOMO den weiteren Weg nach unten anzutreten. Wer ein großes Gefährt besitzt und vermeiden will, den Rückweg hinauf nur noch unter Zurücklassung von Ab- und Frischwasser, Motorrad und Freundin anzutreten, sollte bereits in Nonio im Bereich des bemerkenswerten Treffpunkts **Cercolo Obraio** parken und den gesamten Weg zu Fuß antreten (ca. 1.500 m). Er wird für die kleine Mühe entlohnt mit einem tollen **Badeplatz** – oft gut besucht von den lokalen *Raggazzi* – und einem ausgezeichneten Restaurant, welches den frischesten Fisch des Sees anbietet.

Zurück in **Nonio** (851 Einwohner) reizen ein weiteres kleines Abenteuer und ein netter Stellplatz: die **Laghetti di Nonio**. Der Weg ist vom Dorfplatz in Nonio ausgeschildert und mit Respekt gegenüber dem landwirtschaftlichen Verkehr gut zu befahren. Man erreicht die kleinen Fischweiher nach 1,5 km und findet relativ viel Platz vor, der allerdings in der Höhe durch Baumbestand beschränkt ist. Die *Osteria* bietet einfache Speisen zu angemessenen Preisen, auch wenn die Karte handgeschrieben ist.

> **(029) WOMO-Wanderparkplatz: Laghetti di Nonio**
> **GPS:** N 45°51'17" E 8°22'26". **Max. WOMOs:** 5.
> **Ausstattung/Lage**: Mülleimer, Gaststätte, Spielplatz, Wanderwege / außerorts, außerhalb der Saison einsam.
> **Zufahrt**: Folgen Sie von Nonio den Wegweisern zu den *Laghetti*.

Wer den Tag müßig verbringen möchte, wird sich in einen Stuhl auf der Terrasse der *Osteria* fläzen und den Anglern ab und zu ein Augenblinzeln widmen. Wer sich ein wenig die Beine vertreten will, erforscht vielleicht die fast zur Gänze überwucherten Wehre, Kanäle und zerfallenen Gemäuer längst verlassener Mühlengebäude. Ein unternehmungslustiger Leser hat uns berichtet, dass man mit ein wenig Forscherdrang Spaziergänge an alten und aufgelassenen Wasserkanälen unternehmen kann. Wer auch damit seinem Bewegungsdrang noch nicht ausreichend nachgegeben hat, nimmt sich den ausgeschilderten Wanderweg durch den Wald Richtung **Omegna** (siehe am Anfang der Tour) über uralte, gepflasterte Handelspfade und vorbei an einigen Wasserfällen vor, der allerdings Trittsicherheit und etwas Leidensbereitschaft voraussetzt, denn er wird nicht mehr gepflegt.

Omegna selbst – über die Landesgrenzen hinaus bekannt für die Ungeschicklichkeit seiner Taschendiebe – taugt als Anlaufort zur Ergänzung der Vorräte und ist donnerstags Schauplatz eines munteren Marktes. Im Übrigen leidet die Stadt sichtbar unter der üblichen Bürde der italienischen Mittelzentren: Verkehrschaos, Bausünden, Lärm (zum Stellplatz siehe am An-

Maria Assunta

fang der Tour). Nicht umsonst wählt der von Norden kommende Reisende die Umgehung durch den Tunnel, der von Gravellona Toce aus das Passieren der Stadt überflüssig macht.

Wir verlassen den kleinen, großartigen See Richtung **Arola**, um uns über den Passo della Colma hinüber zu begeben in das Valle Sesia mit seinem überwältigendem Wallfahrtsort **Varallo** (7.800 Einwohner).

Wer noch einen letzten Blick zurück auf den See werfen will, sollte am Ortsausgang von Arola linker Hand in den Parkplatz der kleinen **Kirche Chiesa Maria Assunta** einbiegen und hier unter Rücksichtnahme auf die örtliche Sitte innehalten. Im Abendlicht überschaut man den See, die Halbinsel, die Insel und alles Erlebte. Dieser **Stellplatz** ist von wunderschöner Anmutung und sollte genau deshalb nicht überstrapaziert werden. Wir geben keine Koordinaten aus.

Bereits beim Passieren von **Civiasco** erhascht man den ersten Blick auf den **Sacromonte di Varallo**, der mit anderen Sacromonti im Jahr 2003 in die UNESCO-Liste des Weltkulturerbes aufgenommen wurde (siehe Tour 1). Dieses oberhalb der traditionsreichen Stadt gelegene älteste Wahrzeichen der Gegenreformation mit seinen 45 Kapellen wurde bereits 1497 begonnen und sollte zunächst nur die Stationen der Passion darstellen. Später wurde das Bauprojekt von Carlo Borromeo, dem Erzbischof Mailands, auf enorme Weise vergrößert. Unter Inanspruchnahme der führenden Maler, Bildhauer und Architekten wurde die Anlage bis 1650 im Sinne des Manierismus und der bildhaften Übersteigerung fertig gestellt. Zusammengenommen sind in den 45 Kapellen, die teilweise gruppiert sind, ungefähr 600 plastische und 4000 gemalte, überlebensgroße Figuren entstanden, die den Betrachter in ihrer Mischung aus Zwei- und Dreidimensionalität bisweilen geradezu anspringen. Die Gesichter scheinen zu leben. Der Weg durch die Kapellen ist – wie

im Sacromonte di Varallo

Sacromonte di Varallo

ein gutes Drehbuch – dramaturgisch durchgebildet und führt den Besucher hinauf zu einem perfekt strukturierten Platz unterhalb der Wallfahrtskirche, der aber immerhin noch weit oberhalb der nichtig gewordenen Stadt liegt. Dieser Platz hat den Pilger gleichzeitig unterworfen und ihn von der Unterwerfung erlöst.

Das Erstaunlichste der gesamten Darstellung liegt jedoch darin, dass die Szenen zwar traditionell und im Wesentlichen biblisch sind, die Ausführung jedoch mit den Attributen der Herstellungsepoche, also der Renaissance, daherkommen. Auf diese Weise erhielten die Bilder eine bis dahin ungekannte Aktualität. In der 39. Kapelle wird der Zeitsprung am deutlichsten: vor der italianisierten Kulisse Jerusalems wohnen Bauern in der traditionellen Tracht des Sesia-Tals demütig und tiefgläubig der Kreuzabnahme Christi bei. Zum ersten Mal in der abendländischen Kunstgeschichte wurde in großem Umfang der Versuch unternommen, scheinbar Altbackenes dem Betrachter dadurch wieder schmackhaft zu machen, dass man es in zeitgenössische Gewänder kleidete und so auf überzeugende Weise aktualisierte. Varallo ist die erste Zeitreise und der erste Comic der religiösen Kunstgeschichte gleichzeitig.

Geparkt wird **vor** all diesen Erkenntnissen unterhalb der ersten Kapelle, nachdem man sich aus Varallo kommend den braunen Schildern folgend hinaufdestilliert hat. Wer sich der Unterwerfung zeitgemäßer nähern will, folgt in der Stadt den braunen Schildern ‚Funivia' und benutzt die Seilbahn, die allerdings leider nicht an den Beginn des Passionsweges führt. Die Seilbahn fährt von Montag bis Freitag von 9 bis 18 Uhr und samstags sowie sonntags von 9 bis 19 Uhr. Hin- und Rückfahrt kosten gerade mal 5 €. Der Besuch der heiligen Anlage selbst ist übrigens kostenlos, während der Stellplatz nicht ganz umsonst ist. Dagegen ist die Erlösung wirklich wohlfeil. Der Stellplatz ist in drei Terrassen (eine davon begrenzt auf 2,0 Tonnen zulässiges Gesamtgewicht) neu angelegt worden und bietet seitdem mehr Platz, eine nächtliche Beleuchtung und eine tolle Aussicht ins Tal:

(030) WOMO-Stellplatz: Varallo *(Sacromonte)*
GPS: N 45°49'10" E 8°15'26". **Max. WOMOs**: 10.
Ausstattung/Lage: Mülleimer, klappstuhlgeeignet, Restaurant, Kiosk, Ver- und Entsorgen bei Platz Nr. 31 / Ortsrand, ruhig.
Zufahrt: Folgen Sie am nordöstlichen Ortsausgang über eine schmale asphaltierte Straße den Schildern ‚Sacro Monte'.
Gebühr: 5 € über einen Automaten.
Hinweis: Tagsüber ist die Parkdauer auf 3 Stunden begrenzt.

Wenn dieser Stellplatz belegt sein sollte, kann man auf einen etwas profanen Platz unten im Stadtzentrum ausweichen:

(031) WOMO-Stellplatz: Varallo *(Centro)*
GPS: N 45°49'05" E 8°14'56", Via Sant' Antonio. **Max. WOMOs**: 5.
Ausstattung/Lage: Ver- und Entsorgung, Strom, Gaststätten, Geschäfte, Teil eines großen Parkplatzes, durch Markierungen abgetrennt, einige Bäume / im Ort.
Zufahrt: Fahren Sie von der SS 299 am westlichen Ortsende nach rechts in die Via Gabbio, dann rechts in die Via Mario Rossi Tancredi, danach rechts in die Via Morgiazzi, dann nach links in die Via Sant'Antonio (Achtung: an großen Feiertagen teilweise gesperrt).
Gebühr: 10 €, die man laut Anschlag im Rathaus zu bezahlen hat – wir haben das versucht: niemand war dort zuständig. Zuletzt waren alle Schilder, die auf eine Bezahlpflicht hinweisen, zugeklebt.
Hinweis: An Werktagen ab 7 Uhr stark frequentiert. Maximal 48 Stunden. Man steht nahe der Entsorgungsstation.

Hier endet unsere Tour 3. Die nächste Tour führt in das Val Sesia und seine beiden Seitentäler hinauf – und wieder hinab, denn die Täler haben am oberen Talschluss keinen Ausgang nach Norden oder Westen, jedenfalls nicht für WOMO-Fahrer. »What goes up must come down« – daran werden sich die Leser in der Gnade der frühen Geburt noch erinnern, *Blood Sweat and Tears*, 1969. Das gilt auch hier. Der Rückweg führt nach Varallo zurück.

Wer wenig Zeit oder keine Lust auf eine Expedition in das Land der Walser hat, der kann sich von hier direkt auf unsere 5. Tour nach Süden begeben.

Er wird aber einiges versäumen.

TOUR 4

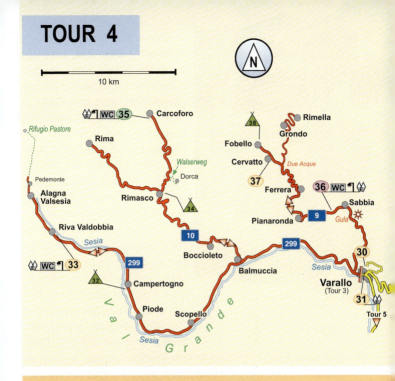

Tour 4: Walserdörfer, Walserwege und eine RayBan-Brille 120 km

Campertogno - Alagna - Rimasco - Rima - Carcoforo
Cervatto - Rimella

Stellplätze:	in Riva Valdobbia, in Carcoforo, in Piano delle Fate, in Cervatto
Campingplätze:	in Campertogno, in Rimasco, in Fobello
Besichtigen:	Zentrum in Alagna, Walsermuseum in Pedemonte, Marmormuseum in Rima
Essen:	Pizzeria *Il Gatto e la Volpe*, oder *Relais San Rocco* in Campertogno, Ristorante *Berge* in Carcoforo
Wandern:	zum Rifugio Pastore, nach Dorca, durch Rimella und seine *Frazzioni*

Es geht weiter nach Westen in das **Val Sesia**, unberührt, untouristisch und erfreulich unbekannt. Das Hauptal heißt **Val Grande**, seine beiden Seitentäler heißen Val Mastallone und Val Sermenza. Keines dieser drei Täler hat einen Ausgang nach Westen, Norden oder Süden. So entspricht der Rückweg am Ende der Tour genau dem Hinweg: Sie führt wieder nach Varallo zurück.

Val Grande

Zunächst mal wollen wir schauen, was das Haupttal anbietet. Schon nach einigen Kilometern auf der SP 299 erkennt man, was den Charme des Tals ausmacht: Alles wird einfacher und schlichter, die brüllenden Werbetafeln werden seltener, an der Straße selbst, unten am Fluss Sesia und an den Gegenhängen tauchen kleine und kleinste Weiler auf, die teilweise nicht mit befahrbaren Straßen erschlossen sind. Viele sind nicht mehr bewohnt, andere werden von den Verbliebenen und den wenigen dazugekommenen Stadtflüchtlingen tapfer verteidigt und beharrlich erneuert. Sie sind Ausgangspunkte von Wanderungen, auf denen man eher Steinböcken und Luchsen begegnet als lärmenden Wandergesellschaften.

Bei uns in Deutschland werden Immobilien vorrangig nach ihrer Lage taxiert. Der Makler teilt ein in »1A«, »1B«, »2A« und so fort. Je besser die Lage, desto höher der Preis. Hier jedoch könnte man die Lage der Weiler so kategorisieren:

Kategorie 1: Erschließung durch die Landstraße

Kategorie 2: Erschließung von der Landstraße über eine ziemlich wacklige Brücke für den Autoverkehr

Kategorie 3: Erschließung von der Landstraße über eine sehr wacklige Brücke für den Fußgängerverkehr

Kategorie 4: Erschließung über einen Pfad durch die Tiefe des Flusstals, Materialtransport durch eine das Tal überspannende Lastenseilbahn, diese rückverankert an Baumstämmen oder vage einbetonierten Ölfässern

Kategorie 5: Erschließung nur über einen Pfad durch die Tiefe des Flusstals

Hier gilt – ganz im Gegensatz zur Kö in Düsseldorf – die Regel: je schlechter die Erschließung, desto besser die Lage, wenn man Einsamkeit und Authentizität hoch einschätzt.

In Balmuccia weitet sich das Tal etwas auf. Nach Norden zweigt die SP 10 in Richtung Rimasco ab. Wir werden sie später noch antesten. Am Ufer der Sesia liegt noch in Balmuccia das schräg-schöne Raftingzentrum *Monrosa*, dessen Zufahrt leider unter der Landstraße hindurchführt und nur mit WOMOs der Kleinbus-Klasse befahrbar ist. Vor der Unterführung ist aber genug Platz zum Abstellen der großen Schinken. Die Rafting-Freaks sind offen, lustig und gastfreundlich. Nichts spricht dagegen, ihnen einen Besuch abzustatten, einen Blick in diese Nische der Freizeitvergnügung und sich selbst in die kühlen Fluten der Sesia zu werfen.

Nun kommen mehr und mehr bauliche Anzeichen für das am Talschluss wartende Skigebiet des Monte Rosa in Sicht, lange bevor das Bergmassiv selbst überhaupt zu sehen ist: Appartementblöcke aus unbeholfen natursteinverkleideten Stahlbetonskeletten, denen die Garagen und Skiställe in den Erdgeschossen eine eigentümliche und fremde Anmutung verleihen. In **Scopello** häufen sie sich und verdrängen mit roher Gewalt die schönen ländlichen Bauformen. Viele dieser Bauwerke entstammen der eigenartigen Strömung einer norditalienischen Architekturmode der späten 1980er Jahre: Die selbsternannten »*brutalisti*« hatten sich damals auf die Fahne geschrieben, eine bewusst schockierende Formensprache aus Beton und Stahl gegen die scheinbare Spießigkeit der Bergwelt zu stellen. Ihre Werke haben eine kurze Halbwertszeit, wie wir inzwischen wissen. Viele sind bereits **brutal** abgerissen worden.

In **Piode** dann ein Zeichen der Hoffnung: An der rechten Straßenseite lädt eine Käserei zum Verkosten des landestypischen *Toma* ein, einem würzigen Weichkäse aus der Milch des Almviehs.

in Campertogno

Man erreicht dann **Campertogno** (250 Einwohner) und wundert sich über einen überdekorierten Schuppen rechterhand,

kurz hinter dem Ortseingang. Hier bietet ein Universalgenie und »Zimmermo« (eine erste Begegnung mit dem alten Walserdeutsch) in seinem Schnitzladen »WalserButena« eine unglaubliche Fülle von geschnitzten, gedrechselten und gesägten Objekten des täglichen Gebrauchs und der völligen Überflüssigkeit an. Es gibt kaum etwas, was der Meister, muskulös und prächtig belockt, nicht im Angebot hätte: Vogelkäfige, Bürsten, Kochlöffel, Spazierstöcke, laubgesägte Schlüsselbretter, Skulpturen, Tröge, Bütten und Pfeifenhalter. Nichts ist sicher vor der zupackenden Hand des Holzbezwingers, für jeden Geldbeutel und jeden Geschmack ist etwas dabei. Eine Einkehr lohnt sich für den Meister und den Reisenden gleichermaßen.

Im Zentrum von Campertogno fällt dann eine mächtige Pfarrkirche durch einen ungewöhnlichen aufkonsolten Treppenweg auf, der beide Portalseiten miteinander verbindet. Entweder hat man die Kirche zu nahe an die Straße gesetzt oder die Straße später zu nahe an der Kirche vorbeigeführt. Aus der Not ist eine architektonische Tugend geworden.

Kurz davor liegt linkerhand der Gemeindeplatz, auf dem freitags ein rührender kleiner Wochenmarkt abgehalten wird. Hier zweigt eine Schotterpiste ab, die einen Flussarm der Sesia überquert und zu einem allerliebsten Campingplatz führt:

(032) WOMO-Campingplatz-Tipp: Campertogno
(Il Gatto e la Volpe)

GPS: N 45°47'50" E 8°01'56".
Ortszentrum: 0,2 km.   **Tel:** 0163 77377.
Öffnungszeit: April - September.
Ausstattung: Pizzeria, Bar, Bademöglichkeit, sehr ruhig.
Zufahrt: Fahren Sie vom Gemeindeparkplatz beschildert über einen Schotterweg, auf dem Sie den Fluss überqueren.
Preis: 30 €.

Die **Pizzeria** ist grandios. Der *Pizzaiolo* hantiert mitten im Gastraum mit großer Gebärde am Holzkohle-Ofen, sein Juve-Trikot ist stramm über die breite Brust gespannt, das Essen gut und billig und der Landwein gut gekühlt. Man kann auch draußen sitzen und dem Gemurmel des Flusses oder dem Geschrei der spielenden Kinder lauschen.

Es geht aber auch anders. Vielleicht ist ein Hochzeitstag oder die Promotion der jüngsten Tochter zu feiern – dann winkt das **Relais San Rocco**, untergebracht in einem superschönen Herrenhaus aus der späten Renaissance mit einem durchgestylten Garten. Die Zufahrt zweigt kurz hinter dem Schnitzmeister steil nach rechts von der Hauptstraße ab. Hier muss man unter 0163 77161 reservieren und pro Nase wenigstens 100 Euro auf Tasche haben. Dafür gibt's aber in vier Gängen wirklich was ganz Feines aufs antike Porzellan.

Acht Kilometer weiter aufwärts erreicht man den Weiler Riva Valdobbia und ein sehr nettes Freizeitzentrum *(Area Sportiva)* mit Calcettoplatz, Tennisplätzen, Spielplätzen und einem anständigen Stellplatz:

(033) WOMO-Stellplatz: Riva Valdobbia

GPS: N 45°50'04" E 7°57'15", SS 299. **Max. WOMOs**: 40.
Öffnungszeit: 1. 4 - 1. 11.
Ausstattung/Lage: Ver- und Entsorgung, Toilette, Dusche, Strom Mülleimer, Gaststätte klappstuhlgeeignet, Spielplatz / Ortsrand.
Zufahrt: Der Platz liegt an der Umgehungsstraße SS 299 rechterhand, gut ausgeschildert.
Gebühr: 13 € / Nacht, 3 € für Strom, zu entrichten an der Rezeption, diese geöffnet 10 - 12 und 15 - 18 Uhr.

Hier installieren sich viele *local people* für ein Wochenende oder einen kurzen Urlaub in der Sommerfrische, die rege miteinander kicken, palavern und grillen. Die Parzellen sind terrassiert und groß genug für ein umfangreiches Lagerleben. Das Ristorante hat noch keinen Stern, wird diesen auch nie bekommen, will ihn auch gar nicht, bietet aber leckere Einfachheiten für einstellige Beträge an. Die Kinder können die Rutsche malträtieren, die Väter am Kurbler die Kräfte messen, die Mütter bestellen »uno spritz« für 2,80 € und bekommen unaufgefordert eine kleine Schale mit Salzgebäck und Oliven dazu. Mehr braucht man wahrhaftig nicht.

Dann kommt **Alagna Valsesia** (420 Einwohner) in Sicht, erste Walsersiedlung aus dem späten 13. Jahrhundert und damit Vorposten einer bemerkenswerten Siedlungsbewegung. Der Name Alagna leitet sich aus dem deutschen Wort *Land* und von der walserischen Bezeichnung *Olen (das Land am Fluss)* ab.

Die Walser, willkommene Einwanderer

Die Walser, ein ursprünglich germanisches Volk, wanderten zwischen dem 13. und 15. Jahrhundert aus ihrer Heimat, dem Wallis, aus und zogen über den Alpenbogen nach Süden, auf der Suche nach besseren Lebensbedingungen. Unterstützt wurde diese Abwanderung durch die Befreiung aus den Leibeigenschaften und durch den Druck, den der stetige Bevölkerungszuwachs auslöste. So gelangten diese Bauern und Hirten in monatelangen Märschen in die italienischen Bergtäler, unter anderen in das abgelegene Sesiatal, wo sie sich an den Südhängen des Monte Rosa niederließen und die Siedlungen Rimella, Alagna, Riva Valdobbia, Rima und Carcoforo gründeten. Die Walser waren somit frühe »Wirtschaftsflüchtlinge«. Sie begannen, die unbesiedelten Alpentäler urbar zu machen und die kargen Böden zu bearbeiten. Hierfür rodeten sie Wälder an höchsten Stellen, um Weideland zu schaffen, und leiteten Schmelzwasser über ausgeklügelte Bewässerungssysteme bis in die Dörfer hinab. Durch die harte Arbeit und ihren Fleiß erwirtschafteten sich die Walser einen für Bauern bemerkenswerten Wohlstand und lebten für damalige Verhältnisse in einer außergewöhnlichen Freiheit der Person. Sie waren 3 Jahrhunderte lang befreit von jeder Steuerpflicht.

Walserdorf

Die vorhandenen Ressourcen Wald und Fels nutzten die Walser als Baumaterial und entwickelten daraus eine unverwechselbare Bauernarchitektur, die beispielhaft in Pedemonte, dem restaurierten Ortsteil von Alagna, bewundert werden kann. Die Bauweise war funktionell und passte sich hervorragend in die Landschaft und an das Klima an. Die Gebäude bestanden üblicherweise aus drei Geschossen: dem Erdgeschoss aus Trockenmauerwänden, in dem sich der Stall, das Wohnzimmer, die Küche und die Milchkammer befanden; darüber in hölzerner Blockbauweise ein Stockwerk mit den Schlafzimmern und Räumen für Arbeitsgeräte und im obersten Geschoß unter dem mächtigen, schiefergedeckten Dach der Speicher für Getreide, andere Lebensmittel und Ackergeräte. Umgeben war der Bau ringsum von einem Balkon, an dessen Querstangen ausreichend Platz für das Trocknen von Heu und Hanf vorhanden war. Heute werden diese meist von üppigen Geranienstauden geziert. Erschlossen wurden die Etagen durch eine Außentreppe.

Die Orte der Ansiedlung wurden sorgfältig ausgewählt. Schutz vor dem Wind aus Norden, Sonneneinstrahlung aus Westen, die Nähe von Wasser und die Existenz von Wiesengründen waren die Kriterien. Die Siedlungen überschritten nie eine kritische Grenze von 20 bis 30 Anwesen. Wenn die Natur darüber hinaus gehende Angebote an Land oder Wasser bereithielt, wurde nicht etwa die Siedlung vergrößert, sondern in einem ausreichenden Abstand eine weitere Siedlung gegründet. Dieses Prinzip ist viel später von den Städteplanern des 20. Jahrhunderts nach vielen frustrierenden Erfahrungen mit Großformen wiederentdeckt worden: *If something is too big it might be wrong.*

Die Walser bildeten zwar keine förmliche Religionsgemeinschaft, waren aber dennoch tief gläubig. So hatte jede Ansiedlung neben einer gemeinsamen Scheune und Produktionsstätte, einer Mühle, einem Ofen und einem Brunnen auch immer eine Kirche und oftmals mehrere Oratorien. Jedes Haus besaß ein besonderes kleines Fensterchen, das nur nach einem Todesfall geöffnet wurde, so dass die Seele des Gegangenen ungehindert in den Himmel aufsteigen konnte. Am Ende des Sommers wurden feierliche Prozessionen in prächtigen Trachten abgehalten, um Maria für die Segnung der Almen zu danken. Diese Tradition wird heute noch so stolz wie damals fortgeführt. Die kostbare Tracht stellten die Frauen in den langen Wintermonaten mittels Weberei und Stickereien her.

Nach und nach begannen die Walser ihre Handels- und Tauschbeziehungen zum Wallis abzubrechen und sich mit ihren landwirtschaftlichen Erzeugnissen und Handwerksarbeiten dem lokalen Markt tiefer in den Tälern zuzuwenden. So kam es auch zu einer Verbreitung ihres Kunsthandwerks, und die Walser wurden bald weithin gefragte Handwerker sowohl im Zimmermannsgewerk als auch in der Kunst der Kirchenmalerei.

Eine weitere Eigenheit ist die Sprache der Walser, die sich durch die Isolierung in den Bergen lange unverändert in einer Art deutscher Sprachinsel gehalten hat und dem Touristen heute immer noch auf Schritt und Tritt begegnet, sei es in Ortsnamen, auf Wegweisern oder sogar Amtsschildern, wo sie ihn durch ihre eigentümlich altmodischen Ausdrücke erfreut.

> **Ts Remmaljer terlje**
> ìsch entlàgus
> vànnu der mìntàg
> ussu der vrittàg
> D schtund ìsch:
> 9.00 – 12.30
> 13.30 – 16.00

Das ist nunmehr Vergangenheit. Heute beherrscht neben dem Wandertourismus die alpine Skifahrerei die Szene. Das macht schon am Ortseingang ein lustiges Kreiseldenkmal klar: ein Mast der ersten Gondelbahn mit zwei eiförmigen Kabinchen, fein ausgarniert mit den Skibrettern der Pionierzeit.

Geradeaus fährt man ein in die Hauptstraße des Ortes, beidseitig gesäumt von eindrucksvollen Beispielen der hoch entwickelten Baukunst der Walser, inzwischen teilweise umfunktioniert zu Ladengeschäften und Restaurants. Hier wird flaniert, hier kehrt man ein auf einen *Cappuccino*, hier kauft man die Dinge des täglichen Bedarfs in grundsoliden Metzgereien und

Bäckereien, aber auch die Dinge des weitergehenden Bedarfs ein: Trachtenmode, Wanderstiefel, Kletterzubehör.

Seit 1683 findet in der Hauptstraße am ersten Sonntag des Oktobers die Prozession *Rosario Fiorito* statt. Die Bevölkerung kleidet sich in prächtigen Trachten und dankt Maria mit wirklich inbrünstigen Gesängen für die Segnung ihrer Almen. Wer sich über die spezielle Lebensweise der Walser informieren möchte, begibt sich weiter in den höher gelegen Ortsteil **Pedemonte**, wo sich in einem Haus aus dem 17. Jahrhundert ein Walser-Museum befindet. Hierzu muss man an dem oben erwähnten Seilbahnkreisel nach rechts ausbiegen.

Ein hölzernes Schild weist nach rechts zum **Museo Walser**. Vor der Dorfkirche parkt man ein. Das Museum befindet sich nicht, wie man zunächst wegen eines Schildes annimmt, in dem Haus rechts von der Kirche, sondern etwa 80 Meter weiter hinten. Hier wurde vor 10 Jahren ein originales Walserhaus revitalisiert und mit den Gebrauchsgegenständen des 17. Jahrhunderts ausgestattet. Man gibt der netten Custidia einen oder zwei Euro und wird gestenreich eingewiesen. Die Besichtigung selbst erfolgt ohne Führung mit Hilfe eines Flyers, auch in deutscher Sprache, der die einzelnen Räume erläutert. Eine kleine Multivisionsshow (in italienischer Sprache) führt in die Geschichte der Besiedlung der Gegend aus dem schweizerdeutschen Sprachraum ein, allerdings in einem ehemaligen Stall, deren Deckenhöhe so bemessen ist, dass nach fünf Minuten alle erwachsenen Anwesenden die Vorführung in einer Art tibetanischer Gebetshaltung kauernd verfolgen müssen. Das ist eigentlich völlig angemessen, denn die Leistung der Walser verdient mit Sicherheit eine tiefe Verbeugung *(im Juli täglich 14 - 18 Uhr, im August täglich 10 - 12 und 14 – 18 Uhr, ansonsten Samstag und Sonntag 14 - 16.30 Uhr; die Saison ist kurz hier, der Winter umso länger; weitere Infos unter alagna@walser.it oder Tel. 0039 347 1377404).*

Das kleine Dorf um das Museumshaus herum ist extrem kompakt konzeptioniert. Es gibt keine wahrnehmbaren Grenzen zwischen dem Privat- und dem Gemeinbesitz. Fast ist es so, als würden die Häuser sich in den strengen Wintern gegenseitig erwärmen und in den heißen Sommern gegenseitig Schatten spenden. Trotzdem halten sie einen gewissen Abstand zueinander ein, der die Privatsphäre sicherstellt.

Schon ist das Massiv des **Monte Rosa** ins Blickfeld geraten, vom Altmeister Luis Trenker irgendwann einmal als die schönste Wand der Bergwelt geadelt – wobei er diesen Titel mehr als einmal vergeben hat. Die **Dufour-Spitze** als höchster Gipfel der beeindruckenden Formation bietet mit 4.634 Metern dem Mont Blanc ernsthafte Konkurrenz. So hoch hinauf reichen unser Atem und unsere Zeit nicht. Man kann sich aber der Sache nähern:

Die Straße führt noch etwa 500 Meter bergauf nach Norden. Vor einem Schlagbaum ist dann Schicht mit Autofahren. Ein großer Parkplatz ist im Winter Ausgangspunkt für zwei trottelige Schlepplifte, im Sommer für eine wunderbare Wanderung zum **Rifugio Pastore**. Das Wort *Pastore* bedeutet übrigens nicht nur *Pastor*, sondern auch *Hirte*, was aus der Sicht der Kongregation vielleicht das gleiche bedeutet, nicht aber aus der Sicht des Bergbauern.

Monte Rosa

Hinauf zur Zuflucht des Hirten, wo Tom Cruise oder Johnny Depp kurz verweilen

Die Wanderung beginnt am **Schlagbaum** bzw. an einer Wandertafel und steigt allmählich über eine asphaltierte Straße an. Diese wird wochentags noch vom Werksverkehr der Feldspatmine genutzt, am Wochenende rollt ab und zu ein kleiner Van heran, dessen Fahrer zu verstehen gibt, dass er den Wanderer gegen kleines Geld ein Stück weit hinauf nehmen kann. Dies haben wir selbstverständlich lässig abgelehnt. So

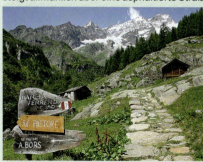

können wir einen Blick auf die Steinbrüche und Minenüberbleibsel werfen, die von dem Bergbau zeugen, der bereits seit dem 16. Jahrhundert Gold und andere Mineralien gefördert hat. Auch die Walser fanden dort Arbeit, aber der Bergbau hat vor allem in wirtschaftlich schwierigen Zeiten viele Konflikte mit den Fremden im Tal gebracht. Besonders die Nutzung des Sesia-Wassers für Zwecke der Filtration der Abbaugüter hat die Menschen im Tal verärgert.

Vorbei geht es an der hübschen **Kapelle S. Antonio**, immer begleitet vom Rauschen der Sesia. Einige hundert Meter weiter werden wir von Hubschraubergelärm *(SchrappSchrapp)* überrascht und beobachten gespannt, wie von einem Schotterparkplatz aus die Vorräte und Baumaterialien in die Pracht der Bergwelt

Walserdörfer, Walserwege ...

hinein geflogen und der Müll wenige Minuten später aus ihr heraus zurückgebracht wird. Das Bodenpersonal ist etwas angetrunken und hängt die BigBags entsprechend geschmeidig ein und aus.

Einige hundert Meter weiter verbirgt sich links der Straße vor einer kleinen Schutzhütte zwischen den Bäumen eine Felswand mit Gedenktafeln für verunglückte Bergsteiger. Kurz darauf führt die Straße über den Fluss. Hier muss sich der Wanderer entscheiden, ob er lieber steil bergan und sanft bergab oder umgekehrt marschieren möchte: Wer die erste Variante bevorzugt, zweigt hier links dem hölzernen Wegweiser ‚*Rifugio Pastore*' folgend ab. Wir entscheiden uns aber, der Straße weiter zu folgen und nach etwa 20 Minuten in einer Serpentine auf einen gepflasterten Wanderweg abzuzweigen. Dieser führt erst durch den Wald, dann über eine kleine Brücke und schließlich in vielen Serpentinen den Berg hinauf, eröffnet malerische Blicke auf kleine Wasserfälle in der Nähe und glitzernde Gletscher in der Ferne. An einer Abzweigung wählen wir den rechten Pfad mit Hinweis ‚*Orto Botanico*' und erreichen bald bei einem rührenden Betstock die Abzweigung zur **‚Alpe Bitz'**. Hier steigen wir links bergab und erreichen nach 5 Minuten die wunderschön gelegene Hütte, umgeben von dem versprochenen botanischen Garten. Vor der Hütte lädt eine Bank zum Genuss der Aussicht ins Tal ein, bevor man sich anhand von liebevoll in Terrassen angelegten Beeten die Vielfältigkeit der alpinen Pflanzenwelt erklären lässt.

Rifugio Pastore

Derart belehrt folgen wir nun mit aufmerksamem Blick dem grandiosen Weg, der sich treppenartig aus großen Quarzit-Platten gefügt zur Hochalm hinunter windet, um den Bach mittels einer überdachten Holzbrücke zu überqueren. Nun sind es nur noch ein paar Schritte bis zum **Rifugio Pastore**, gebettet in eine weite Wiese, gerahmt von mehreren Steinhäusern und mit einem Blick auf den Monte Rosa, von dem man sich so schnell nicht mehr losreißt. Muss man auch nicht, wenn man sich in der Hütte mit einem Antipasti-Teller und dem passenden Wein ausstattet und beides auf der Terrasse verspeist. Die winzigen Punkte, die sich ameisenhaft über die weißen Gletscher- und die grauen Geröllfelder bewegen, kann man übrigens mit Hilfe eines Fernrohrs als Bergsteiger identifizieren.

Auch unseren Hubschrauber *(SchrappSchrapp)* finden wir auf einer kleinen Wiesenplattform wieder: er steht dort wie ein Raumschiff aus einem Kindertraum; der Pilot steht entrückt unweit der Vesper-Terrasse an einen Felsen gelehnt und raucht die Filterzigaretten eines Billiganbieters. Die Rotorspitzen der kleinen BO 105 wippen im Wind, aus dem Intercom des am Steuerknüppel aufgehäng-

ten Helms dringen knarzende Laute. Wir hören deutlich die Worte des unsterblichen (!) David Bowie »Ground control to Major Tom ...«. Die Kinder sind mächtig beeindruckt. Der Kerl sieht aus wie Tom Cruise, er ist so cool wie Tom Cruise, aber er verbirgt seinen kalten Blick hinter der verspiegelten RayBan. Vielleicht ist es auch Johnny Depp. Dann startet er den Heli, einen gewaltigen Sturm entfachend, hebt triumphal ab und schnickt seine Kippe aus sieben Metern Höhe auf die Erdlinge hinab.

Bergab geht´s nun erst noch sanft zwischen den Kühen hindurch, dann jedoch ordentlich steil über einen schmalen Pfad, so dass vor und hinter uns die Teleskopstöcke gezückt werden. Nach einer halben Stunde erreicht man wie erwartet den Fluss und trifft beim vorher erwähnten Holzschild wieder auf die Straße. Als Alternative zur Asphaltstraße biegen wir nach kurzer Zeit über einen Steg den Fluss querend nach links ab und kehren über einen Wiesenweg zum Parkplatz zurück *(reine Gehzeit: gut 2,5 Std.; eine Karte ist nicht erforderlich)*.

Vom Parkplatz aus können viele Wanderungen von mittlerer und höherer Schwierigkeit angegangen werden.

Oder man fährt einfach zurück bis **Balmuccia** (105 Einwohner) und wendet sich dort nach Norden in Richtung Carcoforo. Man passiert den Weiler Boccioleto, überquert dort den Fluss und sieht am Gegenhang wieder einige halbverlassene Kleinsiedlungen. Die Versuchung hinüber zu wandern ist groß, aber es gibt kaum Platz zum Einparken des WOMOs. Nach 10 Kilometern erklimmt man auf der SP 10 über eine Staustufe den Ort **Rimasco** (120 Einwohner), wo der Fluss Sermenza aufgestaut worden ist. Im Staudamm befindet sich ein kleines Wasserkraftwerk, davor eine Absperrung mit bedeutsamen Schildern. Wer hier hinein schwimmt, wird also von der Venturi-Turbine verhackstückt. Wer auf öffentlichem Grund parkt, wird zwar nicht verhackstückt, aber mit einem Bußgeld bis zu 200 Euro belegt. Also besser nicht am Staudamm schwimmen und nicht im Ort parken, sondern den Campingplatz aufsuchen, der am Nordufer liegt. Die Zufahrt liegt direkt hinter der Brücke:

(034) WOMO-Campingplatz-Tipp: Rimasco *(Il Laghetto)*

GPS: N 45°51'39" E 8°03'53", Loc. Spondo Lago 1.
Ortszentrum: 0,3 km.
Tel. 0163 954228.
Öffnungszeit: 1.5 - 30.9.
Ausstattung: Bar, Bademöglichkeit mit oben genannter Einschränkung, Angeln, Picknickbänke.
Zufahrt: Biegen Sie unmittelbar hinter der Brücke auf der Straße nach Carcoforo rechts ab. **Preis**: 10 €..

Hier zweigt vom Val Sermenza ein weiteres Neben-Neben-Tal ab: das Val d'Egua, in dessen Talschluss der Weiler

Carcoforo liegt. Dort wollen wir später, auf der Rückfahrt, unser Glück versuchen, auf der Suche nach dem ultimativen Gasthaus.

Zunächst aber fahren wir vom Campingplatz wieder zurück über die Brücke und dann in der Ortsmitte nach rechts hinauf nach **Rima**, schon nach vier Kilometern prächtig auftauchend. Lassen Sie sich warnen: Wer hier zu spät parkt, wird durch langes Rückwärtsfahren gnadenlos betraft. **Bevor** die Bebauung beginnt, muss man unbedingt ein blaues Parkplatzschild ernst nehmen und nach rechts ausbiegen. Hier ist auf drei terrassierten Ebenen genug Platz zum Einhalten. Die Einfahrt ist etwas steil und straft Fahrzeuge mit großem Überhang durch knackiges Aufsetzen.

Rima

In fünf Minuten hat man das kleine Ortszentrum erreicht. Neben der Kirche lädt eine Bar dazu ein, sich ein wenig zu orientieren. In mehreren Reihen besetzen verkrunkelte Häuserzeilen den Hang, durchbrochen von Treppenwegen und Pflasterpfaden. Die Bebauung ist auf eine eigenartige Weise vielfältig und homogen gleichzeitig. Etwa die Hälfte der Häuser haben historische Walser-Wurzeln, erkennbar an den oberen Geschossen in Holzbauweise mit den charakteristischen umlaufenden Balkonen. Was später dazugekommen ist, hat sich schön eingefügt. Es gibt keine Skiwerkstätten oder Andenkenläden. Man wird freundlich gegrüßt, ohne dass die Unterwürfigkeit des touristischen Dienstleisters den Ton bestimmt.

So trullert man von Gasse zu Gasse, von Treppe zu Treppe, und lässt die Atmosphäre des Ortes auf sich wirken.

Auf dem Platz neben der Kirche weist ein Schild auf eine Kuriosität hin: das **Laboratorio del Marmo Artificiale**. Es ist nur 150 Meter entfernt und bewahrt eine einzigartige Tradition:

Der künstliche Marmor von Rima

Die Herstellung von künstlichem Marmor aus der Verarbeitung von **Alabaster und Stucco** hat sich in Rima seit dem 15. Jahrhundert zu Hochblüte entwickelt. Im 19. Jahrhundert strebten die Handwerker aus Rima in die Ferne, um in ganz Europa bis hin nach Skandinavien und nach Russland den Betuchten die Innenräume ihrer Paläste in dieser Technik zu gestalten. Selbst Museen und Theater wurden mit dem Schein-Marmor ausgestattet, der sich flexibel an die Oberflächen von Nischen und Pfeilern anschmiegen ließ und den Import und die Bearbeitung von echtem Marmor verzichtbar machte.

So unternahmen die Handwerker aus dem abgelegenen Bergland weite Reisen und inszenierten ihre Kunst in den großen Metropolen. Sie waren konkurrenzlos und überlieferten Mischung und Applikation von Generation zu Generation weiter. Im **Laboratorio del Marmo Artificiale** lebt diese Tradition immer noch, wenn auch bezogen auf die wenigen Touristen und nicht mehr auf Aufträge aus aller Welt. Man kann einfach eintreten und zuschauen, wie der Meister die Pulver anrührt, vermengt und anträgt. Im Sommer werden dann und wann Workshops angeboten. Diese große Kunst wird – so unser Eindruck – mit dem Meister untergehen und in Vergessenheit geraten.

Je länger man die stillen Gassen und Treppenwege abgeht, desto klarer wird einem, dass man sich hier nicht in einer touristischen Kulisse befindet, sondern in einer kleinen Welt der alten Prägung. Sogar der Transport von Baumaterialien findet noch in der klassischen Kiepe statt. Man kann durchaus nachfragen, auch in deutscher Sprache, und die Alten geben in ihrem bezaubernden Singsang des alten Walserdeutschs freundlich Auskunft. Und wenn sie auch in Italienisch antworten sollten, was Sie wahrscheinlich genauso wenig verstehen wie das alte Walserdeutsch: Sie werden sich blendend unterhalten.

Mal sehen, ob das Nebental **Val d'Egua** diese intensiven Eindrücke noch übertreffen kann – also zurück auf dem Hinweg, bis nach Rimasco, wo man bekanntlich unter gewissen Umständen verhackstückt werden kann. An der Brücke biegt man nach links ab, passiert den oben erwähnten Campingplatz und hält auf der SP 11 nach Norden. Die Straße ist schmal und folgt kurvig dem turbulenten Fluss Toce d'Egua, den man immer wieder überquert. Nach dem Dorf Ferrate weitet sich das Tal überraschend auf. Noch zwei kurze Tunneldurchfahrten, und **Carcoforo** (80 Einwohner) kommt in Sicht.

Carcoforo

Walserdörfer, Walserwege ...

Gleich am Ortseingang tut sich linkerhand ein nettes Erholungsgelände auf, welches auch die weißen Monsterfahrzeuge herzlich willkommen heißt:

(035) WOMO-Wanderparkplatz: Carcoforo

GPS: N 45°54'25" E 8°03'07".
Max. WOMOs: 30.
Ausstattung/Lage: Ver- und Entsorgung, Toilette, Dusche, Strom, Mülleimer, klappstuhlgeeignet, Zugang zum Bergfluss. Gaststätte und Laden in der Nähe, Wanderwege / Ortseingang, Höhe 1.400 m.
Zufahrt: Der Platz liegt an der SP 11 vor dem Ortseingang links;
Gebühr: 10 €, am Wochenende 15 €, zusätzlich 1,50 € für Strom, zu entrichten bei der Platzwartin, mehr Infos unter www.communecarcoforo.it

Der Platz ist sehr angenehm: weitläufig, schöne Lärchenbaumbeschattung, gerade mal 20 Meter zum gluckernden Fluss, ein einfaches und sauberes Sanitärgebäude, eine charmante Platzwartin, die spontane Rabatte einräumt, wenn ihr der Sinn danach steht. Von hier aus sind es noch 500 Meter zum Ortszentrum, die man am Fluss entlanglaufen kann. Ein großer Parkplatz macht aber auch die dieselige Anreise möglich. Hier stehen verblüffenderweise manchmal polnische Hasardeure neben ihren alten Transits und bieten kettenrauchend ihre kitschigen Landschaftmalereien an. Wir haben nie verstanden, warum ausgerechnet hier.

Golfspieler wissen aus leidvoller Erfahrung, dass nichts ärgerlicher ist als ein zufälliger Mitspieler, der seit 15 Minuten in einem Bunker umher drischt und dabei zur Kenntnis gibt, dass er genau auf dieser Bahn vor 3 Jahren einen Birdie geschossen hat. Grundsätzlich ist es genauso ärgerlich, wenn in einem Reiseführer darüber berichtet wird, dass es in diesem schönen Dorf **früher einmal** ein exzellentes Restaurant gegeben hat. In Carcoforo muss eine Ausnahme gemacht werden. Hier haben nämlich Pier Aldo und Mariangela Manetta bis vor drei Jahren das Restaurant *Lo Scoiattolo (das Eichhörnchen)* betrieben. Wir hatten bisher auf unseren vielen Reisen in das Piemont seinesgleichen nirgendwo anders gefunden. Pier und Mariangela sind dann aber auf eine kleine, vielleicht achtjährige Weltreise gegangen, was ihnen jedermann von Herzen gönnt. Sie haben vor zwei Jahren angedeutet, dass sie nach ihrer Rückkehr vielleicht wieder die Forelle aus der Egua ziehen und in die Pfanne zaubern werden. Es ist aber ganz anders gekommen: Seit 2015 ist dieses gastronomische Paradies von anderen Herdkünstlern neu unter dem Namen **Ristorante Bergé** in Stellung gebracht worden. Wir haben es noch nicht selbst genießen können, wollen aber ersatzweise eine Leserzuschrift von Renate S. zitieren: »*Es gab ein klassisches italienisches Vier-Gänge-Menu für unglaubliche 26 Euro, dazu noch eine Flasche Barbera d'Alba für 8 Euro …. Es war alles aufs Feinste gekocht und angerichtet. Wir haben noch nie zu diesem Preis auf diesem Niveau gegessen. Unbedingt empfehlenswert…* «. Danke für diesen Bericht! Der *Hirte* serviert täglich außer Montag und Dienstag (*Näheres und auch die Speisekarte unter www.ristoranteberge.it; Tel 0342 7691218*). Mahlzeit!

Jedenfalls und umso mehr ist ein Spaziergang durch das anmutige Dorf erholsam und lehrreich. Hinter der Kirche findet man das eindrucksvolle bronzene Denkmal eines zähen Berggehers, der die Nachfahren der namensgebenden Dorfgründer darstellt: eine Walserfamilie namens Kirchofer. Auch hier ist das beste Rezept: einfach herumwandern, in die Gassen und die Höfe schauen, neugierige Fragen stellen.

Das Dorf ist 1863 von einem verheerenden Brand heimgesucht worden. Bei genauem Hinschauen kann man die verschonte Substanz gut von der schonend hinzugekommenen unterscheiden. Dabei erkennt man ein System von Laufbrunnen und -teichen, die aus einer Quelle oben am Berg gespeist werden und miteinander durch Rohre verbunden sind. Dank dieser sinnreichen Einrichtung haben noch heute einige Häuser kleine Enten- oder Kinderteiche im Garten.

in Dorca

Auf dem Rückweg nach Rimasco wartet noch eine ganz besondere Überraschung: der ehemals aufgelassene und in der Revitalisierung befindliche Weiler **Dorca** (Foto Seite 89). Auf der Straßenkarte des *Istituto Geografico Centrale* (übrigens sehr empfehlenswert!) scheint man ihn mit dem Auto über eine kleine Pass-Straße erreichen zu können. Das stimmt nicht ganz, ist aber überhaupt nicht nachteilig, denn man erreicht Dorca auf dem schönsten Weg dieses gesamten Reiseführers – und zwar nur per pedes:

Auf dem Walserweg nach Dorca

Südlich der Abzweigung ‚Priami' die man rechts liegen lässt, überquert man nach 2 Serpentinen den Fluss Egua und sieht auf der linken Straßenseite einen kleinen Parkplatz mit einer Infotafel und einem brüchigen Schild ‚Walserdorf Dorca'. Hier steht ein merkwürdiger Pavillon herum, dessen Funktion unbekannt geblieben ist. Der Einstieg in den famosen **Walserweg** liegt hinter diesem Pavillon, er darf nicht verwechselt werden mit dem zu einem Bauernhof führenden breiten Feldweg.

Sutta I Montuu

Nach 15 Minuten erreicht man die kleine Almsiedlung **Sutta ´l Montuu**. Der Weg führt zwischen Trockenmauern, muhenden Kühen und alten Seilbahnresten hindurch und wendet sich dann über eine Wiese nach links. Nach weiteren 200 Metern erreicht man den Waldsaum. Hier beginnt der unglaubliche Weg der Wege – dazu später mehr. Seine Begehung ist pure Spiritualität. Oben angekommen öffnet sich das Dorf Dorca dem Blick, gegründet von den Walsern im Jahr 1276, aufgegeben im 18. Jahrhundert und wiederentdeckt im 20. Jahrhundert. Etwa 20 Gebäude besiedeln hier ein kleines Hochplateau, wovon etwa die Hälfte unter den Pflug genommen und saniert worden sind. Man sieht ein Kirchlein (Foto Seite 89), den Dreschplatz, den Dorfplatz, den Brunnen, einige schmale Wege und eine sehr intensive Dorfstruktur, die langsam wieder zum Leben erweckt wird. Vor etwa 15 Jahren haben die Wiederentdecker des Dorfes mit Unterstützung des Staates eine Lastenseilbahn gebaut, deren Maschinenhaus alleine schon den Aufstieg rechtfertigt.

Die Revitalisierung erfolgt langsam und beschwerlich. Immerhin ist der Weiler nur fußläufig zu erreichen, und die Kapazität der Lastenseilbahn ist begrenzt. Aber noch nie haben wir unser Picknick in so einer angenehmen Atmosphäre verzehrt.

Auf dem Rückweg fragen wir uns:

Was kostet ein Meter des Walserwegs?

Über zweihundert Jahre hat der Walserweg von der SP 11 bis hinauf nach Dorca nun seine treuen Dienste verrichtet, auch für unzählige Materialtransporte auf Eseln und Ochsen. Baumstämme sind auf ihm hinauf- und Schlitten auf ihm hinuntergezerrt worden. Das Wetter ist jahrein und jahraus über ihn hinweggegangen: Regen, Schnee, Sturm, Frost und sengende Sonne. Man hat ihn manchmal ein wenig reparieren müssen, aber er ist nie erneuert worden. Er ist auch nie von den Sturzbächen hinabgeschwemmt worden, welche die Schneeschmelze im Frühling auslöst.

Der Weg ist vermutlich gegen Ende des 13. Jahrhunderts angelegt worden, um eine kleine Hochalpe zu erschließen, der man dann den Namen Dorca gab. Um 1810 ist er nach den Plänen des Geometers Pietro Antonietti di Fervento erneuert worden. Er steigt sehr gleichmäßig an, damit die Lasttiere und ihre Führer ebenso gleichmäßig auf- und absteigen können. Er hat etwa 2 % Quergefälle, damit das Oberflächenwasser gut abläuft. Alle Lagen sind mörtelfrei im Verband gelegt worden, in der bewährten mittelalterlichen Technik des Trockenmauerwerks. Dadurch wird Stauwasser an der Oberfläche und im Gefüge ausgeschlossen, denn der Weg ist wasserdurchlässig. So werden Frostschäden vermieden.

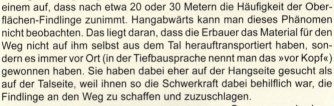

Wenn man einmal die Umgebung des Wegs auf der Bergseite untersucht, indem man da, wo es das Gelände zulässt, rechtwinklig zum Weg hangaufwärts steigt, fällt einem auf, dass nach etwa 20 oder 30 Metern die Häufigkeit der Oberflächen-Findlinge zunimmt. Hangabwärts kann man dieses Phänomen nicht beobachten. Das liegt daran, dass die Erbauer das Material für den Weg nicht auf ihm selbst aus dem Tal heraufgetransportiert haben, sondern es immer vor Ort (in der Tiefbausprache nennt man das »vor Kopf«) gewonnen haben. Sie haben dabei eher auf der Hangseite gesucht als auf der Talseite, weil ihnen so die Schwerkraft dabei behilflich war, die Findlinge an den Weg zu schaffen und zuzuschlagen.

Genau so werden heute unsere Autobahnen saniert. Wenn nicht nur die Verschleißdecke aus Asphalt oder Beton erneuert werden, sondern auch die Tragschicht neu aufgebaut werden muss, dann wird das gesamte Abbruchmaterial vor Ort geschreddert, gesiebt, angereichert und wieder eingebaut. Das nennt man *construction on the site*. Man spart dabei erhebliche Kosten und Emissionen, weil ein großer Anteil an Transportaufwand wegfällt.

Der Walserweg ist ungefähr 1.900 Meter lang und 1,25 Meter breit. Er überwindet dabei etwa 300 Höhenmeter, was einer mittleren Steigung von knapp 16 % gleichkommt. Ungefähr 2.200 m² Kalkstein sind verbaut worden. Der Weg beginnt auf 960 Metern über NN an einer Straße, die damals schon von Fuhrwerken befahren werden konnte.

Wie lange hat man an diesem phantastischen Weg gebaut? Was haben die Arbeiten nach heutigen Maßstäben gekostet? Wie viele Arbeiter waren gleichzeitig beteiligt?

Wir fragen unseren Freund Ralf Haun, den Inhaber eines kleinen, feinen Bauunternehmens in der dritten Generation, der sich die alten Techniken von den Alten hat beibringen lassen können.

Ralf ist kein Freund der vorschnellen Kalkulation, weder in der geschäftlichen noch in dieser fiktiven Wirklichkeit. Wenn Fa. Haun ungewöhnliche Arbeiten erbringen soll, ermittelt Ralf mit seiner großen Erfahrung sehr genau, wie viele Mannstunden und welcher Werkzeugeinsatz erforderlich sein werden. Seine Angebote sind entsprechend verlässlich.

Hier seine Disposition und Kalkulation über die Herstellung des Walserwegs – mit den damaligen Mitteln:

Ralf Haun

Die **Arbeiten** werden in folgende Schritte eingeteilt:
Freimachen des Geländes, Vorbereiten der Trasse
2 Mann x 150 Tage = 300 Manntage
Kalkstein-Findlinge brechen und vorrichten
6 Mann x 400 Tage = 2.400 Manntage
Aufschichten von Trockenmauerwerk zum Ausgleich der Geländeformation
2 Mann x 250 Tage = 500 Manntage
Transport der zugerichteten Werkstücke zum Einbauort
2 Mann x 140 Tage = 280 Manntage
Einbau und Verzahnung der Werkstücke
2 Mann x 250 Tage = 500 Manntage
Instandhaltung der Werkzeuge
1 Mann x 400 Tage = 400 Manntage
Vermessung
1 Mann x 400 Tage = 400 Manntage
Arbeitsvorbereitung und Bauleitung
1 Mann x 400 Tage = 400 Manntage.

Als **Werkzeuge** kommen zum Einsatz:

für die *gewerblichen Mitarbeiter*: Hammer, Meißel, Spaltkeil, Hebeeisen, Holzrolle, Flaschenzug, Hacke, Säge, Schaufel, Spitzhacke
für die *Bauleitung und die Vermessung*: Fluchtstab, Schnur, Senkel, Winkel und Schlauchwaage.

Die Arbeiten werden beim Einsatz von 16 bis 18 Mann zwei Jahre dauern, wenn man von 200 Arbeitstagen pro Jahr ausgeht, den Winter berücksichtigend.
Bei 10 Stunden Arbeitszeit pro Tag ergeben sich 51.800 Mannstunden.
Gute Arbeit kostet 40,00 € pro Stunde.

Damit kostet der Walserweg unter heutigen Gesichtspunkten gerundet 2,1 Mio. € oder knapp 1.100 € pro Meter.

Das ist ziemlich viel, wenn man es mit einem Meter des heimischen Gartenwegs aus Werksteinpflaster vom Baumarkt (ungefähr 100 € pro Meter) vergleicht, aber es ist sehr wenig, wenn man es mit einem Meter einer deutschen Autobahn vergleicht. Denn der kostet je nach Gelände und Bodenbeschaffenheit zwischen 20.000 und 50.000 €.

Man muss aber auch Folgendes bedenken: Der Walserweg hat nunmehr 200 Jahre gedient. Damit hat er Kosten von gerade einmal 5,50 € pro Jahr und pro Meter verursacht. Eine deutsche Autobahn muss im Durchschnitt nach 30 Jahren generalüberholt werden. Damit kostet sie pro Jahr und pro Meter ungefähr 1.150 €, also das 210-fache des Walserwegs.

Natürlich kann nicht bestritten werden, dass auf einer Autobahn mehr Fahrzeuge mit viel mehr Insassen deutlich schneller bewegt werden können als auf unserem Walserweg. Aber bei weitem nicht so schön und obendrein nicht unfallfrei, staufrei und völlig CO2-neutral.

Warum diese Betrachtungen und dieser Zahlensalat? Um zu beweisen, dass die technischen Leistungen der Walser von allergrößtem, nachhaltigen Wert und ihrer Zeit weit voraus gewesen sind.

Beflügelt von dieser nebensächlichen, aber doch wichtigen Erkenntnis führt der Weg zurück, vorbei an Rimasco und durch das Val Sermenza bis ins Haupttal, wo man am Eingang von Varallo das zweite Nebental des Val Sesia in Angriff nimmt – das **Val Mastallone**.

Rimella

Der Einstieg, beschildert mit ‚*Val Mastallone*', ist am westlichen Ortseingang von Varallo nicht zu verfehlen, das Ziel liegt nur etwa 20 km nördlich: der kleine Walserort **Rimella**, der das Prinzip der kleinen Siedlungseinheiten als Gesamtheit zeigt. Schon nach 4 Kilometern stellt sich eine rundbogige romanische Brücke **Ponte della Gula** in den Blick, nicht mehr befahrbar, aber sicher begehbar. Die Römerstraße ist noch zu er-

Rimella

kennen, aber kurz hinter dem südlichen Brückenkopf dem Bau der Landstraße zum Opfer gefallen. Ein schönes Fotomotiv allemal (siehe Seite 93).

Ungefähr einen Kilometer hinter dem kleinen Ort **Sabbia** ist ein privater Stellplatz eingerichtet worden, der etwas einsam und unvermittelt in einer Wiesenaue rechts der Straße liegt.

(036) WOMO-Picknickplatz: Piano delle Fate

GPS: N 45°51'07" E 8°13'31",
Max. WOMOs: 30.
Öffnungszeit: 1.4.-31.10.
Ausstattung/Lage: Ver- und Entsorgung, Toilette, Dusche, Strom, Gaststätte, Picknickbänke, klappstuhlgeeignet / außerorts, meistens besucht.
Zufahrt: Der Platz liegt an der SP 9 ein Kilometer hinter Sabbia rechterhand.
Gebühr: 14 € / Nacht inkl. Strom, zu entrichten an der Bar von 8 - 22 Uhr.

Auf der anderen Straßenseite liegt ein Bauernhof, über dessen Wiesen der Fluss Mastallone erreicht werden kann. Beim Einstieg zum Baden oder Plantschen muss man Vorsicht walten lassen, denn die Böschung ist steil und kiesig. Wer unfallfrei heruntergekommen ist, wird mit allerbestem Badespaß belohnt.

Schon nach weiteren 500 Metern in Richtung Rimella führt zunächst eine kunstvolle Brücke aus zwei gemauerten Brückenköpfen und einem Steg aus eisernen Profilen über den Fluss herüber nach **Pianaronda**. Direkt dahinter steht ihr moderner Ersatz, der mit Kraftfahrzeugen überfahrbar ist. Am südlichen Ufer kann man kleinere Fahrzeuge einparken und

Badestelle bei Pinaronda

es den lokalen *Ragazzi* nachtun, deren Brunftzeit offenbar 12 Monate des Jahres andauert: weg mit den Jeans und dem Juve-Trikot, kurze einhändige Überprüfung der knappen Badehose im Schritt – und schreiend mit einem angehechteten Auerbacher hinein in die kühlen Fluten. Man kann aber auch einfach in der Doppelripp-Unterhose baden und dann in der Sonne etwas verweilen. Bademode ist eine Frage der Einstellung und nicht des Hüftumfangs.

Etwas weiter passiert man mit **Saliceto** einen Ort der Kategorie 4 (siehe oben), der eben nur über eine windige Fußgängerbrücke erreichbar ist. Wenn am rechten Straßenrand Platz ist, sollte man hier innehalten, über die Brücke laufen und die Geschlossenheit des Dorfes genießen. Ähnlich interessant ist **Ferrera**, welches man aber mit größeren Wohnmobilen durch einen Tunnel umfahren sollte.

Dann zweigt an der Ponte Due Acque ein weiteres Neben-Nebental nach Westen ab, beschildert mit ‚Cervatto'. Es verzweigt sich weiter und weiter und weiter, bietet aber eigentlich nur zwei lohnende Ziele, nämlich einen erhabenen Stellplatz in **Cervatto** und einen ganz einfachen Campingplatz in **Fobello**. Schon von weitem fällt ein mächtiger Landsitz auf, unterhalb dessen ein großer Park- und Marktplatz liegt, mit guter Fernsicht in 3 Quadranten der schönen Welt als Stellplatz gut geeignet:

(037) WOMO-Stellplatz: Cervatto
GPS: N 45°52'58" E 8°09'48". **Max. WOMOs**: 5.
Ausstattung/Lage: Mülleimer, manchmal Marktbetrieb, Bar und kleiner Supermarkt in der Nähe / Ortsmitte.
Zufahrt: Wählen Sie am Ortseingang von Cervatto die untere Straße.

Im Norden sieht man einen Sattel, an dessen südlichem Hang die alpine Bebauung von Rimella liegt. Sie werden am Ende dieser Tour den geographischen Zusammenhang verstehen. Man kann sich lebhaft vorstellen, wie seinerzeit die Walser über diesen Sattel herunterkamen, um neues Land zu gewinnen.

Die Villa Castello befindet sich in Privatbesitz und kann nicht besichtigt werden. Die Anzahl der profanen Garagen am Fuß des Schlossbergs gibt genaue Auskunft darüber, wie viele luxuriöse Eigentumswohnungen in das Schloss hineingenestelt worden sind. Vom rechten Rand des Parkplatzes führt ein fast in Vergessenheit geratener Kreuzweg aus 14 Betstöcken hinauf zu einer kleinen Kapelle Oratorio San Giovanni, die verschlossen ist und wohl für immer bleiben wird.

Der Ortsname Cervatto leitet sich ab von *Cervo* (für *Hirsch*), weil die Reichen und Mächtigen von hier aus traditionell auf die Großwildjagd gingen.

Die Gegenwelt ist die des kleinen und sehr sympathischen Campingplatzes in Fobello, der erst vier Stellplätze und noch immer keinen Namen hat. Seine Zufahrt ist eigenartig: Im Zentrum des Dorfes führt eine Brücke über den Fluss auf das Portal des Friedhofs hin. Unmittelbar vor dem Portal biegt ein Schotterweg nach links ab – die Kurve will gut ausgezirkelt sein. Nach 500 Metern hat man den kleinen Platz erreicht und befindet sich in der kleinen Forellenwelt. Alles ist simpel, klar und freundlich, der Betreiber Dario ist von großer Hilfsbereitschaft, wenn die Kabeltrommel zu kurz sein sollte:

(038) WOMO-Campingplatz-Tipp: Fobello
GPS: N 45°53'21" E 8°09'30". **Ortszentrum**: 0,5 km. **Öffnungszeit**: Unbekannt. **Ausstattung**: Bar, Picknickplätze, Wanderwege.
Zufahrt: Fahren Sie im Ortszentrum nach links über die Brücke zum Friedhof und biegen Sie dort scharf nach links ab. **Preis**: Unbekannt.

Von hier aus führen die Wege nur noch hinauf in die Wanderwelt oder zurück in das Val Mastallone. Also zurück zur Abzweigung an der Ponte Due Acque und dann nach links, hinauf nach **Rimella.** Schon bald ist das Bergdorf in Sicht, aber noch weit oben, fast kulissenartig erhöht, denn der letzte Kilometer hinter dem Ortsteil **Grondo** überwindet nochmals 150 Höhenmeter über einige Serpentinen.

Am Ortseingang liegt ein Parkplatz, der im Notfall auch Nachtlager bietet, aber eher unromantisch ist. Weiterzufahren wäre lächerlich, denn WOMOs sind bekanntlich nicht treppengängig, also den Blinker setzen und einparkieren. Vor der Kirche informieren mehrsprachige Texttafeln über das Dorf und seine Geschichte. Man hat für die Touris zwei Wanderwege angelegt, die durch die zahlreichen *Frazzioni* des Dorfes führen. Der Sentiero 1 (blau-weiß-blauer Balken) verläuft abwärts von Rimella über Maultierpfade von Weiler zu Weiler und führt an landwirtschaftlichen Häusern, einer Mühle und einer Kalkbrennerei sowie mehreren Kirchen vorbei. Der Sentiero 2 (grünweiß-grüner Balken) steigt über Pflasterwege durch den Ort an zu den Ortsteilen Sella, San Gottardo und San Giorgio und bietet herrliche Aussichten beim Überqueren von blumenreichen Almen. Beide Wandertouren sind fast tagesfüllend, wenn man sich dem reichhaltigen Angebot von baulichen und landwirtschaftlichen Zeugnissen der Walserkultur hingibt.

Zurück in Rimella kann man sich oberhalb der Chiesa della Madonna del Rumore – so benannt nach dem Brausen der Wilden Bäche – auf einer Wiesenterrasse vor die Bar *Monte Capio* und den kleinen *Alimentari* setzen, die Füße von sich strecken und über die granitgedeckten Dächer nachdenklich ins Tal blicken. Möglicherweise sollte man vor dem Niederlassen die Bakelit-Klingel betätigen, sonst kann es sein, dass die liebenswerte und steinalte Wirtin gar nicht bemerkt, dass sich Gäste eingefunden haben.

Sie kommt dann aber doch *pronto* und kompensiert das karge Angebot – es gibt eigentlich nur kühlen Weißwein, Lemonsoda und Eis am Stiel – mit einem ausgezeichneten Service. Unaufgefordert zerrt sie einen porösen Sonnenschirm heran, um die Kinder vor schädlicher UV-Belastung zu schützen und legt wegen der Wespen kleeblattförmige Bierdeckel über die Lemonsoda-Gläser, dabei verschwörerisch lächelnd. Später erledigt sie einige der brummenden Störer beiläufig mit einem Handkantenschlag und kalter Miene. Die Rechnung verbleibt im einstelligen Vorkommabereich. Gib 10 Euro, Hanne.

Was haben wir gelernt? Das Val Sesia, seine Nebentäler, seine Nebennebentäler und deren Nebentäler wiederum sind eine stille Zuflucht für den Wanderer und den Naturfreund, voller Schönheit und netter Menschen.

Den Rest besorgt die Schwerkraft. Es geht hinab und zurück nach Varallo und von dort weiter zu unserer Tour 5.

TOUR 5

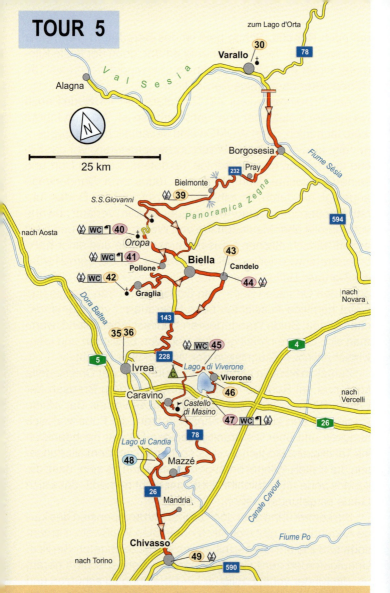

Tour 5: Heilige Berge, fruchtbare Ebenen 200 km

Oropa - Biella - Candelo - Mazzè - Mandria - Chivasso

Stellplätze:	in Sessera, beim Santuario d´Oropa, beim Parco della Burcina, am Santuario di Graglia, in Candelo, am Lago Viverone, am Lago di Candia, in Chivasso
Campingplatz:	am Lago Viverone
Besichtigen:	Santuario d´Oropa, Santuario di Graglia, Ricetto Candelo, Castello di Masino, Sito archeologico in Mazzè, Wasserbauwerk von Cavour in Chivasso

Essen:	beim Santuario d'Oropa, Pizzeria *Castello di Ropollo* bei Viverone, *Trattoria Commestibile* in Mandria
Wandern:	Wanderungen an der Panoramica Zegna, Spaziergänge auf den Sacromonte d´Oropa, im Botanischen Garten des Parco della Burcina, auf den Sacro Monte di Graglia und zu den römischen Ausgrabungen von Mazzè

Wir entfliehen der Bedeutungsschwere Varallos nach Süden in Richtung Borgosesia, zunächst auf der Ostseite des Flusses. Hinter Roccapietra überquert man das Flussbett der Sesia, vermeidet auf diese Weise die unerquickliche Durchfahrt von **Borgosesia** (14.500 Einwohner) – weithin bekannt für die Irrationalität seiner Ampelschaltungen – und erreicht alsbald das Flüsschen Sessera. Hier fährt man zunächst auf Vercelli zu, passiert einige auffallende Fabrikgebäude, die Zeugnis für die textile Vergangenheit der Gegend ablegen, und folgt schließlich den braunen Wegweisern *'Panoramica Zegna'*.

Diese Hochstraße ist auf Anregung und mit enormer Unterstützung des Tuch-Industriellen *Ermenegildo Zegna* als Verbindung vom Valle di Sésia zum Valle d'Aosta angelegt worden. Der **Betuchte** wollte ganz im Sinn der pietistischen Soziallehre den von ihm **tüchtig** Ausgebeuteten einen erholsamen Feiertag verschaffen, den sie zur Wiederherstellung ihrer Arbeitskraft in der Natur zu verbringen hatten. Das ist lobenswert.

Heute beschäftigt die Enkelgeneration der Familie *Zegna* weltweit 7.000 Mitarbeiter und mischt in Italien, Spanien, Mexiko und China global auf. In der Geschäftsordnung ist festgelegt, dass kein Zegna-Familienmitglied seine Firmenanteile an andere als die Familienmitglieder verkaufen darf – und auch nur mit einem schmerzlichen Preisabschlag auf den Marktwert. Das ist angeblich noch nie vorgekommen.

Die ersten Kilometer der Straße führen durch eine verschwenderische Parklandschaft aus Rhododendron- und Kas-

tanienhainen, später wird die Vegetation immer ungezähmter und alpiner. Über eine Serie von Serpentinen erklimmt man geschmeidig den Höhenzug und setzt die Fahrt auf einem atemberaubenden Grat fort. Immer wieder laden Park- und Picknickplätze zum Anhalten ein. Sie sind Ausgangspunkt für zahlreiche Wanderungen, deren Wege ausgezeichnet beschildert sind. Im Westen liegen fern die Gipfel des Seealpenbogens, im Südosten fängt die Ebene des **Biellese** den Blick.

Der winzige Ort **Bielmonte** ist nur im Winter belebt – er bedient ein kleines Skigebiet, gewissermaßen außer Konkurrenz, denn die Abfahrten sind kurz, das Nachtleben kaum länger. Knapp einen Kilometer weiter auf dem Weg nach Westen liegt ein ebenso riesenhafter wie schöner Stellplatz:

(039) WOMO-Stellplatz: Bielmonte

GPS: N 45°39'50" E 8°04'16", SS 232. **Max. WOMOs**: 40.
Ausstattung/Lage: Ver- und Entsorgung, Toilette, Dusche, Strom, klappstuhlgeeignet auf Asphalt, Mülleimer, Gaststätte (Donnerstag ist Ruhetag), Wanderwege / außerorts.

Zufahrt: Biegen Sie auf der Panoramica Zegna von Bielmonte kommend nach ca. 1 km rechts ab.
Gebühren: In der Stellplatzzone 5 €/Tag, für Strom, Wasser und Benutzung des Sanitärraums nochmals 4 €, ansonsten kostenlos.
Hinweise: Wetterexponiert, außerhalb der Wintersaison ruhig.

Eine geschotterte Piste führt zu einem asphaltierten Parkplatz im Format eines Regionalflugplatzes auf dem Grat des Höhenzugs. Die geniale *Wing over Bar* lädt auf einen Drink und zackige Einfachkost zu Preisen »wie vor der Währung« ein. Sechs Stellplätze in bester Panorama-Lage sind mit weißen Linien abmarkiert und mit Strom und Wasser ausgestattet, aber niemand ist dem sparsam Reisenden gram, wenn er sich an anderer Stelle kostenlos etabliert. Oder doch?

Von überwältigender Gastfreundschaft der Gastgeber und erstaunlichem Geiz der Gastnehmer

Wir kommen wieder mal im Frühjahr hier an, abends, inzwischen zum fünften Mal. Es ist kalt und sonnig und menschenleer, nur die Fahrer von zwei Pistenraupen lassen den Tag bei einem Gläschen Wein ausklingen. Einige Tourenfahrer kommen herab und verstauen ihre Ski mit Steigfellen im Kofferraum. Ein kleiner Spaziergang führt uns mit unserer kleinen Tochter quer über den Riesenplatz zu einem WOMO mit Freiburger Kennzeichen, welches am anderen (kostenlosen) Ende des Riesenplatzes abgestellt worden ist. Warum auch nicht? Wir erhaschen einen Blick auf das Armaturenbrett des 50.000 Euro-Gefährts: Dort liegt **unser Reiseführer** – die Freiburger sind also unsere Kunden, sie sind auf unseren Spuren unterwegs. Wir laufen ihnen über den Weg – nette Leute mit einer netten kleinen Tochter, nettes kleines Gespräch: woher? wohin? – alles Gute ...

Auf dem Rückweg fragt unsere kleine Tochter, wieso unser Reiseführer auf dem Armaturenbrett des Freiburger WOMOs liegt. Es ergibt sich der folgende Dialog:

»Wieso liegt Euer Buch in diesem WOMO?«
»Die haben das gekauft, um sich hier im Ausland besser zurechtzufinden.«
»Und warum stehen sie dann nicht neben uns, wo man Strom hat und schön duschen kann?«
»Keine Ahnung.«
»Erkennen die Euch wieder, wenn wir nachher essen gehen?«
»Vielleicht schon – da sind ja Fotos von uns auf der Umschlagseite.«
»Aber die sind doch schon 10 Jahre alt – haste selber gesagt.«
»Sei nicht so frech!«

In der *Wing over Bar* entrichten wir 5 € für den Stellplatz und 4 € für Strom, Wasser und Benutzung des Sanitärraums, bekommen dafür einen Schlüssel für den letzteren und bestellen, was Küche und Keller hergeben: *Antipasti della Casa*, drei Teller *Pasta* mit famoser Tomatensauce, zwei Gläser kernigen Wein, eine Apfelsaftschorle für die Lütte, zwei *Capucci*, eine *Grappa*. Den süßen Aprikosenkuchen zum Kaffee haben wir eigentlich nicht bestellt, aber trotzdem sehr genossen und auf der handgeschriebenen Rechnung folgerichtig auch nicht wieder gefunden, die uns im guten Sinn erschreckt: ungefähr 35 Euro für den ganzen Riesenspaß. Wir wünschen der Wirtin *buena notte* und wollen uns in die Nacht hinausbegeben. Wir sind ihre einzigen Gäste – die Freiburger haben wohl in ihrem WOMO gegessen. Da erklärt die Wirtin uns warmherzig, dass ihr Vater diese Nacht hier bleiben und im Stübchen schlafen würde, damit wir uns nicht so alleine fühlen müssten. Wir sind sprachlos angesichts dieser Fürsorge.

Morgens ist der Schnee angefroren und knirscht unter den Schuhen. Die Sonne wärmt dann schnell den Firn an und man kann einen kleinen Abhang immer wieder herunterrutschen und immer wieder hinaufmarschieren, was einen mächtigen Frühstückshunger macht. Wir benutzen

> vorher die Toilette, duschen schön warm und machen uns nach dem Frühstück richtig chic für die Weiterfahrt. Da kommt die Freiburgerin mit ihrer Tochter schlechtgelaunt herbei und beklagt, dass (O-Ton) »der alte Typ von der Kneipe aber richtig schlecht drauf« wäre. Er hätte ihr nämlich den Schlüssel zum WC nicht aushändigen wollen, **obwohl (!)** sie doch auf dem kostenlosen Teil des Platzes übernachtet haben. Sie würde aber nur sehr ungern die eigene Toilette im WOMO benutzen, wegen der lästigen Entsorgung – ob wir irgendeine eine Erklärung für die schlechte Laune des »alten Typs« hätten?
> Ja, sagen wir, die haben wir.

Der Ort bietet eine phantastische Aussicht und an Sommerwochenenden manchmal tollkühne Darbietungen von Asphaltseglern und Lenkdrachen-Freaks. Es entsteht bisweilen eine ganz eigenartig gute Stimmung, die aus der Verschiedenheit der Akteure herrührt: Biedere WOMO-Fahrer, asphaltsegelnde Hasardeure, behelmte Einzelgänger, mit entschlossenem Blick auf ihren seitenständergeparkten Motorrädern sitzend, einige verlegen den Sonnenuntergang genießende Liebespaare und verschwitzte Wanderer machen die Mischung aus. Einmal haben wir an einem fulminanten, spontanen Fußball-Länderspiel Italien-Deutschland mitgewirkt. Nicht das Ergebnis zählte, sondern die Freundschaft.

Es geht weiter nach Westen, langsam abfallend durch Bergwiesen und vorbei an verlassenen Rustici nach **Rosazza** (180 Einwohner). Vorsichtig fahren – denn Begegnungen mit Schafherden sind hier nicht ungewöhnlich!

In Rosazza ist ein Weg zum Sacromonte Oropa ausgeschildert (gelbes Schild: 12,6 km). Die Überfahrt zum Heiligtum ist für WOMOs untersagt, aber unsere Sehnsucht ist größer als unsere Folgsamkeit. Außerdem kündigt das Schild die Untersagung der Überfahrt erst ab Kilometer 3 an und ist ohnehin ziemlich widersprüchlich. Man kann also zunächst ohne Rechtsbruch 3 km bis zu dem aufgelassenen Santuario di S. Giovanni hinauffahren, dort parken und in einem kleinen Restaurant ausgezeichnet essen. Dann kann man – vielleicht etwas vergesslich im Hinblick auf irgendwelche Schilder – weiterfahren und siehe da: Die Passstraße ist wieder befahrbar und führt über den Bergzug und durch einen Tunnel mit Ampelregelung zum *Santuario d'Oropa*. Aber: sie wird im Winter nicht geräumt, und sie ist im Bereich des Tunnels schmal. Mehr als 2,30 m passen da nicht durch.

Diese tollkühne Annäherung an das pompöse Santuario ist sicherlich im Interesse des Reisenden, nicht aber in dem der Erbauer. Denn man sollte sich der Inszenierung ja nicht von höherer Warte nähern, sondern von unten – in demütiger Unterwerfung.

Santuario d'Oropa

Das bedeutet: Man verzichtet auf die tollkühne Überquerung des Passes und fährt **vor** der Überquerung des Flusses nach links in das immer weiter werdende Valle Cervo hinab in Richtung **Biella** (48.500 Einwohner). Der Fluss zur Rechten wächst durch zahlreiche kleinere Zuflüsse stetig an und lässt anhand seines großen Bettes die Wassermassen der Schneeschmelze deutlich erahnen. Um auf dem Weg nach Oropa den Stadtverkehr von Biella zu umgehen, biegt man direkt am Ortsausgang von **Andorno Micca** am Kreisel in Richtung Tollegno aus und überquert den Fluss. In **Pralungo** stößt man dann auf braune Schilder ‚Santuario d´Oropa', denen man nun stetig bergan folgt. In einigen Kurven des von immer größer werdenden Kapellen gesäumten, ehemaligen Prozessionswegs kann man erste vorsichtige Blicke auf das Religionsmonster werfen, dem man entgegenstrebt.

Das **Santuario d'Oropa**, einer der bedeutendsten Schauplätze der Marienverehrung Italiens, ist eigentlich aus Gründen eines Irrtums entstanden: Ausgangspunkt der Entwicklung war eine Marienstatue, die der Legende nach der Evangelist Lukas persönlich nach Oropa getragen haben soll. Später stellte sich heraus, dass nicht der Evangelist sie gebracht, sondern die Gründer der frommen Anlage sie im späten 13. Jahrhundert vor Ort listig hatte herstellen lassen. Der Evangelist Lukas war niemals in Oropa, er war noch nicht mal in Europa. Trotzdem kamen im festen Glauben an die Lukas-Legende derart viele Pilger und Neugierige, dass sich alsbald ein munteres Bauen und Erweitern entwickelte. Zunächst bestand der heilige Ort nur aus wenigen Pilgerhäusern und einigen Kapellen; im Verlauf des 17. Jahrhunderts haben die savoyischen Heiligtums-Spezialisten in immensem Schaffensdrang das angelegt, was – man möchte es eigentlich gar nicht glauben – erst **1960** seine vorläufige Vollendung gefunden hat.

Die Gesamtanlage ist auf drei Ebenen durch übereinander gestaffelte Höfe angelegt und wird durch die **Kirche Regina**

im Santuario d'Oropa

Montium dramatisch überhöht, deren Bildhintergrund wiederum die Flanken des Monte Mucrone sind. Was auf den ersten Blick höchst bewegend und authentisch erscheint, erweist sich bei näherer Betrachtung als groteske Architektur-Kulisse. Imposant ist das alles aber gleichwohl, auch wenn es unecht und kitschig ist.

Das übliche Herzstück der norditalienischen Wallfahrtsorte, nämlich die Kapellen mit ihren belehrenden Darstellungen, ist hier zu einem sparsamen Beiwerk von nur 12 Bauwerken degradiert worden. Trotzdem haben wir den Spaziergang über die Wiesen den Hang hinauf genossen, denn es lassen sich auch ohne künstlerische Höhepunkte hübsche kleine Details wie z. B. der lustige Drache in Kapelle Nr. 2 oder der fledermausartige Engel in Kapelle Nr. 3 entdecken. Die Puppenstubenatmosphäre der Kapelle Nr. 9 und der beiden letzten Kapellen, die eher an klamme Grotten mit Stalaktiten erinnern als an fromme Orte, hat einen nun doch den Berg hinauf gelockt, von wo aus man die schöne Sicht ins Tal auf Biella genießen kann.

Als Stellplatz können wir für den Besuch Oropas und eine etwaige Übernachtung anbieten:

(040) WOMO-Picknickplatz: Santuario d'Oropa

GPS: N 45°37'43" E 7°58'33". **Max. WOMOs:** 30.
Öffnungszeit: Mai bis Oktober. **Ausstattung/Lage:** Ver- und Entsorgung, Toilette, Dusche, Strom, Mülleimer, Picknick-Bänke, leicht abschüssig, Läden und Restaurants / Ortsrand.
Zufahrt: Fahren Sie vom Tal kommend links am Haupttrakt vorbei, oberhalb der Kuppelkirche links, an der Talstation der Seilbahn.
Gebühr: 10 € / Tag.

Erwähnenswert ist sicher noch das kleine **Restaurant** im linken Flügel des großen Hofes, in dem in einem schlichten Speisesaal mit klösterlicher Anmutung einfache Gerichte aufgetischt werden *(geöffnet bis ca. 22 Uhr)*. Das ChiChi-Restaurant im gegenüberliegenden Flügel haben wir nicht angetestet.

Am Kopf des südöstlichen Flügels des Eingangshofes kann die Endstation der Zugverbindung Biella – Oropa mit einem historischen Triebwagen besichtigt werden. Erst mit der Aufgabe dieser Verbindung im Jahre 1959 wurde der ursprüngliche Prozessionsweg zur Autostraße ausgebaut. Damit war das Monument endgültig den frommen Massen erschlossen. Kleine Sektionen des Prozessionsweges sind immer noch erhalten, teilweise eher durch verfallende Kapellen markiert als durch seinen Pflasterbelag.

Auf der Rückfahrt Richtung Biella stößt man in einer Linkskurve bei Kilometer 10 auf eine sehr filigrane, dreibogige Eisenbahnbrücke der ehemaligen Trasse. Hier ist am rechten Straßenrand Platz zum Anhalten. Am talseitigen Brückenkopf kann man zu der verlassenen Bahntrasse hinaufkrabbeln. Gleise und Schwellen existieren schon lange nicht mehr – die Trasse ist in ihrer gleichmäßigen Steigung zu einem meditativen Bergweg mutiert, dem man ein Stück bergauf folgen sollte. Ein kleiner Wasserfall, Relikte der Hangbefestigungen und der Signalanlagen und die Ruhe des Weges schaffen eine Vorstellung davon, wie gemächlich das Reisen hier früher war. Einen etwas zynischen Kontrast hierzu liefert das bizarre Gerippe eines *Fiat Topolino*, den irgendeine Riesenhand in den Wald hineingeworfen hat.

Zurück auf der Straße erreichen wir alsbald den stillen Ort **Favaro**, an dessen Ende sich in einer linken Spitzkehre eine Abzweigung versteckt. Diese sollte man nicht verfehlen, um zu einem weiteren schönen Stellplatz zu gelangen. Scharf nach rechts abbiegend, geraten wir ansteigend wieder in den Ort hinein und zweigen gleich links Richtung *‚Pollone'* ab. Ein kleines Sträßchen schlängelt sich etwa 4 km durch den Wald hinab bis zu einer T-Kreuzung, an der wir links abbiegen, um in **Pollone** (2.100 Einwohner) zu dem ausgeschilderten Parkplatz des **Parco della Burcina** zu gelangen, einem riesigen Botanischen Garten, den der Tuchadlige Giovanni Piacenza in der Mitte des 19. Jahrhunderts auf ca. 57 Hektar hügeligen Landes in der Manier des Englischen Gartens angelegt hat. Hier liegt ein ausgezeichneter, offizieller Stellplatz:

(041) WOMO-Picknickplatz: Pollone
(Parco della Burcina)

GPS: N 45°35'06''' E 8°00'16''. Via Felice Piacenza.   **Max. WOMOs:** 24.
Ausstattung/Lage: Ver- und Entsorgung, Toilette, Dusche, Strom, Spielplatz, klappstuhlgeeignet, Mülleimer, Picknickbänke, Gaststätte / Ortsrand.
Zufahrt: Folgen Sie in Pollone dem Wegweiser zum *‚Parco della Burcina'*.
Gebühren:13 € / Tag, Dusche 2,00 € (Automat).

Beeindruckend ist die Blüte der vielen Rhododendren im Mai und im Juni. Der Eintritt zum Park ist für Fußgänger frei *(Alte und Behinderte können donnerstags von 9 - 18 Uhr und samstags von 9 - 11 Uhr mit dem Auto einfahren)*. Das kleine **Restaurant** *Bar* **Trattoria Parco Burcina** ist außer dienstags immer zwischen 10 und 20 Uhr geöffnet. Abends sollte man unter Tel. 328 9552619 (auch in deutscher Sprache) reservieren – es lohnt sich!

Wem dieser ruhige Platz zusagt, kann von ihm aus noch ein weiteres Monument der Gegenreformation aufsuchen: das unvollendet gebliebene **Santuario di Graglia**. Er unterquert am Ausgang des Stellplatzes ein Stadttor (Vorsicht: Durchfahrtshöhe auf 3,00 m eingeschränkt), wendet sich im Zentrum von

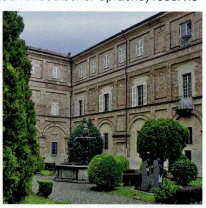
Santuario di Graglia

Pollone nach links in Richtung Sordevolo und fährt am Ortsausgang geradeaus. Ab hier ist **Graglia** (1.600 Einwohner) schon ausgeschildert. Die kleine Straße führt durch sanfte Hügel, vorbei an niedlichen Villen, bisweilen gesegnet durch schöne Aussichten auf die Höhenzüge der Seealpen. Zum ersten Mal auf unserer Reise tauchen hier die wunderbaren

Dachdeckungen aus gradierten Granitplatten auf, gegenüber deren Lebensdauer von reichlich 300 Jahren alles andere wie Flickwerk erscheint, was der Baumarkt heute im beflissenen Angebot hat.

Nach etwa 6 Kilometern überqueren wir den Gebirgsfluss Elvö und biegen in **Muzzano** rechts ab, dem braunen Schild *‚Santuario di Graglia'* folgend. Nach Passieren des Wasserreservoirs von Graglia destillieren wir uns in großen Kurven bergan, bis plötzlich das Santuario steil vor uns aufragt. Wir umkreisen es ehrfurchtsvoll, um schließlich direkt vor der riesigen Kirche mit angeschlossenem Pilgerhospiz auf dem baumumsäumten Parkplatz innezuhalten. Schon haben wir einen Stellplatz mit imposanter Kulisse gefunden:

---

(042) WOMO-Stellplatz: Santuario di Graglia
GPS: N 45°33'44" E 7°57'17". **Max. WOMOs**: 8.
Ausstattung/Lage: Ver- und Entsorgung, Toilette, Mülleimer, Spielplatz, Souvenirladen, Restaurant (dienstags geschlossen) / außerorts, einsam.
Zufahrt: Folgen Sie ab Muzzano dem Wegweiser *,'Santuario di Graglia'*.

Das **Heiligtum** zu Ehren der Madonna von Loreto (siehe dazu den Reiseführer unseres Mitautors über Umbrien und die Marken – Band 12 der WOMO-Reihe) entstand in der ersten Hälfte des 17. Jahrhunderts, sozusagen im Alleingang des umtriebigen Priesters Don Andrea Nicola Velotti, der den Trend seiner Zeit aufnehmen und auch einen Wallfahrtsort erschaffen wollte, und zwar ursprünglich mit einer monumentalen Kirche und mit genauso vielen Kapellen wie Christus Lebensjahre erreicht hat – nämlich 33. Von all dem sind wegen mangelnder Unterstützung durch die religiöse Zentralverwaltung und wegen des notorischen Geldmangels des frommen Unternehmers nur die grotesk unfertige Wallfahrtskirche und fünf Kapellen hergestellt worden, die man am Gegenhang aufspüren kann. Man lässt dazu das still gewordene Grandhotel rechts liegen und steigt am Bildstock auf dem Wanderweg B2 in steilen Serpentinen in den Wald hinauf, wobei man sich je nach Saison den Tornister reichlich mit Maroni oder mit Steinpilzen füllen kann.

Genau genommen sind noch nicht einmal die 5 Kapellen fertig gestellt worden, wie die kurzatmigen und websüchtigen Reiseführer-Redakteure eifrig voneinander abschreiben. Sie sind lediglich begonnen worden. Die kleinen Bauwerke unterscheiden sich eigentlich nur noch durch ihre gekonnt gemauerten Gewölbedecken von beliebigen Schutzhütten. Nur die schwer zu findende fünfte und höchstgelegene ist durch private Initiative von Anwohnern zumindest äußerlich fertig gestellt worden.

Die **Wallfahrtskirche Madonna di Loreto** selbst ist nie verputzt und mit den geplanten Inkrustationen bekleidet worden. Die für deren Montage notwendigen auskragenden Gesimse und die Auflager für die Rückverankerung von großen Schmucksteinen sind aber in Weitsicht angelegt worden und geben den gigantischen Fassaden zusammen mit den leer gebliebenen halbkreisförmigen Konchen und der brachial außen angebrachten Heizungsanlage eine eigenartig faszinierende Rohheit. Einige Fenster sind – wohl aus Geldmangel – ohne jede Leidenschaft einfach als verputzte Blindöffnungen ausgebildet worden. Auch das

Pilgerhospiz ist schon lange seiner Funktion beraubt – es kamen hier eigentlich noch nie im erwarteten Maße Pilger, Besucher oder wenigstens WOMO-Fahrer hinauf. Wen das Gedränge und fromme Geklingel in Oropa gestört hat, wird sich hier aber beim Durchstreifen der leeren Gänge und Hallen richtig wohl fühlen.

Dem Innenraum der Kirche kommt eigentümlicherweise die erzwungene Sparsamkeit in der Ausführung zugute: Unbeladen und in sehr sanfter Farbgestaltung entwickelt sich der frühbarocke Raum außerordentlich intensiv. Interessant ist die Ausgestaltung der Kuppel, wo aus dem Mangel eine schöne Tugend gemacht worden ist, indem man sie durch eine äußerst schöne täuschmalerische Laternen-Befensterung mit einer Perspektive ausgestattet hat, die sich dem Betrachter nur von einem einzigen Standpunkt im Kirchenschiff geometrisch korrekt erschließt. Diesen Standpunkt kann man durch langsames Hin- und Herwandern im Kirchenschiff zentimetergenau aufspüren.

Gelungen ist ebenfalls der kleine und unschuldige Klostergarten mit einer schönen Brunnenverzierung des Kunstschmieds, der auch die symbolische Schöpfkelle nicht vergessen hat. All diese eigentümlichen Widersprüche aus unfertigem Popanz und liebevollem Detail stehen vor dem Bildhintergrund der Seealpenzüge so schön da, dass am Ende der Betrachtung Zuneigung und Respekt vor der besonderen Authentizität dieses Ortes überwiegen.

Wir verlassen die Berge und wenden uns der Ebene zu. In der Ferne winken immerhin wein- und trüffelselige Genüsse. Es geht ein Stück zurück auf der gleichen Straße und bei Muzzano weiter bergab über Occhieppo inferiore in das Verkehrsgetümmel von **Biella** (48.000 Einwohner). Wer sich nach den eher ruhigen Sträßchen nicht auf die krakeelige Stadt einlassen will, durchfährt sie in südöstlicher Richtung, immer den Schildern ‚*Vercelli*' folgend. An einem großen Kreisverkehr biegt man in Richtung Candelo aus, unterquert eine Bahnlinie und folgt an einem weiteren Kreisel dem braunen Schild ‚*Ricetto Monumento*'.

Wir sind nun angelangt im **Biellese**, der Übergangslandschaft zwischen den Bergen und dem Canavese. Die Szene wird zunehmend geprägt von gewerblicher und landwirtschaftlicher Nutzung. Immer noch begleiten uns außerordentliche Wasserwege – auf diese kommen wir später nochmals zurück.

Candelo (7.600 Einwohner und prämiertes Mitglied der *I borghi più belli d'Italia, also der schönsten Dörfer Italiens*) beherbergt eine städtebauliche Sensation ersten Ranges: die größte erhaltene innerstädtische Fluchtstadt Europas. Im 14. Jahrhundert haben hier die Bewohner – müde der ständigen Angriffe und Ausplünderungen durch marodierende fremde Heere – inmitten der Stadt ein **Ricetto** gebaut, eine ummauert bewehrte Fluchtstadt. Im Angriffs- oder Belagerungsfall haben sie sich mit ihren wichtigsten Habseligkeiten, dem Vieh und einigen Vorräten in den Schutz der Mauern zurückgezogen und dort ausgeharrt, bis die Mordbuben weiter gezogen sind.

Candelo - *Ricetto*

Das *Ricetto* ist in seiner kompakten und unglaublich dichten Bauweise als Stadt in der Stadt fast vollständig erhalten geblieben. Immer noch gehören die einzelnen Parzellen den gleichen Familien, deren Urväter hier einst für die Sicherheit der ihnen Anvertrauten gesorgt haben. Die mittelalterlich gedrängt stehenden, fast fensterlosen Häuser mit den darüber liegenden Speichern dürfen heute weder gehandelt noch bewohnt werden. Zugelassen sind nur Nebenerwerbstätigkeiten, die erfreulicherweise die engen Gassen immer noch mit Musik,

Kunsthandwerk und sehr zurückhaltender Gastronomie erfüllen. Die heutige Funktion des *Ricetto* aber ist insofern nicht weit entfernt von der ursprünglichen Bestimmung des Ortes: Flucht nämlich, heute aber nicht mehr vor den Belagerern, sondern vor der Mühsal des Alltags. So treffen sich abends oder am Wochenende die Familien zum akkordeonbegleiteten Tanz und zum gemeinsamen Essen.

Sichtöffnung im Flusssteinmauerwerk

Stößt man auf die umgebenden Schutzmauern mit ihren kleinen Sichtöffnungen, ist man von der unglaublichen Regelmäßigkeit des geschichteten Flusssteinmauerwerks beeindruck. Eine resolute *Signora*, die in einem der Häuser interessante Bilder und schöne Seidentücher verkauft, tischt uns zwischen ihren Exponaten hierzu eine bemerkenswerte Geschichte auf: Das Sortieren der Kieselsteine sei stets Aufgabe der Frauen gewesen, weil diese wegen ihres ständigen Umgangs mit den Feldfrüchten ein besseres Gefühl als die Männer für Proportionen und Größe gehabt hätten – und immer noch hätten, wie die *Signora* selbstbewusst hinzufügt. Das Vermauern allerdings – so fügt die *Signora* einschränkend hinzu – hätten die Männer dann doch selbst erledigen müssen. Ihr Mann beispielsweise wäre auch dafür verantwortlich, nach ihrer Anweisung das Grobe zu erledigen.

Candelo bietet einen kleinen amtlichen Stellplatz, der nahe am *Ricetto* liegt, aber leider etwas lärmbeaufschlagt ist:

(043) WOMO-Stellplatz: Candelo *(Area Comunale)*
GPS: N 45°32'31" E 8°06'56", Via Cesare Pavese. **Max. WOMOs**: 2.
Ausstattung/Lage: Mülleimer, Licht, Geschäfte in der Nähe / innerstädtisch.
Zufahrt: Folgen Sie ab der Piazza Castelli dem Hinweisschild für Reisebusse ‚Parcheggio'.

Wenn dieser urbane Platz belegt ist oder zu lärmig erscheint, kann man von der Via Roma vor der Kirche Santa Maria Maggiore links abbiegen und das *Ricetto* südöstlich umfahren, bis man an eine Wiese gerät, die direkt an der Umfassungsmauer des *Ricetto* liegt und sich inzwischen zu einem sehr angenehmen und gut frequentierten Stellplatz herausgeputzt hat und die unser Tipp ist:

Ricetto di Candelo (im Hintergrund der Stellplatz)

(044) WOMO-Picknickplatz: Candelo *(Prato del Sasso)*
GPS: N 45°32'47" E 8°06'56", Via Mulini. **Max. WOMOs**: 20.
Ausstattung/Lage: Ver- und Entsorgung, Strom, Spielplatz, Picknickbänke, klappstuhlgeeignet, Mülleimer, Halfpipe / Ortsrand, aber nur 200 m vom Ricetto entfernt. **Zufahrt**: Wie oben beschrieben, beschildert.

Wir tauchen jetzt tiefer in das Canavese ein und überqueren auf dem Weg zu einem ziemlich unbekannten See eine geologische Merkwürdigkeit: die **Serra**, die größte **Gletschermoräne** Europas, die als schnurgerader Höhenrücken mit einer Höhe von etwa 120 Metern das flachgehügelte Land sägenartig durchschneidet, woher auch der Name kommt. Unser Weg dahin führt uns zunächst von Candelo zurück Richtung Biella, so wie wir hergekommen sind. Kurz vor der Stadt biegen wir in einem Kreisel Richtung Mongrando aus und erreichen über die Tangenziale Biella, einen Tunnel und einer Überquerung des Flusses Torrente Elvö schließlich die Passstraße, die die Serra an einem natürlichen Einschnitt überwindet. Die Ebene des Canavese tut sich hier überraschend auf und zwingt den WOMO-Reisenden zu einer Entscheidung: Entweder zweigt er nach Nordwesten in Richtung Ivrea und somit zu unserer Tour 6 in das Aostatal ab, oder er begleitet uns auf dieser Tour weiter nach Südosten in die Po-Ebene. Wir fahren von Bollengo parallel zum Höhenzug nach Südosten und erreichen nach

Lago Viverone

8 Kilometern das Nordende des **Lago Viverone**, natürliches Überbleibsel eines ehemaligen Gletscherauslaufs. Der See ist nur an der Ost- und an der Nordseite zugänglich, die restliche Uferzone ist nämlich leider durchgängig privatisiert und bleibt daher dem Gast verschlossen. An der Nordseite des Sees – der Gemeinde Masseria zugeordnet – ist ein sehr schöner offizieller Stellplatz direkt an der Straße angelegt:

(045) WOMO-Picknickplatz: Lago Viverone *(Camperstop)*
GPS: N 45°25'47" E 8°02'35", S2 228. **Max. WOMOs**: 30.
Ausstattung/Lage: Ver- und Entsorgung, Toilette, Dusche, Strom, Picknickbänke, klappstuhlgeeignet, Mülleimer / außerorts.
Zufahrt: Der Platz liegt auf der Nordseite des Sees, 300 m östlich der Zufahrt zum Campingplatz *Plein de Soleil* seitlich der SS 228, auf der dem See abgewandten Seite der Straße nördlich von Viverone.
Gebühr: 17 € / Tag
Hinweis: Campingplatzbesucher finden, wie eben und im folgenden Text beschrieben, einen Platz an der Nordwestseite unmittelbar am See. Der See ist zum Baden eher nicht geeignet.

Nördlich von **Viverone** (1.300 Einwohner) und auf dem südlichen Ufer des Sees gibt es einen weiteren öffentlichen Stellplatz an der Via Lido: Relativ steil bergab geht es über eine kopfsteingepflasterte Straße hinunter durch die Weinberge. Ein Schild weist am Beginn der Bebauung nach links:

(046) WOMO-Stellplatz: Viverone (Via Lido)
GPS: N 45°25'17" E 08°02'55", Via Lido. **Max. WOMOs**: 5.
Ausstattung/Lage: Mülleimer, Gaststätten und Geschäfte in der Nähe / Ortsrand, trotzdem abends in der Saison belebt.
Zufahrt: Der Platz liegt an der nord-östlichen Seite des Sees, zwischen Viverone und dem See; Sie biegen bei Viverone von der SS 228 zum See hin ab. Der teilweise mit einer Höhenbarriere versperrte Platz liegt links der Straße (rechts gilt WOMO-Verbot).
Gebühr: Tagsüber 1 €/Stunde, nachts kostenlos.

Der See eignet sich wegen der Einzäunung seiner schönen Ufer und der Veralgung nicht zum Baden – er bietet eher einen kleinen Einblick in die Szenerie provinzieller Sommerfrische: Eiscafés, Minigolfbahnen, die Promenade und untalentierte Gelegenheits-Surfer stellen eine unschuldig-schöne Kulisse her.

Wer hier verbleiben und das Wasser genießen will, sollte den **Campingplatz** *Plein de Soleil* am nördlichen Ende des Sees aufsuchen, der mit Mietsegelbooten, einer ordentlichen Pizzeria und Bootseinsatzmöglichkeit lockt. Uns jedoch treibt es weiter. Immer wieder folgen auf unserer Reise den Phasen der Erholung die Phasen der Bildung und Belehrung.

Wir fahren ein Stück zurück Richtung Piverone und biegen an einer Ampelkreuzung nach links Richtung *Azeglio* ab. Unser Weg führt uns - den braunen Wegweisern folgend - zum

Castello di Masino. Wir erlauben uns darauf aufmerksam zu machen, dass hier eine besondere und in ihrer Namensgebung delikate Art der Dachdeckung zu sehen ist: Halbrunde Ziegelpfannen liegen ineinander geschmiegt – abwechselnd eine Reihe auf dem Rücken und die nächste auf dem Bauch, in Deutschland bildhaft »*Mönch und Nonne*« genannt.

Das **Castello di Masino** ist im Jahre 1987 von der Stiftung *Fondo per l'Ambiente Italiano (FAI)* aus dem privaten Besitz der Familie *Valperga* erworben worden, um seinen Bestand und seine Zugänglichkeit für die Öffentlichkeit sicherzustellen. Nicht nur die restaurierten Räume des luxuriösen Schlosses mitsamt seiner unglaublichen Ausstattung, sondern auch die beeindruckenden Pferdeställe mit wunderschönen Trompe l'Œils, die Gärten und die Wagenmacherei können besichtigt werden *(10 - 12 Uhr und 14 - 17.30 Uhr für 7 €)*. Weit geht der Blick von der Schlossterrasse hinab in das schöne Land.

Castello di Masino - Pferdestall

Die schmale Straße vom Dorf hinauf zum Schloss ist gesäumt von bäuerlichen Anwesen, deren Bewohner am Wochenende ihre Erzeugnisse anbieten. Wir empfehlen ausdrücklich den Besuch des Standes der *Familie Bono*, die nicht nur einen ausgezeichneten Honig herstellt, sondern auch mit größter Herzlichkeit erklärt, wie dieser im Einzelnen zustande kommt. Man könnte meinen, dass Signore *Valentino Bono* seine vielen summenden Lieferanten allesamt mit Namen kennt. Mehr noch: Es stellt sich heraus, dass Signore auch in der Herstellung exzellenter Liköre ausgesprochen bewandert ist. Ein geselliges und heiteres Verkosten bleibt da nicht aus – und zu guter Letzt offenbart der Hausherr uns Maroni, deren Größe und Geschmack wirklich enorm sind. Oder haben diese vielen kleinen Likörchen etwa unsere Wahrnehmungen günstig beeinflusst?

Heilige Berge, fruchtbare Ebenen

Vielleicht kann der Besuch eines neuen Stellplatzes auf dem Südufer des Sees hilfreich bei der Aufarbeitung dieser Erlebnisse sein:

(047) WOMO-Stellplatz: Acqua di Lago
GPS: N 45°24'08" E 08°02'23", Strada Becco di Cigno 41. **Max. WOMOs:** 40.
Ausstattung/Lage: Ver- und Entsorgung, Toilette, Dusche, Strom, klappstuhlgeeignet, Mülleimer / Ortsrand. **Öffnungszeit:** 1.3. - 1.11.
Zufahrt: Der Platz liegt an der südlichen Seite des Sees. **Gebühr:** 18 €.
Hinweis: Das ist eher ein Camping- als ein Stellplatz – mit eigenem Seezugang.

Man kann auch ein Nickerchen unter einer der mächtigen Akazien im Schlosspark einlegen und sich dann prächtig erholt zurück in Richtung Cigliano wenden. Dort überquert man zum ersten Mal einen der vielen Bewässerungskanäle der **Po-Ebene**, die in **Ivrea** von der Dora Baltea eingespeist werden. Man folgt dem Kanal in Richtung Vestigné und kann über die linke Schulter noch mal einen Blick auf das Castello di Masino werfen.

In Borgomasino überquert man den Kanal aufs Neue und erreicht über Moncrivello und Villareggia nach dem Unterqueren eines Aquäduktes die **Dora Baltea** und damit das erste große **Wasserbauwerk** von Cavour, den die deutschsprachigen Berichterstatter gerne als den *»Bismarck Italiens«* apostrophieren, wohingegen eigentümlicherweise nach unserer Kenntnis der Reichskanzler hierzulande noch nie als der *»Cavour Deutschlands«* bezeichnet worden ist. Cavour, mit vollem Namen **Camillo Benso Graf von Cavour**, aus alter piemontesischer Familie stammend (siehe auch Touren 8 und 9), machte am Turiner Königshof eine kometenhafte Karriere in dessen Beamtentum und ging dabei einen neuen Weg auf dem Grat zwischen gediegenem Feudalismus und demokratisch-technokratischer Gesinnung. Seine Idee war es, das Übermaß an Wasser aus den Alpen hinabzuleiten in die große Ebene des Piemonte. Ursprünglich sollten die zentralen Wasserwege sogar als schiffbare Kanäle ausgebildet werden, um aus ihnen doppelten Nutzen zu erzielen: einerseits die Fruchtbarmachung der Felder in der Mitte des Landes und andererseits den Weitertransport der Erzeugnisse an die Mittelmeerhäfen und in den Süden Italiens. Das zweite Ziel konnte nie verwirklicht werden; das erste ist erreicht worden durch ein beeindruckendes, in der Öffentlichkeit kaum wahrgenommenes ausgeklügeltes System von Kanälen, Pumpwerken und Verteileranlagen, die umfangreichen Gemüse- und Reisanbau ermöglichen.

Mazzè - Pumpwerk

Das **Pumpwerk von Mazzè** kann auf regulärem Weg leider nicht besichtigt werden. Von der Brücke über die Dora Baltea gesehen mutet es wie ein Wasserschloss an und dient auch aus dieser Entfernung als Beweis dafür, dass technische Bauwerke früher durchaus unter anspruchsvollen gestalterischen Gesichtspunkten geplant worden sind. Ein vergleichbares Wasserbauwerk schlagen wir aber gerne am Ende dieser Tour zur Besichtigung vor.

Auf dem weiteren Weg nach **Mazzè** (3.700 Einwohner) lockt uns eine relativ neue wissenschaftliche Entdeckung in den Wald. Wir lassen das WOMO am Anfang einer S-Kurve an einem kleinen Schild ‚Sito archeologico' stehen und wandern etwa 30 Minuten den kleinen Wegweisern nach. Sie

Mazzè

führen uns zu einem erst 1998 im Rahmen einer Exploration von örtlichen Heimatforschern entdeckten Fragment einer römischen Handelsstraße, die einst Ivrea mit Quadrata (heute Verolengo) verband. Diese Entdeckung besteht bis heute zum Glück lediglich aus ihr selbst. In der meditativen Stille des Waldes sieht man Reste der **Römerstraße**, der Gründungen einiger Wegegebäude und einer ehemaligen Furt durch den Fluss. Kein Andenkenhandel, kein Eisverkäufer, kein Reisebus stört die ruhige Beobachtung. Nur einige liebevoll laminierte kleine Schautafeln der Heimatforscher machen uns klar, dass man nicht selbst der Entdecker des Kleinodes ist. Den Texten kann man entnehmen, dass für die weitere Untersuchung und systematische Ausforschung der Fundstelle keine Mittel bereitgestellt werden sollen. So bedauerlich das ist - vielleicht wäre es doch am besten, die Wegweiser wieder abzubauen und diese Reiseführerseiten ungedruckt zu lassen, damit der stille Ort vor seiner touristischen Ausplünderung bewahrt bleibt.

Heilige Berge, fruchtbare Ebenen

Lido di Candia

Wir durchqueren anschließend den Ort Mazzè, der bereits als römisches Castrum an eben jener jüngst entdeckten Straße lag, und können eine weitere Burg der Familie Valperga ansehen, falls uns die Tour an einem Samstag oder an einem Feiertag zwischen 14.30 Uhr und 18 Uhr hier entlang führt.

In Mazzè ist auf braunen Schildern der **Lago di Candia** ausgeschildert. Man erreicht den Lido, wo sich heitere Sommerfrische breit macht. Der Parkplatz ist als Stellplatz zu empfehlen:

(048) WOMO-Badeplatz: Lido di Candia
GPS: N 45°19'16" E 7°54'49", SP 84. **Max. WOMOs**: 5-7.
Ausstattung/Lage: Mülleimer, Gaststätte, Picknickplatz, Spielplatz, Strand / Ortsrand; Restaurant (Montag Ruhetag)
Zufahrt: Folgen Sie in Caluso rechts den braunen Hinweisschildern ‚Parco naturale provinciale Lago di Candia' und biegen Sie in einer Senke nach links Richtung Candia ab. **Hinweise**: Am Wochenende oft lärmig.

Der Lido ist vom 1.4. bis zum 30.9. jeweils von 8 bis 21 Uhr geöffnet. Der Stellplatz ist ziemlich cool, die Restauration in Ordnung, das Wasser des Gletschersees trotz einer maximalen Tiefe von 7 m im Frühjahr glasklar, und die Tretboote sind schnell – was sollte da noch zu einem geglückten Aufenthalt fehlen?

Nach guter Erholung geht's zurück nach Mazzé und von dort über Tonengo nach Süden. Die Landschaft ist geprägt von immer größer werdenden Feldern und vom orthogonalen System der Bewässerungsanlagen. Das alles scheint auf den ersten Blick ziemlich langweilig zu werden. Die Ansiedlungen sind kompakt und zweckmäßig formiert – hier ist wenig Platz für Romantik. Wer aber Bernardo Bertoluccis Meisterwerk ‚Novecento' gesehen hat, kann hier Bilder von großer Dichte wiederentdecken.

Das beste Beispiel für die Kultur der großen spätfeudalen Landbesitze der Ebene ist **Mandria** (60 Einwohner). Wir er-

Mandria

reichen die Domäne über die schnurgerade Landstraße von Tonengo nach 7 Kilometern. Hier finden wir eine kleine bäuerliche Idealstadt, die ihre Schönheit noch nicht ganz preisgegeben hat, obwohl seit geraumer Zeit hier die Turiner Bussi-Gesellschaft sich einzukaufen beginnt. Auf einem rechteckigen Grundriss von ca. 250 x 450 m, durchkreuzt von zwei Magistralen, liegen gewaltige landwirtschaftliche Gebäude streng um einen kleinen Platz gruppiert. Teile der Bauwerke sind bereits saniert, andere verfallen in schöner Verbiegung. Das WOMO lässt man am besten an der südlichen Ausfahrt außerhalb der Tore stehen. Dann durchwandert man die Domäne von Süden nach Norden, von Westen nach Osten, umrundet sie vielleicht noch und stellt sich für einen Espresso in die *Trattoria Commestibile*, die echteste aller Bars, im östlichen Torbogen.

Hier stehen am Feierabend gummibestiefelte Landmänner in Sechserreihen. Bisweilen ist aber auch niemand da, noch nicht einmal *Signora Gorgolione*. Warten Sie einen Augenblick auf sie, sie wird gleich kommen und Ihnen kleine süße Gebäcke anbieten und innig zur Teilnahme an der Lotterie raten. Draußen spielen im Abendlicht die Alten um kleine Münze ein unverständliches Kartenspiel, den Gehstock mit vermessingtem Knauf quer über den Schoß gelegt.

Hinter der Trattoria befindet sich das beste kleine Restaurant aller Zeiten. Vier schlichte Holztische unter einer Kreuzgewölbedecke, eine Eistafel mit handschriftlich korrigierten Preisen, zwei spiralige Fliegenfänger. Und wunderbar einfaches Essen für kleine Münze, serviert in dickwandigem Porzellan mit feinen Rissen. Die Qualität einer Mahlzeit wird nicht durch ihren Preis oder feinsinnige Speisekartenlyrik bestimmt, sondern durch den Zustand des Tellers beim Abservieren: auch die letzte Spur der Sauce ist mit dem Weißbrot aufgenommen und genossen worden.

Chivasso - Piazza della Repubblica

Unsere Tour soll in **Chivasso** (24.450 Einwohner) enden. Wir fahren auf die SS 26 und wenden uns nach Süden. Begleitet von unzähligen Bewässerungskanälen und –wehren überqueren wir alsbald die Autobahn Torino-Milano, um uns dann durch die typischen trostlosen Vororte ins Zentrum Chivassos vorzuarbeiten. Hier halten wir uns unbeirrt durch die schmaler werdenden Straßen immer in Richtung Torino.

Für den Reisenden, der nur eine Pause einlegen möchte, bietet sich der Parkplatz an der Piazza Noé an, wo er tagsüber unbesorgt für wenig Geld (0,60 €/h) und ab 19.30 Uhr bis 8.30 Uhr umsonst stehen kann. Von hier aus geht es mit nur wenigen Schritten in das historische Zentrum der Stadt mit einer sympathischen Fußgängerzone, auf deren Kopfsteinpflaster wir uns zu der quirligen **Piazza Republica** fortbewegen. Halten Sie inne, gönnen Sie sich eine schöne Stunde in der über 90 Jahre alt gewordenen *Pasticceria Bonfante,* Via Torino 29, mit der unwiderstehlichen Spezialität der *Nocciolini* ! Das sind kleine runde Kekse, die aus Haselnüssen hergestellt und mit diversen Aromen geadelt werden – ein besonders nettes Mitbringsel für die Katzenaufpasser und Blumengießer zu Hause. Vor Ort jedoch muss unbedingt zum *Cappuccino* »un piatto con dieci poste« für 4 € verkostet werden. Da kommt ein Teller, auf dem 10 Winzgebäcke einen Gaumenreigen aufführen, der sogar profunde Asketen jeden frommen Vorsatz über Bord werfen lässt.

Appetit macht bekanntlich Hunger. Da kann man noch einen kleinen Verdauungsspaziergang bis zur Piazza machen und sich dort im Schatten des Campanile ein geschmeidiges Eis einverleiben.

Wer sich jedoch nicht an einem Tag allein alle Köstlichkeiten zumuten und somit eine Nacht in Chivasso verbringen möchte, begibt sich am besten auf einen offiziellen Stellplatz auf der Piazza Lucio Libertini.

(049) WOMO-Stellplatz: Chivasso

GPS: N 45°11'06" E 7°53'38", Piazza Lucio Libertini. **Max. WOMOs**: 20.
Ausstattung/Lage: Ver- und Entsorgung (Wasser für 2 Euro), Mülleimer, Supermarkt, öffentliches Schwimmbad, Fahrradverleih, Gaststätten in der Nähe, kaum Schatten / Stadtrand.
Zufahrt: Der Stellplatz ist ein nicht lauschiger großer Parkplatz und liegt beschildert südlich der Innenstadt, nördlich des Po und östlich des Stadions.

Der Platz ist aufgrund seiner Größe zwar etwas ungemütlich und die Funktionsweise der Entsorgungsanlage war uns auch ziemlich rätselhaft, aber ansonsten ist er recht passabel und bietet zudem direkten Zugang zu einem beeindruckenden **Wasserbauwerk** des bereits erwähnten S. Cavour. Dieses fasst seit 1866 die Wässer des Torrente Orca und des Fiume Po zusammen und führt nach ca. 12 km über den Fiume Dora Baltea hinweg in die Felder des größten europäischen Reisanbaugebietes. Die gesamte Anlage in Klinkerbauweise mit ihren schönen galerieartigen Rundbögen wurde 2003 saniert und steht nun wechselnden Ausstellungen zur Verfügung. Außerdem wurden die Außenanlagen um einen Park und einen kleinen Radwanderweg erweitert, der unserem Eindruck nach – zumindest in den Sommermonaten – aufgrund des fehlenden Schattens nicht so recht genutzt wird. Dafür scheint das an den Stellplatz grenzende Freibad umso mehr die Chivassi in heißen Stunden anzulocken.

Der Name Chivasso leitet sich aus dem Wort Schlüssel *Chiave* für das deutsche Wort *Schlüssel* ab, und bedeutet historisch, dass sich hier das Tor zwischen dem nördlichen und dem südlichen Piemont befindet. Das gilt immer noch: Ab hier führt der Weg nach Süden, hinein in die Ebene und zur Hauptstadt Torino.

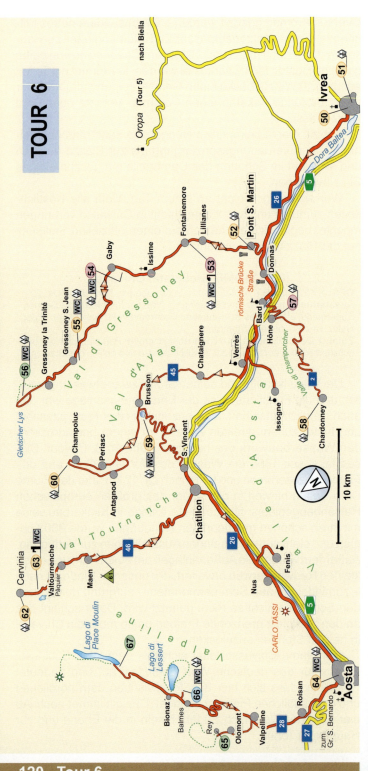

Tour 6: Römer, Walser und große Fische

Ivrea - Gressoney - Bard - Breuil - Aosta - Bionaz

Stellplätze:	in Ivrea, in Pont Saint-Martin, in Fontainemore, in Gaby, in Gressoney S. Jean, in Gressoney la Trinité, in Hône, in Chardonney, in Verres, in Brusson, in Champoluc, in Cervinia, in Perreres, in Aosta, in Rey, am Lago di Lessert, am Lago di Place Moulin
Campingplatz:	in Maen
Besichtigen:	Ivrea, Brücke in Saint-Martin, Pfarrkirche in Issime, Römerstraße in Donnas, Festung von Bard, Schloss von Issogne, Wehrburg von Verrès, Schloss von Fénis, Museum Carlo Tassi in Nus – ein letztes Mal, S. Orso in Aosta
Wandern:	bei Staffal, bei Pâquier, zur Conca de By, beim Lago di Lessert, beim Lago di Place Moulin

Genau genommen und bei politisch korrekter Betrachtung gehört das **Aosta-Tal** nicht zum Piemont. Seit 1949 genießt es nämlich – ähnlich wie Südtirol – den Status einer autonomen Region, ist also verwaltungsrechtlich dem Piemont gleichgeordnet. Die französische Sprache ist neben der italienischen Sprache gleichberechtigte Amtssprache, die alten Ortsnamen wurden wieder eingeführt, und die Stadt Aosta ist mit gleichen verwaltungsrechtlichen Kompetenzen ausgestattet wie etwa Torino oder Milano.

Im letzten Jahrhundert vor der Zeitenwende hat man dem Aosta-Tal zunächst nicht mehr Bedeutung zugemessen, als es der sprichwörtliche holländische Caravaner unseren Gefilden heutzutage tut: Eine Gegend zum Hindurchfahren, zum Abkürzen des Wegs, zur Reduzierung der Treibstoff- und Verpflegungskosten. Den Römern ging es bei der Erschließung des verwilderten Tals darum, den Weg zwischen ihrem Machtzentrum und der Provinz *Gallia Narbonensis* – dem heutigen Languedoc – und speziell der Region um Vienne von der See auf die Straße zu verlegen.

Die ursprünglichen Bewohner des Tales und seiner Nebentäler, die keltisch-stämmigen *Salasser*, boten den römischen Kohorten mit den Mitteln der klassischen Guerilla und begünstigt durch das unwegsame Gelände unerwartet langen und zähen Widerstand. Erst ein taktischer Verrat sollte diesen Kampf entscheiden: Der Feldherr *Terentius Varo* täuschte im Jahre 25 vor Christus den Wortführern der Salasser (sie werden wie so viele Verlierer in der Geschichtsschreibung weder mit Namen noch mit Titel erwähnt) Verhandlungsbereitschaft vor, ließ dann aber seine verdeckt aufmarschierten Truppen zugreifen und Tausende als Sklaven nach Rom verschleppen.

Derart auf militärische Weise von Widerständlern gereinigt, wurde die einverleibte Gegend sofort durch die Gründung einer Festungsstadt verwaltungstechnisch organisiert. Zynischerweise gab man ihr den Namen *Augusta Prätoria Salassorum*, also *Augusta, Hauptstadt der Salasser*. Heute heißt sie einfach **Aosta**.

Alsbald wurde eine karrengängige Straße nach Ivrea gebaut, deren Spuren wir noch begegnen werden. Die Geschichte des Aosta-Tals als Durchgangsweg nahm ihren Lauf.

Mit seinem Untergang verlor das römische Imperium naturgemäß jedes Interesse am verwilderten Tal. In das entstehende Machtvakuum stießen in der zweiten Hälfte des 5. Jahrhunderts zunächst die burgundischen Herrscher, etwa ein weiteres Jahrhundert später die Franken, später noch viele andere Mächtige und schließlich – Sie ahnen es – die WOMO-Fahrer mit diesem Buch auf dem Armaturenbrett, allerdings in eindeutig friedlicher Absicht – und immer auf der Suche nach einem schönen, ebenen Stellplatz mit frischer Luft und schmackhaften Forellen auf dem Grill.

Das Aosta-Tal ist eine der schönsten aller schönen Gegenden, die der WOMO-Fahrer bereisen kann. Für eine einzige

Ivrea - Ponte Vecchio

Tour in diesem Buch ist es allerdings zu vielfältig. Wir schlagen Ihnen also zwei Touren vor: den Eiligen diese Einstiegstour 6 von **Ivrea** nach **Aosta** mit der Möglichkeit des Heimwegs über den Gran San Bernardo und denen, deren Gas- und Zeitvorräte größer bemessen sind, die anschließende Tour 7 von Aosta nach Courmayeur, von wo man den Heimweg über den Tunnel des Monte Bianco (Mont Blanc) antreten kann. Dabei werden wir jeweils einige der nach Norden und Süden führenden Seitentäler besuchen, die von erstaunlicher Unterschiedlichkeit sind.

Natürlich kann man nach der Erforschung des Aosta-Tales auch wieder den Rückweg nach Osten antreten und sich mit unserer Tour 5 weiter nach Süden vorarbeiten.

Wir starten also in **Ivrea** (24.500 Einwohner), fast noch Ebene und trotzdem schon Einstieg in die Berge. Früher – wie erwähnt – Vorposten der Römer im Kampf gegen die Ureinwohner, heute lebendiges Mittelzentrum an der schäumenden Dora Baltea mit ruhigen Gassen, die sich auf die oben gelegene Burg zentrieren. Übrigens nennen sich die Einwohner Ivreas noch heute *Eporediesi*, was auf das keltisch-ligurische *Eporedia,* also *Pferdestation*, zurückgeht. Neben vielen profanen Gebäuden in Ivrea im öffentlichen Bereich gibt es hier

Römer, Walser und große Fische

eine sakrale Merkwürdigkeit: Die sehenswerte spätgotische **Saalkirche San Bernadino** befindet sich auf dem Gelände des größten Arbeitgebers der Stadt, nämlich der Firma *Olivetti*. Trotzdem kann sie besichtigt werden.

Wer die Stadt in Richtung Castellamonte bzw. Rivarolo verlässt, kommt am Hauptempfangsgebäude von Olivetti vorbei und kann tatsächlich alltäglich den freundlichen Pförtner um einen Besichtigungstermin bitten. Innerhalb weniger Minuten eilt der Haushistoriker herbei und liefert eine mehrsprachige Führung durch die Kirche ab, die sozusagen in Reinschrift sofort abgetippt werden könnte.

Im Übrigen ist nach unserem Eindruck Ivrea wegen seiner Vielfältigkeit eine Stadt zum Selbstentdecken. Dazu gehört Spaß am Herumlaufen – Gasse hinauf und nächste Gasse hinab – und auch ein wenig Geduld mit dem lebhaften Verkehr. Wir haben uns immer auf dem nachstehend erwähnten kleinen Stellplatz am Castello am wohlsten gefühlt und von dort aus jedes Mal neue Gassen, kleine Osterias und stille Plätze entdeckt - und dabei auch den berühmten **Ponte Vecchio**, eine Brücke, deren Pfeiler römischen Ursprungs sind (Foto Seite 122).

Vor der Burg befindet sich ein kleiner, kastanienumsäumter Platz, der sich zum Übernachten anbietet:

(050) WOMO-Stellplatz: Ivrea *(Castello)*
GPS: N 45°28'07" E 7°52'27", Via Circonvallazione.   **Max. WOMOs**: 5.
Ausstattung/Lage: Mülleimer, Geschäfte und Gaststätten in der Nähe / in der Stadt.   **Zufahrt**: Folgen Sie der Beschilderung ‚*Castello*'; der Platz liegt direkt an der Burgmauer,

Als Alternative hierzu gibt es einen <u>offiziell</u> ausgewiesenen Stellplatz am Fluss:

(051) WOMO-Stellplatz: Ivrea *(Fluss)*
GPS: N 45°27'48" E 7°52'35", Via Dora Baltea 3.   **Max. WOMOs**: 10.
Ausstattung/Lage: Ver- und Entsorgung, klappstuhlgeeignet, Mülleimer, Spielplatz, Spielwiese, der rauschende Fluss als Nachtmusik / Stadtrand, trotzdem viel Autoverkehr.
Zufahrt: Überqueren Sie vom Zentrum die Brücke über die Dora Baltea nach Süden und folgen Sie dabei den Wegweisern ‚*Croce Rosso*'.
Gebühr: 5 € / Tag + 3 € für Ver- und Entsorgung.

Ab geht's in das Aosta-Tal. Wir fahren bis zum Eingang des ersten Seitentals nach Norden, in das **Val di Gressoney**, erreichen **Pont Saint-Martin** (3.800 Einwohner) und stoßen dort auf eine weitere Hinterlassenschaft der römischen Eroberer: eine perfekte **Rundbogenbrücke** über den Fluss Lys, die nun schon seit über 2000 Jahren ihren Dienst verrichtet. Von den Deckplatten der Fahrbahn abgesehen befindet sie sich immer noch im Originalzustand. Sie ist eine der ersten Brücken der römischen Besatzungsgebiete, die von Anfang an gegenverkehrsfähig konzipiert war. An der Peripherie der kleinen Stadt liegt ein Stellplatz:

(052) WOMO-Stellplatz: Pont Saint-Martin
GPS: N 45°36'00" E 7°47'38", Viale Carlo Viola.   **Max. WOMOs:** 5.
Ausstattung/Lage: Ver- und Entsorgung / Stadtrand.
Zufahrt: Folgen Sie vom Zentrum aus den Schildern zum Sportzentrum; der Platz ist ausgeschildert und liegt seitlich einer Sporthalle

Alle Seitentäler des Aosta-Tals haben eine geomorphologische Gemeinsamkeit: An ihrer unteren Einmündung ist dadurch eine Steilstufe entstanden, dass der Gletscher im Haupttal das Einfließen der Nebentalgletscher behindert hat, weil der Vortrieb des Hauptgletschers mächtiger war als der der Nebengletscher. So muss man immer nach dem Einbiegen in die Nebentäler zunächst einen ordentlichen Höhenunterschied überwinden, bevor man den eigentlichen Talgrund erreicht. Dann wird das Tal aber schnell wieder einigermaßen weit. An den Hängen der Westseite kleben schon kleine Dörfer in großer Kargheit. Wir haben die Auffahrt dorthin mehrmals versucht – Rückwärtsfahrten waren die Folge. Dafür bietet der Fluss zahlreiche Stellen zum Baden und Verweilen.

Pont Saint-Martin - röm. Brücke

Fontainemore

Römer, Walser und große Fische

Man erreicht den Weiler **Fontainemore** (Foto Seite 125) und stößt hier zum ersten Mal auf die relativ neue Haltung der aostanischen Seitentäler dem fahrenden Volk gegenüber: Fast überall ist nunmehr das Abstellen von Wohnmobilen innerhalb der Ortschaften grundsätzlich untersagt – dafür haben in den letzten Jahren viele Gemeinden offizielle Stellplätze eingerichtet, die in der Regel sehr angenehm sind.

Wir meinen dazu: Besser ruhig, mit reinem Gewissen und in guter Nachbarschaft für 5 € geschlafen als unruhig, schuldbewusst und kostenlos an Straßenrändern oder auf Flächen, die eigentlich den Anwohnern als Parkplatz zur Verfügung stehen sollten. Wir haben diese neuen Stellplätze schätzen gelernt, weil sie einen wichtigen Beitrag zum sanften Tourismus darstellen.

---

(053) WOMO-Picknickplatz: Fontainemore

GPS: N 45°38'46" E 07°51'33", SR 44. **Max. WOMOs**: 5.
Ausstattung/Lage: Ver- und Entsorgung, Toilette, Dusche, Picknickbänke, Boulebahn / Ortsrand, wegen eines nahen Wasserfalls und des Flusses ziemlich rauschig.
Zufahrt: Der Platz liegt am Tennisgelände, kurz hinter dem südlichen Ortseingangsschild auf der linken Straßenseite.
Gebühren: 6 € / Tag, 3 € für Strom, 1 € für eine warme Dusche – zu bezahlen in der Bar *Il Ritrovo* am Tennisplatz. **Hinweis**: Leicht abschüssig.

Etwa 400 m weiter aufwärts, kurz nach Überquerung der zierlichen Brücke, liegt rechts der Straße ein hübscher Kinderspielplatz mit lustigen Phantasietieren.

In **Issime** (in der alten walserischen Schreibweise: **Eischeme**) stößt man rechter Hand auf die **Pfarrkirche**, deren stra-

Issime - Jüngstes Gericht

ßenseitiger Giebel im 16. Jahrhundert mit einem Diorama des Jüngsten Gerichtes ausgestattet worden ist. Die Maler kamen übrigens aus Varallo, wohin wir Sie bereits auf unserer dritten Tour geführt haben. Leider hat eine unbekannte Hand das Fresko Anfang des 18. Jahrhunderts allzu farbenfreudig restauriert. Auch wenn die räumlichen Verhältnisse für den Betrachter durch ein Kreuzgangrelikt *en face* der Fassade sehr eingeschränkt sind, lohnt sich eine intensive Betrachtung der teilweise sehr derben Motive durchaus. Wer Glück hat und die Kirche in geöffnetem Zustand antrifft, wird seine Freude an dem prächtigen, vergoldeten Barockaltar mit seinen zahlreichen Figuren haben. In krassem Widerspruch dazu dräut ein direkt hinter der Kirche errichteter Gittermast mit mächtigen Richtfunkantennen, die ihre kryptischen Signale an ebenso mächtige Reflektoren am Bergkamm senden. Wer hierzu jemals eine Genehmigung erteilt hat, sollte sich die Fegefeuerszenen der Fresken genauer anschauen, denn genau dort wird er dermaleinst enden – wenn es überhaupt noch Gerechtigkeit gibt.

Die Straße führt uns weiter bergauf in die Gemeinde **Gaby**, in der eine filigrane zweibogige Brücke römischen Ursprungs den Fluss überspannt. Auch hier findet man einen der »neuen Stellplätze«, die den WOMO-Tourismus bändigen sollen:

(054) WOMO-Picknickplatz: Gaby *(Vourry)*
GPS: N 45°42'06" E 7°52'22", SR 44, Loc Serta.   **Max. WOMOs**: 25.
Ausstattung/Lage: Ver- und Entsorgung, Spielplatz, Toilette (sehr sauber !), Bänke, klappstuhlgeeignet, drei Grillplätze / außerorts, an der Durchfahrtsstraße, trotzdem abends ruhig.
Zufahrt: Der Platz ist südlich des Ortes beschildert.
Gebühr: 5 € / Tag vom 1.6. bis zum 30.9., zu bezahlen am Automaten.

Wem das zu wenig (oder auch zu viel) ist, der kann im Zentrum von Gaby auf einem der beiden großen Parkplätze straflos Anker werfen. Von einem der beiden führt ein Wanderweg in einer reichlichen Dreiviertelstunde zu einem Wasserfall, von dem man sich quietschend bespritzen lassen kann.

Das Tal öffnet sich am Ortseingang von **Gressoney S. Jean**. Hier gibt es einen Campingplatz, der sich dem Reisenden verbirgt, weil der mit ihm nicht rechnet und eher unfreundlich mit ihm umgeht, wenn er ihn doch finden sollte. Wir verzichten auf eine nähere Beschreibung und empfehlen alternativ einen Stellplatz an der Talstation der Seilbahn *Weissmatten*:

(055) WOMO-Stellplatz: Gressoney S. Jean
GPS: N 45°45'40" E 7°50'05", SR 44.   **Max. WOMOs**: 40.
Ausstattung/Lage: Ver- und Entsorgung, Toilette, Mülleimer / im Ort.
Zufahrt: Vor dem Ortszentrum links: großer Parkplatz der Seilbahn *Weissmatten*, ein Sektor des Platzes ist reserviert für WOMOs / außerorts, im Winter überfüllt, sonst ruhig. **Gebühr:** 6 € / Tag, zu zahlen am Automaten.

Dieser Platz ist nicht besonders prickelnd, aber immer ganz gut besucht. Das Städtchen bietet einige Einkaufsmöglichkeiten, die lokale Spezialitäten anbieten und wartet mit dem **Castello Savoia** aus dem 19. Jahrhundert auf. Es ist gut ausgeschildert und kann an Wochentagen besichtigt werden.

Über den nächsten Bergort **Gressoney la Trinité** erreicht man schließlich am Ende des befahrbaren Tals **Staffal**, hinterrahmt vom Massiv des Monte Rosa und sofort erkennbar als Wintersportort. Platz zum Übernachten ist hier eigentlich außerhalb der Skisaison so reichlich vorhanden, dass der Beschrieb von Stellplätzen überflüssig wäre, wenn nicht auch hier Verbotsschilder aufgestellt worden wären, die dem Andrang im Winter Einhalt gebieten. Im Gegenzug hat man einen Stellplatz geschaffen, der sein Geld wert ist:

(056) WOMO-Wanderparkplatz: Gressoney la Trinité / *Ortsteil Staffal*

GPS: N 45°51'23" E 7°48'49", SR 44, Loc Tschaval. **Max. WOMOs**:36.
Ausstattung/Lage: Ver- und Entsorgung, Toilette, Strom (3 €), klappstuhlgeeignet, Mülleimer, Spielplatz, Wanderwege, Platzwart und anderes / Ortsrand, trotzdem nicht einsam.
Zufahrt: Nördlich von Gressoney la Trinité am Eingang des Ortsteils Staffal.
Gebühr: 12 € / Tag, zu zahlen beim Platzwart (anwesend Montag bis Freitag 9.30 - 11.30 und 14.30 - 18 Uhr; am Wochenende 9 - 12 und 14.30 - 19 Uhr).

Dieser Stellplatz liegt schön und bietet wirklich viel, allerdings erinnert seine Gebührenstruktur an die eines bekannten deutschen Mobilfunk-Providers: so gibt es Sonderangebote (10 mal übernachten, 8 mal bezahlen), automatenbediente Extras wie 5 Liter warmes Wasser für 0,20 €, einmal Haarföhnen für 0,50 € oder einmal großes Geschäft verrichten für 0,20 € – und Specials wie W-LAN gegen Bezahlung. Auf Nachfrage, wie viel man für die Nutzung des W-LAN zu bezahlen hätte, antwortet der Platzwart mit einem Schlüsselwort der italienischen Ausweichsprache: »dipende«. Das bedeutet: »Kommt drauf an«.

Auch im Sommer hat das Hochtal seinen Reiz, besonders für den Wandersmann. Wir empfehlen die unter Nr. 7 ausgeschilderte **Wanderung**, die uns nach strammen 2,5 Stunden zur Quelle des Flusses Lys und nach einer weiteren Stunde zum Mund des Lys-Gletschers führt. Der Weg führt über lange Strecken auf dem seitlichen Grat der Moräne und ist mittelschwer zu gehen. Etwas wehmütig erkennt hier oben auch der Laie, in welcher Geschwindigkeit der Gletscher abschmilzt und sich – als wäre er beleidigt – nach oben zurückzieht. Wir grüßen den Berg gebührend zum Abschied und fahren zurück in das Haupttal.

Eine Zwischenbilanz zeigt: Die Seitentäler des Aosta-Tals beziehen ihre Attraktivität aus wenig Verkehr, wenig Tourismus, viel quirligem Wasser, guter Luft und immer wieder Artefakten aus der Zeit der römischen Besatzung – insbesondere wunderschönen, kleinen Brücken.

Auf dem Rückweg in das Haupttal fällt ein attraktiver **Badeplatz** am Ortseingang von Lillianes auf. Hier kann man in Gumpen zwischen mächtigen, ausgewaschenen Findlingen so lange planschen, bis alle das Gänsekostüm tragen. Wie lang das dauern mag? *Dipende* ...

Von Pont St. Martin geht es im Haupttal wieder nach Westen, Richtung Aosta. Rechterhand, am Hang nach Norden, sieht man Weinberge, die noch in traditioneller Weise bewirtschaftet werden: die Rebzeilen werden nicht horizontal verspannt, sondern nach oben an Drähten angebunden, die ihrerseits über gemauerte Pfeiler geführt werden. So wird aus einem Weinberg eine Serie von weinberankten Pergolen, nicht ohne Hintersinn, denn auf diese Weise spenden die Reben sich in der glühenden Mittagssonne gegenseitig Schatten.

Am Ortsausgang von **Donnas** kann und sollte man unbedingt anhalten, um einen hochinteressanten Abschnitt der ersten **Römerstraße** durch das Aostatal zu begehen. Dazu muss man im Kreisel am Ortsausgang in den Parkplatz am Ufer ausbiegen und dort parken. Eine Fußgänger-Unterquerung der Landstraße führt zum Schauplatz:

Etwas oberhalb des jetzigen Straßenniveaus befindet sich ein etwa 200 Meter langer Abschnitt

Donnas - Römerstraße

der aus dem massiven Felsen herausgearbeiteten alten römischen Trasse. Ein steinernes Portal ist hier aus dem Felsen geschlagen worden – ohne jede statische oder verkehrstechnische Funktion. Wir stehen vor einem schönen Beispiel der

»unbegründeten«, schlichten Freude an der Baukunst und der Gestaltung. Etwas weiter oberhalb ist ein Meilenstein im Halbrelief in der Felswand entstanden, hier schon eher schlüssig, denn die lichte Breite des Weges musste dem römischen Karrenmaß entsprechen und wäre durch einen freistehenden Meilenstein eingeschränkt worden – also hat man ihn nur hälftig erhaben hergestellt.

Die über viele Jahre hinweg geführte Sanierung des historischen Ortes ist nun abgeschlossen – sogar an eine Rampe für Rollstuhlfahrer ist gedacht worden.

Zusammen mit der Römerstraße ist der *Borgo* von Donnas als Siedlung der beteiligten Handwerker entstanden. Er hat seinen manufakturellen Charakter bis heute bewahrt. An dieser Stelle wird die vielgestellte Frage beantwortet, weshalb in vielen piemontesischen Altstadtgassen mit Wasser gefüllte Plastikflaschen die schönen Hauseingänge verunzieren: Sie sollen zur diskreten Beseitigung der Hinterlassenschaften der vielen herrenlosen Katzen dienen.

Weiter nach Westen: Wir erreichen **Bard**, gelegen an einem Nadelöhr des Tales und deshalb von großer strategischer Bedeutung. Entsprechend mächtig dräut die **Festung** über der Stadt.

Bard - Festung

Lange hat ihre Sanierung gedauert, aber seit 2013 kann man sie wieder besichtigen. Da das am Fuß des Bergsporns in die kleine **Altstadt** eingezwängte, blitzneue Parkhaus keine WOMOs aufnimmt, müssen wir etwa einen Kilometer weiter nach Westen fahren und dort parken. Die Planer haben genialerweise einen Fußgängersteg an die Uferbestigung getackert, der uns skeptisch murmelnd zur Festung zurückführt. Wie soll man denn auf dieses Festungsmonstrum *aufikumma*? Und siehe da: vom Parkhaus bringen uns drei hintereinander geschaltete gläserne Schrägaufzüge in atemberaubender Fahrt hinauf und hinauf und hinauf. Diese kosmische Auffahrt in die Vergangenheit ist ohnegleichen – und außerdem kostenlos. Oben ist alles weit und erstaunlich. Noch schöner: die Besichtigung der sensibel restaurierten Festung führt einen wandernd hinab auf dem ehemaligen Aufweg, den Verteidiger und Belagerer als einzigen Zugang gekannt haben. Wir haben selten einen ähnlich gelungenen Versuch gesehen, die Vergangenheit neu zu erschließen.

Am westlichen Ortsausgang in Richtung Verrès weist an einem Kreisel ein braunes Schild in das Valle di Champorcher. Zunächst lohnt es sich, dem Schild zu folgen, denn es führt zu einem Stellplatz, der im Abendlicht einen neuen Blick auf die Festung gewährt:

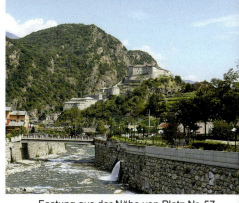

Festung aus der Nähe von Platz Nr. 57

(057) WOMO-Picknickplatz: Hône
GPS: N 45°36'42" E 7°43'58", Via Raffort. **Max. WOMOs**: 11.
Ausstattung/Lage: Ver- und Entsorgung, Strom, neu gestaltet, Schwimmbad, Mülleimer, Grillplatz, klappstuhlgeeignet, Picknickbänke, Gaststätten, Geschäfte in der Nähe / Ortsrand, direkt oberhalb des Flusses, wegen des benachbarten Schwimmbads manchmal etwas laut.
Zufahrt: Am Ortseingang links (beschildert, Zufahrt über den Parkplatz am Municipio).
Gebühr: 8 € / Tag incl. Strom und Wasser, zu bezahlen in vielen Geschäften des Dorfes. **Hinweis**: Höchstdauer 24 Std.

In das **Valle di Champocher** hinaufzufahren lohnt sich für den, der die Stille und die Ursprünglichkeit liebt. Die Straße schlängelt sich auf den ersten zwei Kilometern steil hinauf und bietet in ihren Kehren wunderbare Blicke zurück in das Haupttal und auf die Festung von Bard. Dann ist der Weg das Ziel: Über etwa 12 Kilometer führt die Straße hinan durch einen luftigen Bergwald; am Gegenhang sind dann und wann aufgelassene Ortschaften zu erkennen. Das Ziel selbst ist denkbar unspektakulär: In Chardonney erwarten einen ein kleines Skigebiet, einige entsprechende Hotels und ein rührender Erholungspark mit Picknickbänken und Grillstellen, für dessen Befeuerung eigentümlicherweise 6 Euro bezahlt werden müssen. Die Bevölkerung macht gleichwohl regen Gebrauch von diesem Sonderangebot; denn immerhin ist das Brennholz im

Eintrittspreis inbegriffen. Billiger aber kann gegrillt, geschlafen und gezecht werden auf der gegenüberliegenden Wiese, die sich ungewollt zum Stellplatz entwickelt hat:

(058) WOMO-Stellplatz: Chardonney

GPS: N 45°37'18" E 7°36'38", SR 2. **Max. WOMOs**: 5.
Ausstattung/Lage: Ver- und Entsorgung, klappstuhlgeeignet, Mülleimer / Ortsrand, außerhalb der Wintersaison unbelebt, aber nicht einsam.
Zufahrt: Am Ortseingang von Chardonney rechts der Straße, direkt vor dem Hotel *Chardonney*.

Wir kommen – zurück im Haupttal – auf dem Weg zum nächsten Seitental, dem **Val Tournenche**, zur Gemeinde **Issogne** auf der westlichen Seite des Flusses. Hier kann das **Schloss** mit seinen äußerst lebhaften Fresken besichtigt werden. Eigentlich handelt es sich um eine Wohnburg, die der Familie *Challant* zu eigen war. Zwei Dinge müssen erwähnt werden: Die halbstündlich angebotene Führung ist eigentlich wegen ihrer Kürze und der ständig ausgesprochenen Verbote eher unangenehm. Es bleibt kaum Zeit, die Brillanz und bestechende Komik der Fresken zu genießen – die nächste Besichtigungsgruppe belagert schon das Tor, die Führerin wird ungeduldig. Aber – hier hat sich die allergrößte Liebesgeschichte des Aosta-Tals zugetragen. Ihre Protagonisten waren die schöne Filiberta, der ihr als Gatte angesonnene Neffe des Gouverneurs von Mailand und der namenlos gebliebene Reitknecht. Näheres können Sie während der Besichtigung erfahren oder bei Shakespeare nachlesen. Oder haben Sie es schon erraten?

Schräg gegenüber liegt die Wehrburg von **Verrès**. Sie wurde, wie die meisten Burgen und ihre untergeordneten Stützpunkte, so platziert, dass man das Nahen des Feindes, das

Verrès - Wehrburg

Aufkommen von Seuchengefahr oder einfach nur gute Nachrichten mit farbcodierten Flaggensignalen durch das ganze Tal in Windeseile hinauf- und hinuntermelden konnte. Oft ist diese gute Idee daran gescheitert, dass ein Einziger in der Kette müde, betrunken, verliebt oder alles gleichzeitig war.

Die Burg von Verrès zeigt sich viel wehrhafter und strategieorientierter als die von Issogne. Hier waren nicht zarte Mägdelein, sondern ganze Kerle gefragt, denn nicht nur der Durchgangsverkehr durch das Haupttal musste überwacht werden, sondern auch der drohende Einfall durch das Seitental. Die Besichtigung findet denn auch marschmarschmäßig statt.

In Verrès führt ein brauner Wegweiser hinauf zur nächsten Perle auf der Kette der nördlichen Seitentäler: das **Valle d'Ayas**. Es geht erst mal steil zur Sache – die übliche Muränenstaustufe der Seitentäler muss überwunden werden. Dann erhascht man noch einen schönen Rückblick auf die Burg, erreicht in **Villa** das Hochtal und durchfährt landwirtschaftliche Anbauflächen und bäuerliche Splittersiedlungen, darunter **Chataignere**, wo man einen **Spaziergang** hinunter zum Fluss zu zwei kleinen Brücken römischer Provenienz unternehmen kann.

In den kleinen Ortschaften erkennt der interessierte Hobby-Architekt anhand der vielen Neubauten im Rohbau, dass deren spätere rustikale Anmutung nur schöner Schein ist: das tragende Mauerwerk wird durchaus zeitgemäß aus Poroton-Steinen mit U = 0,10 (googeln!) ausgeführt, dann wird eine Perimeterdämmung vorgesetzt, schließlich wird in klassischer Machart eine Vorsatzschale aus Trockenmauerwerk angelegt. Immerhin: Die uralte Baukunst der Walser überlebt auf diese Weise zumindest äußerlich.

Schon vor Arcesaz wird auf einen Stellplatz in **Brusson** hingewiesen, der sich gewaschen hat. Vorher aber, am Ortseingang von Brusson, lockt eine *Laiterie*, die exzellente Käserei-Produkte der Region feilbietet. Dieselben kann man sich auf dem Stellplatz am Ortsausgang einverleiben, der den Prototyp des »neuen« aostanischen Stellplatzes darstellt: Naherholungsgebiet für die Einheimischen, Raststätte für Wanderer, abendlicher Treffpunkt für die Liebenden und Stellplatz für unsereins gleichzeitig. Aber leider hat sich die Regulierungswut mit einem Badeverbot durchgesetzt:

Stellplatz Nr. 59

Römer, Walser und große Fische

(059) WOMO-Stellplatz: Brusson

GPS: N 45°45'45" E 7°43'03", SR 45, Rue trois Villages. **Max. WOMOs:** 45.
Ausstattung/Lage: Ver- und Entsorgung, Toilette, klappstuhlgeeignet, große Spielwiese mit Spielplatz / Ortsrand.
Zufahrt: Der Platz liegt direkt hinter dem nördlichen Ortsausgang links.
Gebühr: 10 €/Tag, zu zahlen am Automaten. **Hinweis:** Badeverbot im See.

Die hier beginnende Hochebene wird Ru Courtod genannt. Ihre Urbarmachung geht zurück auf den Conte Ibleto di Challand, der bereits im 15. Jahrhundert mit immensem finanziellen Einsatz die Trockenlegung der moorigen Hochalmen bewerkstelligte und damit eine bis in die Mitte des 17. Jahrhunderts andauernde Ansiedlung von Vertriebenen aus anderen Landstrichen – darunter den **Walsern** aus dem rätoromanischen und deutschen Sprachraum – auslöste. Heute stellt sich die Hochebene als perfektes Etappenziel für Wanderer und Mountainbiker dar.

ein Walserdorf

Einige Kilometer talaufwärts, in **Periasc**, flankieren alpin anmutende Höfe die Straße. An einem bestimmten Detail kann man erkennen, welche von ihnen authentische Bauwerke der Walser sind, die im 15. Jahrhundert von Norden her, der religiösen Verfolgung in ihrer Heimat entfliehend, das Tal besiedelt haben: Die Sockelgeschosse sind in massivem Trockenmauerwerk ausgeführt, das darüber liegende Wohngeschoss in klassischer Fachwerkbauweise, wobei

ein Walserhaus

die Basis der Holzkonstruktion auf runden Findlingen ruht, die den Einmarsch von Nagetieren verhinderten.

Schon vor Champoluc tauchen dann vier- und mehrgeschossige Häuser auf, die zwar auch rustikal gehalten sind, aber den Einmarsch ganz anderer Schädlinge nicht aufgehalten, sondern ausgelöst haben: hier geht es um das Skifahren und dessen landschafts- und kulturverzehrendes Beiwerk: Karaoke-Bars, Andenkenläden, Filialisten, deren Leuchtreklamen den Bildhintergrund verschandeln und Quadvermieter, die das Brüll-Abenteuer in die Stille der Berge verkaufen.

Am Ortsausgang von Champoluc liegt ein riesiger Parkplatz, auf dem an Freitagen ein ebenso riesiger Wochenmarkt abgehalten wird, auf welchem man den gleichen Sechserpack Polyacrylsocken erstehen kann wie mittwochs in Wanne-Eickel, nur etwas teurer. Wer hiervon nicht abgeschreckt weiter vordringt, entdeckt aber auch den einen oder anderen Anbieter von regionalen Produkten.

Am dem Fluss zugewandten Ende des Platzes liegt ein asphaltierter Stellplatz, flugzeugträgergroß und hässlich:

---

(060) WOMO-Stellplatz: Champoluc
GPS: N 45°50'21" E 7°43'53", SR 45.   **Max. WOMOs**: 20.
Ausstattung/Lage: Ver- und Entsorgung auf der anderen Seite des Flusses (Brücke am Stellplatz) / direkt an der Durchfahrtsstraße.
Zufahrt: Am Ortsausgang links.

Die Straße führt an Ressorts, Wellnesstempeln und einigen beeindruckenden Domänen weiter bis hinauf nach St. Jaques, das – im Talschluss eingezwängt – zu klein ist, um lukrativ vom Wintersport usurpiert zu werden. Weiter als bis zum Dorfplatz an der Kirche zu fahren hat keinen Sinn. Hier kann man parken, links an der Kirche vorbeilaufen, den Fluss überqueren und eine kleine Walsersiedlung durchwandern, die sich hat halten können. Rätselhaft ist die Pflasterung an der Schaufassade des Kirchleins: ein Mosaik aus kreisrunden Steinen, die allesamt zentrisch gelocht sind. Niemand hat uns bisher erklären können, welchen Ursprungs diese eigenartigen Steine sind.

Das Valle d'Ayas unterscheidet sich in einer Beziehung von den anderen Seitentälern: man kann auf dem Rückweg ins Haupttal mit der alten SR 5 eine andere Route wählen. Diese beginnt in Champoluc kurz hinter dem erwähnten Stellplatz und führt einen auf der Westseite des Tals zunächst nach **Antagnod**, einen völlig unberührten Ort mit Treppenwegen, sorgfältig restaurierten Häusern und der **Pfarrkirche San Martino**, deren bleiverglaste Schmuckfenster den Chor und den Altar prachtvoll beleuchten. Die Straße führt dann wieder hinunter in das Val d'Ayas; in Brusson aber kann man den Ausbruch nach

Westen wagen: Über die Rue Col de Joux und den auf 1630 m Höhe gelegenen Pass gelangt man nach S. Vincent im Aosta-Tal. Über ungezählte Spitzkehren und durch lichte Hochwälder erreicht man den **Col de Joux**, ignoriert ein dortiges Bonsai-Skigebiet und hält den Atem an, wenn plötzlich die Sicht nach Westen in das Aostatal frei wird: Postkartenidylle, großes Kino – sofort die Auflösung der DigiCam auf MAX stellen. Man kann hier oben durchaus irgendwo in opulenter Lage übernachten, aber nur am Rand eines Feldwegs oder einer Wiese, und nicht auf einem veröffentlichungsfähigen Stellplatz. Das mag jeder für sich selbst entscheiden.

Dann trullert man hinunter, vorbei an Kleinsiedlungen mit historischer Substanz und schönen Gärten. Die Straßen sind inzwischen unerwartet gut – der Wandel in der Strukturpolitik des Aosta-Tals ist bemerkbar.

Saint Vincent bringt einen dann wieder auf den Boden der Tatsachen und des Haupttals zurück. Alleine schon die verblichene und anmutig verfallende, ehemalige Therme – unterhalb der Straße zu sehen – zeigt, dass der Wandel der Strukturpolitik auch seine Kehrseiten hat: Die Hinwendung zum Wintersport in den Hochtälern steht in deutlichem Zusammenhang mit der Vernachlässigung der urbanen und »altmodischen« Thermen im Haupttal.

Von S. Vincent gelangt man in 10 Minuten nach Chatillon, wo das nächste nördliche Seitental einläuft: das **Val Tournenche** führt zur Basis des Monte Cervinio (Matterhorn), Ausgangspunkt einiger schöner Wanderungen.

Kurz nach Überwindung der erwähnten obligatorischen Steilstufe taucht am rechten Straßenrand ein eigentümliches Gebäude auf. Bei näherem Hinsehen erkennt man es als Hochofen, in dem bis in die erste Hälfte des letzten Jahrhunderts Eisenerz verhüttet worden ist.

Bis Covalou steigt die Straße steil an, um dann gemächlicher weiter hinaufzuführen. Am Ortseingang steht rechts der Straße ein prachtvoller Industriebau aus dem 19. Jahrhundert, der noch

ehemaliger Hochofen

heute als Zentrale eines Wasserkraftwerks dient. Weiter oben, am Eingang von **Maen**, steht ein ebenso schönes Exemplar der wasserausbeutenden Zunft. Am Ende der sich anschließenden Rechtskurve kann man ausbiegen und nach Passieren eines etwas räudigen Sportplatzes den Campingplatz Glair erreichen, der einfach und unprätentiös am Ufer des Flusses liegt:

> **(061) WOMO-Campingplatz-Tipp: Valtournenche** *(Glair)*
> **GPS:** N 45°51'44" E 7°36'44". **Ortszentrum**: 300 m.
> **Öffnungszeiten**: Ganzjährig. **Tel.** 0166 92077. **Ausstattung:** Spielwiese, Gaststätte in der Nähe. **Zufahrt**: Wie oben beschrieben.

Von hier aus kann man einen hübschen Spaziergang in das nächstobere Dorf **Pâquier** unternehmen:

Von Glair nach Paquier

Zunächst begibt man sich dazu zurück zur Hauptstraße und folgt dann dem Wegweiser ‚*Valtournanche Gelbe 1*'. Man befindet sich auf einer Teilstrecke eines uralten Wanderweges, der sich mit Unterbrechungen das gesamte Tal hinaufzieht.

Pâquier ist nach einer halben Stunde erreicht und zeigt sich als munteres Örtchen mit guten Einkaufsmöglichkeiten. Mitten im Ortszentrum kann ein kleines Museum besichtigt werden, welches sich dem italienischen Anteil an den großen alpinen und polaren Expeditionen widmet.

am Weg nach Pâquier

Wir nähern uns dem berühmt-berüchtigten Wintersportort **Breuil (Cervinia).** Hier wächst kein Gras mehr mit Ausnahme des gepflegten Grüns auf dem Golfplatz. Die Riesenhaftigkeit der Parkplätze machen das Ausmaß des winterlichen Auftriebs klar. Hier hinaufzufahren lohnt sich nur für den, der wandern will. Aber auch dieser Vorsatz ist nicht immer umzusetzen: 2003 und 2011 zum Beispiel waren wegen des extrem heißen und trockenen Sommers die Wege hinauf zum Matterhorn wegen Lawinengefahr samt und sonders gesperrt. Und man findet einen offiziellen Stellplatz etwa 100 m nördlich dieses schönen Kalenderfotos:

(062) WOMO-Stellplatz: Breuil-Cervinia

GPS: N 45°55'33" E 7°37'13", SR 46. **Max. WOMOs:** 50.
Ausstattung/Lage: Ver- und Entsorgung (5 €), klappstuhlgeeignet, Mülleimer / Ortsrand, an der Durchfahrtsstraße, im Sommer trotzdem relativ ruhig.
Zufahrt: Der Platz liegt am südlichen Ortseingang vor dem Tunnel an der rechten Straßenseite. **Gebühr:** 7 € / Nacht.

Breuil - Lago Bleu
mit Matterhorn

Cervinia, der skibestiefelte Moloch in wunderschöner Natur, beschreibt die schwierige Lage des Umgangs im gesamten Aostatal mit der Chance und dem Fluch des massenhaften Tourismus. Durch die hervorragenden Skigebiete am oberen Ende der Hochtäler werden die Orte auf dem Anfahrtsweg degradiert und ihrer Entwicklungsmöglichkeiten beraubt. Sie tragen die Last des Durchfahrtsverkehrs, des Straßenbaus und der Landschaftszerstörung, ohne am Wohlstand teilhaben zu können. Inzwischen gibt es im Aostatal gesetzliche Regelungen, mit der Erteilung von Baugenehmigungen zum Zweck des Wintersports zwingend Auflagen zur Renaturierung der tiefer gelegenen Gemeinden zu verbinden. Das macht sich bemerkbar.

Wir fahren etwas ratlos wieder hinab. Ungefähr einen Kilometer vor **Perreres** weist ein gelbes Schild ‚*Pesca Sportiva*' nach rechts. Ein geschotterter Weg führt steil hinab zu einem aufgestauten, kleinen See. Hier finden wir Trost und Einkehr:

(063) WOMO-Stellplatz: Perreres
GPS: N 45°54'30" E 7°36'57", SR 44.   **Max. WOMOs**: 5.
Ausstattung/Lage: Wasser, Toilette, klappstuhlgeeignet, Mülleimer, Bar mit Außenbestuhlung / außerorts, außerhalb der Angelsaison sehr einsam.
Zufahrt: Nördlich von Perreres wie oben beschrieben.

Das Gewässer steht auch dem Hobby-Angler gegen Bezahlung der Beute zur Verfügung. Wer nicht mit Vorfach, Blei und Rute ausgerüstet ist, sollte einen der Sportsfreunde mit einem kräftigen »*Petri Heil*« begrüßen (das versteht man übrigens auch in Italien) und an seinen Ehrgeiz appellieren. Flugs liegen zwei prächtige Lachsforellen auf dem Eis. Die gesamte Szenerie ist ausgesprochen sympathisch, die Bewirtschaftung unter den Zelten einfach und klar. Nach einigen kleinen *bicchieri* sind dann die Prachtexemplare blitzartig auf den Grill verfrachtet und werden gemeinsam mit dem Sportsfreund, seiner Freundin und deren Exfreund andächtig verzehrt. Die Nacht ist kurz, aber erholsam in guter Luft und völliger Stille.

Zurück im Hauptal wenden wir uns Richtung Aosta. Am Ortseingang von **Nus** folgen wir den Hinweisschildern nach **Fénis** und streifen am Friedhof einen kargen Stellplatz, den wir nicht näher beschreiben wollen. Unterhalb des berühmten Schlosses liegt ein großer Parkplatz mit Kiosk, Picknickbereich und Toiletten, der viel angenehmer ist. Wer das Schloss besichtigen will, muss ohnehin hier parken.

Das **Schloss von Fénis** kann alle halbe Stunde besichtigt werden. Die gelangweilte Führerin verschweigt sorgfältig, dass große Teile der umgebenden Festungsmauern nicht authentisch, sondern erst gegen Ende des 19. Jahrhunderts historisierend zugefügt worden sind. *Disneyland* lässt grüßen. Wer fotografiert, wird einmal streng ermahnt und bei wiederholtem Verstoß vor dem fotogenen Hintergrund der falschen Zinnen guillotiniert.

Schloss von Fénis

Es gibt – oder besser: es gab - aber ganz in der Nähe auch noch authentische und ganz große Kunst: Am westlichen Ortsausgang von Nus, wo die Ortsstraße in die

Umgehungsstraße mündet, verschlug es dem Kunstfreund die Sprache: Hier hat der geniale **Carlo Tassi** sein Lebenswerk errichtet. Sein ganzes, langes Leben lang hat Carlo mit der Kraft des Einzelgängers unglaubliche Kuriositäten und Schätze zusammengetragen und zu einem bizarren **Freilichtmuseum** zusammengestellt, in dem sich auf sein Kommando die Dinge zu bewegen und zu sprechen beginnen. Carlos Museum kostete keinen Eintritt bis auf einen Eintrag in das Gästebuch und ein gemeinsames Foto mit der Bitte, dieses an ihn zu schicken. Die Führung nahm der Meister persönlich und unaufgefordert vor, sie dauerte so lange wie der Gast aufnahmefähig ist; es gab kein Entrinnen.

Wir sind hier immer wieder vor Anker gegangen. Jede Führung nahm uns mit in Carlos Paralleluniversum. Unschätzbar kostbare Funde standen gleichberechtigt neben Kitsch und Tinnef, die Grenzen von Wahrhaftigkeit und Ironie verschwammen völlig. Wenn Carlo in Wallung geriet und überraschend den Scheinangriff mit der historischen Hellebarde führte, war eines ganz klar: Carlo ist der größte Künstler weit und breit. Er ist die Kunst selbst.

Wir haben in allen Auflagen dieses Reiseführers dazu geraten, Carlo zu besuchen, auch wenn der Leser die Landessprache nicht spricht. Carlo sprach nämlich alle Sprachen der Welt (gleichzeitig) und bot uns obendrein immer einen hervorragenden, schwarz gebrannten Grappa an. Nie haben wir unseren Besuch bereut.

Wir haben Carlo noch einmal im Frühjahr 2013 aufgesucht – zum fünften Mal. Gealtert hat er uns begrüßt, die wir auch gealtert sind, aber ungebrochen war er. Er hat uns wieder erkannt und in seine muskulösen Arme genommen, aber wir haben verspürt, dass seine Zeit sich dem Ende zuneigt. Den traditionellen Scheinangriff mit seiner siebenschwänzigen Katze hat er noch einmal geschmeidig zelebriert, uns dann nochmals schnell dahin geführt, wo er ohne jede Ausnutzung seiner militärischen Überlegenheit eine unetikettierte Flasche öffnete, vier dickwandige Gläser füllte, von welchen ich zum ersten Mal zwei leeren musste, weil ihm das eine schon fast zu viel wurde.

Im Dezember 2013 ist Carlo 85jährig von uns gegangen. Er war wegen Unwohlseins in die Klinik in Aosta gefahren, war dort entlassen worden, weil der Grund seiner Beschwerden nicht diagnostiziert werden konnte. Auf dem Rückweg hat ihn ein Herzinfarkt umgehauen. Wir sind ziemlich sicher, dass er nunmehr dort droben mit anderen Genies und Prachtkerlen – vielleicht mit David Bowie? – sich außerordentlich schräges Zeug einfallen lässt und dann allabendlich den einen oder anderen Grappa verkostet. Sein Museum allerdings verfällt, wie wir vernommen haben. Man sagt das so leichthin: »Er fehlt uns sehr«. In diesem Fall stimmt das aber.

Wir steuern die Hauptstadt **Aosta** (34.000 Einwohner) an, reich an historischen Spuren und guter Gastlichkeit. Entsprechend ihrer politischen Bedeutung und ihres touristischen Rangs ist Aosta voller Menschen, voller Autoverkehr und voller Altertümlichkeiten. Wir raten dazu, sofort den Stellplatz

(064) WOMO-Stellplatz: Aosta

GPS: N 45°44'10" E 7°19'49", Via d. Caduti del Lavoro. **Max. WOMOs**: 33;
Ausstattung/Lage: Ver- und Entsorgung, Toilette, Mülleimer, Supermarkt in der Nähe / innerstädtisch, sehr laut.
Zufahrt: Gut ausgeschildert direkt an der Straße zum Bahnhof.
Gebühr: 14 € / Tag, 1 € für Wasser, 1 € für Strom, zu bezahlen beim Platzwart.

anzufahren, auch wenn keine Übernachtung geplant ist. Innerhalb von einigen Minuten hat man den **Palazzo Municipale** erreicht, wo die Touristeninformation erstklassiges Material für einen Stadtrundgang bereithält.

So viel ist über Aosta geschrieben worden, so viele Rundgänge sind in den einschlägigen Reiseführern veröffentlicht worden – wir wollen deshalb in diesem Buch nicht noch mehr Eulen nach Athen tragen. Von allen Sehenswürdigkeiten aus römischer und späterer Zeit hat uns am meisten der **Kreuzgang** von **S. Orso** beeindruckt. Vierzig zierliche Säulen aus künstlich geschwärztem Marmor, teilweise als Doppelsäulen ausgebildet, mit jeweils unterschiedlichen figürlichen Kapitellen umrahmen einen kleinen, hochformatigen romanischen Klostergarten. Der Eintritt ist, wie übrigens in fast allen Museen Aostas frei; Fotografieren ist nicht gestattet – in diesem Fall verständlicherweise, denn die Situation ist ausgesprochen kontemplativ und hat ihre Ruhe wirklich verdient.

Noch eine Erwähnung möchten wir uns gestatten: Zu welchen Selbstbeweihräucherungen und Entstellungen eine moderne Denkmalpflege führen kann, zeigt das **Forum Romanum**, dessen Wandfragmente in derartig massive stählerne Stützkonstruktionen eingefasst worden sind, dass man sie kaum noch erkennen kann. Hier verschwindet praktisch das Bild vollständig im Rahmen. Bei aller Kritik ist Aosta trotzdem einen Tag des Schlenderns, Schauens und Einkaufens wert.

Wir fahren für diesmal von hier über den Großen St. Bernhard nach Hause, haben aber überraschenderweise noch einen Tag in Reserve. Also biegen wir etwa drei Kilometer hinter dem Ortsausgangsschild in das **Valpelline** ab. Wir passieren einen halbverfallenen Aquädukt und erreichen den Ort Valpelline. Hier gibt es einen netten, kleinen **Campingplatz** in terrassiertem Gelände. Die Straße gabelt sich. Wir zweigen links ab und erreichen **Ollomont** nach 5 Kilometern. Etwas weiter oben liegt das Örtchen **Rey**. Ein Parkplatz am Fluss lädt zum Übernachten ein:

(065) WOMO-Wanderparkplatz: Rey
GPS: N 45°51'14" E 7°18'19", Frazione Rey.   **Max. WOMOs**: 5.
Ausstattung/Lage: Mülleimer, Gaststätte, Wanderwege / Ortsrand, sehr ruhig.   **Zufahrt**: Der Platz liegt am Ortseingang von Rey links von der Hauptstraße.

Dieser Parkplatz ist Ausgangspunkt von einigen phantastischen Wanderungen. Wir legen Ihnen dringend die Wanderung zur *Conca de By* ans Herz:

Am spätmittelalterlichen Entwässerungskanal entlang
Wir starten am Parkplatz, überqueren den Fluss und wandern halblinks hinauf, an einer kleinen, historischen Bergarbeitersiedlung vorbei. Steil geht der Pfad durch den Wald hinan. Die ersten 800 Höhenmeter bis zur **Kapelle Champillon** sind wahrlich nichts für Oberschüler – manche Leser haben über Atemnot geklagt, also lieber mal verschnaufen.

Dann wird es bequemer: der Weg begleitet den spätmittelalterlichen **Bewässerungskanal Ru de By**, der abwechselnd offen oder überdeckelt geführt ist. In einem großen Bogen umrunden wir das Hochtal Conca de By. In Entsprechung zum sanften Gefälle des Kanals weist der Weg kaum Neigung auf. Einige Stellen verlangen etwas Handarbeit; einmal müssen wir uns durch eine kleine Klamm hindurchzwängen. Während der ganzen Wanderung ist der weitere Fortgang des Wegs fast immer in Sicht; die Perspektive auf den Kessel des Hochtals und die umgebenden Gipfel verändert sich ständig, fast als würde man eine virtuelle Kamerafahrt real unternehmen.

Nach guten zwei Stunden taucht blau und still der **Stausee Lago di By** auf. Wir passieren die Talseite der Staumauer (diese selbst darf nicht mehr begangen werden) auf einer Betonbrücke und steigen über eine beeindruckend schöne und bruchsteingepflasterte *Mulattiera* hinab. Nach insgesamt 6 Stunden erreichen wir müde und erleuchtet den Ausgangspunkt der Wanderung.

Wer noch weiter hinauf will, sollte hinter Valpelline in Richtung **Bionaz** abbiegen. Am **Lago di Lessert** (Lac Lexert) stoßen wir auf den

(066) WOMO-Badeplatz: Bionaz *(Lac Lexert)*
GPS: N 45°52'28" E 7°25'25, Fraz. Chez Noyer. **Max. WOMOs**: 10.
Ausstattung: Ver- und Entsorgung, Toilette, Gaststätte, klappstuhlgeeignet, Wanderwege, Spielwiese / außerorts, nicht einsam, 1.600 m hoch.
Zufahrt: Biegen Sie kurz hinter Balmes rechts ab.
Gebühr: 10 € incl. Wasser und Entsorgung.
Hinweise: Hier können Sie zwischen Stell- und Campingplatz wählen. Die Duschen, womöglich auch die Toiletten stehen Ihnen nur als Campingplatznutzer zu.

Direkt am Platz befinden sich der prächtige See, bestens zum Baden geeignet, und ein dichtes Netz von Wanderwegen. Wer Interesse an der Bergbauvergangenheit der Gegend hat, kann vom Stellplatz eine ein- bis zweistündige Wanderung unternehmen:

Auf der Suche nach Artefakten

Der Forscher läuft die Straße Richtung **Les Reys** hinauf und steigt nach Passieren eines Backhauses und einer kleinen Kapelle rechts Richtung ‚*Les Moulins'* hinab. Mit etwas Aufmerksamkeit und unter Beachtung des Wanderzeichens ‚*Gelbe 16*' stößt er nach Überquerung eines Baches auf die überwucherten Artefakte der ehemaligen **Mine *Di Rame***. Völlig vergessen ruhen die mächtigen Gebäudereste der industriellen Anlage im Wald. Überwucherte Abraumhalden, eingestürzte Brücken, rudimentäre Wasserbauwerke lassen ahnen, dass hier bis in das beginnende 20. Jahrhundert ganz ernsthaft gearbeitet und ordentliches Geld verdient worden ist. Es lohnt sich durchaus, hier etwas ausgiebiger herumzustöbern, um die aus den Zivilisationsresten lebhaften Bilder entstehen zu lassen.

Der Rückweg führt an einem kleinen Bauernhof vorbei, über einen Schotterweg bergauf zu einer Wegkreuzung, die nahe an einem Sportplatz liegt. Hier biegt man rechts, dem roten Balken folgend, ab, erreicht nach 5 Minuten einen versteckten Picknickplatz und hält sich von hier aus **links** weiter bergan, um nach weiteren 5 Minuten den Campingplatz wieder zu erreichen.

Oberhalb von **Bionaz** (233 Einwohner) liegt auf fast 2.000 m Höhe der Stausee **Lago di Place Moulin**. Die mittlerweile befestigte Auffahrt ist auch für WOMOs gut befahrbar und endet an der imposanten Staumauer. Ein kleiner Kiosk mit einigen Terrassensitzplätzen lässt sogleich die Idee entstehen, hier nach dem Genuss einer günstigen Erfrischung eine einsame Nacht zu verbringen. Der kleine Parkplatz ist so, wie ein guter Stellplatz zu sein hat, umsonst und wirklich draußen:

> **(067) WOMO-Wanderparkplatz: Lago di Place Moulin**
> **GPS:** N 45°53'59" E 7°29'25".   **Max. WOMOs**: 5.
> **Ausstattung/Lage**: Kiosk (nicht immer geöffnet), klappstuhlgeeignet, Mülleimer, manchmal Belästigung durch Heli-Transporte / außerorts, sehr einsam.
> **Zufahrt**: »Am Ende des Wegs«.

Die hier ausgeschilderten Wanderungen haben allerdings eindeutig hochalpinen Charakter. Der Hobby-Alpinist sollte nicht mehr unternehmen als einen knapp zweistündigen (die hölzerne Beschilderung weist falsche Angaben auf) Gang oberhalb des westlichen Ufers zur ‚Pianta monumentale', einer mächtigen Lärche von 5,10 m Durchmesser und 23,5 m Höhe. Sie ist nicht leicht zu finden und eigentlich auch nicht sehr bedeutsam. Wie so oft –

Lago di Place Moulin

auch hier ist der Weg das Ziel. Der Weg führt vorbei an einer süßen, kleinen Kapelle und am Rifugio Prarayer, in dem man geschmeidige Getränke zu volkstümlichen Preisen genießen, sich wohl fühlen und übrigens auch ganz preiswert einmieten kann. Der Stausee leuchtet bei klarem Himmel in einem so unglaublichen Türkis, dass man vor Ort seinen Augen und zu Hause seiner Kamera nicht trauen möchte.

Wir bleiben noch eine Nacht auf dem kleinen Parkplatz vor der mächtigen Staumauer und fahren morgens wieder hinab nach **Roisan**. Hier endet unsere erste Aosta-Tour. Der Heimweg führt über den Gran San Bernardo. Wer den Pass nehmen will (und kann, so dieser denn offen ist), wird nochmals mit einem unvergesslichen Blick auf den Seealpenbogen belohnt. Wer den Tunnel des Gran San Bernardo nehmen muss, hat 37,90 Euro zu entrichten und ist dafür schneller am Ziel. Wer aber noch Zeit hat, kann uns auf unsere anschließende Tour 7 in den westlichen Teil des Aosta-Tals begleiten.

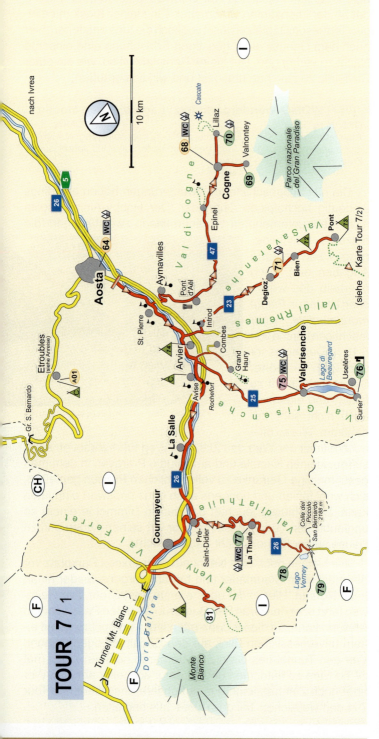

Tour 7: Hoch im Westen, wo die Sonne versinkt ca. 400 km

Arvier - Cogne - Val Savaranche - Val Grisenche - Valle di la Thuile - Courmayeur - Val Veny - Val Locana

Stellplätze:	in Cogne, in Valnontey, in Lillaz, in Degioz, in Val Grisenche, in Uselêres/Surier, in La Thuile, am Lago Verney, am Piccolo San Bernardo, im Val Veny, am Lago di Ceresole Reale, bei Sciatore, bei *La Baraca*, am Col de Nivolet
Campingplätze:	in Bien, in Pont, in Arvier, Val Veny
Besichtigen:	Castello Sarriod de la Tour und Château de St. Pierre in St. Pierre, Brücke in Pont d´Aël, Villagio dei Minatori in Cogne, Château de Tarambel, Santuario di Rochefort
Wandern:	im Naturpark Gran Paradiso, Spaziergang zu den Wasserfällen von Lillaz, zum Gletscher Del Grand Etret, zum Château de Montmayeur, um den Lago di Beauregard, im Val Veny, von Pont zum Col de Nivolet auf der mysteriösen Straße

Unsere erste Tour durchs wilde Agostistan (Tour 6) hat Sie in die nördlichen Seitentäler geführt und bis in die Hauptstadt Aosta gebracht. Diese zweite Tour wiederum wird Ihnen die südlichen Seitentäler zeigen, zum westlichen Talschluss führen, nach Ivrea zurückführen, Sie von dort hinauf in das Val Locana katapultieren und dann wieder in das *Piemonte* entlassen.

Wir fahren bei bester Wetterlage von Aosta nach Westen. Auf dem Weg besuchen wir zunächst das **Château de St. Pierre**. Es liegt – vom Tal aus betrachtet – dramatisch auf einer Felsnase und muss deshalb von hinten erklommen werden. Gegen kleines Entgelt kann man eine schöne Sammlung zur Fauna und Flora des Aosta-Tales besichtigen.

Château de St. Pierre

Besonders die Kristall-Abteilung erstaunt uns außerordentlich. Man lernt: Die Schönheit des Kristalls ist nicht abhängig von seiner Größe – im Gegenteil: Die größten Exemplare machen einen ausgesprochen kitschigen und unechten Eindruck. So ähnlich verhält es sich übrigens auch mit den Käfern, den WOMOs und mitunter auch mit den Bauwerken.

Nach dieser tiefgründigen Betrachtung biegen wir am westlichen Ortsausgang von Sarre nach Süden in das **Vallon di Cogne** ein. In **Aymavilles** dräut am Hang ein imposantes Bauwerk, welches unsere Neugierde auf sich zieht. Das geheimnisvolle Schloss verbirgt seinen Namen sorgfältig, denn es befindet sich in Privatbesitz, und wird nach erfolgter Sanierung nunmehr als Hotel betrieben und gelegentlich für Konzerte der Öffentlichkeit zugänglich gemacht.

römische Brücke Pont d'Aël

Also geht's weiter zur viel gerühmten **römischen Brücke** über den Toce Grand Eyvia bei **Pont d'Aël** im Ortsteil Pondel. Die Abzweigung von der SR 47 zwischen Kilometer 5 und 6 nach rechts kann man leicht übersehen (N 45° 41' 15" E 7° 13' 47"). Parken Sie auf dem kleinen Parkplatz am Ortseingang von Pondel, von dem aus man innerhalb weniger Minuten das Bauwerk erreicht, welches zunächst als Aquädukt mit oben liegendem Fußweg konstruiert wurde, um dann durch den Umbau der Brückenköpfe karrengängig ausgestattet zu werden. Die Brücke ist immer noch auf zwei übereinander liegenden Ebenen begehbar; Tafeln mit anschaulichen Graphiken machen auch dem Laien klar, welche Meisterleistung die Ingenieure und Handwerker hier vollbracht haben. Am jenseitigen Ufer lohnt es sich, ein wenig in den angrenzenden Wäldchen und Fluren herumzustöbern: Rudimente der ehemaligen Wasserleitung tauchen im Dickicht auf, Überbleibsel der alten Römerstraße entbergen sich bei genauem Hinsehen. Insgesamt ein technisches und gestalterisches Prachtstück des Wegebaus, mit außerordentlicher Haltbarkeit und Schönheit.

Wir müssen *auffi* und durchfahren das Tal, ohne Ihnen darüber Nennenswertes berichten zu können, bis wir in **Cogne** (1.460 Einwohner) ankommen.

Und siehe da: Wir erreichen den größten Stellplatz aller Zeiten! Nicht gerade romantisch, obwohl direkt am Fluss gelegen, aber immerhin mit demütigem Aus- oder besser Aufblick auf die Kirche und sehr gepflegt:

(068) WOMO-Stellplatz: Cogne

GPS: N 45°36'31" E 7°21'29",
Via Rue Mines de Cogne 15.
Max. WOMOs: 120.
Ausstattung/Lage: Ver- und Entsorgung, Toilette, klappstuhlgeeignet, aber auf Asphalt, Mülleimer, Bewachung / Ortsrand, sehr großer Platz, oft gut besucht, wegen des nahen Flusses nicht sehr ruhig.
Zufahrt: Der Platz ist am Kreisel am Ortseingang ausgeschildert.
Gebühr: Je nach Jahreszeit zwischen 10 und 12 € / Tag, Strom 2,50 € / Tag.

Direkt vom Stellplatz führt eine Fußgängerbrücke über den Fluss und erschließt einen Wanderweg, der innerhalb einer knappen Stunde hinaufführt zum **Villagio dei Minatori**, einem **Bergbaumuseum** mit einigen interessanten Originalbauwerken, welche die Geschichte des Eisenerzbergbaus erzählen. Teile einer kleinen Knappensiedlung sind erhalten geblieben und lassen eine Vorstellung von der Kargheit des Lebens entstehen, das hier geführt worden ist *(15 - 18 Uhr, mittwochs geschlossen)*.

Die Gemeinde hat 2009 eine Machbarkeitsstudie erarbeiten lassen, um die Zugänglichmachung der erstaunlich umfangreichen ober- und unterirdischen Artefakte ihrer Bergbau-Vergangenheit zu überprüfen. Man hatte allerdings im Vorgriff und voller Begeisterung bereits 2006 damit begonnen, die 1926 erbaute und 1979 »in guten Zustand befindlich aufgelassene« Schmalspurbahn zwischen Cogne und Epinel zu revitalisieren. Die Machbarkeitsstudie prognostizierte Kosten von ca. 25 Millionen Euro für das ehrgeizige Projekt und rechnete vor, dass der Transport von 150 Personen pro Stunde für das Erreichen des wirtschaftlichen *break evens* notwendig werden würde. Das erschien völlig unrealistisch. So hat die Regionalverwaltung das Projekt im Keim erstickt, auch wegen fehlender Genehmigungen und zahlreicher Einwände von der Seite der Naturschützer.

Wir sind nicht begeistert von Cogne, wenn wir von seiner landschaftlichen Umgebung und den Zeugnissen des historischen Bergbaus absehen: Zweitklassige Andenkenläden wechseln sich mit drittklassigen Restaurants ab, einige immerjunge Sommerskifahrer verständigen sich mit ihresgleichen per SMS und reißen mit ihrem Krakeel die vor sich hindösenden Rentenwanderer aus flüchtigen Tagträumen. Immerhin gibt es eine gigantische Wiese zum Frisbeespielen, Drachensteigenlassen und Riesenschäferhundgassiführen. Uns kommt die

Idee von einem kleinen Picknick mit anschließendem Federballturnier. »Keine Sorge! Der will nur spielen«! wird einem mit niederrheinischem Frohsinn zugerufen, als die Bestie gerade zum Sprung an die Kehle ansetzt. »Der tut nix«. Wir fliehen nach **Valnontey.**

Am Ortseingang sticht uns sofort der nächste Stellplatz ins Auge, obwohl man sich hier auch nicht über einen Mangel an Campingplätzen beschweren kann.

---

(069) WOMO-Wanderparkplatz: Valnontey
GPS: N 45°35'17" E 7°20'32", Frazione Valnontey.   **Max. WOMOs**: 5.
Ausstattung/Lage: Gaststätten in der Nähe, Wanderwege; direkt an der Straße, schmal, auch von fliegenden Händlern besetzt / Ortsrand.
Zufahrt: Der Platz liegt an der Straße von Cogne nach Valnontey gegenüber dem ersten Campingplatz auf der rechten Straßenseite.

Von hier kann der Wandersmann zahlreiche und wunderschöne Tagestouren in die Bergwelt des **Gran Paradiso** unternehmen. Bei ungastlicher Wetterlage bleibt ein Besuch im **Giardino Alpino Paradisia** übrig *(Juni - September)*. Dort ist eine Miniaturwelt des Gran Paradiso und seiner Fauna und Flora hergerichtet worden, die offenkundig ganz besonders die Kinder begeistert, weil hier außerordentlich viele geschützte Pflanzen ausgerissen und heimlich verzehrt werden können. Immer noch ahnen wir, dass der beste Stellplatz woanders auf uns wartet. Wir versuchen unser Glück in **Lillaz** (90 Einwohner) und haben Erfolg:

Gran Paradiso

---

(070) WOMO-Wanderparkplatz: Lillaz
GPS: N 45°35'46" E 7°23'17".   **Max. WOMOs**: 38.
Ausstattung/Lage: Ver- und Entsorgung, klappstuhlgeeignet, Mülleimer, Gaststätten, Läden; Wanderwege, direkt an der Einfallsstraße, daher besonders an Wochenenden laut, aber gepflegt / Ortsrand.
Zufahrt: Der Platz liegt von Cogne kommend am Ortseingang von Lillaz rechts, ausgeschildert.   **Gebühr**: 11,50 € / Tag

---

Auch von hier aus könnte man schöne Tagestouren in die Bergwelt starten. Wir müssen uns mit einem **Spaziergang** begnügen, der vom Zentrum zu den **Wasserfällen** führt. Der Weg ist vom großen Parkplatz mit ‚Cascate' gut ausgeschildert und führt am Flussufer entlang. Nach 15 Minuten erreicht man übereinander gestaffelte Wasserfälle, in deren Ausfallbecken ausgiebig geplanscht werden kann. Mit einiger Bemühung kann man zum oberen Abrisspunkt der Wasserfälle aufsteigen und das muntere Treiben von dort droben betrachten.

Wir begeben uns zurück in das Haupttal und wollen uns dem nächsten Seitental nach Süden widmen, dem **Val Savarenche**. Kaum ein Reiseführer schenkt diesem Tal Aufmerksamkeit, es ist in gewissem Sinn unberühmt, aber – wie Sie sehen werden – ein hervorragendes Reiseziel.

Ein Reisetag ohne Burg ist jedoch kein guter Tag für Deutschland. Also machen wir hurtig dem **Castello Sarriod de la Tour** unsere Aufwartung, oberhalb des Dorfes **St. Pierre** gelegen, entstanden im 14. Jahrhundert um einen noch älteren Wehrturm herum. Die restaurierten Räume können besichtigt werden und beherbergen eine interessante Fotoausstellung, die einen profunden Überblick über alle nennenswerten Schlösser und Burgen des Aosta-Tals gibt. Architektonisch bemerkenswert sind einige Fresken, eine Holzdecke mit 171 geschnitzten Figuren und – als Kuriosum – eine Zwischendecke, die im 16. Jahrhundert in aller Unbekümmertheit so eingezogen worden ist, dass sie einige dieser Fresken einfach horizontal gezweiteilt hat. Dieser Eingriff ist später insoweit rückgängig gemacht worden, als man den Anschluss der Zwischendecke an die freskierten Wände etwas zurückgebaut hat. Wir sehen: Bauen und Verbessern sind stets mit Verlust und Irrtum verbunden.

Castello Sarriod de la Tour

In **Villeneuve** verlassen wir die Hauptstraße und kurbeln uns hoch in das Val Savaranche. Die Straße überquert immer wieder die Fallrohre eines Wasserkraftwerkes. In **Introd** parkieren wir auf einem kleinen öffentlichen Parkplatz rechter Hand und spazieren zum Schloss. Dasselbe kann innerlich nicht besichtigt werden, weil die Herrschaft nicht zu öffnen geruht. Hochinteressant und geradezu faszinierend ist aber das mächtige, ehemalige Wirtschaftsgebäude unterhalb des Schlosses, dessen Schieferdach auf einer höchst eigenwilligen Konstruktion aus gemauerten Rundpfeilern und hoffnungslos unterdimensionierten Holzunterzügen ruht, deren Durchbiegung so enorm ist, dass im Inneren der Räume ein regelkonformes Murmelspiel ausgeschlossen erscheint.

Hoch im Westen, wo die Sonne versinkt

Die Straße führt am Steilhang des Toce Savara entlang hinauf zum Weiler **Degioz**, dem Verwaltungszentrum des Hochtals. Am Ortseingang, im ausgewogenen Ensemble von Sport-, Kinderspiel-, Müllcontainer- und Festplatz hat die kleine Gemeinde einen wunderbaren Stellplatz aufgeführt:

(071) WOMO-Stellplatz: Degioz
GPS: N 45°35'38" E 7°12'26", SR 23.　　　　　　　　**Max. WOMOs**: 11.
Ausstattung/Lage: Ver- und Entsorgung, klappstuhlgeeignet, Mülleimer, Gaststätte, Kinderspielplatz, Parkbuchten für jedes WOMO, Zugang zum Fluss / Ortsrand.
Zufahrt: Der Platz liegt nördlich des Ortes seitlich der Straße.
Gebühr 5 €/Tag, zu bezahlen im Rathaus, an der Bar oder in der *Tabaccheria*.
Hinweis: Das Baden kann gefährlich sein.

Weiter oben kommen zwei Campingplätze, deren erster bei **Bien** nur in der Hochsaison geöffnet hat und auch dann den Gast eher als Störenfried behandelt. Der zweite liegt etwa 2 Kilometer aufwärts an der Ponte del Grand Clapey und kann wegen seiner sehr sympathischen Führung aufrichtig empfohlen werden:

(072) WOMO-Campingplatz-Tipp: Bien *(Gran Paradiso)*
GPS: N 45°32'56" E 7°12'47", Plan de la Pesse.　　**Ortszentrum**: 2 km.
Tel. 0165 905801.　　　　　　　　　　　　　　　　　**Öffnungszeit**: 1.6. – 30.9.
Ausstattung: Kleines Restaurant, Brotverkauf, Wanderwege.
Zufahrt: Vor der Brücke nach links ausbiegen, beschildert.　　**Preis**: 20 €.

Von hier sind es noch 5 Kilometer bis nach **Pont**, wo sich das enge Tal aufweitet und einen Panoramablick auf die Hänge des Natur- und Wanderparks **Gran Paradiso** freigibt. Hier wartet auf einer großen Bergalm ein weiterer Campingplatz auf Wanderer und Naturfreaks:

(073) WOMO-Campingplatz-Tipp: Pont-Breuil

GPS: N 45°31'30" E 7°12'02". **Ortszentrum**: 5 km. **Tel**. 0165 95458.
Öffnungszeit: 1.6. – 20.9. **Ausstattung**: Kleines Restaurant, MiniMarket, sehr weitläufig, mitunter windig, kaum Schatten, 1.965 m.
Preis: 19 €. **Zufahrt**: Am Ende der befahrbaren Straße.
Hinweis: Wenn der Platz geschlossen ist, kann man davor stehen.

Hier oben ist so viel Platz, so viel Sonne, so viel Licht und Ruhe, dass der Name des Naturparks seine Berechtigung beweist: Hier ist ein großes Paradies. Vom Campingplatz führt entlang des Gebirgsbachs ein uralter Wanderweg hinauf an den Mund des Gletschers **Del Grand Etret**, der seinesgleichen sucht. Nach anderthalb Stunden leichten Aufstiegs verliert sich der Pfad an den Relikten zweier Schutzhütten, die kaum noch als Artefakte auszumachen sind. Ab hier ist kein Weg mehr erforderlich, weil der Gletscher bereits in Sicht ist und man ihm einfach nur noch entschlossen entgegenstreben muss. Dieser Weg wird seit Hunderten von Jahren begangen.

Es gibt noch einen anderen Weg, der wirklich kurios ist, weil er ein versehentlicher oder irrtümlicher Weg ist: die Strada misteriosa.

Per andare al Piemonte (Teil 1)

Die Strada misteriosa beginnt – eigentlich unübersehbar – innerhalb der Bebauung Ponts und führt hinauf in den westlichen Höhenzug. Sie ist fett in die Wanderkarten eingezeichnet, man sieht ihren Verlauf deutlich vom Dorf aus und fragt sich, wohin dieser mysteriöse Weg wohl führen mag, denn an seinem Ende gibt es ausweislich der Karte kein Ziel. Der Weg ohne Ziel ist 5 Kilometer lang und viel zu breit für einen Weg ohne Ziel, seine Herstellung war erkennbar sehr aufwendig und kostspielig. Bis 2006 musste man noch Stacheldrahtbarrieren umsteigen, um den Einstieg zu bewerkstelligen. Heute kann man ohne diesen Kick einfach hinauflaufen, um das Geheimnis zu lüften. In drei großen Serpentinen steigt der Weg an, aus dem massiven Fels ausgesprengt und erstaunlich breit. Es geht an einem Wasserwerk vorbei und über zwei Brücken, die Klüfte überqueren.

Dann kommt ein Tunnel in Sicht. Rechts vom Eingang kann man erkennen, dass die Konstrukteure zunächst versucht haben, die Trasse weiterhin im Tagebau aus dem Steilhang herauszusprengen, aber dann den Rückzug angetreten haben, um ihn zu durchbohren. Oben am Berg sieht man noch verwitterte Reste der Vermessungsarbeiten herumwehen. Die Galleria hat etwa 400 Meter Länge und ist nach den Sprengungen nicht weiterbearbeitet worden. In ihrer Mitte wird es ziemlich dunkel und etwas unheimlich – eine Taschen- oder Stirnlampe hilft ab. Aber keine Angst: der Weg ist sicher, wenn man von gelegentlichen Felsablösungen an der Tunneldecke absieht, und schon bald glimmt voraus ein tröstender Lichtschein. Eine Gedenktafel am Ausgang der Galleria informiert darüber, dass hier am 06.10.1970 der Arbeiter Mario Grimaldi sein 21 Jahre junges Leben der Arbeit geopfert hat. Er war, wie wir später erfahren, nur einer von fünf jungen Männern, die hier beim Bau der Trasse verunglückt sind.

Noch etwa zwei Kilometer bis zum kartographischen Ende der mysteriösen Straße, welches in der Wanderkarte als 180°-Kurve dargestellt ist.

Hier erlebt man eine gewaltige Überraschung. Der Weg taucht in einen weiteren Tunnel ein, der auf etwa 350 m Länge sich nach links krümmend weiter Höhe gewinnt. Am Ende des Tunnels ist bekanntlich Licht, jedenfalls in der Politik, und so auch hier: Die letzte Sprengung hat den Bergschild aufgerissen und eine handballtorgroße Öffnung geschaffen. Man kann über den Abraum hinaufkrabbeln, sich wie der Entdecker der Neuen Welt in das Loch stellen und man sieht
– den Weg, auf dem man hinaufgekommen ist.

Es ist einem schon lange klar geworden, dass man sich hier auf den Spuren irgendeines absurden Größenwahns befindet. Ein derartig aufwendiges Tiefbauprojekt muss einen Sinn gehabt haben, oder wenigstens einen Unsinn. Die tollkühnen Konstrukteure haben mit diesem Tunnel in die Querwand des Felsens eine unterirdische Serpentine gelegt und dann einfach aufgegeben. Es gibt weiter oben keine Vermessungszeichen und keine Spuren von Bautätigkeit mehr. Alle sind ins Tal zurückgekehrt und haben fortan irgendetwas anderes gemacht. Das Projekt ist hier mit der letzten Sprengung gescheitert.

Wir stärken uns mit mitgebrachten Leckereien, darunter drei hart gekochten Eiern, beobachten zwei kletternde Gämsen und spekulieren bei einem kleinen Becher Nebbiolo: Was ist hier passiert? Wir gehen noch mal durch den Tunnel, durchsteigen die Öffnung und versuchen weiter nach Südwesten aufzusteigen. Das Gelände ist zerklüftet und schwierig. Es gibt keinen Horizont als Navigationshilfe, es gibt ohnehin kein Ziel und außerdem kommt bald die Dämmerung. Also gehen wir zurück ins Tal und fragen dort bei den Einheimischen herum:

Warum hat man die Straße da hoch gebaut?
Welche Straße?
Na die, die da hinauf geht!
Ach die. Die war schon immer da.

So oder ähnlich antworten alle. Erst ein alter Kerl, wettergegerbt und klarsichtig, beantwortet die erste Frage ohne zu zögern mit einem ebenso kurzen wie kryptischen Satz, dabei vage nach Süden deutend:

Per andare al Piemonte. *Um ins Piemont zu kommen.*

Das sitzt. Wir stärken uns abends auf dem Campingplatz in Pont vor dem WOMO mit mitgebrachten Leckereien und inspizieren bei einem kleinen Becher Nebbiolo und zwei Toma-Käsebroten unsere vielen Karten. Tatsächlich: in einer 250-tausender Straßenkarte der Hallwag AG von 1999 ist eine **befahrbare** Verbindung von Pont nach Ceresole Reale im Val Locana eingezeichnet! Das Val Locana führt über Ivrea nach Torino, und das liegt ein ganzes Stück im Süden....

Da dämmert uns was: Hier hat jemand versucht, eine Transversale durch den Naturschutzpark Gran Paradiso hindurch zu hauen, um damit eine schnelle Verbindung vom Aosta-Tal nach Torino zu schaffen. Vorgeblich jedenfalls.

Das muss später überprüft werden, am besten am Ende dieser Tour, denn wir werden Sie ans andere Ende dieser mysteriösen Straße bringen.

Unsere Tour führt jetzt erstmal zurück in das Haupttal. Etwa 6 Kilometer westlich von Villeneuve findet man in **Arvier** (880 Einwohner) einen netten, schön und ortsnahe gelegenen Campingplatz:

(074) WOMO-Campingplatz-Tipp: Arvier
(Camping Arvier)

GPS: N 45°42'07" E 7°09'52", Rue Chaussa 17. **Tel**. 0165 069006.
Ortszentrum: 0,5 km. **Öffnungszeit**: 1.6 – 31.8.
Ausstattung: Grillplatz, kleines Schwimmbad, Laden.
Zufahrt: Biegen Sie, wenn Sie von Aosta kommen, am Ortsende von Arvier links ab (ausgeschildert). **Preis**: 30 €.

Der Platz verfügt über schönen Baumbestand, liegt gut geschützt vor Straßenlärm und wird von freundlichen Menschen geführt. In einer Hinsicht allerdings gibt es kein Pardon: Wer ohne Badekappe den Pool benutzt, wird wortreich verwarnt. Erstaunlicherweise wird bei aller Strenge das klassische Taschentuch mit vier Knoten in den Ecken als Badekappen-Ersatz akzeptiert, als unerwartete Botschaft weltmännischen Modebewusstseins sogar bald von einigen anderen Wasserfreunden reflexartig nachgeahmt, die ihre gerippten Latex-Badekappen verschämt entsorgen. Hier verweilen eben nicht nur angewurzelte Dauergäste, sondern auch aufgeklärte WOMO-Kollegen aller denkbaren Schattierung und Neigung.

Château de Montmayeur

Wir begeben uns auf einen kleinen Ausflug nach Grand Haury, um das verlassene **Chateau de Montmayeur** kennen zu lernen. Den Weg dahin beschreiben zunächst die Schilder nach **Combes**, wo der Papst im Sommer regelmäßig chillt. Ein Abzweig führt nach **Grand Haury**: ein kleiner Weiler, bestehend aus etwa 20 Häusern und ebenso vielen Katzen. Am Ortseingang gibt es einen kleinen Parkplatz für etwa 20 Fahrzeuge, auf denen sich 20 zufriedene Katzen sonnen können. Manchmal ist irgendwer nicht zu Hause, dann ist Platz für WOMO-Touristen, auf deren Fahrzeugen sich zufriedene Katzen sonnen. Ein schöner Brunnentrog bietet allen Beteiligten Erfrischung an. Ein kleiner Spaziergang durch die Idylle der teilweise sehr schön restaurierten Häuser lohnt sich. Die Haustüren stehen

offen und erlauben einen diskreten Blick in die Stuben, auf den Bänken davor sitzen die Alten und palavern mit sparsamen Gesten; manche nicken ein und bewegen ihre faltigen Hände im leichten Schlaf.

Kleine Burgenwanderung

Die Wanderung zur Burg ist ausgeschildert mit 15 Minuten Gehzeit und beginnt eigentümlicherweise mit der Unterquerung eines Bauernhauses auf der rechten Seite der Dorfstraße, nahe am Ortseingang. Der Weg, mit gelben Pfeilen markiert, führt direkt am Gartentisch des Hausbesitzers vorbei, welcher freundlich grüßt. Der Weg ist wirklich märchenhaft und über einige Abschnitte identisch mit der historischen Erschließung der Burg. Am Wegrand erkennt man die neuerdings freigelegten Überreste der ehemaligen Wasserbauwerke, mit denen die Alten ihre Felder beschickt haben – große Kunstwerke im stillen Wald. Die Burg selbst besteht nur noch aus den Grundmauern der Dienstgebäude und dem mächtigen Bergfried – eigentlich nicht viel Betrachtungsmaterial. Die Einpassung in die Landschaft aber und die Einsamkeit der Szene sind außerordentlich. Der Rückweg findet auf dem gleichen Pfad statt.

Nach einem Picknick und etwas Herumgestöber in den stillen Mauerwerken, unterhalten vom Spiel der Eidechsen, kehren wir zufrieden nach Arvier zurück und nehmen die Auffahrt in das **Val Grisenche** in Angriff.

Die Talstraße führt an einigen Wasserfällen und an einem kleinen und feinen Technikdenkmal vorbei: Links der Straße kann man ein aufgelassenes Wasserkraftwerk betrachten, dessen Zuläufe noch intakt sind. Es hat vor ungefähr 20 Jahren seinen Betrieb eingestellt, als die Staumauer des **Lago di Beauregard** gebaut worden ist und hieraus eine übermächtige Konkurrenz entstand. Wir erreichen den Ort **Val Grisenche**. Hier gibt es einen offiziellen Stellplatz in erstaunlicher Lage direkt am Fuß der gigantischen Staumauer – anderswo darf übrigens nicht genächtigt werden:

(075) WOMO-Picknickplatz: Val Grisenche
GPS: N 45°37'14" E 7°03'37", Mon Danges 1.   **Max. WOMOs**: 29.
Ausstattung/Lage: Ver- und Entsorgung, Toilette, Mülleimer, klappstuhlgeeignet, Grillplatz, Picknickplatz, Kinderspielplatz, kleiner Klettergarten,

Wanderwege / am Ortsrand und in der Nähe von Sportanlagen, sehr ruhig, etwas einsam, aber meistens besucht.
Zufahrt: Der Platz ist in Val Grisenche beschildert.
Gebühr: 10 € / Tag incl. Strom per Parkautomat.

Der Stausee hat seine gedachte Funktion nie erfüllt, denn schon kurz nach seiner Inbetriebnahme ergaben Nachberechnungen, dass er dem zu erwartenden Wasserdruck nicht gewachsen sein würde. Er ist daher nie bis zum geplanten Stauziel (das ist die Höhe des planerisch angestrebten Pegels) gefüllt worden. Das Seeufer entlang der Ostseite, beginnend direkt an der Staumauer, darf nicht mehr mit Kraftfahrzeugen befahren werden. Insofern hat es auch keinen Sinn, dort zum Staudamm hinaufzufahren. Wer es sich nicht verkneifen kann, mit dem WOMO hochzufahren, muss daher die Straße über Bonne nehmen. Hier findet man aber kaum Platz zum Parken. Also: besser hinauflaufen oder -radeln und die alte, schmale und gewundene Straße an der Ostseite des Sees in Angriff nehmen. Sie führt durch einige kleine Tunnels und endet im Weiler **Uselêres**. Von hier aus führen ausgedehnte Wanderungen in die Bergwelt. Ein kleines Gasthaus lädt zum Verweilen ein. Einen anständigen Steinwurf weiter nach Westen liegt **Surier**. Hier kann man ganz in Ufernähe eine geruhsame Nacht verbringen:

(076) WOMO-Wanderparkplatz: Uselêres/Surier
GPS: N 45°35'09" E 7°01'47", SR 25.   **Max. WOMOs**: 5.
Ausstattung/Lage: Wasser, Gasthof, Wanderwege / Ortsrand.
Zufahrt: Über die Westseite des Sees.
Hinweis: Der Platz ist beengt, aber sehr schön gelegen.

Diesen Stellplatz erreicht man aber nur über die Straße am Westufer des Sees, welche auch den Rückweg der See-Umwanderung darstellt. Sie führt 50 m oberhalb des Ufers entlang und bietet eine wunderbare Sicht auf den See und den Hinweg am anderen Ufer. An einigen Stellen kann man anhalten und auf kleinen Pfaden an das Ufer hinabsteigen und dort unter Missachtung gewisser Schilder in schöner Einsamkeit ein Bad nehmen.

Wir begeben uns nach einer ausgiebigen Wanderung und gut erholt zurück Richtung Haupttal. In **Rochefort** gibt es noch ein Kleinod für den Liebhaber der frommen Kunst: Das **Santuario di Rochefort**, nicht gerade von epochaler historischer Bedeutung, aber mit einem schönen visuellen Effekt ausgestattet. Wo geparkt werden muss, braucht angesichts der Kleinheit des Dorfes nicht erklärt zu werden. Der Fußweg hinauf zur Kirche ist gut ausgeschildert und nimmt nur 10 schöne

Santuario di Rochefort

Minuten in Anspruch. Er führt über einen serpentierten Kreuzweg an kleinen Bildstöcken und einer etwas kitschigen Grotte vorbei aufwärts und bietet oben – und das ist die erfreuliche Überraschung – einen traumhaften Blick auf das Massiv des **Monte Bianco** (Mont Blanc).

Wir machen uns auf den Weg zu genau diesem, indem wir das Haupttal nach Westen hinauffahren. In **Avise**, am nördlichen Ufer der Dora Baltea gelegen, sollen je zwei erstaunliche Bauernhäuser und aparte Burgen zu besichtigen sein, sagt uns ein Ortskundiger. Es stellt sich heraus, dass beides richtig ist, die Burgen aber nicht der Öffentlichkeit zugänglich sind. Interessant ist aber die Entdeckung des *percorso storico*, der von der stillen Ortsmitte an den Burgen vorbei hinab über die ursprüngliche Erschließung zur romanischen Brücke über die Dora Baltea führt. Sie kennen inzwischen vielleicht unsere Brückenleidenschaft? Dieses Exemplar hier zeichnet sich aus durch die handwerkliche Meisterleistung der Pflasterarbeit, die noch fast unbeschädigt erhalten geblieben ist, weil man die Brücke rechtzeitig für den Fahrverkehr gesperrt hat.  Zivilisatorischer Fortschritt kann eben auch rettende Wirkung haben.

Avise bietet außerdem einen kleinen und sehr familiären **Campingplatz**, der am Ortseingang auf einer Wiese rechts und links der Straße liegt. Er wird aber leider nicht regelmäßig bewirtschaftet, weshalb er hier nicht empfohlen werden kann.

Weiter auf dem Weg nach Westen sieht man am nördlichen Hang in **La Salle** einen weiteren mächtigen *Campanile* oben am Hang stehen. Er gehört zu den vielen Signaltürmen, die im Kampf gegen die Savoyer zur schnellen Nachrichtenübermittlung mittels Flaggen- oder Feuerzeichen eine wichtige Rolle gespielt haben. Leider lohnt sich die umständliche Auffahrt nicht wirklich. Der Rest dieses von den verärgerten Savoyern schließlich gesprengten Bauwerks ist eingezäunt und deshalb aus unmittelbarer Nähe nicht zu besichtigen, aus irgendeinem Grund aber der Treffpunkt schmachtender Liebschaften geworden, deren nervös-zartes Genestel durch unser geschäftiges Erscheinen eingetrübt wird.

Also rücken wir unter gemurmelten Entschuldigungen ab und begeben uns in das nächste Seitental: das **Valle di la Thuile**. *Knopp begab sich aber fort – von hier an einen andren Ort*, würde Wilhelm Busch sagen. Der Einstieg dazu liegt in **Pré-St-Didier**, von wo die SS 26 nach La Thuile und zum **Colle del Piccolo San Bernardo** (Pass des Kleinen Sankt Bernhard) ausgeschildert ist. Die Straße steigt sofort über eine Serie von 8 Serpentinen steil an, beruhigt sich dann wie auch die Mägen der Hintensitzenden und erreicht nach etwa 12 Kilometern die kleine Stadt **La Thuile** (800 Einwohner), die sich der Sommerfrische und dem Wintersport verschrieben hat. Ein offizieller Stellplatz lädt zur Einkehr ein:

La Thuile

(077) WOMO-Wanderparkplatz: La Thuile
GPS: N 45°42'30" E 6°57'13", Fraz. Villaret. **Max. WOMOs**: 78.
Ausstattung/Lage: Ver- und Entsorgung, Toilette, klappstuhlgeeignet, Spielplatz, WiFi, Kiosk, Wächter, Minishop, Wanderwege / Ortsrand, auf der Rückseite der Talstation, sehr gut besucht, auch im Winter.
Gebühr: 10 € / Tag, Strom 3 € / Tag.
Zufahrt: Überqueren Sie in der Ortsmitte von La Thuile nach rechts den Fluss, lassen Sie dann den Parkplatz rechts liegen, unterqueren Sie die Landstraße und fahren Sie bis zur Rückseite der Talstation weiter.

La Thuile verfügt über eine lebendige Einkaufsstraße mit kleinen Geschäften, die zum Teil sehr qualitätsvolle, regionale Produkte anbieten.

Ein Beitrag zur Kernfrage der Existenz: Ei oder Henne?

Topseller in den Andenkenläden La Thuiles sind Plüschtiere in Form des Bernhardinerhundes, mit einem Rumfässchen um den Hals, bei größeren Exemplaren sogar hochprozentig gefüllt. Was war eigentlich am Anfang: der Hund, der Pass oder der Heilige?

Zur Herstellung einer vertraulichen Gesprächsatmosphäre erwerben wir eines der Stofftiere, ein großes Exemplar natürlich, und fragen die Verkäuferin. Sie erklärt uns in verdächtiger Routine:

Im Jahr 1243 verlief sich in La Thuile ein Hund namens Bernardo und erreichte kraftlos den wetterumtobten Pass. Ein dort lebender namenloser Einsiedler rettete ihn vor dem Verderben, päppelte ihn unter Teilung seiner knappen Vorräte und Gefährdung seiner eigenen Gesundheit liebevoll auf. Als dem Hund der Transport ins Tal zugemutet werden konnte, trug ihn der fromme Mann hinab nach La Thuile, wo er erschöpft zusammenbrach und verblich. Der Hund aber überlebte. Der Einsiedler wurde post mortem unter dem Namen St. Bernhard heiliggesprochen. In der Folge der Jahre wurde der Pass nach ihm benannt.

Also: Hund – Heiliger – Pass.

Wir nehmen das als Arbeitshypothese zu Protokoll. Zu Hause recherchieren wir oder machen uns – wie man heute sagt – schlau: Die gefällige Erklärung ist unbrauchbar.

Es war vielmehr so: Im Jahre 1050 gründete **Bernhard von Aosta** auf einem wetterumtobten Pass ein Hospiz, welches sich als erstes überhaupt der Rettung aus Bergnot verschrieb. Das Hospiz und der Pass übernahmen den Namen des Gründers. Ab dem 17. Jahrhundert begannen die Mönche mit der Züchtung von Hunden, denn man hatte erkannt, dass sie dank ihrer feinen Witterung Lawinenopfer orten können. Man nannte diese Hunde **Bernhardiner**, wie nicht anders zu erwarten ist.

Damit scheint die Frage nach der Reihenfolge beantwortet zu sein.
Nämlich: Heiliger – Pass – Hund.

Aber nicht vollständig: denn das Obige hat sich in Wahrheit am Großen St. Bernhard abgespielt. Die Pass-Straße von La Thuile wurde erst viel später, um 1856, von Napoleon III gebaut. Er ließ oben eine Statue des römischen Gottes Jupiter aufstellen. Der Pass erhielt im Volksmund den Namen Kleiner St. Bernhard, weil er damals neben dem Großen St. Bernhard die einzige Möglichkeit bot, das Aosta-Tal an seiner westlichen Seite zu verlassen. Die Passhöhe liegt aber niedriger, also hat man ihn den Kleinen genannt. Später wurde die Jupiterstatue auf dem historischen Sockel durch eine Statue des Bernhard von Menthon ersetzt. Dies ist der französische Name des Bernhard von Aosta.

Es handelt sich also um einen klaren Fall von Markendiebstahl, denn am **Kleinen St. Bernhard** sind nie Hunde gezüchtet worden. Die Plüschtiere sind trotzdem hübsch und nützlich, besonders die mit einem gefüllten Fässchen.

Auch die Touristeninformation (in der Hauptstraße) bemüht sich mehrsprachig und kompetent um den Besucher. Die Gegend ist zugleich durchzogen von Erneuerungswillen und Rückkehr zu alten Werten. Viele landwirtschaftliche Erzeuger im Umkreis haben auf biodynamischen Betrieb umgestellt und verkaufen ihre Produkte am Hof. Alljährlich finden zu wechselnden Terminen in den einzelnen Gemeinden Tage der offenen Alm *(Alpages ouverts)* statt, in La Thuile beispielsweise am letzten Juli-Wochenende. Eine der teilnehmenden Almen – genannt **Plan Veylé** – kann man in zwei Stunden von La Crétaz aus erwandern:

Direkt vom Euter

Etwa 200 m nach den beiden Gasthäusern von **La Crétaz** (1863 m) kann man das WOMO in einer Linkskurve abstellen. Der dort beginnende **Wanderweg** mit der Nummer 10 führt zuerst eben und bequem über eine Schotterstraße durch Wiesen und vereinzelte Bäume, fällt dann etwas ab, um kurz vor Erreichen einer Alm rechts ab in einen schmalen Wiesenweg überzugehen. Zwischen blühenden Bergwiesen schlängelt sich der Pfad hinunter zum Bach, überquert ihn auf einer romantischen, kleinen Steinbrücke und zieht sich alsbald leicht ansteigend den Hang hinauf. Stellenweise haben die Kühe ihre Spuren auf dem Saumpfad hinterlassen. Teilweise steigt man auch auf alten gepflasterten Treppenwegen an Trockenmauern entlang den Berg hinan und wird von Zeit zu Zeit von Murmeltieren überrascht. Das letzte Drittel führt dann wieder über einen Wirtschaftsweg vorbei an der **Alm Verney** bis zum **Plan Veylé** auf 2.080 m Höhe.

Diese Alm beherbergt noch 90 Milchkühe und 20 Kälbchen und bietet am Tag der offenen Almen einen Einblick in die Herstellung des traditionellen **Fontina-Käses**, von Butter sowie weiteren regionalen Spezialitäten.

Von hier aus kann man entweder den Rückweg auf der gleichen Route antreten oder mit ausreichend Puste und durchtrainierten Wanderwaden einen großen Bogen über den Monte Laityre (2726 m) der Beschilderung 10b und 10a nach La Crétaz schlagen, was aber gewiss nichts für Koordinatenverwechsler und Turnbeutelvergesser ist.

WOMOs können das Aosta-Tal heutzutage auf drei Routen verlassen, ohne den Rückweg nach Ivrea zu nehmen: durch den Tunnel unter dem Mont Blanc, über den Großen St. Bernhard bzw. durch dessen Tunnel, und eben über den hundelosen **Colle del Piccolo San Bernardo** (Kleinen Sankt Bernhard), welcher am Ende des Valle di la Thuile liegt.

Lago Verney

Auch wenn man im Land bleiben will, lohnt sich die Auffahrt zum Pass, weil zwei Stellplätze in alpiner Umgebung locken. Der erste liegt nur etwa 900 Meter vor der Grenze:

(078) WOMO-Wanderparkplatz: Lago Verney
GPS: N 45°41'28" E 6°53'19", SS 26. **Max. WOMOs**: 5.
Ausstattung/Lage: Klappstuhlgeeignet Mülleimer, Wanderwege / weit außerhalb der Besiedlung, einsam, aber sehr romantisch.
Zufahrt: Biegen Sie 900 Meter vor dem Pass des Piccolo San Bernardo und vor der ersten Serpentine nach rechts aus.

Hier steht eine rustikale Hütte, die unregelmäßig bewirtschaftet wird. Außerdem spiegelt sich der Monte Bianco wunderbar im See.

Weiter oben, direkt vor dem Übergang nach Frankreich, umfährt die Straße das Zentrum einer **Kultstätte** aus der Bronzezeit, die man nicht bemerken würde, wenn dieser Reiseführer nicht darauf aufmerksam machen würde: Genau auf der Wasserscheide zwischen der Dora Baltea auf italienischer und der Rhône auf französischer Seite haben hier Frühsiedler um 2000 vor Christus an einem alten Handelsweg eine Steinformation aus 46 etwa murmeltiergroßen Menhiren angelegt, die einen Kreis beschreiben. Man nennt diese Figur in der Archäologie **Cromlech**.

Handelt es sich überhaupt um einen Kreis? Diese Frage ist nicht ohne Belang.

Von geometrischen Figuren und der Erleuchtung am Straßenrand

Streng genommen handelt es sich nämlich nicht um einen **Kreis**, sondern um eine **Ellipse** mit Seitenlängen von 70,8 m und 75,2 m. Die geometrische Konstruktion von Ellipsen ist ausgesprochen anspruchsvoll und war in der klassischen Antike deshalb nur wenigen Meistern (z.B. Euklid) vorbehalten, besonders weil die Übertragung in die Wirklichkeit, z. B. im Landschaftsbau, sehr aufwendig war. Im 18. Jahrhundert erfand dann endlich ein namenlos gebliebener englischer Gärtner eine Konstruktionsmethode, die mit einfachsten Mitteln bewerkstelligt werden kann und ab sofort die Ellipse aus dem Herrschaftswissen in das Heimwerkerwissen verbrachte.

Eine Ellipse ist definiert als die Menge von Punkten, für die die Summe der Abstände zu zwei gegebenen Punkten stets die gleiche ist.
Alles klar?

Hanne auf einem der Menhire

Der englische Gärtner, verliebt in die schöne Form der Ellipse und frustriert über die Unverständlichkeit der Definition, steckte zwei Pflöcke in den Grund, band einen Strick mit je einem Ende an die Pflöcke, achtete dabei darauf, dass der Strick etwa doppelt so lang wie der Abstand zwischen den Pflöcken war, nahm einen dritten Pflock und führte ihn, in den Boden eine Linie kratzend, an dem Seil entlang, welches er stets unter Spannung hielt: Eine perfekte Ellipse entstand.

Wie konnte aber bereits 2000 Jahre vor der Zeitenwende eine Ellipse mit einem derartigen Durchmesser konstruiert werden? Die Forscher sind uneins: manche behaupten, die Gärtnerkonstruktion wäre schon früher einmal bekannt gewesen und dann in Vergessenheit geraten, andere glauben eher, dass elliptische Cromlechs in Wahrheit nichts mehr als schlampig konstruierte oder vereiste Kreise sind – im Sinne von Pfusch am Bau.

Vorchristlichen Steinkreisen wird in neuzeitlichen esoterischen Kreisen eine spirituelle Qualität zugemessen, besonders wenn sie elliptisch sind. Die Kräfte oder **vibes** konzentrieren sich in den beiden Brennpunkten der Ellipse, also dort, wo der Gärtner die Pflöcke eingerammt hat. Hier möchte man stehen und den Kosmos in sich aufnehmen, die Kräfte fließen lassen, die guten Energien resorbieren.

Gut also, dass es sich hier um eine Ellipse und nicht um einen Kreis handelt! Denn dann müsste man mitten auf der Straße stehen, um in den Genuss des kosmischen Fluidums zu kommen. So aber kann man sich an einer der beiden Straßenseiten postieren und auf Erleuchtung warten, ohne von einem profanen WOMO allzu früh übergemangelt zu werden. Fahren Sie hier trotzdem vorsichtig! Wundern Sie sich nicht, wenn direkt an beiden Straßenrändern murmelnde Sonderlinge stehen.

Man kann aber auch in sicherer Entfernung von den Brennpunkten übernachten:

(079) WOMO-Wanderparkplatz: Colle d. Piccolo S. Bernardo
GPS: N 45°40'48" E 6°53'00", SS 26. **Max. WOMOs**: 15.
Ausstattung/Lage: Mülleimer, Wanderwege, Gaststätte / weit außerhalb der Besiedlung, am Pass.
Zufahrt: Der Platz liegt direkt vor dem Pass an der rechten Straßenseite.

Zurück im Haupttal erreicht man alsbald **Courmayeur** (3.000 Einwohner), vom Skiterrorismus zerstört und verwüstet. Wir raten von einer näheren Befassung ab und empfehlen den Weg in das **Val Veny**. Vor uns liegt das mächtige Quermassiv des **Monte Bianco** (Mont Blanc). Die Straße hinauf wird immer schmaler und passiert den Gletscher Brenva. Man überquert die schäumenden Fluten der Dora Baltea. Die Luft wird dünner, der Baumbesatz nimmt ab. Dann weitet sich unerwartet die Landschaft und bietet Raum für einen sehr schön gelegenen Campingplatz:

(080) WOMO-Campingplatz-Tipp: Monte Bianco
(La Sorgente)
GPS: N 45°48'18" E 6°55'25. **Ortszentrum**: 5 km.
Öffnungszeit: 1.6. – 30.9. **Ausstattung**: MiniMarket, Restaurant, Spielplatz, Wanderwege.
Zufahrt: Etwa 1,5 Kilometer nach einer scharfen Linkskurve im Val Veny rechts beschildert, die Zufahrt führt noch etwa 500 Meter durch einen Pinienwald. **Preis**: 20 €

Noch einige Kilometer kann man durch Pinienwälder sanft aufwärts nach Süden fahren. Weitere Campingplätze tauchen auf, dann eine rot-weiße Absperrung, die die Weiterfahrt zum **Chalet de Miage** neuerdings untersagt – es sei denn, man hat dort reserviert. Dann lassen die netten Wächter passieren, nicht aber ohne vorherigen Check der Reservierung per *telefonino*. Die Jungs beginnen ihren Arbeitstag um 9 Uhr und machen um 17 Uhr den Schirm zu. Außerhalb ihrer Arbeitszeit ist die

Durchfahrt zulässig. Am Chalet de Miage wird man dann aber ausgesprochen unfreundlich empfangen. Nach unserer Auffassung sollte man es nicht darauf ankommen lassen, denn man befindet sich auf privatem Grund.

Vor der Absperrung laden links und rechts der Straße lauschige Picknickplätze unter Lärchen und Pinien ein. Die Rechtslage ist eindeutig, was das Übernachten angeht: Nachtparkverbot allenthalben. Wenn man direkt vor der Absperrung nach rechts abbiegt, erreicht man binnen 300 Metern das Ufer des Flusses, wo immer wieder WOMOs stehen, und zwar in allerbester Lage, aber eben zwischen 22 Uhr und 8 Uhr ohne Berechtigung. Trotzdem:

> ### (081) WOMO-Wanderparkplatz: Val Veny
> **GPS**: N 45°47'28" E 6°54'26", SS 26. **Max. WOMOs**: 5.
> **Ausstattung/Lage**: Wanderwege / außerorts, direkt am Fluss auf Kies.
> **Zufahrt**: wie beschrieben. **Hinweis**: Nachtparkverbot!

Von hier aus führt eine wunderbare vierstündige Wanderung bequem hinauf zum verlandeten Lago Combal, von dort weiter zum Lago del Miage und zurück zum Stellplatz. Es geht aber auch schneller:

> **Rundwanderung in Veny**
>
> Mit weniger Zeit im Gepäck kann man eine Rundwanderung antreten, die ihren Anfang etwa 350 Meter **flussaufwärts** nimmt (die Wanderkarten stellen hier irrtümlicherweise einen fluss<u>ab</u>wärts gelegenen Übergang dar !), dort einen kleinen Zufluss überquert, dann nach einem leichten Anstieg zu einer Brücke über die Dora Baltea führt und schließlich auf der Westseite des Flusses durch Wiesen und Wälder hinab zum oben erwähnten **Campingplatz** geleitet. Der Weg ist flankiert von Schautafeln, welche die Besonderheiten des **Naturschutzgebiets Franco Monzino** erläutern.
>
> Am Campingplatz überquert man den Fluss aufs Neue und wandert bedächtig am Fluss entlang zurück. Die Wanderung ist mit Nummer 07 ausgeschildert, braucht knappe zwei Stunden und ist wegen der herrlichen Umgebung so schön, dass man sie alleweil täglich machen wollte.

Wir sind am westlichen Ende des Aosta-Tals angelangt. Hier geht es nicht mehr weiter, hier geht die Sonne unter. Höchstens noch mit der **Seilbahn** kann man ihr weiter entgegenfahren, die von Courmayeur in atemberaubender Fahrt über den Mont Blanc und dessen mächtige Gletscherfelder nach Chamonix sich aufschwingt – ein weltweit unvergleichliches Erlebnis. Da herrscht Stille in der Kabine.

Allerdings werden keine WOMOs mitgenommen.

Es bleibt nun noch übrig, das andere Ende der mysteriösen Straße zu finden, um das Rätsel des großen Unsinns aufzulösen. Dazu führt der schnellste Weg hinunter in das Aosta-

TOUR 7 / 2

Tal, dann über die Autostrada A 5 in Richtung Torino und über die Ausfahrt Ivrea nach **Ceresole Reale**, dem Hauptort des **Val Locana**.

Bei aller verständlichen Ungeduld raten wir doch zu einer kleinen Pause bei **Pont Canavese**. Der Ort ist unschuldig-schnuckelig und bietet einen entsprechenden Stellplatz an:

(082) WOMO-Picknickplatz: Pont Canavese

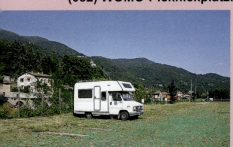

GPS: N 45°25'10" E 7°36'03", Via Roma. **Max. WOMOs**: 12.
Ausstattung/Lage: Ver- und Entsorgung, Strom, Mülleimer, Picknickbänke / im Ort, am Fluss.
Zufahrt: Folgen Sie den Schildern ‚Centro Storico' und biegen Sie direkt hinter Brücke rechts ein.
Gebühr: 7 € / Tag, in einen Briefkasten einzuwerfen.

Pont Canavese

Im Ort selbst, der von hier aus zu Fuß in wenigen Minuten erreichbar ist, lohnt sich die Besichtigung zweier mächtiger Türme: Zwischen dem Torre Ferranda und dem Torre Tellaria zog sich im Mittelalter eine Festungsmauer durch die Bebauung. Ihre Reste kann man immer wieder, teilweise integriert in die Wohnbebauung, aufspüren. Von der Zollstation, die die Savoyer im 17. Jahrhundert errichteten,

um den Transport von Kupfer und aus den Minen der Bergtäler zu überwachen, ist nichts mehr zu sehen. Dafür kann man, wenn man montags am Ort verweilt, den Markt erleben, den die Pontesi seit 1736 abhalten.

Ursprünglich war der Ort **Locana**, 13 Kilometer westlich von Pont Canavese, das wirtschaftliche Zentrum des Tals. Von hier aus unternahmen die berüchtigten *magnin* und die *spaciafurnej* ihre erpresserischen Fahrradwanderungen durch das Aosta-Tal und das Piemonte bis nach Frankreich und in die Schweiz. Das waren Kesselflicker und Kaminkehrer, die sich im Stil der heutigen Drückerkolonnen ihren Lebensunterhalt verdienten.

Später, im 19. Jahrhundert, haben sich das Val Locana und insbesondere sein touristischer Hauptort **Ceresole Reale** zur Sommerfrische der vermögenden *Torinesi* entwickelt. Vor allem die Savoyerkönige aus Turin entdeckten die weiten Jagdgebiete für sich, verpassten kurzerhand per Dekret dem Dorf Ceresole einen königlichen Status – deshalb der Name „Reale" - und ließen sich bequeme Jagdwege in die unwirtliche Bergwelt bauen, um die Steinböcke bei den Hörnern zu packen. Das Tal blühte auf und entwickelte Wirtschaftskraft. Es gab um 1860 mehr als 30 Wassermühlen und zahlreiche Manufakturen, welche Eisen, Blei, Kupfer, Silber und Gold aus den umliegenden Minen verarbeiteten. Diese Zeiten sind jedoch lange schon vorbei und wenn man die Gemeinde **Noasca** erreicht, kann man sich gar nicht vorstellen, dass sie eine der größten Gemeindeflächen des Piemonts besitzt. Die meisten der 33 Ortsteile sind heute verlassen und geraten in Vergessenheit, wenn sie nicht an einem der Wanderwege liegen. Bewundert werden heute in Noasca nur noch der beeindruckende Wasserfall am Ortsausgang und der angrenzende Kletterfelsen. Entsprechende Postkarten erhält man neben sehr schönen handgebundenen Besen und der unbedingt notwendigen Wanderkarte Valle del Orco Gran Paradiso vom Verlag Monti Raffaele im Maßstab 1:25.000 in dem kleinen *Alimentari* gegenüber des Parkplatzes mitten im Ort. Die Wanderkarte wird später noch dringend gebraucht.

Den Reisenden zieht es weiter nach Westen, lockt auf der Karte doch ein Gewässer von erstaunlicher Größe. Der aufgestaute See **Lago di Ceresole Reale** bietet auf 1.583 Höhenmetern nicht nur einen schönen Rundweg für den Wanderfreund oder vielfältige Angebote für den Wassersportsfreund, sondern auch einen grundsoliden Stellplatz für den WOMO-Freund:

(083) WOMO-Picknickplatz: Lungolago

GPS: N 45°26'03" E 7°13'46", SP 50. **Max. WOMOs**: 5.
Ausstattung/Lage: Ver- und Entsorgung, Toilette, Mülleimer, klappstuhlgeeignet, Picknickbänke, Grillplatz / außerorts, am See.
Zufahrt: Von Ceresole kommend nicht am Friedhof ausbiegen, sondern die Abfahrt etwas weiter westlich wählen, ausgeschildert.
Gebühr: 8 € / Tag in der 1. Reihe, 5 € / Tag in der 2. Reihe.

Sollten Sie an einem Wochenende diesen Stellplatz wegen der vielen unterschiedlichen Freunde des Sees nicht mehr anfahren können, bietet sich nur wenige Minuten später bei dem Weiler Chiapili Inferiore ein weiterer Platz an, zwar ohne das künstliche Gewässer, dafür am plätschernden Toce Orco, der sich dort wenigstens zu einem netten kleinen Becken weitet:

(084) WOMO-Picknickplatz: Il Sciatore

GPS: N 45°27'01" E 7°11'15", SP 50; Borg. Chiapilis Inf. 1.
Max. WOMOs: 30.
Ausstattung/Lage: Ver- und Entsorgung, Strom, Bar, Mülleimer, klappstuhlgeeignet, Picknickbänke, Skilift, Hochspannungsleitung über dem Platz / außerhalb, am Fluss.
Zufahrt: Von Ceresole kommend links über eine schmale Brücke den Fluss überqueren, ausgeschildert.
Gebühr: 12 € / Tag, 3 € für Strom, Anmeldung in der Bar.

Nun aber steigt die Straße stetig steiler an und eröffnet herrliche Ausblicke auf die Welt des Gran Paradiso. Dieser Naturpark wurde 1922 gegründet und bietet eine außerordentliche Fauna und Flora, die glücklicherweise noch relativ ungestört dem Touristenandrang standgehalten hat. Dazu beigetragen hat sicherlich auch die Regelung, dass in den Sommermonaten Juli und August der private Autoverkehr mittels Schranke abrupt auf Höhe der kleinen Kapelle Madonna di Neve aufgehalten wird und sich auf einen großen Parkplatz am Ristorante *La Baracca* ergießt, der damit auch zum Wanderstellplatz wird.

> **(085) WOMO-Wanderparkplatz: *La Baracca***
> **GPS**: N 45°27'47" E 7°8'05", SP 50. **Max. WOMOs**: 15.
> **Ausstattung/Lage**: Klappstuhlgeeignet, Bar, Mülleimer, Wanderwege / außerorts, einsam.
> **Zufahrt**: Wenn Sie von Ceresole kommen, liegt der Platz links der Straße.

An Sommersonntagen geht es hier nur noch per pedes weiter oder mit dem Bus dreimal täglich hinauf und ebenso oft hinab. An den übrigen Wochentagen schraubt man sich von 1.583 Höhenmetern vom Lago di Ceresole Reale langsam zum

Straße zum Col de Nivolet

legendären Col de Nivolet hinauf, passiert dabei die mächtige Staumauer des Lago Serrú auf 2.075 Höhenmetern, überfährt bald danach die Staumauer des kleineren Lago Agnel auf 2.295 Höhemetern und kann es gar nicht fassen, mit seinem Wohnmobil so weit hinauf in diese beeindruckende Bergwelt vorzudringen, noch dazu völlig legal und auf einer guten Straße, die fast überall gegenverkehrsfähig ist. Wenn einem nicht

dauernd die Ohren zufallen würden (PUMPF), könnte man die Warnrufe der Murmeltiere (QUIWIE-QUIWIE) hören. Die Augen sollten aber lieber auf der Fahrbahn

Hoch im Westen, wo die Sonne versinkt

bleiben. Nach schier endlosen Serpentinen biegt man um eine Felsnase herum und sieht am *Rifugio di Città di Chivasso* auf 2.504 Metern Höhe die beiden **Laghi del Nivolet** vor sich aufblitzen. Nur noch wenige hundert Meter bis zum **Rifugio Savoia** (Foto S. 169) und das Wohnmobil am Ufer abgestellt.

Übrigens: Das Val Locana war ein wichtiges Zentrum des Widerstands gegen das faschistische Mussolini-Regime. Die Unwirtlichkeit der Landschaft und die Nähe zur französischen Grenze haben es zu einem Rückzugs- und Fluchtgebiet derer werden lassen, die sich dem Wahnsinn der beiden selbsternannten Führer Mussolini und Hitler mutig entgegengestellt haben. Dieses Thema ist so spannend, dass alleine darüber ein ganzes Buch geschrieben werden müsste. Wer das aber versuchen sollte, wird über das offene Gartentürchen steigen, denn dieses Buch gibt es glücklicherweise bereits: Sabine Bade und Wolfram Mikuleit (siehe Stichwort *Literatur*) haben uns gestattet, einen Abschnitt aus ihrem Buch *Partisanenpfade im Piemont* als Leseprobe zu zitieren, die eine schreckliche Begebenheit beschreibt, die sich hier im Jahr 1944 zugetragen hat:

Die Freiheit zum Greifen nah - Tragödie am Colle Galisia

Das tragische Schicksal der 41 Männer, die bei der Überquerung des Colle Galisia im November 1944 starben, gehört zur Geschichte der Resistenza im Valle Orco. Sie wachzuhalten, hat sich u. a. das Cà del Meist (Anmerkung: kleines Museum in Ceresole Reale, schräg gegenüber des *Albergo Meuble Sport*) mit seiner permanenten Ausstellung auf die Fahnen geschrieben.

Den seit altersher von Schmugglern, Händlern und Auswanderern genutzten Weg über den Colle Galisia (2.998 m) nutzten die Partisanen regelmäßig. Um sich bei Auskämmungsaktionen kurzfristig in das bereits befreite französische Arctal abzusetzen, zur Verbindungsaufnahme mit den Alliierten und um Flüchtlinge in Sicherheit zu bringen. So auch im November 1944: Eine Gruppe englischer Kriegsgefangener, der im September 1943 die Flucht aus einem Internierungslager gelungen war und die sich seitdem bei den Partisanen im Valle Sacra aufhielt, sollte nach Frankreich gebracht werden. Geführt wurden sie von ortskundigen Partisanen der VI. Division Canavesana Giustizia e Liberta und einigen Autonomen. Von Ceresole Reale stiegen die 44 Männer am 7. November auf zum Lago Agnel, übernachteten dort und gingen dann, obwohl sich das Wetter zusehends verschlechterte, weiter zum Pass. Erst nach Einbruch der Dunkelheit kamen sie dort an, viel später als geplant. Zwei Engländer blieben - sie waren zu erschöpft, um weitergehen zu können - in Begleitung von Giuseppe Mina und Carlo Diffurville zurück. Sie sollten später nachgeholt werden. Bei Eiseskälte (minus 25 Grad) suchten sie Schutz unter einer Felswand am Galisia und warteten auf Rettung. Als die nicht kam, machten sich Mina und Diffurville dann doch an den Abstieg. Und fanden bei den Gorges du Malpasset, ganz in der Nähe des alten Refuge Prariond, die gesamte Gruppe begraben unter einer Lawine. Erst am 17. November 1944 konnte Alfred Southon mit schwersten Erfrierungen vom Galisia geborgen werden. Sein Begleiter Walter Rattue war einen Tag vorher gestorben.

Es ist kalt hier oben, auch heute noch, sogar manchmal im Hochsommer. Trotzdem gibt es keinen besseren Stellplatz:

(086) WOMO-Wanderparkplatz: Rifugio Savoia
(Laghi del Nivolet)

GPS: N 45°29'09" E 7°08'38", SP 50. **Max. WOMOs**: 5.
Ausstattung/Lage: Klappstuhlgeeignet, Bar, Mülleimer, Wanderwege / außerorts, einsam, häufig besucht, 2.600 m hoch.
Zufahrt: Wenn Sie von Ceresole kommen, liegt der Platz rechts der Straße.

Hier kann man die prächtigsten Wanderungen beginnen, von mittelschwer bis ganz gefährlich. Man kann im Rifugio Savoia großartige einfache Sachen wie die regionaltypische Polenta essen, man kann im Massenlager des Rifugio *(von Mitte Juni bis Ende Sept., Tel. 0165 94141)* mit 59 anderen in einem urigen Raum übernachten, man kann – auch das haben wir gesehen – sogar in seinem Wohnmobil das Halbfinale der Champions-League verfolgen. Das könnte man natürlich in Bochum viel einfacher haben, aber die Sehnsüchte der Menschen sind eben vielfältig und manchmal undurchschaubar.

Aber wir sind hergekommen, um das Rätsel der mysteriösen Straße zu lösen. Sie werden sich erinnern.

Per andare al Piemonte (Teil 2)

Ein kurzer Rückblick: Zwischen 1905 und 1910 wurde die *Vecchia Strada Militare Nivolet* von Ceresole Reale hinauf zum Col de Nivolet gebaut. Sie ist heute grasüberwuchert zu einem schönen Wanderweg mutiert, den die Kollegen Bade und Mikuleit (siehe oben) detailliert beschreiben. Die jetzige Pass-Straße ist um 1930 wiederum aus militärischen Gründen gebaut worden. Welche Gründe das im Einzelnen gewesen sind, entzieht sich unserer Kenntnis und unserem Vorstellungsvermögen, wie so oft bei militärischen Großprojekten. Jedenfalls führt sie hinauf und ist seitdem so zu sagen **da**.

Das Rifugio Savoia liegt in der Luftlinie gemessen nur etwa 6 Kilometer von Pont im Val Savaranche entfernt. Da kamen also gegen Ende der 1960er Jahre irgendwelche Möchtegerne auf die Idee, diese beiden Orte zu verbinden. Das Projekt wurde mit dem Argument beworben, dass auf diese Weise eine schnelle Verbindung zwischen Aosta und Torino entstehen würde, zum Wohle aller. Man hat uns erzählt, dass der Ortsbürgermeister von Valsavaranche der Mentor des Projektes gewesen wäre, der sich hier ein Denkmal setzen wollte. Das Argument der schnellen Verbindung war ein Scheinargument: heute – nachdem die Autostrada gebaut worden ist - liegen zwischen Aosta und Torino 119 Autobahn-Kilometer, damals ungefähr 151 Landstraßen-Kilometer. Hätte man tatsächlich das ehrgeizige Projekt realisiert, wären daraus 143 Kilometer geworden. Das wäre kein Quantensprung gewesen. Es ging also um etwas ganz anderes: um Ruhm und Ehre, um Wichtigtuerei und um Korruption, vielleicht auch um die Erschließung des Gran Paradiso als

Wintersportgebiet. Erinnert Sie das an irgendetwas in unseren Zeiten?

Das Projekt ist gescheitert, weil die notwendigen Genehmigungen nicht vorlagen, weil eine seriöse Genehmigung auch nie hätte erteilt werden dürfen, weil die Naturschützer sich mit Recht einmischten, weil das Ganze völlig sinnlos war – und vielleicht auch, weil der Arbeiter Mario Grimaldi von einer Sprengladung zerfetzt worden ist.

Wie auch immer. Seit 2004 beschäftigen wir uns mit dieser Geschichte, und 2012 haben wir endlich die beiden Enden des 1970 gerissenen Projektfadens zusammen geknüpft:

Vom Rifugio Savoia führt ein breiter Weg nach Norden, zuerst asphaltiert, dann geschottert. Man erreicht nach 600 Metern eine verbogene Schranke, an welcher ein Wanderweg nach Pont rechts ausbiegt, mit Nr. 3 bezeichnet. Das ist nicht unser mysteriöser Weg, sondern einfach nur ein schöner Wanderweg, der allerdings zum gleichen Ziel führt. Man muss hier geradeaus weitergehen, wenn man es ernst meint. Der Weg (bezeichnet ab hier mit Nr. 9) zweigt nach 2 Kilometern nach links ab. Man geht geradeaus weiter. Nach weiteren 1,5 Kilometern versickert der Weg – bis hierhin ziemlich eben - in einen Saumpfad. Ab hier muss man navigieren, denn der Weg ist jetzt nicht mehr klar zu erkennen. An wenigen Stellen sieht man aufgemalte Markierungen „3D". Nach 500 Metern steigt der Pfad steil nach Westen hinauf und passiert die Überreste eines Almhofes. Entlang einer Felswand geht es weiter nach Nordosten. Dann wird es etwas unübersichtlich. Nach der Überquerung zweier Seitenarme des Toce de Meyes geht man bergab und findet mit etwas Glück die aufgesprengte Schildwand des Tunnels wieder, durchquert

den Tunnel und befindet sich wieder dort, wo man vor zwei, drei Tagen nachdenklich die drei hart gekochten Eier verzehrt und die beiden kletternden Gämsen gesehen hat. Dann hat man das Geheimnis der **strada misteriosa** gelüftet.

Diesen Weg geht man am besten in süd-nördlicher Richtung, also vom Refugio Savoia nach Pont. Wie man sich dann wieder mit seinen Lieben zusammenfindet, muss jeder selbst organisieren. Wir haben es so gemacht: Zwei Kerle wandern vom Rifugio Savoia los, zwei Mädels fahren indessen mit dem Auto die große Schleife, kaufen unterwegs an Dingen ein, die man braucht oder auch nicht, und holen die Kerle in Pont wieder ab.

Soviel zur mysteriösen Straße, zum Aosta-Tal, zur Frage der Strandmode und zu anderen Schrulligkeiten.

Jetzt geht es aber weiter, wie der alte Kerl hochoben in Pont de Savaranche schon gesagt hat, ins Piemonte. **Andare al Piemonte** eben, zur Tour 8.

Hoch im Westen, wo die Sonne versinkt

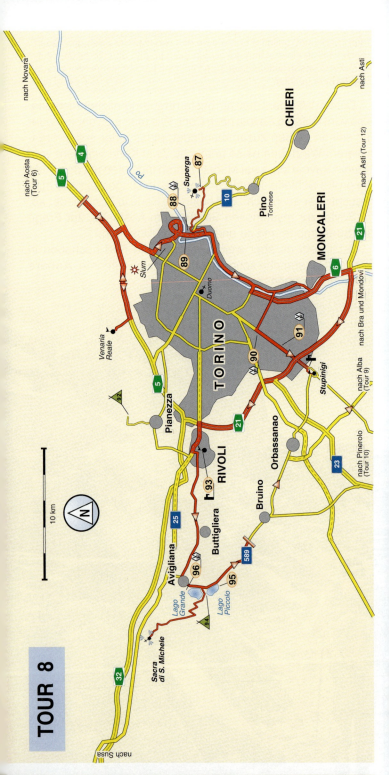

174　Tour 8

Tour 8: Hauptstadt und Umland — 55 km

Torino - Rivoli - Stupinigi - Avigliana - Sacra di San Michele

Stellplätze:	mehrere Möglichkeiten in Torino, in Rivoli, am Lago Piccolo, in Avigliana
Campingplätze:	bei Pianezza bei Turin, in der Nähe des Lago Grande
Besichtigen:	Basilica di Superga, das barocke Turin, das Castello Rivoli, die Venaria Reale, das Jagdschloss Stupinigi, Avigliana, Sacra di San Michele
Wandern:	von der Basilica di Superga ins Tal
Essen:	Pizzeria *Fila* in Torino

Zum Besuch von Millionenstädten wurde das Wohnmobil nicht erfunden, und Industriestädte liegen auch nur selten an seinem Weg. Wenn **Turin** (Torino) in diesem Buch dennoch fast eine ganze Tour füllt, hat das weniger damit zu tun, dass mit 900.000 Einwohnern die Million knapp verfehlt wird. Und auch nicht damit, dass die Zahl der Beschäftigten bei Fiat nur noch weniger als die Hälfte des Höchststandes aus dem Jahre 1979 beträgt, als hier 248.000 Arbeiter auf der Lohnliste von Gianni Agnelli standen (die **F**abbrica **I**taliana **A**utomobili **T**orino produziert heute zu rund 60% im Ausland).

Der wahre Grund ist, von der Notwendigkeit abgesehen, in einem Reiseführer über das Piemont auch dessen Hauptstadt zu erwähnen, die Besonderheit, dass man den Moloch fast nur von oben sieht. Man muss ihn nicht durchfahren, weil man viel schneller als befürchtet am Fuß der Hügel angekom-

Turin - von der Mole Antoniellana

men ist, wo der schon erstaunlich breite Po fließt. Diese grünen Berge begrenzen die Stadt im Osten, dort befinden sich nicht nur die Villen der Reichen, sondern auch einer unserer WOMO-Stellplätze. Unmittelbar westlich des Po beginnt die barocke Innenstadt, weshalb Sie die Vorstädte und alles, was eine solche Stadt hässlich macht, nur ein wenig streifen.

Sie sollten die von Norden oder von Süden in die Stadt führenden Autobahnen bis zu deren Ende nehmen. Am besten zielen Sie dann als Erstes auf den höchsten Hügel, auf dessen Spitze Sie schon von weitem die Silhouette einer gewaltigen Kuppelkirche mit zwei Türmen erkennen, die **Basilica di Superga**.

Basilica di Superga

Dieses Ziel ist jedenfalls angesagt, wenn die Sicht so klar ist, dass Sie bei der Anfahrt nach Turin die Zacken des Alpenbogens erkennen können. Denn die schmalen Kurven zur Superga nehmen Sie hauptsächlich wegen der Fernsicht, die Sie oftmals über Tage schmerzlich vermissen. Bei einigen unserer Besuche sahen wir im Sommer überhaupt keine Alpen, weshalb man die Gunst des sich verziehenden Dunstes sofort ausnutzen sollte. Insbesondere, wenn die Sicht am Anfang Ihres Turin-Besuches klar ist, weil Sie dann hier oben ein Gefühl für die sich unter Ihnen nach Westen ausbreitende Stadt entwickeln. Und weil Sie von nun an wissen, wie unser Haupt-Stellplatztipp von Turin aussieht. Denn der Parkplatz der Basilica di Superga ist der Stellplatz. Genießen Sie von den am Rand aufgestellten Bänken den Blick über die Stadt bis zu den Schneeresten der Westalpen.

Am 4. Mai 1949 herrschten solche Sichtverhältnisse nicht. Wolken voller Schneeregen hatten den Berg eingehüllt, als ein aus Lissabon kommendes Flugzeug zur Landung ansetzen wollte. In ihm saßen die ruhmreichen Fußballer des AC Torino (der heute FC Torino heißt), darunter 10 aktuelle Nationalspieler. Vermutlich gab es gar keine Sicht, sonst wäre die linke Tragfläche des Fliegers nicht an das Kirchengebäude gestoßen, und es hätten nicht alle 31 Passagiere den Tod gefunden. Keiner der Passagiere wurde hier oben bestattet, denn die **Gruft** (Tombe dei re e dei principi) ist nur für die Königsfamilie gebaut worden, nachdem Vittorio Amedeo II. die Kirche im Jahre 1706 zum Dank dafür in Auftrag gegeben hat, dass er den Belagerungsring französischer Truppen um seine Residenzstadt Turin sprengen konnte. Er selbst ist hier beigesetzt und neben ihm alle in Turin regierenden Könige des Hauses Savoyen. Das Innere der großen Kuppelkirche ist eher schmucklos, von außen macht vor allem die monumentale Fassade Eindruck, an der man die Handschrift des **Architekten Juvarra** erkennt, von dem es in Turin einiges zu sehen gibt *(Kirche im Sommer von 9.30 -13.30 und 14.30 - 18.15 Uhr, Kuppel 10-18 Uhr und dienstags geschlossen; 5 € einschließlich Besichtigung der Kuppel).*

Am Parkplatz sind hinter diversen Nippesbuden Wanderwege markiert und auf einer Tafel anschaulich dargestellt; begangen haben wir sie mit einer Ausnahme noch nicht. Wir haben hier auch immer noch nicht selbst übernachtet, aber Leser haben seit unserer ersten Veröffentlichung im Jahr 2005 eifrig geschrieben, und uns bestätigt, dass sich der Stellplatz bei der Basilika von Superga im praktischen Urlaubsleben als der Superlativ erweist, der er zu sein scheint, wenn man am Wochenende damit umgehen kann, dass dann die meisten WOMOs die einzigen parkenden Autos sind, an denen nicht die Federn quietschen. Am Sonntagnachmittag wird der (Straßen-) Verkehr von der Polizei geregelt, wenn ab etwa 15 Uhr die Ausflügler anbranden. In diesem Zusammenhang erwähnen wir alle Stellplätze in Turin:

WOMO-Stellplätze: Torino

(087) Basilica di Superga
GPS: N 45°04'46" E 7°46'02", Strada Comunale della Basilica di Superga.
Max. WOMOs: 10.
Ausstattung/Lage: Mülleimer, Wanderwege, Gaststätte in der Nähe / Stadtrand, nicht einsam.
Zufahrt: Wenn Sie von Norden kommen, wählen Sie am Autobahnende den Wegweiser ‚Asti' bis Sie den Po überquert und danach an der Ampel einer breiten vierspurigen Straße links abgebogen sind. Sie dürfen nun nicht auf der Hauptstraße Richtung Asti bergauf fahren (falls doch, sollten Sie umdrehen), sondern Sie müssen noch unten, sofort nach der Überquerung der vierspurigen Straße, etwa 50 m nach links fahren, um dann erst bei der nach Superga führenden Bergbahn das schmale Sträßchen bergauf zu nehmen. Sie finden schon ein Stück vorher Wegweiser zur ‚Basilica di Superga', und die schmale Straße ist auf Ihrer Autokarte auch deutlich sichtbar eingezeichnet.
Wenn Sie von Süden kommen, nehmen Sie die Straße entlang des Po, möglichst bald auf dessen Ostufer, bis Sie an oben bezeichneter Kreuzung wieder den Wegweiser zur Basilica sehen und der Versuchung erliegen, auf der ersten breiten Straße bergauf zu fahren, anstatt auf der ein Stück dahinter, bei der Bergbahn einmündenden schmalen Straße. Auf

der Berghöhe müssen Sie noch einmal scharf nach links abbiegen, das ist aber unmissverständlich beschildert.
Hinweis: Leser haben nicht nur unsere Vermutung bestätigt, dass es hier an Wochenenden wegen einiger Liebespaare unruhig werden kann, sondern dass dann bisweilen auch bei den Autos gefeiert wird.

(088) Seilbahnstation
GPS: N 45°04'50" E 7°43'47", Strada Communale di Cimitero di Sassi.
Max. WOMOs: 10.
Ausstattung/Lage: Ver- und Entsorgung, Mülleimer / in der Stadt.
Zufahrt: Siehe beim vorherigen Platz, da Sie auf dem Parkplatz der Bergbahn parken.
Hinweis: Der Platz ist relativ laut und bisweilen etwas schmutzig. Mitunter wird hier auch nachts lange gefeiert. Wir nennen den Platz hauptsächlich wegen der Ver- und Entsorgung und der Nähe zur Innenstadt.

(089) Hinter dem Friedhof
direkt gegenüber dem Parkplatz steht man am Rand einer Wiese und fast am Ufer des Flusses ruhiger und sauberer;
GPS: N 45°04'56" E 7°43'31", was unser Tipp ist, auch wenn wir ihn noch nicht ausprobiert haben (aber Leser!).

(090) Parco Cavalieri (Stadio Olimpico)
GPS: N 45°02'55" E 7°39'20", Corso Monte Lungo/Piazza d'Armi. **Max. WOMOs**: 5 Plätze sind ausgewiesen, aber viel mehr sind möglich.
Ausstattung/Lage: Ver- und Entsorgung / in der Stadt, 3,5 km ins Zentrum, Straßenbahnlinien 4 und 14 ins Zentrum.
Zufahrt: Der Platz liegt am nördlichen Rand eines Parkes südlich des Zentrums und nördlich nahe des Stadio Olimpico.
Fahren Sie auf der breiten Straße östlich des Zentrums am Po., der SS 393. Wo diese bei einer Brücke direkt an den Fluss trifft, zweigt auf einer übersichtlichen Kreuzung nach Westen eine breite Straße mit doppelreihigen Bäumen ab, der Corso Bramante. Auf ihm fahren Sie nach Westen, also vom Po weg, Sie überqueren die Bahngleise und fahren immer geradeaus, bis Sie halblinks einen Park sehen. Über eine verwirrende Kreuzung kommen Sie halblinks auf eine vierspurige Straße, auf der Sie bei erster Gelegenheit wenden, um am Nordende des Parkes die Einfahrt auf den Parkplatz zu suchen.
Hinweise: Die Linie 14 fährt ins Zentrum zur Piazza Solferino, die Linie 4 zum Dom. Die Haltestelle finden Sie nach ca. 350 m am Corso Re Umberto (den Platz im Rücken rechts gehen).

(091) Caio Mario
GPS: N 45°01'46" E 7°38'22", Corso G. Agnelli 193. **Max. WOMOs**: 10.
Ausstattung/Lage: Ver- und Entsorgung, Toilette, Dusche, Strom, Mülleimer, Geschäfte in der Nähe / in der Stadt, 5,8 km ins Zentrum, Straßenbahnlinie 4 ins Zentrum und zum Dom (Tickets im Serviceraum), Haltestell an der westlichen der beiden breiten Straßen.
Zufahrt: Der Platz liegt im Süden der Stadt nördlich des Fiatwerkes. Fahren Sie am Stadion einfach geradeaus weiter nach Süden.
Gebühr: 10 €.
Hinweis: Dieser privat betriebene Stellplatz ist eindeutig der beste in Turin, auch wenn es zwischen zwei Ausfallstraßen hier ähnlich laut ist, wie auf dem vorerwähnten.

Früher haben wir Ihnen in Turin noch einen **Campingplatz** empfohlen, den ältesten Italiens und gegründet 1954. Auch Tradition hinderte Investoren offenbar nicht, dem hochbetagten Betreiber oder dessen Erben ein Angebot zu machen, das in der Hügellage zu verlockend gewesen sein muss, um es abzulehnen. Den Platz gibt es nicht mehr, und es ist nicht der einzige gut gelegene, dessen Tod wir in unseren Büchern beklagen mussten. Es gibt nun nur noch einen kleinen Campingplatz westlich von Turin, in **Pianezza**, von dem aus man zu Fuß oder per Shuttle-Bus die U-Bahn und damit das Zentrum von Turin erreichen kann. Wir geben das ungeprüft weiter: [**092** – **GPS**: N 45°07'31" E 7°33'26", Via Grange 71, Pianezza; in der Nähe vieler abgestellter Wohnmobile ist es jedenfalls sehr ruhig und ländlich].

Der Torinesische Triathlon

In Leserbriefen werden von uns immer mehr Anregungen zu sportlichen Aktivitäten gefordert. Wir haben uns daher einen **Torinesischen Triathlon** ausgedacht:

Billig hinauf mit der Bergbahn zur Superga, ein lecker Eis verdrücken und umsonst wieder hinab.

Die **Talstation der Bergbahn zur Superga** befindet sich an der Piazzale Gustavo Modena 6 (siehe Platz Nr. 88). Ein kostenloser Parkplatz bietet Platz für etwa 50 Autos, was in der Hochsaison manchmal zu knapp ist. Die Abfahrten starten alle 20 Minuten; Montag, Mittwoch bis Freitag zwischen 9 und 12 Uhr und 14 und 17 Uhr, an Samstagen und Sonntagen zwischen 9 und 20 Uhr. Man entrichtet lausige 2 € für die einfache Fahrt und begibt sich für diesen kleinen Preis in die Vergangenheit.

Die **Bergbahn** wurde im Jahr 1884 errichtet, nach jahrzehntelangen Planungen und Diskussionen, um die Superga dem Volke zu erschließen. Sie war ursprünglich eine Standseilbahn, also eine von einem endlosen Stahlseil angetriebene Zahnradbahn. Der Antrieb erfolgte über eine Dampfmaschine in der Talstation. Dieses System ist grundsätzlich praktikabel,  aber nur dann effizient, wenn möglichst wenig vertikale und horizontale Richtungsänderungen zu bewerkstelligen sind, denn diese tragen Verschleiß in das Zugseil ein. Das war bei der Planung der Trasse unberücksichtigt geblieben und wirkte sich nachteilig aus. Außerdem war der Betrieb der Dampfmaschine aufwändig und störungsbehaftet: Stillstand des Antriebs bedeutete Stillstand der Bahn und entsprechend schlechte Laune der Fahrgäste. Im Jahr 1934 wurde die gesamte Anlage erneuert, die Trassenführung begradigt und der Antrieb elektrifiziert.

Noch heute sieht man an einigen Abschnitten die Bauwerke der ersten Trasse. Die Antriebe der Bahn bestehen nun aus vier Elektromotoren von je 59 kW unter 600 Volt Gleichstrom, die auf die Achsen wirken und über Zahnräder direkt auf eine statische Zahnstange eingreifen. Die Stromabnehmer befinden sich unterhalb der linken Räder (bergauf betrachtet) und sind nicht sichtbar.

Stolz erklärt uns der Schaffner, dass bei Bergabfahrt die Motoren zu Generatoren umgepolt werden und die erzeugte Schubenergie ins Netz zurückspeisen. Sie erreichen dabei einen Rekuperationsgrad von fast 70 %. Damit liegen sie im Verhältnis zum Toyota Prius nicht schlecht. Es gibt außerdem, so beruhigt er vorbeugend, eine automatisch eingreifende mechanische Übergeschwindigkeitsbremse, die das spontane Hinabsausen der Bahn bei Stromausfall verhindert. Er beweist alles Gesagte, indem er gut geölte Klappen im Boden des Waggons öffnet und das Innenleben der Mechanik preisgibt.

Die Fahrt überwindet 425 Höhenmeter auf 3.100 Meter Strecke, womit die Steigung durchschnittlich 13,5 % beträgt, am steilsten Abschnitt unterhalb der Bergstation auf ungefähr 21 % ansteigend.

Die Ausstattung der Waggons ist bezaubernd, der Schaffner bemüht sich um jeden erdenklichen Komfort und macht auf Artefakte an der Strecke und die besten Fotomotive aufmerksam. Die Bergstation ist historisch und empfängt den Fahrgast wie einen alten Freund.

Was einen oben erwartet, ist oben beschrieben. Wer **hinunterlaufen** will, sollte sich die **Wandertafel** unterhalb des Eingangs zum Platz vor der Superga anschauen und einprägen: Der Weg zur Talstation Sassi führt über den Sentiero 27 und 28: *Antica Strada delle Traverse*. Der Einstieg liegt **oberhalb** der Bergstation, auch wenn einige Schilder etwas anderes vortäuschen. Nach etwa 200 Metern **unterquert** man die Bergbahntrasse und befindet sich nun östlich davon. Ab hier ist der Weg für die nächsten 2 Kilometer klar beschildert. Aufpassen heißt es an der Abzweigung einen Steinwurf entfernt nach dem Picknickplatz Pian Gambino: hier vom Sentiero 27 auf den Sentiero 28 wechseln, der kurz hin-

ter einer weiteren Unterquerung der Bergbahntrasse auf die Autostraße führt, der man ungefähr 500 Meter bergab folgen muss.

Dann biegt ein Pfad nach links aus und führt an drei verfallenen Villen (Bocca, Cannone und Martina) vorbei – drei herrschaftlichen Anwesen mit schönen gemauerten Einfriedigungen, die den Weg über lange Strecken begleiten.

Der Weg ist höchst romantisch, aber etwas ungepflegt oder auch nur selten begangen. Mit etwas Orientierungssinn und Mut erreicht man schließlich die SP 10, überquert sie und wandert auf der Strada Communale di Mongreno nach rechts durch die Vorstadt. Nach einem guten Kilometer findet man den Parkplatz an der Talstation der Bergbahn wieder und bestellt bei großer Hitze im *Ristorante Stazione Sassi* sofort drei Lemonsode und dann gleich nochmal drei. Wir haben für den Weg hinab von der Superga knapp 2 Stunden gebraucht.

Bevor man sich die wesentlichen Sehenswürdigkeiten der Stadt vornimmt, sollte man wissen, dass der **Montag oder der Dienstag dazu ungeeignet sind, weil an einem der Tage das meiste geschlossen ist**. Außerdem muss man sich ein wenig mit der Geschichte vertraut machen, wobei wir uns erlaubt haben, den historischen Exkurs zu straffen:

Die Geschichte der Savoyer

In der französischen Alpenregion Savoyen lebte im **Mittelalter** eine eher unbedeutende gräfliche Familie. Instabile Machtverhältnisse und das dadurch ausgelöste Vakuum waren die idealen Bedingungen, um in Savoyen den Entschluss zu wecken, auf die andere, östliche Alpenseite in das Gebiet des heutigen Turin zu ziehen, wo die Dynastie bereits Herrschaftsgebiete besaß.

Torino - Palazzo Reale

Nach zwischenzeitlicher Vertreibung, und als Frankreich im Krieg gegen Habsburg um das Herzogtum Mailand im **Jahr 1563** eine Niederlage hinnehmen musste, erhielt der savoyische Herzog Emanuele Filiberto I. (den Herzogstitel hatten die Savoyer schon Anfang des 15. Jahrhunderts vom Deutschen Kaiser gekauft) sein Gebiet wieder zurück und verlegte endgültig die Residenz des Hauses Savoyen **aus dem französischen Chambéry nach Turin**. Das war bis dahin eine unbedeutende Kleinstadt, lediglich aufgewertet durch den Sitz eines Bischofs. In dessen Palast, er lag hinter dem Dom, zog der Herzog ein.

In den folgenden 70 Jahren wurde Turin stark ausgebaut und befestigt. Das Herzogtum der Savoyer gewann an Macht, es wurde aber auch immer wieder zum Objekt französischer Begehrlichkeit und im Jahre 1630 von den Franzosen sogar fast vollständig besetzt. Der damalige Herzog war allerdings mit der Schwester des französischen Königs verheiratet, mit Christina di Francia, die für einige Jahre die Macht übernahm, gefolgt von ihrer Schwiegertochter, Giovanna Battista, ebenfalls einer Französin, weshalb das Piemont als »das Vorzimmer des französischen Königs« belächelt wurde. Erst **1684**, als **Vittorio Amedeo II.** seine Mutter, jene Giovanna Battista, entmachtet hatte, gestaltete sich die Politik gegen Frankreich wieder eigenständiger, was nichts daran änderte, dass Turin im so genannten **Spanischen Erbfolgekrieg**, als Österreich und Frankreich um die Krone in Spanien kämpften, erneut buchstäblich zwischen die Fronten geriet und im Jahre 1706 monatelang von den Franzosen belagert wurde. Nachdem Vittorio Amedeo II. diese Herausforderung mit Hilfe des berühmten Feldherrn Prinz Eugen und österreichischer Unterstützung gemeistert hatte, baute er, wir haben es oben schon erwähnt, die Kirche von Superga. Gleichzeitig konnte er seinen Herrschaftsbereich ausdehnen, und er bekam sogar den Königstitel zuerkannt, indem ihm die Großmächte das vormals spanische Königreich Sizilien zusprachen und danach zusätzlich die Insel Sardinien. Die Savoyer waren nun die absolutistisch herrschenden **Könige** von Sizilien-Sardinien, bzw., nachdem sie Sizilien wieder verloren hatten, von **Sardinien-Piemont**.

Nach der **Französischen Revolution** wurde der savoyische König jedoch von Revolutionstruppen vertrieben, und im Jahre 1800, nach der berühmten Schlacht von Marengo, als Napoleon die österreichischen Habsburger vernichtend besiegt und das Piemont besetzt hatte, konnten die Menschen während einer relativ liberalen, aber nur kurzen Epoche aufatmen.

Doch schon bald, nach dem Sturz Napoleons im Jahr 1814, wurde auf dem **Wiener Kongress** mit österreichischer Unterstützung der savoyische

Feudalstaat wieder reaktiviert. Österreich war nun erneut die Schutzmacht. Aber es entwickelte sich mit Hilfe der ebenfalls von den Österreichern geknechteten Mailänder allmählich eine **italienische Einigungsbewegung**. Im Jahre 1858 schloss der berühmte **Graf di Cavour**, Minister im piemontesischen Kabinett, mit Frankreich ein Angriffsbündnis gegen Österreich, das im Jahre 1859 bei der erfolgreichen Doppelschlacht bei Solferino und S. Martino (am Gardasee) eine herbe Niederlage einstecken musste. Nach diesem Sieg gegen die österreichischen Besatzer war der Weg frei, um im Jahre 1861 den savoyischen **König Vittorio Emanuele II.** als Herrscher des neu geschaffenen **Königreiches Italien** auszurufen. Turin war die Hauptstadt, und das Haus Savoyen stellte alle italienischen Könige bis zum Beginn der Republik im Jahre 1946.

Die Herrlichkeit in Turin dauerte nach Gründung des italienischen Staates nur 4 Jahre, weil der Regierungssitz im Jahr **1865** zunächst nach Florenz und im Jahre 1871 nach Rom verlagert worden ist. Turin hatte fast über Nacht den gesamten Staatsapparat verloren, den König, sein Gefolge, die Beamten, die ausländischen Gesandtschaften und alles, was die Größe der Stadt ausmachte.

Ein brutaler Niedergang wäre die Folge gewesen, hätte nicht **Giovanni Agnelli** im Jahr **1899** am Stadtrand von Turin mit der Autofabrikation begonnen und damit der Stadt zu einer neuen, industriellen Bedeutung mit wirtschaftlichen Verhältnissen verholfen, die das barocke, im Auftrage der Savoyer am Reißbrett entworfene Stadtbild bis heute fast unbeschädigt bewahrt haben.

Torino - Brücke über den Po

Aus Vorstehendem wird deutlich, dass ein Rundgang durch Turin erst einmal ein Flanieren in einer ehemaligen Barockstadt ist, in der im Gegensatz zu allen anderen piemontesischen Städten auf das mittelalterliche Stadtbild nicht ein barockes aufgesetzt worden ist. Weil es vorher die Stadt so gut wie nicht gab, konnte Torino von vornherein nach dem Vorbild von Paris und anderen absolutistischen Residenzen als städtebauliches Gesamtkunstwerk entworfen werden.

Fast alle Straßen münden rechtwinklig ineinander, bzw. auf eine Hauptachse, an deren Ende in Nachbarschaft des Domes der Palazzo Reale steht, der Königspalast. Hier befand sich einst der oben erwähnte Bischofspalast, unmittelbar daneben steht demnach weiterhin der **Dom**. Zwischen diesen und den Palast ließen die Savoyer im 17. Jahrhundert, vornehmlich durch den Architekten Guarini, einen Kuppelbau setzen, die heutige **Cappella della Santa Sindone** (Kapelle des heiligen Tuchs). Schon in ihrer alten Heimat, in Chambéry, hatten sie ein Tuch in Besitz, das sie im Jahre 1578 mit nach Turin brachten, das Grabtuch Jesu, eine der berühmtesten christlichen Reliquien. Um ihrem absolutistischen Anspruch zu genügen (ein absolutistischer Herrscher glaubte sich nur von der Gnade Gottes und am allerwenigsten von seinem Volke abhängig), wurde jene Kapelle so konstruiert, dass man sie wie eine Privatkapelle vom Herzogspalast aus betreten konnte. Auch zum Dom, nun eher eine Vorhalle der Kapelle, gab es zwei Treppen. Und in der Mitte des neuen Bauwerkes ließen die Savoyer in einem dunklen Marmorbehältnis jenes Grabtuch (Sindone) aufbewahren. Nur in unsicheren Zeiten kam es vorübergehend auch einmal nach Cherasco. Bis zu jener unheilvollen Nacht des 11. April 1997, als die Kapelle infolge von Handwerksarbeiten nahezu ausbrannte und man die große Urne mit dem Stofftuch in einer dramatischen Aktion, die heute noch im Internet zu sehen ist, gerade noch retten konnte *(www.sindone.org - Menüpunkt l'incendio)*.

Was von der berühmten Kuppel Guarinis, einem architektonischen Meisterwerk, noch übrig ist, können wir nicht beurteilen, weil wir die Kapelle seit dem Feuer geschlossen und auch bis zu dieser Auflage nicht wieder eröffnet worden ist. Angeblich ist man dabei, den Innenraum nach historischem Vorbild zu rekonstruieren *(der Besuch des Doms ist kostenlos; 7 - 12.30 und 15 - 19 Uhr)*.

Das Grabtuch von Turin

Das Grabtuch, mit dem Christus nach der Kreuzabnahme bedeckt worden sein soll, wurde zuletzt vom 15. April bis 24. Juni 2015 dem Publikum gezeigt (nach 1931, 1933, 1978, 1998, 2000, 2010). Bei der Präsentation *(Ostensione)* im Jahr 2000 haben an 72 Tagen über eine Million Menschen den Stoff betrachtet und angebetet.

Außerhalb der seltenen Phasen öffentlicher Ausstellung bleibt den staunenden und sich heftig bekreuzigenden Pilgern und Touristen nur der Anblick der marmornen Kiste (darüber ein Foto eines Teils des Tuches; eine vollständige Reproduktion der Stoffbahn wird im Dom auf Monitoren präsentiert). Herkunft und Alter des 4,36 m langen und 1,10 m breiten Lakens sind äußerst umstritten. Viele Wissenschaftler halten ein Alter von 2.000 Jahren für ausgeschlossen. Die *Sindonologie*, das ist die Grabtuchforschung, hat mittels Radiokohlenstoffdatierung herausgefunden, dass der Stoff aus dem 14. Jahrhundert stammt. Möglicherweise wurde dabei aber nur ein späterer Flicken erforscht. Wenn man sich näher mit dem Thema beschäftigt, stößt man auf mehrere Versuche, diese zeitliche Einordnung mit der Legende in Einklang zu bringen, zu sehen sei das Blut Christi. Auf jenen Bildschirmen wird Ihnen suggeriert, jeder einzelne braune Fleck könne einer bestimmten Wunde zugeordnet werden – von der Geißelung bis zur Dornenkrone, und vieles scheint dabei nicht mal unplausibel. Jedoch hat man bei Untersuchungen der Farbe festgestellt, dass die Pigmente nicht im Menschenblut vorkommen. Aber selbst das ist umstritten.

Erstaunlich ist ferner, dass Jesus erst richtig zu erkennen ist, wenn man ein fotografisches Negativ des Gesichtsabdruckes herstellt, was die These nährt, im Mittelalter sei mit einer unzweifelhaft bekannten Methode von einer Statue ein fotografieähnlicher Effekt auf die Stoffbahn übertragen worden. Gerade dieser Positiv-/Negativeffekt gibt Anlass zu vielfältigen Spekulationen, die in unzähligen wissenschaftlichen, religiösen und spiritistischen Abhandlungen breit getreten werden.

Wenn Sie uns fragen, kann die Echtheit des Linnens nicht bezweifelt werden: Schauen Sie doch selbst in den blutig-schweißigen Abdruck des Antlitzes! Sieht der Gekreuzigte dort nicht genauso aus, wie wir ihn tausendfach von Bildern und Fresken kennen?

In der Nähe des Domes erkennt man noch die **Reste der römischen Stadt** Augusta Taurinorium, ein Theater und das gewaltige Stadttor, die **Porta Palatina**. Nicht alles, was man dort sieht, stammt jedoch von den Römern.

Auf der anderen Seite des Doms steht man nach wenigen Schritten vor dem **Palazzo Reale**, der um 1720 vor allem von dem Architekten Juvarra geplant worden ist, dem wir auch die Basilica di Superga verdanken. Man kann das Innere besichtigen, und schreitet dabei durch prunkvolle Repräsentationsräume eines absolutistischen Herrschers, die wir im Rahmen dieses Buches nicht im Einzelnen darstellen wollen *(8.30 - 18 Uhr, montags geschlossen; nur mit Führungen; 12 €)*. Wenn man Spaß an antiken Waffen hat, kann man sich in der königlichen Rüstkammer des Palastes die namhafte **Waffensammlung** zu Gemüte führen, bevor man wieder auf der **Piazza Castello** steht, dem Hauptplatz Turins, in dessen Zentrum noch ein mittelalterliches Kastell die Zeit überdauert hat, an dem übrigens Teile eines römischen Stadttores verbaut wurden. Vor diese Burg hat Juvarra eine prächtige Barockfassade gesetzt und dahinter eines der bedeutendsten Treppenhäuser der Barockarchitektur: Ein von Kunstkennern hoch geschätztes Zeugnis absolutistischer Monumentalarchitektur, dessen Auftraggeberin die (oben im gelben Kasten) erwähnte Französin Madama Christina war, bzw. deren Schwiegertochter

Giovanna Battista, die Mutter von Vittorio Amedeo II., die von ihrem Sohn entmachtet und in eben diesen Palast verbannt worden ist. Seit dem heißt dieser **Palazzo Madama**, und besonders sehenswert ist auch der Freskenzyklus eines Österreichers namens Seyter, der dort um 1690 Giovanna Battista gemalt hat *(10 - 17 Uhr, dienstags geschlossen; der Palast ist relativ frisch renoviert, das Treppenhaus kann man kostenlos besichtigen, die Besichtigung der Wohnräume kostet 10 €).*

Torino - Palazzo Madama

Eine Sehenswürdigkeit an der Piazza Castello übersieht man leicht, dabei sollten Sie der **Kirche San Lorenzo** besondere Aufmerksamkeit schenken *(werktags 7.30 - 12 und 16 - 19 Uhr, samstags 7.30 - 12 und 15 - 19.15 Uhr, sonn- und feiertags 9 - 12 und 15 - 19.15 Uhr).* Die Kuppel stammt nämlich ebenfalls von Guarini, angeblich nur ein Abklatsch des verbrannten Hauptwerkes der Grabtuch-Kapelle, gleichwohl ein überwältigendes architektonisches Verwirrspiel, das man unbedingt sehen muss, weshalb Sie die lange mittägliche Schließung in Ihre Planungen einbeziehen müssen. In San Lorenzo wurde das Grabtuch übrigens zuerst aufbewahrt, nachdem die Savoyer im Jahr 1578 den Stoff von Chambéry nach Turin hatten bringen lassen.

Gehen Sie, das Königsschloss im Rücken, durch die brei-

Kuppel von San Lorenzo

te Straße geradeaus – sie wird später unterbrochen von der halbrunden Jugendstil-Fassade des Bahnhofs und endet viele Kilometer weiter beim Jagdschloss Stupinigi (siehe unten) - gelangen Sie auf der Hälfte des Weges zum Bahnhof auf die **Piazza San Carlo**, den harmonischsten Platz Turins, mit einladenden Cafés hinter hohen Arkaden (darunter die Cafés *San Carlo* und *Torino*, in denen angeblich schon die Könige, Brigitte Bardot und andere Berühmtheiten dieser Welt gastierten).

Turin ist, wie Sie vielleicht schon bemerkt haben, durchaus für einen Regentag geeignet, es nässt dort auch häufiger als Ihnen möglicherweise lieb ist (für die Recherchen zur Erstauflage eines WOMO-Führers über das Piemont mussten wir eine zusätzliche Reise nach Turin einplanen, weil es einmal, an Ostern, derart langanhaltend geregnet hatte, dass die damals aufgenommen Fotos zur Veröffentlichung nicht geeignet waren). Das wird Sie wahrscheinlich gar nicht mal so sehr stören, weil Sie in der Innenstadt unter einem fast geschlossenen System von **Arkaden** wandeln, dem Sie die umfassende barocke Stadtplanung vortrefflich ansehen. Ganze Straßenzüge tragen die Handschriften einzelner Architekten, und wenn es so weiter geht, ist auch, was in den Schaufenstern hinter den Säulengängen feilgeboten wird, ähnlich uniform.

Allerdings in unschöner Weise, weil *MacDonald*, *Benetton*, *Max Mara* oder wie die Filial-Betriebe alle heißen, sich in Turin genauso präsentieren wie in anderen europäischen Großstädten. Daran gemessen ist in Turin bislang noch relativ viel von dem faszinierenden Flair einer Stadt verblieben, wegen der allein sich eine Reise in das Piemont lohnt.

Es gibt Leute, die fahren nur wegen der **Mole Antonelliana**, dem 167,50 m hohen Wahrzeichen, nach Turin. Das ist das spitze Gebäude, das Ihnen vielleicht schon auf der Rückseite der italienischen 2-Cent-Münze aufgefallen ist. Eigentlich wollte die jüdische Gemeinde den Architekten Antonelli nur mit dem Bau eines neuen Gebets- und Seminarhauses beauftragen, das wegen der geringen Grundstücksgröße schon ein wenig höher als gewöhnlich ausfallen sollte. Antonelli war bei Auftragsvergabe im Jahre 1860 als Spezialist für klassizistische Hoch- und Kuppelbauten ausgewiesen und begann im Jahre 1863, er war damals immerhin schon 65 Jahre alt, wohl auch weisungsgemäß. Irgendwann muss er aber die Interessen seiner Bauherrschaft hinter den eigenen Ambitionen vergessen haben, was nach etwa 4 Jahren Bauzeit auffiel, als man bemerkte, dass die Höhe des Gebäudes bei weitem nicht den Plänen entsprach, und dass die Größe der Kuppel alle Vorstellungen übertraf. Begreiflicherweise konnte nun die israelitische Gemeinde den Bau nicht mehr bezahlen, und vermutlich befürchtete sie auch die Folgen seines

Torino - Mole Antonelliana

Einsturzes. So verschenkte sie den unfertigen Rohbau an die Stadt, und die ließ nach einigen Jahren, um 1878, Antonelli weiterbauen. Der war nun endgültig nicht mehr zu bremsen und erhöhte noch mehrfach, ehe er 1888 als 90-Jähriger starb, nachdem er gerade noch die Fertigstellung der Kuppel erleben durfte. Mit dem Aufzug können Sie durch den ungeheuren Hohlraum der Kuppelschale bis in ein zweigeschossiges Tempelchen fahren, wo Sie von 85 m Höhe einen umfassenden Blick über die Stadt genießen. Oberhalb dieser Terrasse mussten in neuerer Zeit Stahlverstrebungen angebracht werden, die man zunächst für Bauteile des Gesamtkunstwerkes hält, die aber, wenn man ältere Fotos anschaut, doch eher stören und daher auf unserem Foto noch fehlen. Die Mole Antonelliana war zeitweise das höchste Gebäude Europas und ist immer noch das höchste Ziegelsteinbauwerk der Welt.

Im Inneren des Gebäudes befindet sich heute das hochinteressante **Nationale Film-Museum**, in dem man wesentlich

Torino - Piazza Vittorio Veneto

mehr Zeit verbringt als zuvor geplant. Vor allem, wenn man auch Filme anschaut, beispielsweise die größten Liebesszenen der Kinogeschichte vom roten Plüschsofa aus *(9-19 Uhr, samstags bis 22 Uhr, Aufzug erst ab 10 Uhr, Museum und Aufzug sind dienstags geschlossen, 14 €, der Aufzug allein 7 €, das Filmmuseum 10 €; www.museocinema.it).*

Der Vollständigkeit halber (wobei man die touristischen Leckerbissen Turins auch in dickeren Wälzern nur schwer vollständig darstellen kann) weisen wir noch auf folgende Sehenswürdigkeiten hin: Die **Piazza Vittorio Veneto**, über die Sie ohnehin gehen werden und von welcher der Blick auf die gegenüberliegenden Hügel besonders schön ist; darunter den **Monte dei Cappuccini**, die kleine Erhöhung mit Kirche, von der man ihrerseits schön auf die Stadt herabblicken kann, vornehmlich auf den **Parco del Valentino**, wo sich das **Castello di Valentino** befindet. Madama Christina (siehe oben) hat sich hier ein Lustschloss gegönnt. Und im Jahre 1884 hat man daneben anlässlich einer Nationalausstellung ein mittelalterliches Dorf (Borgo Medioevale) nachgebaut, ein Freiluftmuseum des späten 19. Jahrhunderts, wo schon verwirklicht wurde, was erst unlängst anderswo üblich wurde: Man ließ schon damals in rekonstruierten Werkstätten real arbeiten *(9-19 Uhr, montags geschlossen, kostenlos).*

Und wo isst man nach dem Stadtbummel, bevor man sich auf den Stellplatz begibt? Nicht im häufig beschriebenen *Porto di Savona* an der Piazza Vittorio Veneto, wo man im Sommer abends zwar ausgesprochen stimmungsvoll vor den Arkaden eines schönen Platzes sitzt, wo uns aber die Qualität der Küche ziemlich enttäuscht hat. Speisen Sie lieber an historisch renommierterer Stätte, an der Rückseite des **Palazzo Carignano**. Dessen Fassade stammt von Guarini, und das Gebäude wurde später als Parlamentsgebäude erweitert. Es kam aber nie zum Einsatz, weil noch während der Umbauarbeiten der Regierungssitz nach Florenz verlegt wurde. Heute ist dort das **Museo del Risorgimento** untergebracht, quasi das historische Museum für die Zeit vom 18. Jahrhundert bis zum Zweiten Weltkrieg, in dem die Ereignisse der Geburt des Königreiches Italien um 1860 im Vordergrund stehen *(10 - 17 Uhr, montags geschlossen, 10 €)*. Im Nachbargebäude befindet sich übrigens das berühmte **Ägyptische Museum**, eines der umfangreichsten ägyptischen Museen der Welt, im grünen Michelin-Führer mit 3 Sternen dekoriert, deren Berechtigung wir aber selbst noch nicht überprüft haben *(Museo Egizio, 9 - 18 Uhr, montags bis 14 Uhr, 13 €)*.

Wir waren dabei, Ihnen ein Restaurant zu empfehlen, die *Pizzeria Fila*, deren Tische gegenüber der Rückseite des Palazzo Carignano stehen. Ihnen werden in einem schönen Außenhof zwischen den Backsteinfassaden der historischen Gebäude zu akzeptablen Preisen herkömmliche Gerichte, aber auch ein reiches Angebot an Pizza aufgetischt *(montags geschlossen, Reservierung nicht erforderlich, für diese Auflage nicht erneut getestet)*.

Das eindrucksvollste **Café** Turins ist das **Baratti & Milano**, gegründet 1875, wo wir ein Heißgetränk zu uns nehmen, eine Mischung aus Kaffee, Kakao, Sahne und Zucker, kalorisch eine vollwertige Mahlzeit – und preislich beinahe ebenso.

Die Stadt zeigt bei näherer Befassung auch andere Seiten: Tausende von Asylsuchenden haben bis 2015 versucht, über die Mittelmeerinsel Lampedusa das Festland und damit die EU zu erreichen Zu den leidtragenden Nationen gehörte vor allem Italien. Es sei dahingestellt, warum sie im Einzelnen den Weg in die »Freiheit« unter lebensgefährlichen Umständen angetreten haben. Wer aber jemals auf Lampedusa gewesen ist, der hat gesehen, welches grauenhafte Elend sich dort versammelt.

Die Regierung hat das Problem dadurch zu lösen versucht, dass sie es ignoriert hat. Tausende von Flüchtlingen wurden von der erbarmungslosen Bürokratie durch das ganze Land getrieben, dauernd auf der Suche nach ein wenig Schutz vor dem Wetter, nach ein wenig zum Essen. So haben sich in den

Metropolen Italiens, besonders in Rom und Milano, in unwirtlichen Randlagen große Flüchtlingslager ohne jede Planung etabliert. Auch in Torino, am Ufer der lieblichen Stura, direkt gegenüber der Verwaltung von FIAT IVECO, existiert ein planloses Lager für Gestrandete, ein regelrechter **Slum**. Aus der Penthouse-Etage nimmt der Aufsichtsrat des Weltkonzerns naserümpfend zur Kenntnis, welches Elend sich hier in den Blick stellt.

Wir sind da hineingegangen. Hier leben oder vegetieren geschätzte 3.000 Menschen ohne Namen, ohne Recht, ohne Wasser, ohne Strom, ohne alles. Das ist völlig unvorstellbar, das ist eine Schande für unseren reichen Kontinent. Hier die Koordinaten für den, der neugierig ist: N 45°06'19" E 7°43'04".

Venaria Reale - Allea Centrale

Für die weiteren Aktivitäten nimmt man sinnvollerweise das WOMO: Wir fahren zunächst nach Norden, denn seit einer Renovierung steht die prächtige **Königsresidenz** der Savoyer dem Publikum wieder zur Verfügung: die **Venaria Reale**. Das war in der Mitte des 17. Jahrhunderts mehr als ein Palast. Das war eine regelrechte Königsstadt, in welcher annähernd 3.500 Menschen lebten, arbeiteten oder sich bedienen ließen. Mit

dem Untergang der Savoyer (siehe oben) ging auch die Venaria Reale unter. Über zwei Jahrhunderte hinweg wurde sie missbraucht: als Kaserne, als Straflager, als Abstellplatz der städtischen Behörden, als Lieferant von illegal ausgebauten Baustoffen, als Treffpunkt von Junkies und Freaks.

Das Ungetüm liegt am nordwestlichen Stadtrand von Torino. **Geparkt** wird in der Viale Carlo Emanuele II [GPS: N 45°08'22" E 7°37'04"] für 1 € pro Stunde oder 7 € pro Tag oder auch 12€ pro 24 Stunden für WOMOs. Es gibt hierzu keine vernünftige Alternative – Schwarzparken wird sofort empfindlich geahndet.

Venaria Reale

Die Besichtigung des Parks allein kostet 10 € und ist von April bis September von 9 bis 19 Uhr möglich – außer montags. In den übrigen Monaten wird er früher geschlossen. Vorbild war die Gartenanlage von Versailles, damals stilbildend für alle großen Herrschaftshäuser der Mächtigen. Mit der Revitalisierung der Gesamtanlage wurde auch der Park unter den Pflug genommen, wobei eine etwas schrullige Mischung aus klassischer barocker Landschaftsarchitektur, modernem Beiwerk im Sinne einer Bundesgartenschau und fragwürdigem Kitsch entstanden ist. Zum ersten Aspekt gehören streng geometrisierte Pflanzbeete als Einfassung von künstlichen Wasserflächen, zum zweiten Aspekt gehören Crossover-Objekte aus natürlichen und artifiziellen Materialien, zum dritten beispielsweise eine künstliche Ruinenszenerie, die nicht offenbart, ob ihre Fertigstellung noch erfolgt oder nur vergessen worden ist.

Das reicht aber allemal, um einige Stunden umher zu spazieren, zumal immer wieder hier und da temporäre Aktionen aufgeboten werden: Konzerte, theatralische Inszenierungen von dilletantisch bis kurios, thematische Führungen im Kreis der Jahreszeiten.

Der Besuch des Schlosses kostet einen Aufpreis von 2 €, den man gerne entrichtet – oder aber die Cafeteria vor dem südlichen Teil der Parkanlage als unorganisierte Schnittstelle zwischen drinnen und draußen versteht und sich um den Preis eines Espressos hineinschleicht.

Die Wegeführung ist insgesamt etwas schwierig, weshalb sich die Mitnahme des aufwändigen Flyers am Eingang lohnt. Für die Ehrlichen führt der Eingang in die Gemächer vom Park über den *Corte d'onore* durch den *Torre del'orologio* und den *Torre del Belvedere* in den ersten Prunksaal. Die Cafeteria-Schleicher müssen improvisieren. Hier gibt's gleich richtig was auf die Gleitsichtbrille: In einem etwa 100 Meter langen unterirdischen Gewölbekeller sind beidseits des Laufwegs alle Protagonisten der Savoyerdynastie in Lebensgröße aufgestellt worden. Sie werden durch die Verspiegelung des Bodens verdoppelt in ihrer angeblichen Wichtigkeit. Man kann den Damen allerdings immerhin diskret unter den Rock schauen. Das ist schon ein Paukenschlag. Die Inszenierung wirkt in ihrer pompösen und kritikfreien Verklärung des feudalistischen Erbes geradezu lächerlich.

Der Weg durch die Ausstellung bestätigt diesen ersten Eindruck: Hier wird allerbeste Hofberichterstattung geschrieben. Drei Dinge sind allerdings bemerkenswert:

Die architektonische Aufbereitung der bis zur Unkenntlichkeit verfallenen Ruine ist genial, wenn man von den Inhalten der Ausstellung absieht. Dies wird – als heimlicher Höhepunkt der ganzen Ausstellung und fast versehentlich – im Raum 50 des Erdgeschosses durch ein kurzes eindrückliches Video bewiesen.

Der Versuch, durch multimediale Inszenierungen des britischen Regisseurs und »Experimentalkünstlers« Peter Greenaway in acht Räumen einen Spannungsbogen zur Moderne aufzubauen, ist gescheitert: man flieht schnell vor dem Gelärm und den Stroboskopblitzen, die zwischen halbdurchsichtigen Projektionsflächen chaotisch umherirren. Warum hat man eigentlich nicht eine lokale Künstlerin oder einen lokalen Künstler berufen, mit denen Torino so reichlich gesegnet ist?

Der formale architektonische Höhepunkt des Rundweges, die **Galleria Grande**, übertrifft alle Erwartungen. Einen derart schön durchproportionierten Raum haben wir woanders noch nie gesehen. Alleine dieser Raum ist den gesamten Eintritt wert. Natürlich darf man auch hier nicht fotografieren. Das führt zu burlesken Szenen, denn **jeder** will diesen Anblick mit nach Hause nehmen. Das Repertoire der Ablenkungs- und Täuschungsmanöver gegenüber dem wachsamen Aufsichtspersonal ist erstaunlich vielseitig; siehe unser Ergebnis:

Zum guten Schluss erreicht man die **Capella di Sant'Uberto**: astreiner und üppiger Barock, schwebende Linien, Lichtkaskaden. In einer Seitenkapelle hängt neuerdings ein restaurierter Tintoretto: *La Crocifissione*. Das Bild wirkt in dieser Umgebung so unglaublich intensiv, dass man auch hierfür gerne

Venaria Reale - Galleria Grande

den Eintritt und noch viel mehr entrichten möchte. Wenn noch Zeit ist, kann man die Umgebung der Anlage abgehen. Hier stehen noch viele imposante dienende Gebäude, die auf ihre Erneuerung warten. Jedes einzelne ist ein Prachtstück für sich.

In der aus der Planstadt auf das Schloss hinführenden *Centrale di Via A. Mensa* laden einige gute und wenige sehr gute Restaurants ein. Im Sommer tragen die Bedienungen historische Trachten, was den einen gut und den anderen sehr gut steht. Das beste Eis, so urteilt Hanne, wird im *La Petite d'Or* angeboten. Hanne weiß in dieser Hinsicht sehr genau, wovon sie redet. Vertrauen Sie ihr!

Nach zwei, drei Tagen kehrt man Turin den Rücken mit dem unumstößlichen Vorsatz, alsbald hierher zurückzukehren. Dabei verlässt man die Stadt in südwestlicher Richtung. Denn **Stupinigi**, das sogenannte Jagdschloss (deswegen der Hirsch auf dem Dach der Kuppel) der Savoyer, gehört zur Abrundung der feudalen Architektur zum Pflichtprogramm. Vittorio Amedeo II. benötigte, nachdem er König geworden war, wie seine Berufskollegen in anderen Ländern, ein monumentales Lustschloss, das ihm Juvarra ab 1729 darbrachte (die Vokabel ‚bauen' ist für diese Architektur einfach zu platt). Es war durch eine kerzengerade, 10 km lange Allee mit dem südlichen Stadttor Turins und der auf das Königsschloss im Stadtinneren zuführenden Achse verbunden und sollte von außen imposanter aussehen als es innen tatsächlich war. Die Umsetzung dieses Auftrages ist Juvarra vortrefflich gelungen, weil er vor dem Palast noch schlichte Backsteinbauten errichten ließ. Man steht vor einem Monumentalbau und ist beim Rundgang durch die mit Barock- und Rokoko-Möbeln ausgestatteten Räume erstaunt, wie klein diese im Verhältnis zum zentralen Festsaal scheinen. Schautafeln erklären die Aus-

Jagdschloss Stupinigi

stattung recht gut, weshalb wir uns hier kurz fassen können, nicht ohne darauf hinzuweisen, dass das Schloss nur ein oder zweimal im Jahr für adelige Landjagdpartien benutzt wurde, ansonsten aber leer stand. Allerdings hat Napoleon hier gewohnt, bevor er sich im Jahre 1805 in Mailand zum König von Italien krönen ließ *(10-17 Uhr, montags geschlossen, Führungen mit Audioguide 12 €, Familienermäßigung)*. Das Schloss steht als Teil der *Residenzen des Hauses Savoyen* seit 1997 auf der Liste des UNESCO-Weltkulturerbes, zusammen mit 13 Schlössern und Repräsentationsbauwerken aus Turin und weiteren 9 im Piemont.

Wer hofft, in der Nähe eines Jagdschlosses einen verschwiegenen Stellplatz zu finden, wird bitter enttäuscht. Vor dem Schloss gibt es zwar bei den sehenswerten Gebäuden ehemaliger landwirtschaftlicher Betriebe viel Parkraum (und Wasser), aber der tosende Verkehr wird kreisförmig um das Schloss geleitet.

Für die Fahrt zum Jagdschloss empfehlen wir Ihnen den südlichen Autobahnring (zuerst Richtung ‚*Aosta'*, dann Abfahrt ‚*Stupinigi'*). Von dort fahren Sie querbeet nach Westen, sonst müssen Sie die Fußballstadt doch noch zwischen plattenbauartigen Schlafstädten und Gewerbegebieten kennen lernen.

Seit Mitte der 80er Jahre bietet Torino am westlichen Stadtrand ein Museum für Moderne Kunst auf, dessen Inhalte im Verhältnis zu ihrem Präsentationsort in den Hintergrund treten: das **Museo d'Arte Contemporanea** im **Castello di Rivoli**. *(Piazza Mafalda di Savoia, Tel. 011 9565 222).*

Der Parkplatz oberhalb des auf einem Hügel liegenden Castello kann durchaus als netter Stellplatz durchgehen:

(093) WOMO-Stellplatz: Torino *(Castello di Rivoli)*
GPS: N 45°04'12" E 7°30'40", Piazza Mafalda di Savoia. **Max. WOMOs**: 5.
Ausstattung/Lage: Wasser, Geschäfte, Restaurant (*Combal.Zero* mit einem Michelin-Stern ausgestattet für hochpreisige, absolut innovative Kost aber auch traditionelle piemontesische Küche, geöffnet Dienstag bis Sonntag, reservieren unter Tel. 011 9565 225) / außerorts, nicht einsam.
Zufahrt: Oberhalb des Castello di Rivoli; dieses ist sehr gut mit braunen Wegweisern ausgeschildert.

Das Castello steht auf römisch-antiken Grundmauern und ging um 1280 in den Besitz der Savoyer über. Nach der obligatorischen Zerstörung durch französische Truppen am Ende des 17. Jahrhunderts wurde es von Michelangelo Garone und – wer hätte das gedacht? – von Filippo Juvarra in sichtiger Terrakotta-Technik neu gestaltet. Es blieb jedoch unvollendet, was immer noch seinen Reiz ausmacht. Dann kamen die ebenso obligatorische Vernachlässigung und der Verfall, bis um 1980 der Wiederaufbau in Angriff genommen wurde. Glücklicherweise waren die Mittel knapp, so dass man auf eine vollständige Restaurierung verzichten musste. Das Ergebnis ist beeindruckend.

1984 wurde das **Museum** eingeweiht. Es hat inzwischen für die ständige Ausstellung eine Reihe bedeutender Werke der klassischen Moderne erworben, darunter gleich zu Beginn der Ausstellung von Ai Weiwei, Jeff Koons – und sogar Joseph Beuys. Ein Schwerpunkt gilt der Arte Povera, die in den 80er Jahren Furore machte. Wesentlich interessanter sind die Wechselausstellungen, die internationales Format haben.

im Castello di Rivoli

Ein Besuch lohnt sich schon deshalb, weil die Hintergründe der Exponate dieselben eigentlich überflüssig machen. Der Eintritt beträgt 6,50 € und beinhaltet den Aufenthalt in einem tollen Patio-Café, in welchem der elegante Barkeeper einen biederen O-Saft so einschenkt, als würde es sich um einen Barolo des Jahrgangs 1962 handeln.

Von hier ist es nicht mehr weit nach Avigliana und die **Laghi di Avigliana**, einen idyllisch gelegen kleinen und wegen seiner Nähe zur Großstadt an Wochenenden von erholungssuchenden Werktätigen gut frequentierten Naturpark mit zwei Seen.

Avigliana - Lago Grande

Diese sind das Resultat der Muränenbildung eines Alpengletschers, der sintemal bis hierhin seine Ausläufer vorgetrieben hat. Beide Seen haben einen Durchmesser von etwa 800 m, wobei der *Lago Grande* naturgemäß etwas größer ist als der *Lago Piccolo*. Die Ufer sind gut zugänglich, allerdings über einige Strecken verschilft. Empfehlenswert ist am *Großen See* ein kleiner familiär geführter Campingplatz. Es gibt morgens frische Brötchen und abends für den Notfall eine anständige Pizza.

(094) WOMO-Campingplatz-Tipp: Avigliana
(Avigliana Lacs)

GPS: N 45°03'34" E 7°23'14", Via Giaveno 23.   **Ortszentrum:** 1,5 km.
Zeiten: ganzjährig.   **Ausstattung:** Kleiner Laden, Restaurant.
Zufahrt: Fahren Sie, wenn Sie von Avigliana kommen, den *Corso Laghi* entlang und biegen Sie am Ende des *Lago Grande* nach rechts ab.
Preise: 18 – 25 €.

Die Verfechter der WOMO-Unabhängigkeit finden auch einen netten Stellplatz beim Ortsteil Sada:

(095) WOMO-Stellplatz: Lago Piccolo
GPS: N 45°03'08" E 7°23'49".   **Max. WOMOs**: 5-8.
Ausstattung/Lage: Liegewiese, Strand, Mülleimer / Ortsrand.
Zufahrt: Fahren Sie von Avigliana Richtung Pinerolo, der Platz liegt dann am Südende des kleines Sees rechts der Strasse.
Hinweis: Am Wochenende herrscht hier bisweilen erheblicher Ausflugsverkehr.

Wer es lieber offiziell mag, entscheidet sich für den riesenhaften, aber weniger schönen Stellplatz bei den Sportanlagen von Avigliana:

(096) WOMO-Stellplatz: Avigliana

GPS: N 45°04'23" E 7°23'26", Piazza Grande Toro.   **Max. WOMOs**: 20.
Ausstattung/Lage: Ver- und Entsorgung, Mülleimer / Ortsrand.
Zufahrt: Fahren Sie von Avigliana Richtung ‚*Laghi*', biegen Sie am Santuario rechts Richtung ‚*Campo Sportivo*' ab und folgen Sie dann den Ausschilderungen.

Avigliana (10.000 Einwohner) wurde von den römischen Militärs gegründet und war später die letzte Bastion der Savoyer, bevor diese sich in der Ebene breit machten und das Bergstädtchen vergaßen, das fortan nahezu bedeutungslos wurde und deshalb eine relativ gut erhaltene mittelalterliche und gotische Altstadt bewahren konnte.

Sacra di San Michele

Das eigentliche Interesse aber gilt einem der berühmtesten Bauwerke des Piemont, der **Sacra di San Michele**, historisches und architektonisches Gegenstück zum Mont St. Michel an der Küste der Normandie. Kurz vor der ersten Jahrtausendwende wurde - wie wir es 1000 Jahre später selbst wiedererlebt haben - allenthalben der Weltuntergang vorausgesagt. So begab sich der Bischof von Ravenna ins Gebirge, um der Rettung vor dem Drohenden räumlich näher zu kommen. Nachdem die Schicksalsnacht friedlich vorbeigegangen war, zog sich der Bischof zurück in seine vertraute Umgebung an der Adria, stiftete aber aus tiefer Dankbarkeit eine Kapelle auf einer Felskuppe, die exponiert über dem Tal der Susa liegt. Er hat sie übrigens nur gestiftet, nie gesehen. Diese Kapelle wurde vom Orden der Benediktiner bewirtschaftet und erweitert. Später kamen die Staufer und bauten das Kloster zu einer kleinen Gipfelstadt aus, dann kamen im 14. Jahrhundert die Savoyer und schröpften den Besitz, dann kamen andere und wieder andere, bauten und befestigten, und schließlich wurde anfangs des 19. Jahrhunderts aus der Festung wieder ein Kloster des

Rosminianerordens *(werktags 9.30 - 12.30 und 14.30 - 17.30 Uhr, sonn- und feiertags 9.30 - 12 und 14.30 - 18 Uhr; montags geschlossen; 8 €).*

Der schönste Weg hinauf beginnt zwischen den beiden Seen und führt nach Nordwesten über die *Via Sacra di S. Michele.* In schattigen Serpentinen windet man sich dem Bauwerk entgegen und erreicht einen Parkplatz, dessen Kleinheit überhaupt nichts über die historische Bedeutsamkeit des Ortes aussagt, sondern nur seine erfreuliche Unentdecktheit beschreibt. Von hier aus muss der Freizeit-Pilger noch 1.300 m steil bergauf und zu Fuß zurücklegen. Als erstes tauchen dabei die Relikte der ehemaligen Friedhofskapelle auf. Deren untergegangener Grundriss ist markiert, einige Mauern sind unbeugsam übrig geblieben.

Weiter oben steht in unglaublichem Stolz die Abtei. Für ihre Gründung hat man zunächst eine mächtige Subkonstruktion über 40 m Höhe errichten müssen, die man innen nach dem Durchschreiten des Eingangstores, der Porta Ferrata, erklimmen muss. Eine gewaltige Stiegenrampe, zum Teil aus dem massiven Gestein herausgearbeitet, führt uns unter vier aufsteigenden Bögen hinauf ans Licht. Vor dem Eintreten in die riesige dreischiffige Kirchenhalle wird ein Portal mit kunstvollsten Steinmetzarbeiten durchquert. Dann herrscht erst einmal – sogar unter italienischen Touristen – ungläubiges Schweigen angesichts des beeindruckenden Raumes, der romanische Strenge mit einer Ahnung von gotischer Schwerelosigkeit verbindet.

Vor einigen Jahren hat man anlässlich eines Papst-Besuchs mit gewaltigem, technischem Aufwand und wenig Sinn für das Nebeneinander von historischer Substanz und moderner Technik einen Aufzug in das Bauwerk hineingebastelt, dessen perfekte Ausgewogenheit dadurch etwas gestört worden ist.

Seitwärts führt durch das unscheinbare Mönchsportal ein Ausgang auf eine Terrasse, von der aus der Blick in weitem Bogen schweifen kann.

Jetzt wird sonnenklar, dass der Bischof von Ravenna eine gute Wahl getroffen hatte: Wenn denn die Sintflut kommt, dann möchte man **hier** sein.

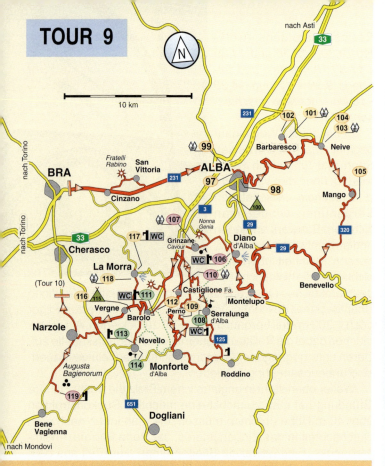

Tour 9: Die Langhe – mehr als eine Genussreise 130 km

Alba - Barbaresco - Neive - Diano d'Alba
Serralunga d'Alba - Barolo - La Morra

Stellplätze:	in Alba, bei Barbaresco, in Neive, in Mango, in Diano d'Alba, in Serralunga d'Alba, in Perno, in Castiglione Falletto, in Barolo, in Novello, in Vergne, in La Morra, beim Ausgrabungsgelände Augusta Bagienorum
Campingplätze:	in Alba, in Vergne
Besichtigen:	Altstadt von Alba, Barbaresco, Neive, Schloss von Grinzane Cavour, Serralunga d'Alba, Barolo, Novello, La Morra, Capella delle Brunate unterhalb von La Morra
Wandern:	von Novello über Barolo nach Monforte
Essen:	Ristoranti *Antinè* in Barbaresco, *La Luna del Pozzo* in Neive, Trattoria *Nonna Genia* bei Crinzane Cavour, *La Cantinetta* in Barolo, *Buon Padre* in Vergne

Der gewöhnliche Piemont-Besucher fühlt sich bei seiner ersten Reise erst am Ziel, wenn er in **Alba** (30.000 Einwohner) eingeparkt hat. Vermutlich ist es dann auf dem riesigen Platz vor der Stadt gar nicht so einfach, eine Lücke zu finden, und ebenso wahrscheinlich weht ihm in den Altstadtgassen der unverwechselbare, mitunter sogar penetrante Duft frischer Trüffeln um die Nase. Um das zu riechen, führt es jenen Reisenden hierher. Und zwar im Oktober, ebenso wie alle anderen Genussreisenden, die nur im Oktober nach Alba fahren, allenfalls noch Anfang November, und deren Piemont kurz hinter Barolo schon wieder endet.

Alba - Dom

Die Landschaft um Alba, die **Langhe**, ist für die meisten der Inbegriff des Piemont, zumindest wenn es sich um Feinschmecker und Weinliebhaber handelt, um Verschwender also, die stets ohne WOMO-Führer zurecht gekommen sind und unseren Ehrgeiz, das Piemont einer etwas breiteren Masse fahrender Individualisten nahe zu bringen, als ein Sakrileg empfinden.

Es hängt also vom Zeitpunkt Ihrer Reise ab, ein wenig auch davon, ob Sie zu den Insidern oder den Eindringlingen gehören, wie Sie Alba und die Langhe erleben. Verschlafen und touristisch unbeleckt oder im Strom zwischen Önotheken und Trattorien.

Man würde dem »Piemont«, also der Langhe, wirklich unrecht tun, sähe man ihre Attraktivität auf Weine und essbare Köstlichkeiten begrenzt. Es ist vor allem die Landschaft, die uns immer wieder anzieht, um Ostern und im Frühsommer fast noch mehr als im Herbst, die ins Unendliche reichende Hügellandschaft mit ihren kleinen Dörfern und Burgen. Das Landschaftserlebnis ist der wahre Grund für die Reise ins »Piemont«, und wir kennen kein vergleichbares Ziel im nördlichen Südeuropa, bei dem es eine ähnliche Anhäufung freier Stellplätze mit solch schönen Weitblicken gibt.

Der Stadtplatz von Alba zählt noch nicht zu dieser Elite. Wir mussten ihn wegen der nahe liegenden besseren Alternativen auch noch nie selbst ausprobieren. Aber vielleicht haben Sie sich so sehr in die historischen Sehenswürdigkeiten der Stadt oder den Trüffelduft vertieft, dass Sie dort zwei Tage am Stück zu Gange sind. Sie haben schon schlechter gestanden:

Die Langhe – mehr als eine Genussreise

WOMO-Stellplätze: Alba

(097) Großparkplatz
GPS: N 44°42'07" E 8°01'52", Corso Giacomo Matteotti. **Max. WOMOs**: 30.
Ausstattung/Lage: Mülleimer, Gaststätten, Geschäfte / in der Stadt.
Zufahrt: Der Platz liegt an der Piazza Medford, am nordwestlichen Rand der Altstadt. Seitlich der Zufahrt zur (4-spurigen) Umgehungsstraße, der Straße nach Asti, kommen Sie an einem riesengroßen Freigelände vorbei, wo sich auch das Kongress-Zentrum befindet. Wenn Sie von der genannten Schnellstraße und von Norden kommen, finden Sie rechts der letzten Kreuzung vor dem Beginn der Altstadt unter Bäumen einige schöne, aber kleine und häufig belegte Parkbuchten. Ruhiger, aber weniger lauschig stehen Sie auf dem Großparkplatz in der Nähe.
Hinweise: Leser haben hier dienstags einen Markt gesehen, der uns nicht bekannt ist. Richtig schön ist der Platz leider nicht.

(098) Corso Ninio Bixio
GPS: N 44°42'11" E 8°02'20", Corso Nino Bixio.   **Max. WOMOs**: 20.
Ausstattung/Lage: Gaststätten und Geschäfte erreichbar / in der Stadt.
Zufahrt: Wenn Sie von der Autobahn kommen, auf die Stadt zu fahren und wenn rechts der vorgenannte Großparkplatz liegt, halten Sie sich am Kreisverkehr links und fahren bald rechts um die Kurve. Der Platz liegt geradeaus, wenn die die Stadt umrundende Straße erneut nach rechts abknickt.
Hinweis: Der Platz ist vor Ort als offizieller Wohnmobilparkplatz beschildert und demnach unser Tipp.

(099) Es gibt außerdem noch einen hässlichen Parkplatz nördlich des Flusses Tanaro, wo sich auch eine **Entsorgungsstation** befindet:
GPS: N 44°42'38" E 8°01'14", Corso Bra; nördlich des vorgenannten Platzes über die Flussbrücke, beim ersten Kreisverkehr links und nach etwa 150 m, an der ersten größeren Kreuzung, erneut links.

Wegen der geringen Anzahl piemontesischer Campingplätze wird in Alba das Gelände einer Mischung von Hotel-, Club- und Campingplatzanlage gerne besucht. Wir haben den ein wenig sterilen, jedoch nicht schlechten Ort noch nicht ausprobiert, aber viele lobende Zuschriften erhalten. Auf der Wiese vor dem eigentlichen Campingplatz gibt es einen Stellplatz, der unseren Lesern ebenso gut gefallen hat:

(100) WOMO-Camping- und Stellplatz: Alba
(Camping Alba Village)

GPS: N 44°41'07" E 8°00'37", Corso Piave 219. **Ortszentrum**: 2,2 km.
Zeiten: 8.5 - 31.10. und 9.11. - 19.4.   **Tel**. 0173 280972.
Ausstattung: Laden, Restaurant, Pool.   **Preis**: 28 €.
Zufahrt: Der Corso Piave zweigt vom Straßenring um Alba im Süden der Innenstadt nach Südwesten ab (sie verläuft parallel der Straße nach Gallo und Barolo). Sie kommen dann am beschilderten Campingplatz vorbei.

Der **Stellplatz** kostet 8 €/24 Std. Die sanitären Einrichtungen des Campingplatzes dürfen nicht mehr mitbenutzt werden.

In der Nähe unseres erstgenannten Stellplatzes werden Sie auch parken, wenn Sie Alba nur am Tage erleben möchten. Sie schlendern durch die ruhigen, nur wenig geschäftigen historischen Straßenzüge zum zentralen Domplatz, vorbei an den Stadtpalästen mit sehenswerten alten Fenstergalerien und Terrakotta-Friesen, aber auch vorbei an ehemaligen Lagerhäusern vornehmer Kaufleute. Der **Dom** steht seit dem 12. Jahrhundert dort, wo in römischer Zeit das Forum war, die neuesten Teile sind allerdings fast 700 Jahre jünger. Wenigstens drei der 800 Jahre alten **Geschlechtertürme** haben die bewegte Geschichte Albas überdauert, das einst eine selbständige Stadtrepublik war, bis es im Jahre 1259 der Republik Asti unterlegen ist. Wirklich große Sehenswürdigkeiten werden Sie vermissen, Alba lebt vielmehr von seinem Stadtbild als Ganzem und den Fassaden einzelner Häuser.

in Alba

Die Schaufenster der Feinkostgeschäfte und die der Enotecen bremsen dann doch sehr bald den Besichtigungsdrang. Sie werden jedoch wohlwollend zur Kenntnis nehmen, dass Alba keineswegs, zumindest nicht während 11 Monaten im Jahr, touristisch geprägt ist.

Samstags ist in beinahe dem gesamten historischen Zentrum ein Markt aufgebaut, und viele Reiseführer empfehlen Ihnen gerade dann den Besuch der Stadt. Wir finden allerdings Alba an den marktfreien Tagen sehenswerter, wenn nur ein kleiner Tick von Geschäftigkeit in den Gassen zu spüren ist. Der berühmte **Trüffelmarkt**, der im Oktober in einer Passage der Via Vitt. Emanuele II (zweigt vom Domplatz ab) stattfindet, gilt als nicht so sehenswert, weil die Trüffeln nicht ausgestellt sind, sondern, um nicht auszutrocknen und damit an Gewicht und Wert zu verlieren, unter feuchten Tüchern aufbewahrt werden. Außerdem sind Trüffelgeschäfte überwiegend Schwarzgeschäfte. Selbst mit weißen Trüffeln, die äußerlich eher hellbraun scheinen.

Trüffeln

Wenn Sie bei diesem Thema mitreden wollen, sollte Ihnen ein Schnitzer erspart bleiben: Es heißt nicht der Trüffel. Die Trüffel ist im Italienischen männlich *(tartufo),* im Deutschen hingegen ist sie **weiblich** und wird dekliniert wie Tafel (die Trüffeln – umgangssprachlich wird häufig der Trüffel gesagt, was der Duden neuerdings durchgehen lässt).

Von der ordinären schwarzen Schwester, die nur halb so teuer ist, wollen wir hier nicht reden und auf das Buch des Verfassers dieser Zeilen über Umbrien und die Marken verweisen. Denn im südlichen Piemont wächst *Tuber magnatum pico*, einer der wertvollsten Bodenschätze Italiens, laut Gesetz **Alba-Trüffel** genannt, umgangssprachlich eher weiße Trüffel, obgleich zumindest auf der Außenseite hellbraun. Dass Sie Gelegenheit haben werden, die angeblich potenzfördernde Wirkung der Knolle zu verspüren, ist unwahrscheinlich, müssten Sie dazu doch diese in nicht ganz geringer Dosis einnehmen. Das wäre teuer.

Zwischen 2 und 3 Euro kostet das Gramm (!), und die Preiskurve ging in den Jahren mit trockenen Sommern, die dem Wachstum abträglich waren, möglicherweise auch wegen gestiegener Nachfrage, steil bergauf. Trüffelsucher sind Schatzsucher, ihre Hunde, überwiegend Mischlinge, sind ein wertvolles Betriebskapital, das liebevoll gehegt und noch besser bewacht wird; 5.000 Euro ist der Vierbeiner locker wert, auf dessen feine Nase das Herrchen angewiesen ist, wenn es gilt, im Morgengrauen an geheim gehaltenen Stellen das Aroma aus bis zu 50 cm Tiefe zu riechen. Trüffeln wachsen an den Wurzeln einer Wirtspflanze, an Eichen, Weiden, Pappeln oder Linden, und es ist noch nicht gelungen, sie anzubauen oder plantagenartig zu vermehren.

Die Gesamternte im Piemont liegt zwischen 3.000 und 5.000 kg pro Jahr, was vom Wetter abhängt; mehr allerdings noch davon, ob die hellbraune Knolle »weiß« oder »schwarz« verhökert wird. Die »schwarzen« Erzeugnisse bleiben der Statistik fern, was wohl der Hauptgrund dafür ist, dass statistisch Jahr für Jahr geringere Mengen geerntet werden. Die größten und aromatischsten weißen, also hellbraunen Knollen wachsen, auch wenn sie »schwarz« wachsen, um Asti, bei Moncalvo (Tour 12) und im südlichen Monferrato.

Zum Kauf bieten sich die **Trüffelmärkte** in Alba *(Mitte September bis 31. Dezember, Sa. 7.30 - 13.30 Uhr)* und Asti *(Piazza San Secondo, 21. November von Sonnenaufgang bis -untergang)* an. In Alba bekommen Sie während der Saison aber auch in Geschäften frische Trüffeln. Sie können sich beinahe von Ihrer Nase leiten lassen, denn der sehr starke Geruch dringt bis auf die Straße und wird auch in Ihrem WOMO lange haften bleiben.

Bislang ist uns noch nicht aufgefallen, dass die Trüffeln vor Ort die in Deutschland inzwischen häufig anzutreffende bis zur Ungenießbarkeit führende Behandlung erfahren. Riechen Sie daran, und lassen Sie die Finger weg, wenn Sie eine Mischung aus Petroleum und Mottenpulver erschnüffeln - oder auch nur erahnen. Dann wurden die weißen Nuggets gegen Schimmel behandelt, um sie besser feucht halten zu können. Feuchtigkeit verbessert angeblich den Geschmack, vor allem aber erhöht sie das Gewicht – und damit den Profit.

Jedenfalls sollten Sie Trüffeln nicht länger als eine Woche aufbewahren, am besten in Küchentüchern im Kühlschrank. Sie dürfen sie nur bürsten, keinesfalls waschen, bevor Sie die Kostbarkeit mit einem Trüffelhobel (ein absolut unverzichtbares Utensil, ohne das Sie sich die hohe Geldausgabe für den teuren Pilz wirklich sparen können) in hauchdünnen Scheibchen über den Spaghetti verteilen. Ein hochwertiges (!!) Trüffelöl verbessert das Geschmackserlebnis erheblich. Außer Nudeln eignen sich auch noch Spiegel- oder Rühreier, in denen Sie die Trüffelspäne ziehen lassen.

Wenn Sie bedenken, dass ein Steak auch Geld kostet und Sie damit die für die Trüffeln aufgewendeten Kosten vergleichen, werden Sie feststellen: Trüffeln sind nicht viel teurer. Eine nicht zu kleine Knolle reicht locker für zwei Personen als Gabe zum Nudelhauptgang.

Vergessen Sie alle Formen von konservierten Trüffeln. Wir haben dazugelernt: Jeder frische Zucht-Champignon schmeckt besser.

Die Trüffeln begegnen Ihnen nur ein paar Wochen im Jahr, im Gegensatz zu zwei anderen Naturprodukten der Gegend, dem Wein (dazu gleich mehr) und den Haselnüssen. Man hat fast den Eindruck, dass die Hügel der Langhe mehr mit Haselnussplantagen als mit Weinkulturen bepflanzt sind, weil in früheren Zeiten viele Winzer den mühevollen Weinbau zugunsten der bequemeren Nusszucht aufgegeben haben. In Alba ist die Firma *Ferrero* zu Hause und produziert dort ihre berühmten Haselnusspralinen. Das Fabrikgelände liegt in der Nähe des oben erstgenannten Stellplatzes und ist flächenmäßig größer als die Altstadt.

Beim Stadtrundgang werden Sie zudem kaum den Verlockungen des süßen *Torrone* widerstehen können, einer Masse aus Honig, Zucker, Eiweiß und erlesenen Haselnüssen. Es gibt weichen und harten *Torrone*, der, wenn gut gemacht, deutlich weniger an den Zähnen klebt, als man befürchtet.

Ein beliebter Zeitpunkt für die Reise nach Alba ist der erste Sonntag im Oktober, weil dann in Alba der **Palio** nebst bombastischem Umzug stattfindet. Das Rennen wird hier als ironischer Kontrast zum Pferderennen von Asti (siehe Tour 12) mit **Eseln** ausgetragen, zumal Reiter aus Alba in Asti vor Jahren ausgeschlossen wurden. Der *Palio degli Asini* zieht heute mindestens so viele Zuschauer an wie das Original in der rivalisierenden Nachbarstadt.

Der Verlauf der nun folgenden **Rundreise** ergab sich nicht aus natürlichen Gegebenheiten, er wurde uns auch nicht von anderen Literaten aufgedrängt, sondern von Freunden, wir nennen sie hier Dagmar und Walter, mit denen wir uns ein Jahr zuvor in der Provence getroffen hatten und die sich nun mit Tipps über eine Gegend, der sie weit mehr verfallen sind als wir der Provence, revanchieren wollten (nach der Erstauflage des Vorgängerbuches waren D. und W. wegen unserer vermeintlich mangelnden Sensibilität ein wenig verschnupft; das hat sich bald gelegt; allerdings haben sie sich nur noch ein einziges Mal mit uns im Piemont getroffen):

in Barbaresco

Die Rundtour beginnt in **Barbaresco**, wo wir am Ende einer aussichtsreichen Straße eine dem berühmten Namen ebenbürtige touristische

Die Langhe – mehr als eine Genussreise

Infrastruktur erwarten, aber nur auf ein wunderschön gelegenes, kleines und bis auf zwei Restaurants vom Fremdenverkehr fast unberührtes Dorf treffen. Dabei kommt von hier der berühmte Rotwein, dessen Spitzenpreise noch über denen des *Barolo* liegen. Vor allem das Traditionsweingut *Gaja* hat den Ort und das ihn umgebende gleichnamige Weinanbaugebiet berühmt gemacht. Falls Sie auf eine Besichtigung von *Angelo Gajas* Keller spekulieren, müssen wir Sie enttäuschen. Nur professionelle Käufer und Autoren werden nach Voranmeldung eingelassen. Obwohl wir zu den Ausgesuchten gehören, genügt es uns, den noblen Betrieb von außen zu betrachten. Man kann dort auch nichts kaufen.

Ersatzweise haben wir unseren Testehrgeiz auf das Ristorante daneben verlagert, da es sonst außer der Beschreibung der schönen Lage nicht viel über Barbaresco zu berichten gibt. Wir waren in einem der späteren Jahre nach der Führung durch D. und W. unterwegs. Mit ihnen hätten wir uns nicht wie Deppen blamiert, nachdem wir im **Ristorante *Antinè*** für das Abendessen reserviert hatten. Um das zu verstehen, muss man wissen, dass das Restaurant im ersten Stock eines Hauses an der Hauptgasse von Barbaresco liegt, und dass der ebenerdige Eingang tagsüber verschlossen ist. Aber nach energischem Klingeln konnten wir bei einer freundlichen Dame durch ein geöffnetes Fenster einen Tisch reservieren. Aufgrund akustischer und sprachlicher Dissonanzen war jedoch die Öffnungszeit der Küche nicht eindeutig zu erfahren. So waren wir um 19.30 Uhr, als die Haustür immer noch verschlossen war, nur wenig misstrauisch und haben uns weiter die Beine vertreten. Wie auch noch nach 19.45 Uhr und nach 20 Uhr. Jedes Haus von Barbaresco durften wir bei unseren Rundgängen mindestens dreimal betrachten. Bis uns lange nach 20 Uhr klar geworden war, dass man hier **immer** läuten muss, um ein ausgezeichnetes Essen zu genießen, dessen Preis von 60 Euro pro Menü zwar grenzwertig, aber angemessen ist. Und den (inzwischen verloschenen) Michelinstern hätten auch wir verliehen *(Tel. 0173 635294; mittwochs geschlossen)*.

Der offizielle Stellplatz liegt relativ weit vor dem Ort, aber die Fernsicht ist überdurchschnittlich schön:

(101) WOMO-Stellplatz: Barbaresco

GPS: N 44°43'20" E 8°05'01", SP 3. **Max. WOMOs**: 7.
Ausstattung/Lage: Ver- und Entsorgung. Gaststätten und Geschäft nach etwa 250 m, bei klarem Wetter wunderbarer Fernblick auf die Westalpen, Wanderwege, klappstuhlgeeignet / außerorts, Häuser in der Nähe.
Zufahrt: Der offizielle Platz liegt direkt an der Straße nach Neive und ist nicht zu verfehlen.
Hinweise: Möglicherweise gegen Morgen Geräusche durch die nahe Straße; höchstens 12 Stunden am Stück.

(102) In Frage kommt auch **unsere frühere Empfehlung**, die auf jeden Fall ruhiger ist, aber ohne Sicht, klappstuhlgeeignet, eher einsamer und kaum näher am Ort.
GPS: N 44°43'43" E 8°04'57".
Zufahrt: Nehmen Sie die Ortszufahrt nördlich des Stellplatzes (!) und fahren Sie am Ortseingang von Barbaresco Richtung *‚Cimitero'* bergab bis auf eine große asphaltierte Fläche; seitlich können Sie sich auch auf grasigen Naturboden hinter Büsche stellen.

In Barbaresco ist ein lohnender Wanderweg nach **Neive** (3.100 Einwohner) beschildert. Falls Sie nicht die Stiefel schnüren, sollten Sie unbedingt in dieses Dorf fahren, dessen alter Ortsteil auf einem Hügel – völlig zu Recht – als eines der

in Neive

schönsten Dörfer der Langhe und sogar Italiens gilt (Mitglied im Club *I borghi più belli d'Italia)*. Zum Zeitpunkt unserer hier beschriebenen Rundreise war der populäre **Romano Levi** noch am Leben, dessen Grappa wir erst zu schätzen wissen, seit wir gelernt haben, einen Grappa von einem Grappinchen zu unterscheiden. Wir denken an den am 1. Mai 2008 verstorbenen Romano Levi, indem wir noch einmal von unserer ersten Begegnung erzählen:

In Erinnerung an Romano Levi

Dagmar und Walter haben keinen Blick mehr für die bestens restaurierten alten Häuser von Neive. Magisch zieht es sie hinunter in den eine Etage tiefer angesiedelten neueren Ortsteil. Sie haben uns eine der größten Attraktionen des »Piemont« versprochen. Und die Umsetzung dieser Ankündigung nimmt ihren Lauf, als sie seitlich der Straße vor einem ordinären Hoftor anhalten. Vergeblich suche ich ein Namensschild, während Walter läutet und bedeutungsvoll erklärt, er werde uns nun Romano Levi vorstellen. Nett von ihm, aber wer ist Romano Levi? Und weshalb trägt Walter eine ausgebeulte Plastiktüte unterm Arm?

»Das wisst Ihr nicht? «

Dagmar kann es kaum glauben.

Ins »Piemont« fahren und Romano Levi nicht kennen ist, so wird uns nun erklärt, wie nach Rom zu reisen und zu fragen, wer Franziskus sei. Die Parabel sei zudem besonders passend, weil es sich bei Romano Levi um den Papst handele, den Papst der Grappa-Brenner. Genau genommen um Gottvater der Grappisten! Welcher Kleingeist sucht schon an der Himmelspforte nach dem Namensschild?

Dort öffnet nun ein junger Herr, und Walter bittet um eine Audienz, einen Probeschluck und die Gnade einer Flasche. Zwei würde er auch nehmen. Er würde sich glücklich schätzen, sülzt Walter, wenn er kaufen dürfe, und beflissen führt uns der Adlatus zu einem großen Fass, aus dem er mit einem speziellen Schöpfgerät Probiergläschen füllt, die er uns gönnerhaft reicht. In jubilierenden Tönen loben wir den Herrn, um dann in ein Kabuff geleitet zu werden, wo wir jenen bei der Arbeit antreffen. Er malt gerade seine berühmten Flaschen-Etiketten und scheint wenig geneigt, unsere Anwesenheit überhaupt zur Kenntnis zu nehmen.

Das ändert sich, als Walter den Inhalt seines Plastikbeutels auf den Tisch stellt: drei Flaschen *Rothaus-Bier* aus dem Schwarzwald. Das Gastgeschenk verfehlt seine Wirkung nicht, womöglich hätten wir sogar das große Fass leer trinken dürfen. Wir kaufen eine Flasche, Dagmar und Walter deren zwei, und wir werden verabschiedet wie Freunde.

Schon zu Lebzeiten von Romano Levi kosteten in Deutschland diese Grappe etwa 100 Euro pro Flasche, vor Ort ein Viertel davon. Die Flaschen mit den vom Meister handgemalten Etiketten sind beliebte Sammelobjekte, und ein schönes Unikat wurde dem Autor dieser Zeilen anlässlich eines runden Geburtstages, selbstverständlich auf einer gefüllten Flasche, überreicht (es war eine echte Überraschung, denn dem Beschenkten war an Ort und Stelle der konspirative Handel nicht aufgefallen).

Zum damaligen Zeitpunkt waren wir Grappa-Amateure und erkosteten in dem hochprozentigen Elixier (über 50% Alkohol) einen Beigeschmack, bei dem wir uns nicht festlegen wollten, ob er in die Richtung von Benzin, Azeton oder doch eher Terpentin tendierte. Dagmar nimmt uns das heute noch übel.

Zwei Schüler des großen Romano führen dessen Werk fort und verkaufen – mit gedruckten Etiketten – weiterhin Grappa nach altem Rezept. Die Brennerei heißt **Levi Serafino** und liegt an der Zufahrt vom alten in den neuen Ortsteil direkt an der Durchgangsstraße (SP 3), der Via XX Septembre, 91; N 44°43'17" E 8°06'59" (Di – So 8-12 und 14-18 Uhr; www.distilleriaromanolevi.com/; siehe auch unter www.romanolevi.net/).

Im Gegensatz zu anderen Dörfern gibt es in Neive einen Hauch touristischer Infrastruktur, darunter drei Gaststätten. Und gute Stellplatzmöglichkeiten:

(103) WOMO-Stellplatz: Neive

GPS: N 44°43'39" E 8°06'48", Via Gallina.
Max. WOMOs: 3-4.
Ausstattung/Lage: Ver- und Entsorgung (zeitweise ohne Wasser), nicht funktionierende Steckdosen, Toilette im Rathaus (beim Gasthaus *Luna del Pozzo* die Treppe abwärts), Gaststätten und Geschäft nach etwa 200 m, Wanderwege, klappstuhlgeeignet / Ortsrand.

Zufahrt: Biegen Sie von der SP 3 dem Weg von der Neustadt zur Autobahn, unterhalb des *Centro storico* erst beim Wegweiser *'Cimetero'* ab und fahren Sie bergauf, bis der Platz bei einem kleinen Sportgelände links der Straße liegt. Falls Sie schon kurz vorher bergauf gefahren sind, müssen Sie den historischen Ort umrunden und dann abwärts fahren. Der Platz liegt so auf der rechten Seite. **Gebühr**: 10 €, die niemand kassiert.

(104) Wer lieber mit Fernsicht schläft (und dabei über die wenig anmutige Neustadt hinwegsieht - siehe unser nebenstehendes Foto), stellt sich an den Rand der Altstadtumrundung:
GPS: N 44°43'35" E 8°06'58", Via Circonvallazione.
Zufahrt: Fahren Sie am vorigen Platz weiter und geradeaus. Parken Sie bei erster

Gelegenheit am Geländer, was tagsüber bisweilen schwierig ist.

Die **Ristoranti** von Neive sind legendär. Wir haben aber nicht das damals teurere *Contea* getestet, sondern im ***La Luna del Pozzo*** gespeist, gediegen, nicht preiswert, aber sehr gut *(Tel. 0173 67098; dienstags abends und mittwochs geschlossen)*. Der preisliche Abstand zur gegenüber liegenden *Enoteca Degusto* war deutlich geringer als der qualitative.

Neive - Centro storico

Im 6 km entfernten **Mango** (1.300 Einwohner) halten wir erneut in einem Dorf mit Burg an, in dem wir nach energischen Zuschriften einen früheren Stellplatztipp wieder ausmotten, aber die Gastroempfehlung auf Eis legen:

(105) WOMO-Stellplatz: Mango

GPS: N 44°41'12" E 8°09'20", Via Ospizio Cane.   **Max. WOMOs**: 3-4.
Ausstattung/Lage: Mülleimer, Wasser im Friedhof, Gaststätte / Ortsrand.
Zufahrt: Der Stellplatz liegt gegenüber dem Friedhof; folgen Sie in Mango den Wegweisern ‚*Cimitero*' oder ‚*Impianti Sportivi*'.
Hinweise: Den Platz mit <u>wunderbarer Aussicht</u> hatten wir in der letzten Auflage aus dem Programm genommen, weil sich direkt darunter die Wertstoffmüll und Altglassammelstelle des kleinen Dorfes befindet. Mehrere Leser haben uns berichtet, das sei nicht störend.

Alternativ stehen Sie etwa 200 m weiter unten, halblinks auf etwas abschüssigen Parkbuchten in der Nähe von Gaststätte und Sportplatz.

Das 8 Gänge-Menü in der Sportplatzgaststätte hat einschließlich Hauswein, Grappa und Espresso lange Zeit nur 25 Euro gekostet und war deshalb bei Lesern sehr beliebt. Die Qualität wurde aber immer bengloser, was bei diesem Preis unvermeidlich war. Im Jahr 2015 hat der Betreiber gewechselt und mit ihm auch der Name des Lokals, das sich nun **Trattoria Mango** nennt. Die günstigen Preise (auch beim Wein) sind geblieben. Wir sind auf Ihre Zuschriften gespannt *(Tel. 0141 89330; montags geschlossen)*.

Dagmar und Walter treiben uns weiter. Bei den gegebenen Lichtverhältnissen und der nachmittäglichen Tageszeit käme man nicht umhin, über die Hügel zu fahren. Recht haben sie!

Denn besonders schön ist das Spiel der Sonne mit mehr oder weniger Dunst, wenn die Kuppen im Gegenlicht liegen und die Sonne noch nicht allzu lange aufgegangen ist oder in wenigen Stunden untergeht. Ständig halten wir zum Fotografieren an, wenngleich selten so klare Sicht herrscht, wie an dem Tag, an welchem uns das Foto von Seite 210 gelungen ist.

D. und W., unsere Fremdenführer, kennen auch weitere passende Orte für den Ausklang des Tages. Einen der schönsten Aussichtspunkte der Langhe (nebst Stellplatz) und eines der authentischsten Restaurants. In **Diano d'Alba** zirkeln sie ihren VW-Bus an den Fuß des Kirchturms und gestatten uns etwas Ruhe, die wir dringend brauchen, um uns auf der Aussichtsplattform dieses wunderbar gelegenen Dorfes umzusehen. Dort liegen uns die Wein- und Haselnussfelder zu Füßen und darüber ein Übernachtungsplatz, als hätten wir ihn uns gemalt. Obwohl wir uns bemüht haben, ein ganz

Diano d'Alba - Blick von der Nähe des Stellplatzes zu den Alpen

schlechtes Foto aufzunehmen, wird es auch einem unerfahrenen Leser nicht entgehen, dass hier von einem Stellplatz der reizvolleren Sorte die Rede ist. Der Leser wird demnach sein Wohnmobil dort nicht parken, wenn schon mehrere andere an der Kirche stehen. Den Einwohnern wird es nicht gefallen, sich durch Wagenburgen zu schlängeln, wenn sie mal wieder über den Vorplatz der Kirche zum Aussichtspunkt lustwandeln. Sie werden mit dem Bürgermeister sprechen und dieser mit dem Schilderaufsteller oder dem Tor-Schmied – oder mit beiden. Wir verhängen daher ein striktes WOMO-Verbot nach dem 3. Fahrzeug! Vielleicht schreckt es Sie mehr ab, wenn wir vor der Kirchenuhr warnen. Sie schlägt die ganze Nacht:

(106) WOMO-Picknickplatz: Diano d'Alba

GPS: N 44°39'03"
E 8°01'40".
Max. WOMOs: 3.
Ausstattung/Lage: Toilette (am Fußweg ins Dorf), Wasser (an der Rampe), Mülleimer, Bänke und Tische, Gaststätten, Wanderwege, nachts hell erleuchtet, schöne Sicht / im Ort.
Zufahrt: Zum Parkplatz an der neben dem höchsten Punkt des Ortes gebauten Kirche gelangen Sie, wenn Sie von der Ortsdurchgangsstraße in der Nähe einer hohen Mauer (die stützt nämlich teilweise unseren Stellplatz) beim Wegweiser ‚*Municipio*' abbiegen und diesem folgen; nach etwa 120 m nehmen Sie die nach halbrechts steil zur Kirche hoch führende Rampe, um danach am Ziel zu sein; am besten stehen Sie seitlich hinter der Kirche.
Hinweise: Lauter Glockenschlag der Turmuhr (das Verschließen der Dachöffnungen wirkt Wunder). Der Platz ist nach wie vor legal, falls nicht gerade eine innerörtliche Veranstaltung stattfindet.
Alternativ können Sie auch unten an der Durchgangsstraße vor der hohen Mauer stehen oder, wenn Sie nicht die Rampe hochfahren, seitlich der Kirche.

Diano d'Alba hat außer dieser wirklich schönen Aussicht nichts zu bieten, aber man kann gut **wandern**, zum Beispiel nach Serralunga (runter ins Tal bei Marengo, jenseits wieder hoch bis in die Nähe von Baudana und entlang der Straße nach Serralunga).

Zum Abendessen müssen wir ein kleines Stück fahren, Dagmar und Walter haben uns bei **Nonna Genia** angemeldet, einer **Trattoria** im Weiler Borzone, der zum Dorf Grinzane Cavour gehört, aber näher bei Diano d'Alba liegt. Das rustikale Gasthaus mit schöner Sicht auf das Schloss von Grinzane zählt zu den besten Restaurants dieses Buchs, auf jeden Fall

Blick von *Nonna Genia* zum Schloss von Grinzane Cavour

ist es eines der schönsten in der Langa. Es gefällt uns dort vor allem deshalb so gut, weil uns nicht der geringste Hauch von Steifheit einschränkt, wenn wir uns an fünf Antipasti mit sieben verschiedenen Speisen und jeweils einem von zwei zur Auswahl stehenden *Primi* und *Secondi*, selbstverständlich auch an einem *Dolce*, laben, den erschwinglichen Barolo nicht zu vergessen. Das Menü kostet gut 30 Euro, und die Portionen sind so riesig, dass Sie sich schon bei den ersten Tellern unbedingt mäßigen müssen (auf Nachfrage gibt es auch Alternativen zum Menü). Leider ist der Padrone unlängst verstorben. Wir hoffen, dass der Betrieb trotzdem unverändert fortgesetzt wird *(wenn Sie von Grinzane Cavour nach Diano d'Alba fahren, müssen Sie beim Wegweiser 'Borzone' nach Norden – links – abbiegen und dann noch etwa 1 bis 2 km weiterfahren, bis Sie an dem unscheinbaren Restaurant, das man leicht übersieht, vorbeikommen; Parkplätze, die sich für Wohnmobile eignen, gibt es nicht, Sie müssen das WOMO an die Straße quetschen, was wegen des geringen Verkehrs kein Problem ist; Tel. 0173 262410; donnerstags geschlossen, während der Woche nur abends geöffnet; N 44°39'43" E 7°59'59"; näher ist es zum Stellplatz von Grinzane).*

Bei *Nonna Genia* (*Oma Genia* – der Name soll auf die Hausmacher-Küche hinweisen) haben Sie den Klotz des **Schlosses** von **Grinzane Cavour** im Blick *(täglich außer Dienstag 9.30 - 19 Uhr, Sept., Okt. und Nov. auch dienstags geöffnet; 5 €; siehe auch Seite 8)*, ein sehenswertes Kastell aus dem 12. Jahrhundert, das aber in späterer Zeit erweitert worden ist. So stammen beispielsweise die Türmchen erst aus dem 16. Jahrhundert. Bekannt ist im ersten Stock der sogenannte Maskensaal, der wegen seiner Kassettendecke und der dort dargestellten weiblichen Portraits so heißt, was wir hier nicht kommentieren. Noch berühmter ist die umfassende **Enoteca** im Gewölbe des Erdgeschosses. Weitaus am prominentesten aber ist der Name **Cavour**, der Ihnen bei jeder Italienreise zigfach begegnet. So heißt nämlich in jeder größeren Stadt eine der Hauptstraßen, und auch Grinzane schmückt sich mit dem Beinamen *Cavour*, weil im Schloss der berühmteste *Cavour* wohnte (seine Eltern nannten ihn *Camillo Benso*), der von 1832 bis 1849 Bürgermeister des kleinen Ortes war. In dieser Zeit stieg er außerdem in Turin zum Ministerpräsidenten des Königreiches Piemont auf und hat maßgeblich an der Einigung Italiens und der Gründung des neuen Staates mitgewirkt.

Die Parkplätze am Schloss sind für WOMOs gesperrt. Dafür wurde in der Nähe ein beschilderter Stellplatz angelegt. Wir hätten uns dafür einen größeren Bereich mit einem noch schöneren Blick gewünscht, aber Sie können dort gut stehen:

(107) WOMO-Picknickplatz: Grinzane Cavour
GPS: N 44°39'19" E 7°59'20", Via Brico. **Max. WOMOs**: 2 (möglicherweise auch mehr). **Ausstattung/Lage**: Ver- und Entsorgung, Bänke und Tische, Mülleimer, Wanderwege / Ortsrand.
Zufahrt: Der Platz ist am Schloss von Grinzane Cavour beschildert; von dort noch etwa 400 m.
Hinweise: Der Platz ist etwas abschüssig und leider trotz Verbotsschild bisweilen von Pkw zugeparkt, vor allem während des Schulbetriebs.

Während die Burg von Grinzane Cavour eine Doppelfunktion hatte, sie diente nämlich eigentlich dem Schutz von Alba, aber ihre Herren konnten darin auch wohnen, wurde das **Castello** von **Serralunga d'Alba** ausschließlich mit militärischer Zweckrichtung erbaut. Der Herr aus Barolo, dessen Schloss schlecht geschützt im Tal lag, ließ im 14. Jahrhundert auf den umliegenden Hügeln Burgen errichten, mit hohen Türmen, die weite Fernblicke und untereinander Sichtkontakt erlaubten (siehe unser Titelbild). Historiker erkennen heute in der Burg wie auch in der um sie gruppierten Dorfanlage ausschließlich militärische Motive, von der Lage des Brunnens bis hin zu den vorspringenden Türmen. Es gibt in der ganzen Langhe keine besser erhaltene Festung. Dass Sie allerdings den schönen Blick aus einem der Fenster genießen werden, nehmen wir eher nicht an, da Sie nur im Rahmen einer lästigen, geführten Besichtigung in das Gebäude eingelassen werden *(tägl. außer Montag 9 - 12 und 14 - 18 Uhr; kostenlos).*

Schön gelegen, aber für die Nacht nur bedingt geeignet ist der kleine Parkplatz

Serralunga d'Alba

(108) WOMO-Wanderparkplatz: Serralunga d'Alba

GPS: N 44°36'34" E 08°00'00", SP 125. **Max. WOMOs**: 2-3.
Ausstattung/Lage: Toilette, Wasser, Mülleimer, Gaststätte, Geschäft, Wanderwege / im Ort.
Zufahrt: Der Platz liegt an der Durchfahrtsstraße gegenüber dem Ristorante *Italia*. **Hinweise**: Für die Nacht nur bedingt und nur für kleine Fahrzeuge geeignet, etwas Gefälle, eher ein Park- als ein Stellplatz, der häufig zugeparkt ist, aber eine schöne Fernsicht bietet.

Sollten Sie sich dort zu sehr auf dem Präsentierteller fühlen oder sollten schon andere Wohnmobile die wenigen Plätze unter den Bäumen einnehmen, ist das kein Beinbruch. Sie fahren nämlich weiter nach **Perno**, einem kleinen Dorf mit (privatem) Schloss und einem ebenfalls nicht sehr großen, aber wunderbar gelegenem Stellplatz, wo einst an einem kristallklaren Ostersonntagmorgen der Westalpenbogen und die aus ihm herausragende Spitze des Monviso fast vor unserer Wohnmobiltür in den Himmel strebten. Die atemberaubende Sicht auf die Alpen bleibt Ihnen aber im Sommer wegen des Dunstes zumeist versagt. Im Frühjahr, besonders im Winter (in dieser Zeit waren wir allerdings noch nicht dort), sind die Berge gerade nach Regentagen manchmal zum Greifen nahe:

(109) WOMO-Stellplatz: Perno

GPS: N 44°36'21" E 7°58'29". **Max. WOMOs**: 2-3.
Ausstattung/Lage: Mülleimer, Wasser und Toilette (im Friedhof gleich rechts), Wanderwege, geringfügig schräg, für große WOMOs nicht geeignet / außerorts, leicht einsam.

Zufahrt: Es ist der Parkplatz vor dem Friedhof südlich des Dorfes, das Sie nur mit Mühe auf Ihrer Karte westlich von Serralunga finden. Sie fahren von Serralunga ein Stück nach Norden, Richtung Alba, hinter Sorrano links und folgen dann dem Wegweiser nach Perno. Der Stellplatz liegt etwa 500 m südlich des Dorfes in einer scharfen Kurve unmittelbar vor dem Friedhof. Sie können sich ihm genauso auch von Süden nähern.
Hinweise: Für diverse neuere WOMOs ist der Platz zu eng. Am nördlichen Ortsrand von Perno beträgt die Durchfahrtsbreite zwischen zwei Häusern 2,50 m, wir kamen mit einem Alkoven-Wohnmobil problemlos durch.

Sollte es Ihnen vor dem Friedhof zu einsam werden, können Sie auf den **Platz des kleinen Dorfes**, seitlich der Durchgangsstraße und in der Nähe der genannten Engstelle, umziehen.

Die Langhe – mehr als eine Genussreise

Auch **Castiglione Falletto** (670 Einwohner) war ursprünglich nichts anderes als ein **Kastell** zur Sicherung der Residenz in Barolo, die den *Falletti* gehörte, womit der neuzeitliche Name des Dorfes erklärt wäre. Auch hier ragt der Turm so hoch in die Luft, dass man sich zu Zeiten der Benutzung mit den Soldaten in Serralunga durch Zeichen verständigen konnte. Heute ist die Bastion teilweise Ruine und allenfalls sonntags zu besichtigen. An der schönen Sicht können Sie sich hingegen an sieben Tagen in der Woche erfreuen, und es scheint uns nicht sehr wahrscheinlich, dass dieser Parkplatz zu stark belegt sein könnte, der als offizieller WOMO-Stellplatz ausgebaut worden ist:

(110) WOMO-Picknickplatz: Castiglione Falletto
GPS: N 44°37'23" E 7°58'27", SP 9. **Max. WOMOs**: off. 4, mehr sind möglich.
Ausstattung/Lage: Ver- und Entsorgung, Picknickbank, klappstuhlgeeignet, Mülleimer, Gaststätten (von Lesern sehr gelobt wurden die Ristoranti *Argaj* und *Le Torri*), Wanderwege, schöne Sicht / Ortsrand.

Zufahrt: Der Platz liegt seitlich der am Ort vorbeiführenden Straße und ist eine Etage tiefer, unterhalb eines Geländers nicht zu verfehlen, zumal als Stellplatz beschildert.
Hinweis: Es sind Parkbuchten für WOMOs markiert, die immer mehr zuwachsen. Schöner und mit freier Sicht nach La Morra stehen Sie auf einem Pkw-Parkplatz, woran sich niemand stört, weil normalerweise nachts hier kein Pkw parkt (siehe Foto). Der Platz ist unangenehm hell erleuchtet, was die Sicht ebenfalls beeinträchtigt.

Den Weg hierher haben Sie wahrscheinlich über **Monforte d'Alba** gewählt, einem für die Gegend ungewöhnlich großen Dorf (1.900 Einwohner), das ausnahmsweise mal nicht mit einem Stellplatz brillieren kann. Dafür rangiert Monforte auf der Liste der Orte mit Hügelplateau und Fernsicht ganz weit vorne, und vermutlich haben wir nur deshalb noch keinen Stellplatz entdeckt, weil wir angesichts des Überangebots der Nachbarn nachlässig waren und jenseits der Altstadtgassen nicht genau genug nachgesehen haben. Auch das nahe (2 km nach Osten,

Richtung Roddino) Ristorante *Posta* wollen wir nicht erwähnen, womit wir, soweit wir das überblicken, in der Piemontesischen Reiseliteratur ganz alleine dastehen. Aber die Leser schreiben uns fortwährend, sie würden lieber am eigenen Resopaltisch picknicken. So haben wir, als uns Dagmar und Walter das *Posta* zeigen wollten, schnell Gas gegeben und in Monforte beim *Felicin*, das einen Tick gediegener ist, die Straßenseite gewechselt und in die andere Richtung geschaut. Da Sie, liebe Leser, nicht wegen der kulinarischen Reize und schon gar nicht wegen des Weins das Piemont bereist haben, werden Sie, wenn Sie die Brotkrumen vom Resopal gewischt haben, nachlesen, dass Monforte im 11. Jahrhundert von Katharern besiedelt war, glaubensstrengen Menschen, die der katholischen Kirche den Rücken gekehrt hatten, bis sie auf Geheiß des Mailänder Bischofs als Ketzer auf dem Scheiterhaufen verbrannt wurden.

Solchermaßen gestimmt und nach einem Tässchen Pfefferminztee als Absacker werden Sie vielleicht noch einmal etwas Erbauliches lesen wollen. Zum Beispiel, wo Sie in **Barolo** gut essen – und was man dort bevorzugt trinkt. Sowie über einen schönen Stellplatz, der gegenüber zwischenzeitlichen Todesanzeigen immer noch am Leben ist:

(111) WOMO-Wanderparkplatz: Barolo

GPS: N 44°36'42" E 7°56'36", Via Alba. **Max. WOMOs**: 5-8.
Ausstattung/Lage: Toilette (an der oberen Etage bergseitig), Wasser (daneben), Gaststätten, Geschäfte, Wanderwege / im Ort.

Zufahrt: Da für WOMOs die Durchfahrt durch Barolo verboten ist, kommen Sie nur von Norden zum Platz, wenn Sie nördlich von Barolo von der SP 3 bei einer Gabelung und dem Wegweiser ‚Barolo' abbiegen und in Barolo bergauf fahren, bis Sie links die untere Etage eines Parkplatzes sehen.
Hinweise: Der Platz wurde uns als gesperrt gemeldet, was sich bei einer persönlichen Nachschau als Irrtum herausgestellt hat. Aber alle anderen Parkplätze im Ort sind für WOMOs verboten. Vielleicht gibt es auch zeitliche Einschränkungen (z.B. bei Veranstaltungen). Deshalb empfehlen wir noch eine ordentliche Alternative, die auch für große Fahrzeuge gut geeignet ist:

(112) Friedhof
GPS: N 44°37'10" E 7°57'08", Via Alba. **Max. WOMOs**: 5-8.
Ausstattung/Lage: Wasser im Friedhof, klappstuhlgeeignet / außerorts, nach Barolo 1 km (wenn Sie zu Fuß nach etwa 150 m vor dem Sportplatz links abbiegen – Wegweiser zum Wanderweg – gelangen Sie auf einem schönen Spazierweg nach Barolo).
Zufahrt: Nur wie zum vorherigen Platz. Der Friedhof liegt dann noch unterhalb von Barolo.

Barolo

Die Geschichte des Weins, namentlich des Barolo, bringen wir Ihnen weiter unten ein wenig nahe, und im hinteren Teil des Buches informieren wir Sie darüber, bei welchen Winzern wir eingekauft haben. In Barolo können wir in diesem Reiseführer die Gastronomie dann doch nicht ganz übergehen, weil wir mehrfach und mit allergrößtem Vergnügen im **Ristorante *La Cantinetta*** saßen, an dem Sie vorbeikommen, wenn Sie von unseren Stellplätzen zunächst bergauf in den Ort spazieren, um sich dort nach rechts zu wenden. Das Lokal liegt dann auf der rechten Seite. Ein Muss sind auch hier die Menüs – wegen der zahlreichen Vorspeisen und der Nudelgänge. Wir wetten, dass Sie den Abend so erleben werden, wie Sie ihn sich vorgestellt haben, als Sie daran dachten, in Barolo gemütlich zu speisen; eines unserer Lieblingslokale in Italien *(Tel. 0173 56198; donnerstags geschlossen; leider sind die Preise gestiegen, das Menü kostet inzwischen 35 €).*

Bei unserem letzten Besuch, wir waren tatsächlich mit D. und W. verabredet, um im *Cantinetta* zu schwelgen, ist dem Autor dieser Zeilen ein Missgeschick unterlaufen. Er hat nämlich im Ristorante *Cantinella* reserviert. Das liegt in der Nähe unseres Stellplatzes, kurz vor dem Schloss. Wir haben nicht abgesagt, schon gar nicht sind wir einfach fern geblieben (was wir sowieso für unfair halten), sondern wir haben uns davon überzeugt, dass man auch hier ohne Reue einkehren kann (netter Freisitz für heiße Sommertage, etwas zu teure Weine).

Barolo (710 Einwohner) ist alles andere als ein herausgeputzter Touristenort, wenngleich eines der wenigen Dörfer, in dem ein Anflug von touristischer Infrastruktur auffällt: Sie finden einige Weinläden, im Tabakladen Andenken und beim Bäcker teures Olivenöl. Der Lebensmittelladen überlebt mit einem ansehnlichen Sortiment verschiedener Barolos (fast möchte man sagen *Baroli*), die Sie bei einem angeregten Plausch mit der alten Dame hinter der Theke erstehen werden – auch ohne jegliche Kenntnisse der italienischen Sprache. Allein die italienischen Worte für die Zahlen sollten Sie beherrschen, denn die Sehkraft der Verkäuferin reicht nicht mehr für das Preisschild, Sie müssen es vorlesen. Sie erkennen daran, dass der Tourismus in Barolo noch nicht die Oberhand gewonnen hat, ein paar Tage im Oktober vielleicht ausgenommen.

Dann steht vielleicht auch mal jemand vor Ihnen an der Kasse des **Schlosses**, der sich den namhaften Weinkeller nicht entgehen lassen möchte, oder die Wohnräume der Gräfin *Falletti* im ersten Stock. Das Schloss war ursprünglich Bestandteil einer Verteidigungsanlage, die hier, wie in vielen Orten der Umgebung, im 10. Jahrhundert gegen die *Sarazenen* errichtet worden war. Wer die *Sarazenen* waren, von deren Untaten schon mehrere unserer Reiseführer künden, wollen wir hier nicht schon wieder vertiefen; fragen wir lieber nach den *Falletti*, bei denen auch ein einzelner männlicher Spross nicht etwa *Falletto* hieß: Es waren Kaufleute, die sich um 1250 hier einkauften und sich sodann, wie Sie bereits wissen, mittels auf die umliegenden Hügel gebauter Kastelle absicherten. Irgendwann wurden sie auch geadelt und lebten in ihrem Schloss bis zum Jahre 1864. Die Gemahlin des letzten *Falletti* (fast möchte man sagen *Falletto*), Giulia Colbert *Falletti*, eine gebürtige Französin, war, wenn man so will, die Erfinderin des Barolo. Sie ließ nämlich um 1830 die örtlichen Nebbiolo-Trauben im Keller des Schlosses von Winzern aus der französischen Heimat keltern. Woraus bekanntlich ein berühmter Wein wurde, weil sich die Traubensorte für einen guten Rotwein eignete (und immer noch eignet) und die Franzosen ihr Handwerk verstanden. In der Enoteca des Schlosses dürfen Sie den Wein ohne Fremdenführer verkosten und kaufen, die Gemächer der letzten *Falletti* werden Ihnen nur zusammen mit einer italienisch sprachigen Führung präsentiert *(donnerstags und im Januar geschlossen; 10.30 - 17 Uhr; 8 €)*.

Novello - Schloss

Sollte es uns gelingen, Sie zu einer vielbeschriebenen Piemont-Wanderung zu animieren, die wir D. und W. verdanken, wird das Schloss an Ihrem Weg liegen, der in **Novello** (800 Einwohner) beginnt, einem Dorf, das die drei Attribute der meisten Langhe-Dörfer vereint. Sie ahnen es: kein Tourismus, wunderbare Lage und Stellplatz mit schöner Fernsicht. Hier sind es sogar zwei Plätze. Außerdem wird Sie die hohe Kuppel der örtlichen **Kirche** beeindrucken und das im Jahre 1880 wieder aufgebaute **Schloss**, (Foto Seite 219) dem auch der kunstgeschichtlich Unbeleckte ansieht, dass der gewählte Baustil, von nachempfundener Gotik abgesehen, nichts anderes ist als wilder Kitsch des späten 19. Jahrhunderts – vielleicht ist es gerade deswegen sehenswert. Lohnend ist der Gang an die Balustrade, von der Sie weit hinab ins Tal des Tanaro blicken. Einer der beiden Stellplätze liegt direkt beim Schloss, entsprechend weit ist auch hier die Sicht. Nicht ganz so atemberaubend ist der Blick von dem erstgenannten Parkplatz, der dafür deutlich geräumiger ist:

WOMO-Wanderparkplätze: Novello

(113) <u>Ortseingang</u>
GPS: N 44°35'29" E 7°56'40", Via Giordano.   **Max. WOMOs**: 5-8.
Ausstattung/Lage: Wasser (im vorderen Teil des Parkplatzes), Toiletten (beim Sportplatz) klappstuhlgeeignet, Geschäft, Gaststätten, Mülleimer, Wanderweg; der große Platz dient gelegentlich auch mal einem Lkw zur Rast, den jungen Leuten des Ortes als Zuflucht für einen Joint oder ein Quickie, trotzdem ein schöner Stellplatz / Ortsrand.
Zufahrt: Fahren Sie von Barolo hoch nach Novello und am Ortseingang auf den großen Parkplatz rechts der Straße und oberhalb des Sportplatzes.

(114) <u>Schloss</u>
GPS: N 44°35'10" E 7°55'39", Via Achille Perego.   **Max. WOMOs**: 3-4.
Ausstattung/Lage: Mülleimer, Geschäft, Gaststätten, sehr schöne Sicht / im Ort.
Zufahrt: Fahren Sie von Barolo hoch nach Novello und dann durch Novello dem blauen ‚P' hinterher.

Am Parkplatz beim Ortseingang von Novello beginnt auch die erwähnte klassische Wanderung über Barolo nach Monforte, zu der Sie genauso in Barolo starten können. Wir kennen nur wenige Wanderwege, die ähnlich spektakulär durch eine Kulturlandschaft führen, die übrigens mit den anderen piemontesischen Weinanbaugebieten Roero und Monferrato im Jahr 2014 in die **UNESCO Welterbe-Liste** aufgenommen worden ist, vornehmlich wegen des Gebietes, durch das der Weg verläuft:

Von Novello nach Monforte

Sie spazieren vom vorgenannten Stellplatz am **Ortseingang** von **Novello** ein paar Meter nach Norden (Richtung La Morra), und sehen dann sehr bald an einem schräg nach rechts unten führenden Weg die rot-weiße Markierung (die merkwürdigerweise auf unserer Wanderkarte nicht eingezeichnet ist). Ich bin auch nicht mehr ganz sicher, ob die Wegzeichen bis Barolo beibehalten werden. Falls nicht, wird Sie das nicht irritieren, da Sie Barolo bald vor sich sehen und einfach drauf zuwandern. Wege gibt es genug. Im Gegensatz zu Schatten, denn wo Sie auf Sicht marschieren, fehlen die Bäume, weshalb diese Wanderung nichts für heiße Sommertage ist.

Nach deutlich weniger als einer Stunde laufen Sie in **Barolo** ein, um dort auf dem Parkplatz vor dem Schloss links bergab ins Tal zu wandern (direkt an unserem Stellplatz wurde ein nie ganz fertig gestellter Weg angelegt, der in einer Kurve hinter dem Schloss hinab führt). Nach dem Neubau eines Weingutes wählen Sie den Weg, der nach rechts hoch in den Weinberg führt und entscheiden sich an der nächsten Gabelung abermals für die rechte Alternative. Der Weg müsste jetzt bestens markiert sein, zumal er auf der Karte als Wanderweg eingezeichnet ist. Spä-

Blick auf Barolo

ter erreichen Sie einen Fahrweg, wo Sie sich rechts halten, in Richtung zum Weingut *Cascina Boschetti*.

Der weitere Streckenverlauf bis Monforte ist markiert, er führt am Weiler S. Giovanni vorbei, danach auf einer Teerstraße, die man schon nach ca. 150 m nach links in einen Waldweg wieder verlässt, durch einen Hohlweg und am Ende, nach dem Gehöft *Bettola*, wieder auf Asphalt bis **Monforte**.

in Monforte

Für den Rückweg nehmen Sie zunächst für etwa einen Kilometer ab dem Ortsmittelpunkt von Monforte den Hinweg, den Sie kurz vor der *Cascina Bettola* verlassen, was etwas missverständlich klingt, denn Sie bleiben auf der

Die Langhe – mehr als eine Genussreise

Asphaltstraße und wandern bergab, bis Sie ein Wegweiser auf einen Pfad durch den Weinberg schickt. An der nächsten Gabelung gehen Sie ein Stück auf der Autostraße links, danach nochmals links, und wenn Barolo schon wieder nahe gekommen ist, stoßen Sie, etwa auf halber Strecke zwischen Novello und Barolo, auf den Hinweg.

Blick auf Novello

Die ganze Wanderung ist etwa 13 km lang, sie dauert 3,5 Stunden, und die Karte des Istituto Geografico Centrale Nr. 18, ‚Langhe Meridionali' ist nützlicher als man ihr zutraut. Schief gehen kann nichts, denn von kleineren Teilstücken abgesehen, wandern Sie auf Sicht.

Unter den Dörfern südlich von Alba haben wir nun die berühmtesten erwähnt, aber eines fehlt noch, La Morra. Wenn Sie von Novello dorthin fahren, kommen Sie, etwa auf der Höhe von Barolo, am **Castello della Volta** vorbei, über das seit Jahren Pläne existieren, es zu einem Luxushotel umzubauen. Lage und Legende würden einen wertvollen geschäftlichen Grundstock bilden. Die Geschichte des Schlosses ist nämlich mehrfach verfilmt und endet damit, dass während eines »lustvollen Festes« die Decke über den Gästen einstürzt. Wobei Sie, geneigte Leser, bezüglich der Lustbarkeiten an das Falsche gedacht haben. Denn in der Langhe dreht sich, wie Sie seit dieser Tour wissen, fast alles um die Trüffeln und den Wein. Und das Unglück, das nur vom Personal überlebt wurde, geschah anlässlich einer Völlerei. Unser schönes Foto von Barolo von Seite 218 wurde übrigens von dieser Seite aus aufgenommen.

Ob Sie auf dem Höhenkamm sofort nach La Morra abbiegen, hängt von der Tageszeit und Ihren Gewohnheiten ab. Geradeaus und leicht bergab gelangen Sie nämlich nach **Vergne**, einem Ortsteil von Barolo mit nur wenigen Häusern, den niemand bereisen würde, gäbe es dort neben der obligatorischen Fernsicht vieler Langhe-Dörfer nicht einen Campingplatz für den Sommer, einen Stellplatz für die Wintermonate und ein **Ristorante** für die Zeit von Donnerstag bis Dienstag. Am Eingang des **Buon Padre** hängt keine Karte, aber die Preise sind dennoch erschwinglich; Essen, Ambiente, der Blick auf die Westalpen und das Preisniveau sind allein eine Nacht in Vergne wert *(Menüs für 28 und 35 €; Tel. 0173 56192; mittwochs Ruhetag).* Der Campingplatz liegt, getrennt durch einen großen Parkplatz, gegenüber in Sichtweite und ist schon, weil es ihn überhaupt gibt, erwähnenswert. Aber besonders zu loben ist die Konsequenz, mit der in außergewöhnlich schöner Lage auf jeden Firlefanz und vor allem jegliche Art mobiler oder barrackiger Mietunterkünfte verzichtet wird; ein Campingplatz im Grünen, wie früher fast alle waren:

(115) WOMO-Campingplatz-Tipp: Vergne *(Sole Langhe)*

GPS: N 44°36'44" E 7°55'16", Via Rittane, 7.
Ortszentrum: 0,2 km.
Zeiten: unbekannt.
Tel. 0173 560510.
Ausstattung: Laden (mit betagten Betreibern) und Restaurant (im Dorf nach wenigen Schritten), sehr hundefreundlich.
Zufahrt: Der Platz ist in Vergne nicht zu verfehlen. Nach Vergne kommen Sie im Verlauf unserer Tour am besten von Barolo (vom Stellplatz

müssen Sie dazu in Barolo wegen der Durchfahrtssperre erst mal wieder nach Norden, um dann an der Kreuzung direkt bei Barolo bergauf abzubiegen; also wie nach Novello, nur immer weiter bergauf). **Preise**: 26 - 32 €.

Der große Platz davor ist inzwischen für Wohnmobile gesperrt, aber der kleine Parkplatz unterhalb des Restaurants ist (noch) frei:

(116) WOMO-Stellplatz: Vergne

GPS: N 44°36'48" E 7°55'12", Via Alba. **Max. WOMOs**: 2-3.
Ausstattung/Lage: Wasser (an der Einfahrt des Parkplatzes eine Etage höher), Laden (mit betagten Betreibern) und Restaurant (direkt darüber), Spielplatz (am Parkplatz oberhalb) / im Ort.
Zufahrt: Der Platz unterhalb des Ristorante *Buon Padre* ist nicht zu übersehen.

La Morra (2.500 Einwohner), 2,5 km entfernt, trägt den Beinamen »Balkon der Langhe«. Warum das so ist, wissen Sie spätestens, wenn Sie durch die pittoresken, touristisch leicht angehauchten Gassen an den obersten Punkt des Ortes spazieren, um am Balkongeländer vor Ergriffenheit die Luft anzuhalten, weil Sie die Hügel der Langhe in den letzten Tagen schon vielfach schön, aber noch nie so schön unter sich gesehen haben. Sie verstehen dort auch, weshalb diese wunderbare Landschaft in die UNESCO-Welterbe-Liste aufgenommen worden ist (siehe oben). Leider ist dort das

Ristorante *Belvedere* geschlossen, weil der Betreiber, der uns einst lecker bekocht hat, in ein anderes Haus (es heißt *Bovio*, liegt am Hang der Zufahrtsstraße nach La Morra und wird hoch gelobt) umgezogen ist. Ein Fensterplatz oder gar ein Essen im Freien wären von der Lage nicht mehr zu toppen, falls sich mal wieder ein neuer Betreiber findet.

Ihr Nachtlager würden Sie anschließend zu Fuß erreichen, ganz gleich, ob Ihr Wohnmobil auf dem großen Parkplatz bei der Sporthalle nördlich der Altstadt oder auf dem offiziellen Stellplatz steht:

WOMO-Stellplätze: La Morra

(117) Sporthalle
GPS: N 44°38'19" E 7°55'53", Piazza Vittorio Emanuele. **Max. WOMOs**: 5-7.
Ausstattung/Lage: Toilette (um die westliche Ecke), Wasser (in der Nordwestecke des Platzes eine Etage höher), Mülleimer, Geschäfte, Bäcker fast direkt über dem Platz, Gaststätten, Spielplatz, Wanderwege, schöne Sicht / Ortsrand.
Zufahrt: Folgen Sie von allen Seiten den Wegweisern bis La Morra und biegen Sie dort auf den großen Parkplatz bei der Markt- und Mehrzweckhalle ab, an dem Sie stets vorbeikommen. Sie fahren dann rechts der Markthalle auf die untere Etage bei einer Spothalle.
Hinweis: Wegen der eingezeichneten Markierungen eigentlich nur für Pkw; WOMOs werden aber geduldet, auch wenn sie die Markierungen nicht einhalten (ob sich das ändert, seit der nachstehende Platz Geld kostet, bleibt abzuwarten). Wegen der schönen Sicht stehen wir hier lieber als auf dem offiziellen Platz.

(118) offizieller Stellplatz
GPS: N 44°38'16" E 7°55'42", Via Laghetto. **Max. WOMOs**: 10.
Ausstattung/Lage: Ver- und Entsorgung, Strom, klappstuhlgeeignet, im Sommer kleine Getränkegaststätte, Mülleimer / Ortsrand, leicht einsam, häufig besucht.

Zufahrt: Fahren Sie von La Morra auf dem Höhenkamm Richtung Novello/Vergne, der Platz ist dann bergab beschildert. **Gebühr**: 10 €.
Hinweis: Der Platz grenzt an einen Weiher (Laghetto). Wir wissen nicht, ob davon außer Froschgequake im Frühjahr weitere Störungen ausgehen; keine Fernsicht.

Sie werden sich nicht nur an der erwähnten **Balustrade** umsehen, die zweifellos die Hauptsehenswürdigkeit des Dorfes bildet, sondern auch seitlich der Gassen und dann bald feststellen, dass der Barolo hier noch größere Bedeutung hat als im gleichnamigen Ort. Etwa 35 Prozent seiner Gesamtmenge werden im Gemeindegebiet von La Morra angebaut und nicht nur in der **Cantina Comunale** (im oberen Teil des historischen Zentrums rechts; lohnt sich auch nur zum Gucken) können Sie

Blick auf La Morra

alles kaufen, was Rang und Namen hat und weiter hinten bei den Tipps von uns empfohlen wird. Die Preise sind dort angeblich nicht höher als direkt beim Winzer. Von einem Einkauf in den Weingeschäften im unteren Teil des alten Ortskerns, beim Aufgang zum Belvedere, raten wir hingegen ab. Sie verlieren dort den Überblick, weil auch viele fremde, nicht Piemontesische Produkte angeboten werden.

La Morra - Blick vom Belvedere

La Morra liegt von fast jedem Ort der Langhe in Ihrem Blick, und neben Alba und Barolo ist es einer der Orte, in dem Sie in Ihrem weiteren Leben immer mal wieder vorbei schauen werden, wenn es sich einrichten lässt, sei es auch auf einer Fahrt an die Côte d'Azur.

Hinten bei den Tipps empfehlen wir Ihnen unter dem Stichwort *Wein* noch ein Weingut mit Stellplätzen zwischen La Morra und Barolo. In der Nähe davon und zum Gemeindegebiet von La Morra gehörend finden Sie in den Weinbergen die **Capella delle Brunate** (auch Capella Barolo genannt), eine kleine Kapelle, die dem Weingut *Ceretto* gehört und in dessen Auf-

Capella delle Brunate

Die Langhe – mehr als eine Genussreise

trag restauriert sowie im Jahr 1999 von den Künstlern Sol Lewitt und David Tremlett bunt bemalt worden ist. Das Gebäude wurde erst 1914 gebaut, aber nie als Gotteshaus geweiht und diente hauptsächlich als Zufluchtsstätte während der Arbeit in den Wingerten. Sie finden die kleine Attraktion unten im Tal an der SP 3 von Grinzane Cavour nach Barolo. Dort wo sich die Straßen gabeln (und Sie zum Stellplatz oder zum Friedhof von Barolo die linke Straße wählen) biegen Sie beim braunen Wegweiser ‚Capella' nach Westen (also an den Fuß von La Morra) und gleich danach links ab (N 44°37'41" E 7°56'42").

Sie sind im Sommer unterwegs, und gerne würden Sie ein wenig ausspannen, sich auf eine Wiese in den Halbschatten setzen, vielleicht sogar ein wenig sonnen und den Tag vertrödeln. Dafür bestens geeignet ist nahe der Ortschaft Bene Vagienna der Parkplatz des **Ausgrabungsgeländes Augusta Bagienorum**. Er wurde mit erheblichem Aufwand angelegt, aber die Natur hat schon lange begonnen, sich das Gelände zurückzuholen. Wer fährt schon zu römischen Ausgrabungen, bei denen man nur Mauerhaufen sieht und dazu noch kleine Fußmärsche unternehmen muss? Für echte Fans sind die Reste der antiken Stadt, in der bis zu 17.000 Menschen gelebt haben könnten, nicht uninteressant. Es gibt alles zu sehen, eher zu erahnen,, was zu einer römischen Stadt gehört: Stadtmauer, Tore, Forum, ein Theater und ein Amphitheater; aber man braucht angesichts der Reste schon ein wenig Phantasie. Ob Sie auf dem einsamen Parkplatz auch übernachten, muss bezweifelt werden, für den Tag jedoch ist er bestens geeignet:

(119) WOMO-Picknickplatz: Augusta Bagienorum
GPS: N 44°33'25" E 7°50'38". **Max. WOMOs**: 10.
Ausstattung/Lage: Mülleimer, Bänke und Tische, Wasser / außerorts, einsam.
Zufahrt: An der Straße von Narzole nach Bene Vagienna beschildert, dann noch etwa 300 m gut befestigter Feldweg.

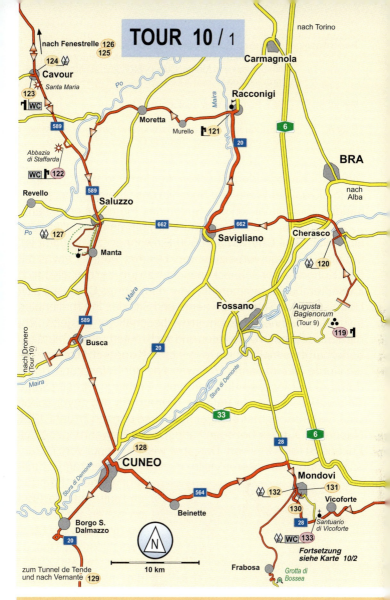

Tour 10: Durch die Westkurve in die Südkurve
350 km

Cherasco - Savigliano - Racconigi - Cavour - Fenestrelle
Saluzzo - Mondovi - Vicoforte - Marsaglia - Garessio

Stellplätze: in Cherasco, in Racconigi, bei der Abtei von Staffarda, in Cavour, in und bei Fenestrelle, in Saluzzo, in Mondovi, bei der Wallfahrtskirche von Vicoforte, in Marsaglia, in Garessio

Durch die Westkurve in die Südkurve 227

Besichtigen:	Cherasco, Schloss und Vogelpark von Racconigi, Abtei von Staffarda, Festung von Fenestrelle, Saluzzo, Fresken im Schloss von Manta, Cuneo, Mondovì, Wallfahrtskirche von Vicoforte
Wandern:	von Saluzzo zum Schloss von Manta
Essen:	Ristoranti *Il Sigillo* bei der Abbazia di Staffarda, *Posta dei Grassoni* in Cavour, *Trattoria Da Lele* in Murazzano

Die zurückzulegenden Strecken werden nun wieder länger, wenn Sie auf der West- und Südseite des Gebiets unserer vorherigen Tour allmählich den Süden des Piemonts erreichen.

Sollten Sie in La Morra starten, kommen Sie allerdings nicht weit, weil **Cherasco** (6.500 Einwohner) zu berühmt ist, um einfach daran vorbeizufahren. Das hat weniger etwas mit dem Kongress der Schneckenzüchter zu tun, der hier alljährlich im September zusammentritt, oder damit, dass Cherasco sich Hauptstadt der Schnecken nennt und Sitz des Internationalen Instituts für Schneckenzucht ist (wir beschäftigen uns jetzt nicht mit den passenden Lokalitäten und der Kräuterbutter). Cherasco beherbergt vielmehr einige respektable **Kunstschätze**. Immerhin wurde hier im Jahre 1706 während der Belagerung Turins durch die Franzosen das berühmte Grabtuch Christi (*Santa Sindone*) verwahrt, im **Palazzo Salmatoris**, wo zuvor schon ein Friedenskongress stattgefunden und danach im Jahr 1796 Napoleon Quartier bezogen hatte. Der Aufbewahrungsort des Lakens ist reich freskiert. Das aber wissen wir nur vom Hörensagen, denn bei unserer Visite an einem Donnerstagnachmittag, keinem Feiertag und außerhalb der Ferien, waren alle Sehenswürdigkeiten der Stadt verschlossen. Und es schien uns, als würden die meisten Urlauber an der quadratisch angelegten, aber äußerst provinziell wirkenden Kleinstadt vorbeifahren. Eine größere Sehenswürdigkeit ist von außen zu bewundern, der **Arco del Belvedere**, einer von zwei Triumphbögen, angebaut an die Kirche S.

in Cherasco

Agostino und wie diese gestiftet, weil die Stadt und der in seine Zweitresidenz aus Turin geflohene Savoyer Hof von der Pest verschont blieben. Am besten gefällt uns, kein Wunder bei flächendeckend verschlossenen Türen, die Fassade der **Kirche S. Pietro** im romanisch-frühgotischen Stil, weil dort eine niedliche Blendbogengalerie verbaut und römische Reste, sogenannte Spolien, recycelt wurden. Spolien sind antike Bauteile, hier vorwiegend Marmorköpfe, die spätere Generationen wiederverwertet haben.

Cherasco - Spolien an der Kirche S. Pietro

Sehenswert ist im nördlichen Teil der Innenstadt, in der Via Nostra del Popolo, auch der großartige, strahlend weiße Barockbau **Santuario della Madonna del Popolo**.

Wenn Sie mit Kindern unterwegs sind, können Sie denen bei einer Stadtbesichtigung auch mal was bieten: Sie müssen dazu allerdings südlich des Zentrums die Jahrhunderte alte **Platanenallee** finden, in deren hohlen Stämmen Platz für ganze Sippen von Zwergen, Wurzelkindern und sogar für Ihren Nachwuchs ist.

Der offizielle Stellplatz, ebenfalls südlich der Innenstadt, ist besser als sein Vorgänger. Aber er ist nicht mehr als ein großer Asphaltplatz:

(120) WOMO-Stellplatz: Cherasco
GPS: N 44°38'58" E 7°51'17", Piazza Giovanni Paolo II. **Max. WOMOs**: 15.
Ausstattung/Lage: Ver- und Entsorgung, Strom, Gaststätten und Geschäfte in der Nähe / im Ort.
Zufahrt: Sie finden den beschilderten Platz südlich des Zentrums (Richtung Narzole) und westlich der Durchgangsstraße.

So richtig kommen Sie nicht in Fahrt, falls Sie sich entschlossen haben, wenigstens die schönsten Orte nicht auszulassen.

Savigliano (19.000 Einwohner) gehört dazu, und ohne Hetze, allerdings auch ohne Heißgetränk, brauchen Sie für den Rundgang nicht wesentlich länger als eine Stunde, da Sie in der Innenstadt parken können und somit schon nach wenigen Schritten am Ziel angekommen sind: Das ist die lang gezogene, autofreie **Piazza Santarosa**, die von Arkaden im Erdgeschoss hoher, malerischer Häuser gesäumt ist. Diese haben ihr barockes Aussehen, das ihnen zu Zeiten der Savoyer Herrschaft aufgepfropft wurde im Gegensatz zum sie überragenden Turm allmählich wieder verloren. Die schönste Straße der Stadt beginnt hinter dem Triumphbogen am Südende der Piazza. Sie sollten dort den **Palazzo Taffini** (schräg gegenüber der Kirche und Sitz der Sparkasse) ansehen, vor allem den Innenhof und die Fresken im sogenannten ‚Königlichen Saal'. Sehenswert ist auch der **Palazzo Cravetta**, Sie werden hier eine der schönsten Innenhoffassaden des gesamten Piemont bestaunen (in der Via Jerusalem, die nahe dem Palazzo Taffini abzweigt).

Savigliano - Piazza Santarosa

Wahrscheinlich rühren Sie dann auf der Piazza doch noch im Kaffee, vermutlich sind Sie die einzigen Touristen, die das auf dieser Piazza tun und danach noch etwa 15 km in das nördlich gelegene **Racconigi** (10.000 Einwohner) fahren, obwohl das 1404 erbaute und Mitte des 19. Jahrhunderts klassizistisch aufgerüstete **Königsschloss** in der Reiseliteratur hoch gehandelt wird und zum UNESCO-Weltkulturerbe der *Residenzen des Hauses Savoyen* zählt *(dazu siehe Tour 8; 9 - 18 Uhr, nur geführte Besichtigungen, 5 €; Schlosspark 10 Uhr bis 18 Uhr, 2 €, beides montags geschlossen).*

Hier erblickte Prinz Umberto II. das Licht der Welt, und

Racconigi

hier schaute im Oktober 1909 Zar Nikolaus II. tief in sein Barolo-Glas. Vielleicht gibt es deshalb auch eine Enoteca, ohne die im Piemont offenbar kaum noch eine historische Sehenswürdigkeit über die Runden kommt. Uns gefallen besonders der Vorplatz des Schlosses, zugleich zentraler Platz des Städtchens, und die auf dem Dach des Schlosses landenden Störche, denen seit einigen Jahren zumindest vorübergehend im Jahr im nahen **Naturschutzgebiet** Lebensraum geboten wird. Der Stellplatz wird keinen Schönheitspreis gewinnen, aber er liegt ortsnah und ruhig:

(121) WOMO-Stellplatz: Racconigi
GPS: N 44°46'01" E 7°40'06", Via Regina Margherita.   **Max. WOMOs**: 8.
Ausstattung/Lage: Wasser, Mülleimer, Gaststätten und Geschäfte im Ort, klappstuhlgeeignet / außerorts, leicht einsam.
Zufahrt: Fahren Sie auf das Schloss zu, um direkt davor nach links in Richtung ‚Murello' abzubiegen; danach halten Sie sich geradeaus bis zum Stellplatz, der am Ende der Häuser beschildert links seitlich der Straße und in der Nähe des Flüsschens Maira liegt.

Von Racconigi gondeln Sie am besten quer durch die Lande zur **Abbazia di Staffarda**, einer der bekanntesten Sehenswürdigkeiten im südlichen Piemont. In der Zisterzienserabtei, in Italien eine Rarität, bekommen Sie einen authentischen und vollständigen Einblick in ein mittelalterliches Kloster (1135 gegründet, um 1300 vollendet, später vor allem von den Truppen

Abbazia di Staffarda

Ludwigs XIV. und Napoleons geplündert und teilweise zerstört). Fast alles ist noch zu sehen und wird mit Hilfe eines tragbaren Bandgerätes in bestem Deutsch wunderbar erklärt *(weshalb wir hier auf Einzelheiten verzichten können – April bis Oktober 9 - 12 und 13 - 17.30 Uhr, die restliche Jahreszeit bis 16 Uhr;*

montags geschlossen; 6,50 €). Nur das Speiseangebot auf der Tafel der angrenzenden Klosterschenke, dem **Ristorante Il Sigillo**, müssen Sie selbst übersetzen. Bei unserem Besuch, an einem Montag, hatte das für seine Maisplätzchen (*Meliocotti* auch *Melica* genannt) gelobte Gasthaus leider Ruhetag. Wenn wir uns nicht sehr täuschen, war das ausgesprochen schade *(wie uns später mehrfach bestätigt worden ist; siehe www.ristoranteilsigillo.com; Tel. 0175 273120; sonntagabends und montags geschlossen).* Dazu passt der Stellplatz, den verweichlichte Stadtmenschen möglicherweise wieder fluchtartig verlassen, wenn sie am Nachmittag eintreffen. Dann nämlich brüllen auf dem nahen Bauernhof, einem riesengroßen Landgut, das die Älteren unter uns an den Film ‚1900' erinnert hat, die Kühe, weil sie auf die Melkmaschine warten, vielleicht auch weil sie hungrig sind. Dieser Geräuschpegel legt sich. Aber auch während der Nacht hört man noch das eine oder andere tierische Gebrumme und Geraschel, während unangenehme Gerüche nicht aufdringlich wirken:

(122) WOMO-Picknickplatz: Abbazia di Staffarda

GPS: N 44°43'15" E 7°26'10". Via San Maurizio.   **Max. WOMOs**: 5.
Ausstattung/Lage: Toilette, Wasser, Bänke und Tische (seitlich des Klosters), Mülleimer, Gaststätte / außerorts, aber nicht einsam.
Zufahrt: An der Straße von Saluzzo nach Cavour kommen Sie an der Abbazia di Staffarda vorbei. Parken Sie im großen Innenhof oder längs des nördlichen Zufahrtsweges bei einer Picknick-Wiese.

Sollten Ihnen beim Kloster, seitlich einer alten, kleinen Markthalle (11. Jahrhundert), Geräusche und Gerüche zu penetrant erscheinen, fahren Sie einfach 9 km weiter nach **Cavour** (5.600 Einwohner), wo Sie einen mit Platanen und Linden bepflanzten innerstädtischen Übernachtungsplatz antreffen – mit einem Mineralwasserautomaten (das Gerät ist nicht zu übersehen, 5 Cent/Liter ohne oder mit Kohlensäure):

(123) WOMO-Stellplatz: Cavour

GPS: N 44°47'02" E 7°22'15", Via Dante Alighieri.   **Max. WOMOs**: 10.

Ausstattung/Lage: Toilette, Wasser (seitlich der Markthalle), Mülleimer, Spielplatz, Geschäfte (Bäcker gegenüber), Gaststätten, Mineralwasserabfüllstation / in der Stadt.
Zufahrt: Der Parkplatz liegt am Nordwestrand des Ortes. Fahren Sie auf der für Lastwagen empfohlenen Umgehungsstraße Richtung Barge.

Hinweis: Am Dienstagmorgen findet in der Nähe ein großer Wochenmarkt statt, Sie können dann trotzdem übernachten, Sie sollten aber beim Frühstück darauf achten, nicht eingeparkt zu werden.

(124) Nördlich der Innenstadt finden Sie bei einer **Entsorgungsstation** einen kleinen, **offiziellen**, aber nicht schön gelegenen Stellplatz.
GPS: N 44°47'16" E 7°22'35"; Via Vigone; sie zweigt von der SS 589 ab, der Straße nach Pinerolo.

Die Stadt trägt ihren Namen nach *Graf di Cavour* (siehe vorherige und 5. Tour) und war bis Ende der 50er Jahre des letzten Jahrhunderts Austragungsort des jährlichen *Concorso dei Grassoni (Wettkampf der Dicken)*. Sportstätte war die *Posta*, in der heute noch Fotos an die Schwergewichtskämpfe erinnern. Der damalige Wirt, ein Hänfling unter den Athleten, brachte 130 kg auf die Waage, nichts gegen den Champion aller Zeiten, eine Dame mit satten 227 Kilo. Die idealen Wettkampfbedingungen haben, das behaupten jedenfalls Kenner, unter einem Generationenwechsel bei der Wirtsfamilie nicht gelitten, so erfreut sich die **Posta dei Grassoni**, wie sich das **Wirtshaus** heute noch nennt, stets guten Zuspruchs. Man serviert Ihnen die leckere *Pasta* nicht fertig auf dem Teller, sondern die Kellnerin legt Ihnen aus Schüsseln vor – bis zum Abwinken *(Ende Juli bis Mitte August und freitags geschlossen; Tel. 0121 69989)*.

In 45 Kilometer Entfernung von Cavour wartet im Nordwesten eine gewaltige, aber ziemlich unbekannte Attraktion auf Sie: die größte Gebirgsfestung Europas **Il Forte di Fenestrelle.** Die Annäherung an diese mächtige Anlage führt über **Pinerolo** in das **Val Chisone**. Das hatte schon immer Bedeutung für die Rivalität zwischen den Franzosen und den Piemontesern, es galt von beiden Seiten als mögliche Einfallsroute des Gegners.

1694 forderte Ludwig XIV., der »Sonnenkönig«, deshalb den Bau einer uneinnehmbaren Festung an der Einschnürung des Tals bei Fenestrelle. Es entstand die Festung **Mutin**, am südlichen Ufer des Flusses – heute noch erkennbar. Nach episodischen Auseinandersetzungen fielen die Region und damit die französische Festung in die Hände der Piemonteser. Vittorio Amadeo II. ging dann aufs Ganze: auch der nördliche Bergrücken sollte uneinnehmbar befestigt werden.

Zwischen 1728 und 1789 entstand so nach den Plänen von Ignazio Bertola ein unvergleichliches Bauwerk: eine Bastion von etwa 3 Kilometern Länge, einen Höhenunterschied von 600 Metern überwindend, mit drei Wehrbauten, drei Feldschanzen und zwei Batterien, die durch eine umbaute und überdachte **Treppe** *(Scala Coperta)* über 4.000 Stufen miteinander verbunden sind. Man findet sogar zwei Stellplätze, die Sie sich nacheinander ansehen können:

WOMO-Stellplätze: Fenestrelle

(125) <u>Area Le Casermette</u>
GPS: N 45°02'13" E 7°03'01". **Max. WOMOs**:10.
Ausstattung/Lage: Mülleimer, klappstuhlgeeignet, Gaststätte in der Nähe, schöne Lage / Ortsrand.
Zufahrt: Die Zufahrt zweigt nordöstlich der Festung im Ort in der Nähe einer Trattoria spitzwinklig und beschildert von der SS 23 ab.
Gebühr: Im Sommer 10 €.

(126) <u>Festung</u>
GPS: N 45°01'50" E 7°03'34". Via del Forte. **Max. WOMOs**:5.
Ausstattung/Lage: Mülleimer, klappstuhlgeeignet / außerorts, einsam.
Zufahrt: Biegen Sie von der SS 23 nach zwei Serpentinen bei braunen Wegweisern *(‚Forte')* unterhalb der Festung und südöstlich des Ortes spitzwinklig nach rechts zur Festung ab (ausgeschildert).

Zu besichtigen ist die Festung täglich außer dienstags. Drei Führungen werden – häufig auch in Englisch – angeboten: Die

Festung von Fenestrelle

kleine Führung (1 Stunde, nur im Eingangsbauwerk; 10 und 15 Uhr) für 5 €, die mittlere Führung (3 Stunden, bis zum Drittelpunkt der Anlage; 10 und 15 Uhr) für 10 € und die große Führung (7 Stunden, bis zum Kopfbau; 9 Uhr) für 15 €.

Wir haben die dreistündige Führung genossen. Der junge Davide erklärt, stets umtobt von seinem ungezogenen Köter Michele, in perfektem Englisch die Geschichte der Anlage. Die Aufstiege durch die **Scala Coperta** von Bauwerk zu Bauwerk sind anstrengend, weil die Steigung der Treppe auf das Schrittmaß der Pferde und Esel

abgestimmt wurde, die für die Versorgung der Anlage und ihrer Regelbesatzung von 1.750 (!) Soldaten zuständig waren.

Die Festung hat **nie** eine Bedeutung in der militärischen Auseinandersetzung zwischen Frankreich und Italien gespielt. Sie ist das Produkt von wichtigtuerischer Feindseligkeit zwischen zwei Nationen gewesen, die sich – abgesehen von den Mächtigen – eigentlich immer in freundlicher Nachbarschaft miteinander befunden haben. Lediglich gegen Ende des 2. Weltkrieges kam es zu einem kurzen Scharmützel zwischen den italienischen Partisanen und den deutschen Okkupanten. Die Anstrengungen der Widerständler blieben letztlich ohne Erfolg, sollen aber wenigstens dazu geführt haben, dass die Evakuierungszeit der Bevölkerung verlängert worden ist.

Es ist immer schwierig, als Deutscher im Ausland militärische Anlagen zu besichtigen, in denen die Schergen des »Reichs« ihr Unwesen getrieben haben. Die Betroffenheit der Einheimischen und ihr Stolz müssen respektiert werden, auch wenn manchmal daraus Übertreibungen und Entstellungen entstehen. Davide schießt in seinem Patriotismus manchmal über das Ziel hinaus, wenn er beispielsweise das Gefängnis der Anlage zum »ersten Konzentrationslager der Geschichte« umdeutet.

Diese Festung spielt architektonisch und technisch in der Champions-League. Ihr Sinn und Zweck sind jedoch völlig fragwürdig, wie der von vielen militärischen Projekten. Es bleibt ein eigenartiges Gefühl zurück: Kann man die Ästhetik des Absurden genießen?

Auch hier haben wir uns gefragt: Was kostet ein Meter des Wegs? Es lohnt die Anstrengung nicht, dieses zu ermitteln. Denn das alles hier hat sich für die Menschen **nie** gelohnt.

Wir fahren nun über Cavour wieder zurück und kommen südlich von Cavour, seitlich der Straße nach Saluzzo, an der **Abbazia di S. Maria** vorbei, den Resten eines im Jahre 1073 gegründeten Klosters, von dem noch die romanische Krypta erhalten ist nebst Spolien (siehe oben bei Cherasco) aus römischer Zeit.

Wer Cavour oder Fenestrelle auslässt, wird schon beim Kloster Staffarda abbiegen, um sich an der Lage von **Saluzzo** (16.700 Einwohner) vor dem dahinter aufragenden Monviso, dem Paradeberg des Piemont, zu erfreuen (3.841 m –

Saluzzo - an der Salita al Castello

siehe auch bei Tour 11). Uns war das bei keinem Besuch vergönnt, weil jedesmal der Dunst zu stark war und wir von der Pyramidenform des Bergriesen hinter Saluzzo absolut nichts sehen konnten. Aber auch ohne dieses Panorama lohnt sich die Stadt, die ihr mittelalterliches Bild besonders gut, wenn auch anders als erwartet, bewahrt hat. Das liegt daran, dass die Savoyer, nachdem sie Ende des 16. Jahrhunderts Saluzzo erobert hatten, die vorhandene Bausubstanz nicht mit barocken Elementen aufgemotzt haben. Saluzzo lag strategisch bedeutungslos einfach schon zu dicht an den Alpen. An deren Rand wächst die Stadt den Berg hinauf, und im flachen Bereich breitet sich heute die neuere, lebhafte Unterstadt aus, in der sich die Geschäfte befinden und auch ein stattlicher, spätgotischer **Dom** (sehenswert sind in der Kapelle an der linken Seite des Chorumgangs die bemalten Tafeln von Hans Clemer aus dem Jahr 1495).

Gegenüber dem Dom, jenseits eines alten Stadttores, wird es ausgesprochen malerisch, und wenn Sie nach ein paar Treppen die **Salita al Castello** erreicht haben, die zum Schloss hochführende und im 15. Jahrhundert angelegte Prunkstraße, werden Sie sich wundern, weshalb außer Ihnen kaum andere Touristen vor den Renaissance-Palazzi stehen bleiben und beim Palazzo del Comune zur **Kirche und Kloster San Giovanni** abbiegen. Es gibt

kaum andere Besucher. Selten werden Sie beim Betreten eines Kirchenraums in gleicher Weise beeindruckt: Das gegen Ende des 15. Jahrhunderts mit Hilfe gewaltiger Stützmauern über den Hang hinausgebaute Kirchenschiff erreichen Sie nämlich in halber Höhe, um vom Eingang hinab (!) in den Kirchenraum zu schauen. Hauptattraktion ist der spätgotische Chor mit Grabstätten der Saluzzer Markgrafen. Vergessen Sie nicht den Kreuzgang, den Sie vom linken Seitenschiff aus erreichen.

Nachdem Sie die Kirche verlassen haben, sollten Sie sich nach rechts wenden und die Via Giovanni noch ein Stück weitergehen, zur **Casa Cavassa**, einem reinen Renaissance-Palast, wie er im Piemont höchst selten anzutreffen ist. Er diente den Markgrafen als Stadthaus und beherbergt heute das berühmte **Museo Civico**, dessen größter Schatz die Bilder von Hans Clemer sind, hier graue, sogenannte Grisaille-Fresken an den Wänden der überdachten Balkone *(10 - 12.30 u. 15 - 17.30 Uhr, montags und mittwochs geschlossen, freitags nur nachmittags; 5 €)*. Das Werk des Flamen Clemer wird Ihnen farbenfroh in Elva auf unserer 11. Tour wieder begegnen.

Am Ende der Salita al Castello stoßen Sie auf das im Jahre 1992 aufgegebene Gefängnis. Das war in der ehemaligen markgräflichen Burg untergebracht, die einst prunkvoll ausgebaut war, wovon aber fast nichts mehr zu sehen ist.

Den Parkplatz davor empfehlen wir nicht mehr für die Nacht. Er wurde verkleinert und ist einfach zu laut. Eindeutig besser ist der offizielle Platz, der kürzlich verlegt worden ist:

(127) WOMO-Stellplatz: Saluzzo

GPS: N 44°38'15" E 7°29'32", Via Matteo Olivero 4.   **Max. WOMOs**: 10.
Ausstattung/Lage: Ver- und Entsorgung (2016 noch unfertig), abends klappstuhlgeeignet, Mülleimer, die Innenstadt ist etwa 600 m entfernt / Stadtrand.
Zufahrt: Fahren Sie in Saluzzo auf der SS 589 Richtung Cuneo stadtauswärts, an einem Kreisverkehr rechts bergauf *('Giardino botanico')*, danach immer geradeaus, bis der neu angelegte Parkplatz links der Straße liegt.

Das südlich gelegene **Manta** (3.200 Einwohner) dürfen Sie auf Ihrer Piemont-Reise auf keinen Fall auslassen, denn die **Fresken** im **Schloss** sind eine absolute Top-Sehenswürdigkeit, eine Schöpfung der Gotik, wie man sie angeblich weltweit kein zweites Mal findet. Auf der einen Seite des Festsaals sind 18 Figuren dargestellt, 9 Heldinnen und 9 Helden, gleichzeitig Bildnisse der Markgrafen von Saluzzo und ihrer Frauen. Am Anfang der Galerie, als Hector, steht der Schlossherr, der um 1420 die Galerie in Auftrag gegeben hat: Valerano, unehelicher Sohn von Tommaso III., einem Saluzzer Markgrafen, der seinem Abkömmling die Burg übertragen hatte. Der begegnete dem Makel, ein Bastard zu sein, indem er sich an die Seite

Fresko in der Burg von Manta

seiner Vorfahren stellen ließ – und seine Gemahlin (über dem Rundbogen einer Tür) an die Seite deren Frauen. Gegenüber, etwas weniger kunstvoll, weshalb man annimmt, dass es die Helfer des Meisters der Heldengalerie gemalt haben, das vergnüglichere und ironische Fresko des Jungbrunnens: Greisinnen und Greise, des Gehens nicht mehr mächtig, werden zu einem Brunnen geschleppt, den sie auf der andern Seite in jugendlicher Frische verlassen. Die Männer, kurz zuvor noch scheintote Gruftis, hofieren schon wieder die Damen, noch ehe sie dem Wasser entstiegen sind. Besonders nett ist der alte Herr, nicht ganz so gebrechlich wie die anderen, der sich die Strümpfe auszieht, bevor er ins Wasser steigt. Gäbe es nicht diesen Fresken-Saal, das Castello della Manta würde in der Reiseliteratur nicht erwähnt werden, trotz seines schönen, kleinen Parkes *(10 - 18, im Winter bis 17 Uhr, montags*

Schloss von Manta - *‚Jungbrunnen'*

nur an Feiertagen geöffnet; 7,50 €; zwei WOMOs können auf dem Parkplatz schräg parken, notfalls muss man vom Dorf zum Schloss spazieren).

Man kann den Besuch sehr gut in eine Wanderung einbauen (nicht montags!):

Von Saluzzo zum Schloss von Manta

Die Wanderung ist deshalb reizvoll, weil das historische Zentrum von Saluzzo wie auch die überaus sehenswerte Burg von Manta an der Strecke liegen.

Gehen Sie in **Saluzzo** durch den alten Ortsteil hoch zur ehemaligen Burg (bzw. dem ehemaligen Gefängnis, siehe oben; vom Stellplatz wandern Sie entlang der Straße links bergauf, an der Spitzkehre scharf rechts bis kurz vor das ehemalige Gefängnis). Sofort hinter (aus Sicht des Stellplatzes vor) der Festung biegen Sie bei einer riesigen Mauer in die Straße S. Lorenzo bergauf ab und wandern entlang der Straße und vorbei an der ehemaligen **Kapelle San Lorenzo**. Sie folgen weiter der Straße und halten sich auch nach deren Ende geradeaus. An einer T-Gabelung gehen Sie rechts *(‚Pilone Botta')*, und bei der folgenden Gabelung wählen Sie erneut rechts den breiten Weg durch den Wald. Sie passieren bald einen Hohlweg und entscheiden sich bei einem Schild mit der Aufschrift ‚Zona d'Alpisti' für den linken Weg (Wegweiser nach rechts, ‚S. Christina', wäre falsch). Links sehen Sie einen roten Punkt.

An der nächsten Gabelung führt der richtige Weg nach rechts und nach einem Haus erneut rechts. Es geht abwärts, und auf einer Asphaltstraße gelangen Sie zum **Castello della Manta** (bis hier etwa 7,5 km).

Castello della Manta

Der **Heimweg** ist einfach. Sie stiefeln dazu vom Schloss abwärts, wenden sich in Manta an der Kirche links und verlassen auf der kerzengeraden Via Saluzzo den Ort. Etwa 150 m nördlich einer kleinen Kirche biegen Sie nach links in die Via S. Bernardino und können nun auf dem restlichen Heimweg (insgesamt etwa 4 km) nichts mehr falsch machen, da die Via S. Bernardino an eingangs erwähnter Spitzkehre in Saluzzo ankommt. Eine Karte ist nicht erforderlich.

Nach dem Kunstgenuss von Manta müssen Sie die Entscheidung treffen, wie die Reise weitergehen soll. Vielleicht in die sogenannten Westtäler, die fast vor Ihrer Tür beginnen und wohin wir Sie auf unserer nächsten Tour mitnehmen. **An dieser Stelle müssen Sie also zu Tour 11 abbiegen**.

Oder Sie wählen die Südkurve mit einem östlichen Abstecher über **Fossano**, einer lebhaften Stadt mit 23.000 Einwohnern und einem mittelalterlichen Castello. Infrage kommt auch die Strecke über Cuneo, die sich unter anderem dann anbietet, wenn Sie zur Côte d'Azur reisen (Band 38 der WOMO-Reihe, vom Autor dieser Zeilen) oder wenn Sie die Ligurische Küste

Cuneo - Piazza Galimberti

von Westen her in der Abfolge aufrollen, die Ihnen in Band 74 der WOMO-Reihe ebenfalls vom Verfasser dieser Zeilen vorgeschlagen wird.

Die Provinzhauptstadt **Cuneo** (52.000 Einwohner) zählt nicht zu den wichtigsten Zielen dieses Buches, wenngleich wir mit großer Freude durch das historische Zentrum, das ist der nördliche Teil der Innenstadt, gebummelt sind: unter sehenswerten Arkaden auf der Hauptstraße, der Via Roma, zur Piazza Galimberti, und so ähnlich wieder zurück. Wirklich schön ist der

Blick auf die Berge über die äußerst geräumige Piazza Galimberti, die nach einem Widerstandskämpfer benannt ist (Geburtshaus mit Museum am Platz) und der Piazza San Carlo in Turin ähnelt und von nicht wenigen Touristen nur wegen der **Pasticceria Arione**, an der südwestlichen Ecke, besucht wird. Der schönste Gassenzug der Altstadt ist die **Contrada Mondovì**, die von der Via Roma etwa auf halber Strecke nach Osten abzweigt.

Mehrfach haben wir uns in Cuneo nach einem Stellplatz umgesehen. Nichts schien uns für einen Reiseführer geeignet, auch wenn rund um die Altstadt einige Großparkplätze zumindest Notlösungen bieten. Leser haben uns den Platz am Friedhof empfohlen, mit Transfer ins Zentrum – nordwestlich der Altstadt, von der nördlichen Verbindung zur SS 20 und südöstlich der Flussbrücke zu erreichen [**128** - GPS: N 44°23'51" E 7°32'59"; wir empfanden das etwas einsame Gelände als zu trist]. Kostenlos ver- und entsorgen können Sie an der Straße Dicesa Bellavista bei N 44°23'42" E 7°32'56", wenn Sie am Kreisverkehr ganz in der Nähe des genannten Parkplatzes bei einer Tankstelle gleich nach rechts fahren.

Falls Sie von Cuneo an die Côte d'Azur oder nach Ligurien weiterreisen, werden Sie vermutlich den Tenda-Tunnel (Tunnel de Tende) benutzen, zu dem sich der Verfasser dieser Zeilen im Ligurien-Führer näher ausgelassen hat. Etwa 13 km nördlich davon, also noch im Piemont, können Sie ruhig übernachten:

(129) WOMO-Stellplatz: Vernante

GPS: N 44°14'41" E 7°31'57". **Max. WOMOs**: 10.

Ausstattung/Lage: Wasser (an einer Hütte bei der Einfahrt), Mülleimer, Gaststätten und Läden in der Nähe / Ortsrand.

Zufahrt: Biegen Sie nördlich des Zentrums von der E 74/SP 2059 über die Brücke ans Flussufer ab, wo der riesige Platz vor nicht allzu langer Zeit frisch asphaltiert worden ist. **Gebühr**: 6,50 €.

Die Sehenswürdigkeit von **Vernante** (1.200 Einwohner) sind mehr als 150 auf die Mauern gemalte Bilder, auf denen die Geschichte von Pinocchio, der berühmtesten Holzpuppe der Welt, erzählt wird. Die Wandgemälde sind nachgemalte Kopien der Zeichnungen von Attilio Mussino, der die letzten Lebensjahre in Vernante verbracht und 1911 erstmals eine Pinocchioausgabe illustriert hat (zu Pinocchio siehe im WOMO-Führer über die Toskana, ebenfalls vom Autor dieser Zeilen).

Im von Cuneo nur 30 km entfernten und östlich gelegenen **Mondovi** (22.000 Einwohner) hätte beinahe Napoleon seinen Alterssitz genommen, bevor ihn die Realität der Verbannung eingeholt hat. Er hätte die Wahl gehabt zwischen zwei gänzlich unterschiedlichen Stadtteilen, der im 16. Jahrhundert entstandenen und demgemäß barocken Unterstadt namens *Breo* und der wesentlich älteren **Oberstadt**, die von den Einheimischen *Piazza* genannt wird. Sie thront auf einem Felsplateau und sieht von innen fast so schön aus, wie aus der Ferne, was jeder Italien-Kenner zu schätzen weiß, der schon bei manchem von außen so malerischen Felsplateau-Dorf in Tränen ausbre-

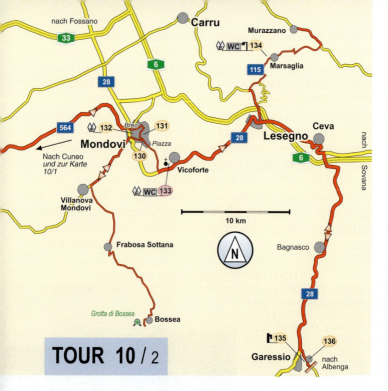

chen musste, wenn er in langweiligen Gassen zwischen Alu-Türen vergeblich suchte, was er von Ferne vermutet hatte. In Mondovi könnten wir sogar die Drahtseilbahn benutzen, um zu testen, ob uns auch hier die Illusion wieder einen Streich spielt. Wir bleiben in unserem WOMO und parken genau dort, wo die pittoresken, aber leider auch ziemlich angestaubten

in Mondovi - Piazza Maggiore - Stadtteil *Piazza*

und ebenso menschenarmen, alten Gassen beginnen; und wo auch die Nahverkehrsbusse über Nacht abgestellt werden. Der Platz war nie sehr schön und hat noch weiter eingebüßt, seit er überwiegend ein großflächig asphaltierter Busbahnhof geworden ist. Aber es gibt Alternativen:

WOMO-Stellplätze: Mondovi

(130) Busbahnhof (Stadtteil *Piazza*)
GPS: N 44°23'07" E 7°49'57", Piazza d'Armi. **Max. WOMOs**: 10.
Ausstattung/Lage: Mülleimer, Gaststätten, Geschäfte / im Ort.
Zufahrt: Fahren Sie in der Neustadt auf der SS 28 nach Süden und biegen Sie auf die SP 36 bergauf ab. Sie fahren hoch zur Oberstadt, die als ‚Centro storico' ausgeschildert und nicht zu verfehlen ist, und biegen Sie am Ende der Zufahrt auf den großen Busparkplatz, auf den Sie mehr oder weniger automatisch geleitet werden.

(131) Via della Marchese d'Ormea (Stadtteil *Piazza*)
GPS: N 44°23'28" E 7°49'49", Via d. Marchese d'Ormea. **Max. WOMOs**: 2-3.
Ausstattung/Lage: Gaststätten, Geschäfte, schöne Lage / im Ort.
Zufahrt: Fahren Sie hoch zur Oberstadt, wie beim vorherigen Platz beschrieben. Sie müssen wegen Einbahnstraßen in der dort beschriebenen Richtung ankommen. Sie biegen nicht auf den Busparkplatz ab, sondern fahren in den Ort, beim Erreichen eines großen Platzes rechts und an der nächsten

Gabelung erneut rechts. Es geht nun wieder abwärts, und bald sehen Sie rechts der Straße unter Bäumen Parkmöglichkeiten, die hoffentlich nicht besetzt sind.

(132) Piazza della Repubblica (Stadtteil *Breo*)
GPS: N 44°23'23" E 7°49'07", Piazza della Repubblica. **Max. WOMOs**: 15.
Ausstattung/Lage: Gaststätten, Geschäfte / im Ort.
Zufahrt: Der Platz liegt in der Unterstadt nahe der SS 28, zwischen den zwei Kreisverkehren und westlich des Flusses.

Sehenswert sind in der Oberstadt *Piazza* der lang gezogene Marktplatz, die **Piazza Maggiore**, mit traditionellen Läden hinter historischen Werbetafeln, und an der Südseite die **Kirche San Francesco Saverio**, auch Chiesa della Missione genannt, derentwegen alleine die Reise nach Mondovi ins Programm gehört. Der Maler Andrea Pozzo hat die Kuppel freskiert

Illusionistische Deckenmalerei von Andrea Pozzo

und damit ein illusionistisches Kunstwerk höchster Perfektion geschaffen, das auf den ersten Blick beim besten Willen nicht erkennen lässt, welches Architekturteil real existiert und welches als Scheinarchitektur lediglich gemalt wurde (die Renovierung müsste inzwischen abgeschlossen sein). Diese Kuppel, wie auch die im nahen Vicoforte, setzte beim Autor dieser Zeilen, der bis dahin der Barockmalerei so gut wie nichts abgewinnen konnte, einen Umdenkungsprozess in Gang.

In Mondovi sind überdies noch der Dom, auf der anderen Seite des Platzes, und der kleine Park mit einer Aussicht über weite Teile des Piemonts interessant.

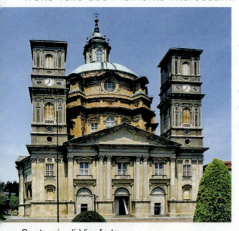

Santuario di Vicoforte

Als Pozzo, ein damals anerkannter Meister seines Fachs, später damit beauftragt wurde, die gewaltige Kuppel der **Wallfahrtskirche von Vicoforte**, einen der größten Kuppelbauten Europas, auszumalen, scheiterte er allerdings. Denn das Wesen der Illusionsmalerei besteht gerade darin, Bauteile, Fläche und Raum vorzugaukeln, die es in Wirklichkeit nicht gibt. Bei einer derart großen Kuppel hingegen, die schon ungeschminkt genauso groß wirken sollte, wie sie war – deshalb war sie ja von den Savoyern zum Zeichen deren Macht gebaut worden – war es logischerweise nicht angezeigt, einer kleineren Wölbung die Illusion einer großen zu vermitteln. Pozzos Technik musste deshalb beinahe zwangsläufig versagen. Erst 15 Jahre nach Fertigstellung der Kuppel, im Jahre 1748, gelang es einem gewissen Bortoloni, die Illusion zu vermitteln, als schwebten Maria und die Engel aus den Lichtöffnungen gen Himmel. Bortoloni verstarb allerdings vor der Fertigstellung. So dauerte es noch bis zum Jahre 1906, um alle Arbeiten zu Ende zu bringen. Mit anderen Worten: Stünde die Wallfahrtskirche von Vicoforte in deutschen Landen, eine bestimmte Region würde uns da durchaus einfallen, deren Leser allerdings eine besondere Affinität zu Italien besitzen und damit zu unseren liebsten Kunden gehören und nicht verprellt werden dürfen, würden wir wohl nachhaltig die Nase rümpfen. In Italien jedoch, wenn man unter südlicher Sonne vor dem gewaltigen Kirchenbau steht, behauptet man leichthin, er sei eine der großen Sehenswürdigkeiten im Piemont.

Die Nachbarn jener Nichtgenannten, auch gute Kunden von uns, werden von heftigen Heimatgefühlen befallen, wenn sie genau gegenüber dem Kircheneingang unter schattigen Arkaden Kaffee und Kuchen verzehren. Fast wie in Wien.

Aber auch Italiener, fast nur Italiener, wissen die Vorzüge einer Wallfahrtskirche zu schätzen: riesige, überwiegend schattige Parkplätze, Picknickbänke auf grünen Wiesen und eine Toilettenanlage, geräumig und proper, wie man sie in Wien lange suchen müsste, aber in Italien bei Wallfahrten benötigt:

(133) WOMO-Picknickplatz: Santuario di Vicoforte
GPS: N 44°21'48" E 7°51'43". **Max. WOMOs**: 15.
Ausstattung/Lage: Ver- und Entsorgung, Toiletten, Mülleimer, Geschäfte, Gaststätten, Picknickbänke und Tische, Frömmelei / im Ort.
Zufahrt: Seitlich und hinter der Wallfahrtskirche, die zu verfehlen Ihnen nicht gelingen wird, finden Sie ausgedehnte Parkplätze, auf denen zum Teil nur Pkw zuge- lassen sind; woran sich bei unseren Besuchen niemand gehalten, aber auch niemand gestört hat.

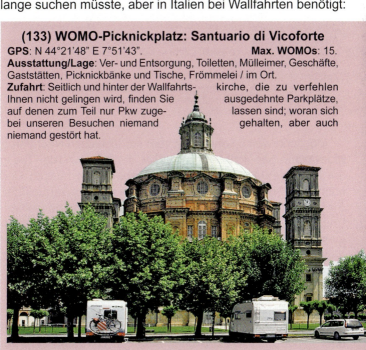

Durch die Westkurve in die Südkurve

Jedoch waren zu dieser Zeit keine Wallfahrer unterwegs; Sie werden auf jeden Fall eine schöne Stelle finden. Leser fanden den Busparkplatz hinter der Kirche am ruhigsten (er ist auch am einsamsten), andere haben möglichst dicht an der Kirche genächtigt..

Höhlenfans schlagen sich südlich von Vicoforte ins Gebirge, wenn ihnen keine Führung, erklärt sie auch stets das Gleiche, zu langatmig, keine Grotte zu kalt, kein Eintritt zu hoch und keine Höhle zu zweitklassig ist. Falls Sie zu diesen Fanatikern gehören, liegt die **Tropfsteinhöhle Grotta di Bossea** bei Frabosa fast am Weg. Zumindest kommt Ihnen das dann so vor. Wer mit dem Autor dieser Zeilen schon im Paradies der Tropfsteinhöhlen in Südfrankreich war, weiß, wie schnell jener bei der Beschreibung der Unterwelt unsachlich werden kann *(nur Führungen werktags um 10, 11.30, 15 und 16.30 Uhr, sonntags um 10, 11.30, 14.30, 16 und 17.30 Uhr; 11 €)*..

Diese Tour durch den Süden des Piemont ist ziemlich zerrissen, weshalb wir sogar eine weitere Karte einbauen mussten. Aber das Dorf **Marsaglia** (270 Einwohner, Postleitzahl 12060, nicht zu verwechseln mit einem gleichnamigen Ort in der Emiglia Romana) liegt so malerisch und von einem Burgturm überragt auf 607 m Höhe in der Alta Langha, dass wir es Ihnen nicht vorenthalten dürfen, zumal hier ein offizieller Terrassenstellplatz gebaut worden ist:

(134) WOMO-Stellplatz: Marsaglia

GPS: N 44°27'08" E 7°58'43", SP 115. **Max. WOMOs**: 16.
Ausstattung/Lage: Ver- und Entsorgung, Toilette, warme Dusche, Strom, Mülleimer, Spielplatz, Gaststätte, Brotverkauf, klappstuhlgeeignet, schöne Sicht / Ortsrand. **Gebühr**: 15 €.
Zufahrt: Marsaglia liegt nördlich der A 6. Fahren Sie in Vicoforte auf der SS 28 bis zur Autobahn und biegen Sie im Westteil von Lesegno links ab. An der nächsten Gabelung fahren Sie links, dann rechts auf die SP 115. Der Stellplatz ist westlich des Dorfes, also davor, nicht zu verfehlen.

Möglicherweise kehren Sie vom nordöstlichen Nachbarort **Murazzano** gar nicht hierher zurück, denn dort werden Sie in der *Trattoria Da Lele* etwa 12 Gänge abarbeiten müssen. Und nach einer solchen Mühe ist ein Grappa meist unvermeidbar. Sie können deshalb hinter dem Haus einfach stehen bleiben. Erwarten Sie für 25 Euro keine Kochkunstwerke, sondern piemontesische Gastfreundschaft, wie sie inzwischen fast ausgestorben ist *(Tel. 0173 798016; Sie sollten reservieren, da sich die Qualitäten herumgesprochen haben, abends nur von Freitag bis Sonntag; zur Anregung: www.trattoriadalele.it/).*

Nun haben Sie sich vielleicht doch noch für einen Resturlaub in Ligurien entschlossen? Dann wählen Sie die Strecke über Ceva und Garessio nach Albenga. **Garessio** liegt gerade noch im Piemont und wird daher in vorliegendem Buch ebenso erwähnt, wie im Ligurienführer. Gemeint ist nicht die Neustadt mit etwa 3.000 Einwohnern und Kurbetrieb, sondern der an der Straße zum Colle S. Bernardo

Garessio

liegende historische Ortsteil, Mitglied bei den *Borghi più belli d'Italia*, mit sehenswerter mittelalterliche Bebauung und gewaltigen Kirchen. Aber hier liegt auch, wie man so sagt, der Hund begraben, und der riesige Parkplatz ist nicht wirklich gemütlich, auch wenn er als Stellplatz gilt; besser ist unsere Alternative:

(135) WOMO-Stellplatz: Garessio

GPS: N 44°11'58" E 8°01'32", SP 582. **Max. WOMOs**: 25.
Ausstattung/Lage: Wasser, klappstuhlgeeignet, Laden und Gaststätte in der Nähe (das gelobte Ristorante *Regolo*) / Ortsrand, etwas einsam.
Zufahrt: Der Parkplatz liegt nördlich des historischen Ortskernes und direkt seitlich der SP 582, der Straße zum Colle S. Bernardo auf dem Weg in die Neustadt.
Hinweis: Das Verbotsschild verbietet nicht die Übernachtung, sondern das Ablassen von Abwasser.

(136) Besser, auf jeden Fall deutlich beschaulicher ist der **Platz vor der großen Kirche**, wenn Sie über die Brücke in den alten Ort hinein fahren und die mittlere Straße (rechts vom Hotel) wählen. Sie kommen dann bald zu einem schönen Kirchenvorplatz.   **GPS**: N 44°11'49" E 8°01'53".

in Garessio

Durch die Westkurve in die Südkurve   247

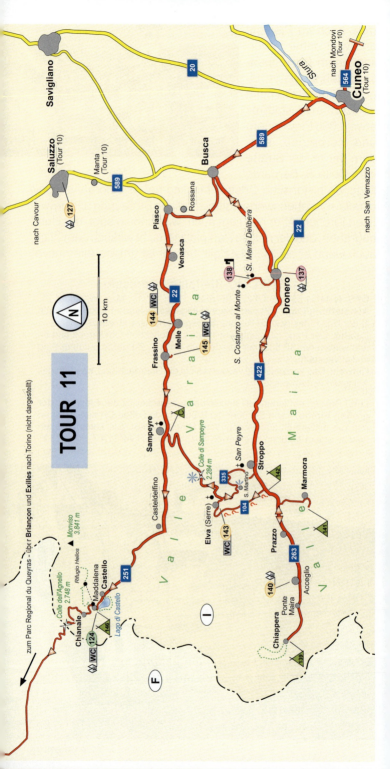

Tour 11: Arme Reiche –
Valle Maira und Valle Varaita   150 km

Dronero - Chiappera - Elva - Marmora - Sampeyre
Pontechianale - Colle dell´Agnello - Exilles

Stellplätze:	in und bei Dronero, in Chiappera, in Acceglio, in Elva, bei Melle, in Frassino, in Pontechianale
Campingplätze:	bei Chiappera, in Marmore, bei Prazzo, in Pontechianale
Besichtigen:	Dronero, S. Maria Delibera und S. Costanzo al Monte bei Dronero, Elva, Chianale, Briançon (F), Fort Exilles
Wandern:	bei Chiappera, um den Lago di Castello, bei Pontechianale
Essen:	Restaurant *Chalet Seggiovia* in Pontechianale

Diese Tour führt uns in eine eher unbekannte Gegend des Piemonts – in die Westtäler **Valle Maira** und **Valle Varaita**. Im Mittelalter hatten diese ihre Bedeutung als fußläufiger Übergang von Frankreich, und im 16. Jahrhundert dienten sie den dort angefeindeten Hugenotten als Rückzugsweg nach Westen. Heute gibt es aus dem Valle Varaita heraus immer noch einen Ausweg nach Westen, den Colle dell'Agnello, eine bemerkenswerte Passüberquerung hinüber nach Frankreich in den Parc Naturel Regional du Queyras.

Im Allgemeinen haben die Westtäler, es sind jeweils in Ost-West-Richtung verlaufende Einschnitte in den Westalpenbogen, den Anschluss an die wirtschaftliche und touristische Entwicklung etwas verschlafen. Glücklicherweise, sagt der naturverbundene WOMO-Schreiber, denn diese Verschlafenheit hat ihre Vorzüge: wunderbare Gebirgslandschaften, sprudelnde Wasser und ganz und gar unverärgerte Menschen.

Wir möchten Ihnen eine Tour anbieten, die Sie mit größter Gelassenheit in zwei Tagen bewältigen, sinnvollerweise aber mit mehr Zeit erleben können. Sie werden es genießen!

Wir kommen aus Cuneo (Tour 10) und durchqueren die südlichen Randgebiete des von Rübenmieten geprägten Saluzzese. Schon bald kündet sich die Kraft der Berge durch muntere Bewässerungskanäle und entsprechenden Obstanbau an. In **Dronero** (7.300 Einwohner) führt ein braunes Hinweisschild *‚Ponte Vecchia'* zu einer **mittelalterlichen Brücke**, die zinnenbekrönt und geraniengeschmückt die **Maira** überspannt. Streng genommen heißt sie *Ponte del Diavolo*, also *Teufelsbrücke*. Die Legende sagt, dass man im Jahr 1428 den schwierigen Bau der Brücke nicht ohne die wohlwollende Billigung des Teufels

Dronero - Ponte Vecchia

riskieren wollte. Dieser forderte als Gegenleistung die Seele des ersten Benutzers. Listig schickten die Erbauer als Erstes einen Straßenköter, von denen die Gegend so reichlich gesegnet ist, hinüber ans andere Ufer. Diesen hat sich, wie man so sagt, sofort der Teufel geholt. Die Brücke darf nicht befahren werden und eignet sich deshalb als Einstieg für einen kurzen Spaziergang durch die liebliche Altstadt und zu einer kleinen, eigentümlichen ehemaligen **Markthalle** für Getreide und Sardellen, die aussieht wie eine Kapelle und die ein Kunstgeschichtler als Kuppeloktogon bezeichnen würde. Wer gerne in einer lebhaften Kleinstadt übernachten möchte, findet einen gut gelegenen, relativ ruhigen und offiziell ausgewiesenen Stellplatz:

(137) WOMO-Picknick-Platz: Dronero
GPS: N 44°28'05" E 7°21'51", Vicolo Dietro Mura.   **Max. WOMOs:** 3-5.

Ausstattung/Lage: Ver- und Entsorgung (um die Ecke der Mauer), Picknickbank, Mülleimer, Gaststätten, Geschäfte / Ortsrand.
Zufahrt: Der Platz ist auf der Nordseite von Dronero, von der Umgehungsstraße nach Saluzzo, der SP 24, hinter einem tiefer gelegenen Parkplatz beschildert.
Hinweise: Bei Regen matschig. Montags (Markt) vormittags oft zugeparkt.

Wir kennen aber auch eine noch ruhigere, schattige Alternative und fahren dazu auf einer kleinen Straße nach Norden (Beschreibung beim folgenden Stellplatz) zu den Heiligtümern

S. Maria Delibera und **S. Costanzo al Monte**. Zuerst stoßen wir nach 1,5 km auf die Klosterkirche S. Maria Delibera, die nur in Absprache mit dem *custode* besichtigt werden kann. Das ist nicht einfach, denn seine Frau fällt ihm ständig ins Wort und beschwert sich auch dem Fremden gegenüber wortreich über seine notorische Faulheit und die Ungezogenheit seiner zahlreichen Hunde. Wir belassen es schließlich bei einer Außenbesichtigung und wenden uns – es dämmert schon – dem neben der Kirche liegenden Parkplatz zu, einem brauchbaren Stellplatz!

Bevor wir aber hier den Abend mit einem grünglasigen Mitbringsel ausklingen lassen, wollen wir noch das zweite *Santuario* besichtigen. Wir folgen dem Weg zu Fuß einige hundert Meter weiter in den Wald, passieren einen Waldparkplatz und erreichen tatsächlich die romanisch-gotische Benediktinerkirche. Und siehe da, die Renovation der Fassade ist inzwischen mit großer Behutsamkeit durchgeführt und abgeschlossen worden – ein veritables Kleinod klösterlicher Architektur ist wieder entstanden.

Man kann in aller Ruhe die Kirche und das ehemalige Seminargebäude umgehen und hoffen, dass die begonnene Renovierung der Innenräume mit gleichem Geschmack vollzogen wird. Und dass auch die Grill- und Feuerstellen des gut gemeinten Picknickplatzes auf Vordermann gebracht dem Pilger wieder in besserem Zustand zur Verfügung stehen:

(138) WOMO-Picknickplatz: S. Maria Delibera

GPS: N 44°28'46" E 7°21'50".
Max. WOMOs: 10.
Ausstattung/Lage: Brunnen, zahlreiche Holztische und -bänke, Grillplatz, Spielplatz, abends klappstuhlgeeignet, Mülleimer / außerorts, einsam, Haus in der Nähe.
Zufahrt: Biegen Sie von der SP 24, der nördlichen Umgehung um Dronero, an der tiefsten Stelle nach Norden ab, Wegweiser ‚Santuario', und fahren Sie bergauf bis zum Grillplatz nach dem ersten Kirchenkomplex.
Hinweis: Wenn Sie niemanden stören, stehen Sie unterhalb der Kirche an einer Wiese freier und mit schönem Blick.

Nun muss aber das Tal angegangen werden, wobei wir schon bald zum ersten Mal auf eine Besonderheit der Gegend stoßen: Immer noch wird hier, zumindest von den Senioren, ein altfranzösischer Dialekt gesprochen. Seit wenigen Jahren genießt die Sprache Okzitaniens neuen Respekt und wird den

Kindern wieder ans Herz gelegt. Die Ortsnamen sind zweisprachig ausgeschildert: *San Damiano* heißt beispielsweise *San Dümian*. Bitte wundern Sie sich nicht darüber, dass die Schreibweise von Ortsnamen in diesem Reiseführer nicht immer den Straßenschildern oder den Bezeichnungen in Ihren Wanderkarten entspricht.

Okzitanisch

Die Okzitanische Sprache entwickelte sich im frühen Mittelalter aus dem Lateinischen. Sie war verbreitet vom Atlantik, etwa von der Linie südlich von Bordeaux, bis fast nach Turin. Okzitanisch war die Sprache der Troubadoure und Minnesänger, und sogar Dante Alighieri hat angeblich überlegt, seine ‚*Göttliche Komödie*' in Okzitanisch zu schreiben. Die *Langue d'oc* war aber auch die Sprache der Albigenser, der Ketzer, die sich schon lange vor Luther von der Kirche losgesagt hatten.

Aber spätestens ab der Französischen Revolution entsprach es nicht mehr dem Zeitgeist, wenn ein Teil der Franzosen den anderen nicht verstand. Die Sprache des Südens konnte jedoch nicht ausgerottet werden, genauso wenig, wie im westlichen Piemont, wo sich vor dem Krieg der Diktator Mussolini alle Mühe gab, die italienische Einheitssprache durchzusetzen, aber nicht beeinflussen konnte, was die Leute zu Hause unter sich und in der Familie sprachen: Eine Mischung aus italienisch und französisch, das nach unserem Eindruck den dominanten Teil der Sprache der Alten ausmacht.

Das Okzitanische ist heute aber vielmehr als nur eine Sprache. Es hat sich, vornehmlich zu Zeiten von Berlusconi, zu einer Weltanschauung entwickelt, als Rückgrat einer Protestbewegung, die sich vor allem durch die Musik mitteilt. *Lou Dalfin* heißt die bekannteste Gruppe, die vor Tausenden von Menschen auftritt.

Wer durch die Westalpentäler fährt, sieht allenthalben die okzitanische Fahne mit dem markanten Malteserkreuz, und bei den Olympischen Winterspielen von Turin, im Jahr 2006, war Okzitanisch sogar eine Olympische Sprache.

Die Straße steigt langsam aus der Ebene hinauf. Immer wieder passieren wir die typisierten und trotzdem wohlgelungenen Technikzentralen der Wasserkraftwerke, die bei aller Funktionalität auf den ersten Blick wie Herrenhäuser anmuten.

Bei Stroppo und ein paar Kilometer weiter westlich könnte man den Wegweisern nach Elva folgen und sich hinauf schwingen. Zunächst fahren wir stattdessen durch das Maira-Tal bis zu seinem westlichen Talschluss und werfen in **Chiappera** in eindrucksvoller Berglage auf 1.642 m Höhe Anker:

(139) WOMO-Campingplatz-Tipp: Chiappera
(Campo Base)

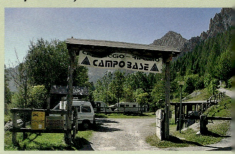

GPS: N 44°29'52" E 6°55'11".
Ortszentrum: 0,5 km.
Öffnungszeit: 15.5. - 15.10.
Tel. 0171 995907.
Ausstattung: Einkaufsmöglichkeit, Gaststätte, (reichhaltiges, einfaches Abend-Menu für unter 20 €/Person in Berghüttenatmosphäre), Wanderwege, Murmelbach.
Zufahrt: Links der Straße beschildert. **Preis**: 15 €.

Wem der Obolus zu groß erscheint, kann gerne und mit freundlicher Unterstützung des vollbärtigen Campingplatz-Betreibers weiter oben direkt am Fluss frei campieren und sogar eine einfache Dusche und ein schlichtes WC benutzen. Hierfür sind pauschal 5 Euro am Campingplatz zu entrichten und bittesehr die einfachen Gesetze dieser eher für nichtbetuchte Kleinbusfahrer gedachten Regelung zu respektieren: keinen Abfall hinterlassen, kein Feuerholz schlagen, keinen Zivilisationslärm erzeugen.

Wer weitsichtig handelt, kauft vorher in **Pontemaira** einige frische Forellen und verzehrt diese dann in der Abendsonne. Anschließend sitzt man voll gefressen auf riesigen Kieselsteinen im Flussbett und betrachtet erstaunt die blau werdenden Knöchel. Wer noch genau hinhören kann, wird nach Einbruch der Dämmerung, wenn sich die Ruhe der Berge verbreitet hat, unseren Eindruck bestätigen können: Der Fluss murmelt zweisprachig. Die Nacht ist geruhsam, der Morgen strahlend. Noch nie ist die Bergluft so klar und deutlich gewesen.

Vom *Campo Base* zum Pte. Belle Combe

Weiter nach Westen und hinauf in die Berge geht es nur noch *per pedes*. Die Wege sind nicht gut ausgeschildert und trotzdem nicht zu verfehlen, weil die geographische Situation eigentlich kein Verirren ermöglicht.

Wir haben einen ausgedehnten **Morgenspaziergang** unternommen, der uns in knapp 2 Stunden am westlichen Ufer des Baches bis zum Pte. Belle Combe (auf 1856 m) in gleichmäßiger Steigung hoch- und am östlichen Ufer wieder zurück zum Stellplatz geführt hat.

Danach fahren wir, ab und zu im Rückspiegel diesem Paradies einen wehmütigen Abschiedsblick zuwerfend, zurück nach Osten, wo wir schon auf der Herfahrt gesehen haben, dass man in **Acceglio** (177 Einwohner – um 1900 waren es noch fast 2.000 !) in hoffnungsvoller Erwartung einen offiziellen Stellplatz geschaffen hat, der auf den ersten Blick etwas trist wirkt, aber dann doch ganz schön liegt:

(140) WOMO-Stellplatz: Acceglio

GPS: N 44°28'31" E 6°59'07", SP 263. **Max. WOMOs**: 6-7.
Ausstattung/Lage: Ver- und Entsorgung, Mülleimer, Abkühlung im Fluss, oberhalb Kinderspielplatz, Bar und Minigolf / außerorts, etwas einsam.
Zufahrt: Der Platz ist an der Durchgangsstraße westlich des Ortes nicht zu übersehen.

Etwa 8 Kilometer weiter östlich entscheiden sich Stromsüchtige für einen Seitensprung in das Tal der **Marmora**, weil dort, unterhalb des gleichnamigen Dorfes, eine Familie dabei ist, mit viel Elan auf den ehemals bäuerlichen Wiesen in fast 1.200 m Höhe und sehr schöner Lage einen touristischen Anlaufpunkt auszubauen:

(141) WOMO-Campingplatz-Tipp: Marmora *(Lou Dahu)*

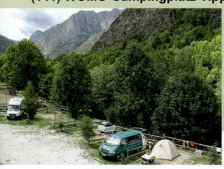

GPS: N 44°27'26" E 7°05'31".
Ortszentrum: 0,5 km.
Öffnungszeit: 1.5. - 30.9.
Tel. 0171 998305.
Ausstattung: Laden, Gaststätte, Bademöglichkeit im knietiefen Bergbach, Indianerdorf, Wanderwege.
Zufahrt: Ab der SP 422 beschildert. **Preis**: 18 €.

Wer sich nicht zwischen einem Stell- und einem Campingplatz entscheiden kann oder einen Ausgangspunkt für eine Wanderung nach Elva sucht, entscheidet sich vielleicht für das Terrain seitlich eines Gasthauses und damit eher für einen Wanderparkplatz als einen Campingplatz:

(142) WOMO-Campingplatz-Tipp: Prazzo
(Pont d'la Ceino)

GPS: N 44°29'40"; E 7°05'59". **Ortszentrum**: 4 km. **Tel.** 0171 99143.
Öffnungszeit: 1.6. - 30.9. **Ausstattung**: Bar, zeitweise Restaurant, Abkühlung im Bach, Wanderweg.
Zufahrt: Der Platz liegt an der SP 422 in der Nähe der Abzweigung nach Elva.
Preis: 16 €.

Genau hier biegen wir nach Norden, Richtung **Elva**, ab (auf der Michelinkarte und auf anderen Karten als **Serre** bezeichnet). Diese unglaubliche Pass-Straße, die SP 104, ist einst für den *Giro d'Italia* neu asphaltiert worden, dadurch aber weder breiter noch unspektakulärer geworden. Wir können mitteilen, dass ihre Benutzung sowohl in der Höhe als auch in der Breite auf 3,50 m eingeschränkt ist. Viel mehr sollte hier eigentlich nicht gesagt und gesülzt werden, denn diese phänomenale Straße muss eben befahren und nicht nur beschrieben werden. Dennoch dürfen wir nicht ganz verschweigen, dass man sie sich nur zutrauen sollte, wenn man mit dem Wohnmobil erfahren ist.

Machbar ist sie für alle WOMOs unter 3,50 m Höhe, es fahren hier auch richtige Lkws, was nicht so schön ist, wenn diese einem entgegen kommen (die Fahrer sind sehr umsichtig und halten an breiten Stellen an). Mit Bedacht und viel Hupen müsste es jedes WOMO unter 8 m Länge schaffen. Das Problem ist weniger das fehlende fahrerische Können als ein wegen der schroffen Abhänge stellenweise mulmiges Schwindelgefühl. Die ersten 4 Kilometer bergauf sind die schwierigsten, danach hat man die seitlichen Felsen und die Steinschlaggefahr hinter sich.

Mehr als doppelt so weit, aber deutlich weniger schwindelerregend und steil ist die Zufahrt auf der SP 335 (am Anfang SP 128) über Stroppo nach S. Martino, die inzwischen von den Online-Landkarten (z.B. ViaMichelin und Google Maps) als die breitere Hauptstrecke nach Elva ausgewiesen wird. Wir können das bestätigen. Unsere Tour verläuft weiter unten sowieso zum Teil auf dieser Strecke, weil wir den Rückweg von Elva ins Tal über die SP 335 wählen. Sie müssen sich auf allen Strecken zutrauen, bei Gegenverkehr etwas zu rangieren.

Es wäre wirklich schade, wenn Sie die großartigen Fresken von Elva (Serre) in Ihrem Piemont-Programm auslassen würden. Wer sich mit dem WOMO keine der beiden Strecken nach Elva zutraut, kann vermutlich ab dem Campingplatz *Pont d'la Ceino* (siehe oben) zu Fuß aufsteigen (wir haben dazu keinerlei eigene Erfahrung, aber man kann sicher entlang der wenig befahrenen Straße wandern) oder über den Pass von Sampeyre anreisen. Diese Straße ist jedoch nicht breiter als die SP 335.

Nach 8 km Strecke und der Überwindung von 700 Höhenmetern erreichen wir über die SP 104 (mit einem 2 m breiten WOMO) atemlos ein Hochplateau, an dessen Kante auf 1.639 m Höhe der (wirklich!) ärmste und gleichzeitig schönste Ort Italiens liegt. **Elva** (100 Einwohner), das Dorf der geschäftigen Haarverkäufer.

Die Gegend war immer karg, hat ihren Bewohnern viel abverlangt und wenig gegeben – die Straße hinauf aus dem Tal

Elva - Fresken von Hans Clemer

ist tatsächlich erst um 1950 gebaut worden, die Asphaltpiste zum Sampeyrepass 1956 und die von uns befahrene Rampe, die SP 104, sogar noch später. Vorher war Elva mit dem Auto nicht zu erreichen. Aus ungeklärten Gründen haben in dieser Weltabgeschiedenheit am Ende des 15. Jahrhunderts die Gebrüder Zabreri aus dem erwähnten San Damiano hier, oberhalb der Schlucht, die bezaubernde **Pfarrkirche Santa Maria Assunta** gebaut und von dem renommierten flämischen Maler **Hans Clemer** mit sehenswerten **Fresken** ausstatten lassen, die

in kraftvollen Bildern die biblische Geschichte erzählen. Sie nehmen den gesamten Altarraum ein und leuchten ihn geradezu aus. Bemerkenswert ist die versammelte Harmonie der großen Baustile: Die figurierten Säulen und Portale in romanischer Nostalgie vertragen sich mit der gotischen Grundanlage des Bauwerks ebenso gut wie mit den Fresken, in denen sich schon die Weltsicht der Renaissance andeutet (Lichtschalter innen links des Eingangs).

Den Schlüssel zur Kirche holt man sich, falls die Tür nicht offen steht, einfach an der Bar des einzigen Gasthauses und bringt ihn dorthin wieder zurück (außerhalb der Saison ruht man dort mittwochs; wir wissen nicht, ob man dann trotzdem den Schlüssel bekommt). Unregelmäßig werden in der Kirche noch Messen zelebriert. Fromme alte Landfrauen mit Kopftuch und Bartansatz murmeln beseelt die Liturgie und lassen eine intensive Stimmung entstehen. In einem barocken Erweiterungsbau – nur durch die Kirche zugänglich – kann man eine einfach arrangierte und sehr bewegende Ausstellung alter Fotos besichtigen, die das Leben und die Traditionen der Dorfbewohner dokumentiert. Man lernt mit großem Erstaunen, dass noch bis weit ins 20. Jahrhundert regelmäßig die **Haaraufkäufer** von hier ausschwärmten, um den Berglern ihre Haare abzumarkten, die dann die Häupter der Reichen in Rom, Paris, London und New York zierten.

Kleiner Wohlstand durch geduldiges Abwarten

Wann und unter welchen genauen Umständen das Geschäft ausgerechnet in Elva begonnen hat, ist unklar. Wahrscheinlich war einem in Paris arbeitenden Auswanderer aufgefallen, dass dort Perückenmacher für lange Haarzöpfe hohe Summen bezahlten. Jener Auswanderer dachte an seine Schwestern in Elva, an deren kräftiges, langes und schwarzes Haar – und an ihre Armut. So nahm der erste sogenannte *Caviè*, ein Haareinkäufer aus Elva, eine Tätigkeit auf, die bald Nachahmer fand und immer mehr in Schwung geriet.

Am Anfang des 20. Jahrhunderts, besonders in der Zeit nach dem Ersten Weltkrieg, konnte man von der Haarbeschaffung gut leben, zumal die Investitionskosten niedrig waren. Es bedurfte nicht mehr als einer Schere und eines Jutesacks für die abgeschnitten Haare. Das größte Kapital eines *Caviè* waren ein gewinnendes Auftreten und die Kunst, auch zögernde Mädchen und Frauen zu überreden. War das Haar nämlich erst einmal abgeschnitten, sah man den Frauen den Makel der Armut monatelang an. Daran änderte nichts, dass sie als Gegenleistung für das Haar ein kleines Tuch zum Bedecken der Kopfhaut erhielten.

Aus Elva stammten am Anfang Einkäufer und Haare. Später suchten die geschäftstüchtigen Haarabschneider auch in benachbarten und entfernteren Dörfern der Alpen ihr Glück, aber auch im Veneto, in der Poebene und im Trentino. Gefragt war jedes Haar, je länger, desto teurer. Nur einen Rotstich durfte es nicht haben und erst Recht keine Läuse, die einen *Caviè* über Nacht um ein Vermögen bringen konnten.

Zum Wirtschaftszweig der Haarhändler gehörten in den guten Zeiten Zwischenhändler mit Sitz in Dronero und Saluzzo, die das von den Einkäufern angelieferte Haar an Perückenmacher weiterverkauften. Sogar Kammhaar, also ausgekämmtes Haar, war gefragt und wurde in Elva während des langen Winters, wenn man nicht in der Landwirtschaft arbeiten konnte, in Hinterzimmern oder Scheunen nach Farbe und Größe sortiert. Echthaar aus Elva war ein Markenprodukt, aber die wenigsten Haare kamen noch von dort.

Jedoch in der zweiten Hälfte des 20. Jahrhunderts starb die Zunft der Haarhändler sehr schnell aus. Kunsthaar war an die Stelle echten Haares getreten, und nicht einmal mehr englische Lords benötigten in nennenswerter Menge lange Zöpfe. Und die jungen Menschen wurden mobiler. Sie blieben nicht mehr in Dörfern, wo sie sich mit nichts anderem als dem Verkauf ihrer Haare über Wasser halten konnten. Heute erinnert in Elva ein kleines Museum an die Zeit der Haarhändler.

Der Parkplatz am Dorfeingang von Elva (Serre) eignet sich als ruhiger Stellplatz mit wunderbarer Aussicht:

(143) WOMO-Stellplatz: Elva (Serre)

GPS: N 44°32'23" E 7°05'21".
Max. WOMOs: 2-3.
Ausstattung/Lage: Toilette, Mülleimer, Gaststätte, Wanderwege / Ortsrand.
Zufahrt: Der Platz ist am südlichen Ortseingang von Elva seitlich der Straße nicht zu verfehlen.
Hinweis: Bitte nehmen Sie in dem kleinen Dorf Rücksicht auf die Einwohner!

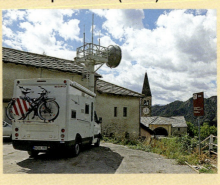

Nach einer ruhigen Nacht in Elva muss ebenso ruhig geklärt werden, ob es hier schon über den eben erwähnten Sampeyre-Pass nach Norden in das **Valle Varaita** geht oder ob man sich wieder zurück in die Ebene begibt. Wir fahren zurück, allerdings nicht auf dem kurzen Weg der Herfahrt (falls Sie nicht unserer Tour folgen, wählen Sie abwärts häufig den 1. Gang), sondern auf der Alternative über S. Martino ins Tal nach Stroppo. In **S. Martino** muss man unbedingt oberhalb des Ortes anhalten – hier steht allerdings nicht viel Platz zur Verfügung – und zu Fuß hinabsteigen, um die einzigartige Bar *Lou Roure* aufzusuchen, die höchst unregelmäßig den Kunden mit kleiner Karte und großer Aussicht bewirtet.

Die Straße schlängelt sich weiter durch vielblumige Bergwiesen nach **Stroppo**, der Name kommt übrigens aus der okzitanischen *Langue d'oc* und bedeutet in erstaunlicher linguistischer Verkürzung *Herde von Schafen oder Ziegen*. Wer noch mehr Fresken sehen möchte, sucht oberhalb von Stroppo die hart an den Abgrund gebaute Kirche **San Peyre** (San Pietro), wo ebenfalls unglaublich lebendige Bilder besichtigt werden können (schlechte Parkmöglichkeit, besser bleibt man schon etwa 350 m oberhalb der Kirche an einer Ausbuchtung gegenüber

Blick von San Peyre auf Stroppo

einem Gehöft; N 44°30'40" E 7°07'43" die Kirche ist vermutlich im August sonntags offen; wir fanden keine Adresse für den Schlüssel und haben später gelesen, in dem Dorf unterhalb der Kapelle verwahre die Familie Abello den Türöffner; Tel. 0171 999291).

Auf unserer Streckenführung fahren wir erneut durch Dronero und erreichen über Rossana das **Tal der Varaita**, welches mit weitläufigen Wiesen und Obstplantagen beginnt, sich aber zunehmend verengt. Erst in den letzten 40 bis 50 Jahren ist der Wald taleinwärts bis an das Ufer gewachsen, wo bis dahin über Jahrhunderte Landwirtschaft betrieben worden ist. Gleich hinter **Venasca** könnte man neben der Straße auf einem ausgeschilderten Stellplatz übernachten, was allerdings ein Fehler wäre, weil weiter westlich deutlich schönere Plätze folgen. Als erstes in **Melle** (335 Einwohner), wo am zweiten Sonntag im August zu Ehren des örtlichen Bergkäses, des *Tumin dal Mel*, ein Fest gefeiert wird:

San Peyre

(144) WOMO-Picknickplatz: Melle

GPS: N 44°33'45" E 7°19'02", SP 8. **Max. WOMOs**: 15.
Ausstattung/Lage: Ver- und Entsorgung, Toilette, Spülbecken, Picknickbänke, klappstuhlgeeignet, Mülleimer, Tennisplatz, Gaststätte, Geschäfte / Ortsrand.
Zufahrt: Biegen Sie von der SP 8 bei der Beschilderung zum Tal hin ab.
Gebühr: 5 €.

Noch schöner und ruhiger schlafen Sie in **Frassino**, wo über dem Ufer des rauschenden, aber leider allenfalls knietiefen Baches ein hochoffizieller Stellplatz neu ausgestattet worden ist:

(145) WOMO-Stellplatz: Frassino

GPS: N 44°34'14" E 7°16'42", Via del Varaita. **Max. WOMOs**: 5-6.

Ausstattung/Lage: Ver- und Entsorgung, Toilette, Spülbecken, klappstuhlgeeignet, Mülleimer, Gaststätte, Geschäfte / Ortsrand.
Zufahrt: Biegen Sie von der SP 8, in der Ortsmitte beim Wegweiser mit dem Wohnmobilsymbol zum Bach hin ab. **Gebühr**: 5 €.

Da streichen wir doch gerne einen in den Vorgängerbüchern noch erwähnten Stellplatz von **Sampeyre** (1.080 Einwohner), dem Hauptort des Valle Varaita (mit Tankstelle und Banken). WOMOs sind dort nicht mehr gerne gesehen, und den nahen Campingplatz finden wir wegen seiner Dauerbehausungen indiskutabel. Bergfahrer aus Elva stoßen erst genau bei diesem Campingplatz ans Ufer der Varaita, weil sie sich vom Maira-Tal und Elva über die kurvenreiche und schmale, aber durchgehend asphaltierte 2.284 m hohe Passstraße des **Colle di Sampeyre** getraut haben (siehe oben).

Auch ohne Quartierangebot empfehlen wir an der Hauptstraße weiterhin die extraordinäre Feinbäckerei und **Confiserie *Lu Furnie***, die sich der Nachbildung von Gebrauchsgegenständen in leckerer Schokolade verpflichtet fühlt. Da findet der ruhelose Heimwerker beispielsweise einen dreiviertelzölligen Wasserhahn in Halbbitter und die ambitionierte Geranienliebhaberin eine schnuckelige Gießkanne in Mandel-Krokant. Wer mehr auf Kunst steht, schaut sich in der gotischen Kirche an der Piazza della Vittoria auf beiden Seiten des Mittelschiffs die Fresken der Brüder Biazaci an, darunter eine stillende Madonna.

Auf dem Weg nach Westen geht es nun stetig bergan. Die Luft wird gebirgig. Vor **Casteldelfino** schwingt sich die Straße über einige Serpentinen plötzlich hinauf. Das Panorama des Westalpenbogens entfaltet sich. Unser Etappenziel ist der **Stausee Lago di Castello**, der 1930 unter Inkaufnahme des Verlustes eines Teils des Dorfes Castello (heute ein Ortsteil von Pontechianale) angelegt worden ist. Jährlich am 10. August wird hier das Patronatsfest *SS. Maria Maddalena* gefeiert, dessen Höhepunkt eine Art Seifenkistenrennen ist, welches unter lautstarker Teilnahme großer Zuschauermengen allerdings mit Fahrrädern ohne Kette und Pedale ausgetragen wird. Wir fahren am Nordufer des Sees, in dem man leider nicht baden darf, bis zum 1.650 m hoch gelegenen **Maddalena**, dem bedeutendsten Ortsteil von **Pontechianale**. Das klingt nach Größe. Der Schein trügt jedoch. In der gesamten Gemeinde leben heute ganzjährig 187 Einwohner – auf 94 km². Das sind nicht einmal zwei Menschen auf einem Quadratkilometer, so wenig wie sonst nirgends in Italien.

Lago di Castello

Und die meisten sprechen Okzitanisch, wie im französischen Languedoc, denn das obere Valle Varaita, das Valle Maira und das Valle Grana gehörten bis 1713 zu Frankreich. Teilweise sind sogar die Ortsschilder wieder zweisprachig, wie im Languedoc oder der Provence (siehe oben).

Die vielen Wohnungen in Maddalena sind also Zweitwohnungen, vornehmlich für Wintersportler. Der Ort entwickelt sich mehr und mehr zu einem kleinen, leicht alternativen Ferienzentrum mit zwei Campingplätzen und einem schön gelegenen Stellplatz am Bach:

(146) WOMO-Campingplatz-Tipps: Pontechianale
(Camping Libac und Camping Acti Lago)

GPS: N 44°37'14" E 7°01'44". **Ortszentrum**: 0,2 km.
Öffnungszeit: 1.6.-16.9. *(Libac)* 20.6.-30.8. *(Lago)*. **Tel**: 0175 950133 *(Libac)*.
Ausstattung: Gaststätten und Läden in der Nähe, Wanderwege.

Zufahrt: Beide Plätze liegen fast nebeneinander und sind in Pontechianale/Maddalena nicht zu verfehlen.
Preise: 12-18 €.
Hinweise: *Camping Acti Lago* liegt schöner, teilweise mit Blick auf den kleinen Stausee (unser Foto) und ohne Dauercamper, aber mit vorsintflutlichen Sanitäreinrichtungen in Blechbuden. Wir waren hier zwei Nächte (wegen des Stroms, den wir zur Herstellung dieses Buches benötigt haben). Auf dem Gelände von *Camping Libac* sind die meisten Dauercamper in eine Ecke verbannt. Auf der schönen Wiese stehen fast keine unbewohnten Fahrzeuge. Möglicherweise keine großen Hunde.

(147) WOMO-Wanderparkplatz: Pontechianale

GPS: N 44°37'16" E 7°01'43".
Max. WOMOs: 30.
Ausstattung/Lage: Ver- und Entsorgung, Toilette (gegenüber *Camping Lago* unter dem Parkplatz), Mülleimer, Gaststätte, Geschäfte, Wanderwege / Ortsrand.
Zufahrt: Auf dem Weg zu *Camping Libac* noch vor der Brücke über die Varaita.
Gebühr: 7 € zu entrichten an der Bar *Pineta Nord* auf dem benachbarten Campingplatz *Libac*.

Wir nutzen die späte Nachmittagssonne, um uns zu Fuß auf die Umrundung des Stausees zu begeben. Vorbei an diversen Aussichts- und Picknick-Bänken erreichen wir das südwestliche Ufer, wo sich die Staumauer mächtig über dem Auslass des noch kleinen Flüsschen Varaita erhebt. Angesichts des klaren, sprudelnden Wassers überkommen uns spontane Gelüste auf frische Forellen, denen wir in dem einzigen Lebensmittelladen des kleinen Ortes **Castello** nachgeben wollen. Der stolze Krämer schluckt seine Enttäuschung, dass wir an seinen herrlichen Salamis nicht interessiert sind und gibt uns nach einem kurzen Telefonat den ultimativen Geheimtipp: **Aurelio und sein weißer Mitsubishi** sind die Lösung aller Forellenprobleme. Wir kehren auf dem schnellsten Weg, nämlich am Nordufer, zurück, auch wenn die Strecke an der Straße entlang nicht besonders angenehm ist. Tatsächlich entdecken wir am kiesigen Strand, wo die Varaita in den Stausee mündet, das versprochene Gefährt und nicht weit davon **Aurelio mit seiner Wunderangel**. Als ob er nur auf uns gewartet hätte, schiebt er seine Kappe in den Nacken, wirft einen prüfenden Blick auf die blitzende Wasseroberfläche und in einem Atemzug die Angelschnur hinterher. Wir verpassen fast den triumphalen Moment des Fangs. Der Köder ist nämlich kaum in den Wellen entschwunden, als bereits die prächtigste Forelle aller Zeiten am Haken zappelt. Während Aurelio uns in demonstrativer Selbstverständlichkeit den Fisch zur Ansicht unter die Nase hält, bricht bei den umstehenden Hobbyanglern hektisches Gewühle in den Köder- und Fliegensortimenten aus. Noch bevor neue, bessere, buntere Köder und Kunstfliegen aufgespießt und die Standplätze im Wasser neu verteilt sind, hat Aurelio schon den nächsten Fang angelandet. Unter den neidischen Blicken der Sportsfreunde unterbreitet er uns ein Angebot, das wir nicht abschlagen können: Nicht als Kaufpreis, sondern eher als Eintritts– und Lehrgeld für die Umstehenden entrichten wir gerne 5 Euro pro Fisch und bekommen ihn zu unserer Erleichterung auch noch ausgenommen. Aurelio ist übrigens zuständig für die Erteilung von Angelerlaubnissen – falls sich doch noch jemand selbst blamieren möchte.

Wir halten es allerdings für nicht unwahrscheinlich, dass Sie Aurelio nicht antreffen – ehrlich gesagt, standen auch bei unserer letzten Nachrecherche weder er noch ein Mitsubishi am Ufer – und bieten Ihnen deshalb zwei Alternativen: Im Ortsteil Maddalena finden Sie einen ambitionierten Bäcker und daneben einen kleinen Supermarkt mit einer großen Auswahl hiesiger Käsesorten. Und im **Restaurant *Chalet Seggiovia***, Ende August das einzige im Ort, werden leckere Pizzas, aber auch klassische Gerichte serviert. Uns hat der gemischte Vorspeisenteller mühelos über die Enttäuschung der verpassten Forellen hinweggeholfen.

Maßgeblichen Anteil daran, dass in Pontechianale ein kleines Wintersport- und Sommertourismuszentrum entstanden ist, hat sicher der im Jahr 2012 generalüberholte **Sessellift**, der Sie von knapp 1.700 m auf 2.340 m befördert. Das dauert rund 15 Minuten und schafft ideale Voraussetzungen, um in eine alpine Bergwelt einzutauchen, um Murmeltiere zu beobachten und den **Monviso**, den »Überall Sichtbaren«, den bekanntesten Bergzacken des Piemont, von ganz nahe zu betrachten. Auch unsere Wanderempfehlung wäre ohne die *Seggiovia*, die im Juli und August täglich, im September nur noch an Wochenenden fährt, völlig anders ausgefallen:

Von Maddalena zum Belvedere Monviso

In Pontechianale/Maddalena besteigen wir den Sessellift, der uns in rund 15 Minuten zum bewirtschafteten **Rifugio Helios** befördert. Wir halten uns oberhalb der Aussichtsterrasse rechts und folgen den Wegweisern zum **Belvedere Monviso**. Nach etwa 15 Minuten erreichen wir bereits einen Kamm, der den Blick nach Norden zu jenem berühmten Bergzacken freigibt, der so nah scheint, als könne man mit etwas Geschick und Mut zu ihm empor klettern. Zwei Aussichts-

am Rifugio Helios

stellen, die durch aufgeschichtete Steinplatten kenntlich gemacht sind, kommen in Frage. Wir gehen zu beiden, wobei der Weg zu dem nördlichen Punkt zwar ungefährlich scheint, wegen des steilen Hangs aber

Blick zum Monviso

doch ein wenig Umsicht erfordert und Plastikschlappen, die uns hier tatsächlich begegnen, absolut verbietet. Sie könnten nun zu dem hinteren Aussichtspunkt, genannt **Le Conce**, und weiter in das Tal hineinlaufen, bis der Pfad auf einen von unten kommenden Weg stößt, auf den man zurückwandern kann, um dann in Castello, am nordöstlichen Ende des Sees, wieder in die Zivilisation einzutauchen. Es fehlt hier aber die Fernsicht, und der hohe Monviso wirkt bedrohlich, als Wolken aufziehen.

Wir entscheiden uns daher für den einfacheren **Rückweg**, auf dem wir bis zum Ende der Wanderung eine **fantastische Sicht** in das Varaitatal und den Lago di Castello genießen. In vielen Kehren schlängelt sich der Fahrweg allmählich hinunter ins Tal, und man kann sich beim besten

Willen nicht verirren. Nur unterhalb des zweiten Schleppliftes kommen an einer Gabelung Zweifel auf: Gehen Sie hier rechts.

Immer wieder bleiben wir stehen, um den possierlichen Murmeltieren zuzusehen, die man auf Anhieb gar nicht erkennt, weil sie aussehen wie Steine auf der Wiese. Am besten entdecken Sie die im Spätsommer wohlgenährten Tiere, wenn Sie auf Steinplatten achten, auf denen sich die graubraunen Nager gerne sonnen. Auch die großen, runden Löcher zu den Bauten, in denen die Murmeltiere einen bis zu sieben Monate dauernden Winterschlaf halten, sind nicht zu übersehen.

So dauert der Rückweg viel länger, als wir ihn am Rifugio Helios abgeschätzt haben: Planen Sie für den Abschnitt vom Rifugio nach rechts zum Belvedere Monviso und den Rückweg von dort zum Rifugio eine Stunde ein und für den Abstieg ab dem Rifugio Helios bis nach Maddalena weitere zwei Stunden. Eine Wanderkarte ist nicht erforderlich. Der Rückweg ist ab dem Rifugio mit blau markierten Wegweisern beschildert.

Die Fahrt mit dem Sessellift ist hier ein echter Geheimtipp, ähnlich wie der kurze Abstecher von Maddalena nach **Chianale**, etwa 4 km oberhalb des Stausees an der Straße zum Colle dell'Agnello. Die kleine Ansiedlung gehört, wie der Name vermuten lässt, ebenfalls zur Gemeinde Pontechianale und darf sich mit der Auszeichnung *‚Eines der schönsten Dörfer Italiens'*

Chianale

Valle Maira und Valle Varaita

in Chianale

schmücken. Das ist nicht übertrieben und absolut lohnend. Von Maddalena führt auch ein Wanderweg entlang der Varaita hier hinauf. Parken können Sie vermutlich hinter dem Dorf, als nordwestlich, falls der dortige Platz inzwischen nicht auch gesperrt worden ist, wie andere Ausbuchtungen seitlich der Durchgangsstraße [**148**: GPS: N 44°39'01" E 6°59'35", der Platz war bislang auch als einsamer Stell- und Wanderparkplatz nutzbar].

Nach angenehmen Nächten in dieser wunderbaren Bergluft und Stille fahren wir am nächsten Morgen weiter nach Westen Richtung Colle dell´Agnello. Alsbald erreichen wir eine verlassene Mautstation, hinter der sich das Sträßchen weiter in die Höhen der Westalpen schlängelt.

Im Urlaub darf jeder tun und lassen, was er will – wir auch. Also leisten wir uns bei unserem letzten Besuch eine kleine Aberration nach Frankreich und zurück, die wir allen empfehlen, die richtig Spaß am Passfahren und etwas Zeit dafür haben oder die von Westen in unsere vorherigen Alpentouren oder in die Turin-Tour einsteigen möchten.

Die Pass-Straße über den **Colle dell'Agnello** – in Frankreich Col d'Agneau – ist einfach **sensationell**. Sie schraubt sich scheinbar endlos von einem Hochtal hinauf in das nächste und erreicht schließlich triumphal in 2.748 m Höhe den Sattel. Dann strömt man geradezu nach Westen hinab in die spektakuläre Landschaft des französischen Queyras. Nach etwa 10 Minuten Abfahrt sollten Sie – schönes Wetter vorausgesetzt – an einem Parkplatz anhalten und sich eine reichlich halbstündige Wanderung zum **Col Vieux Queyras** gönnen, der den Kamm der klassischen Route markiert und seit dem Bau der Straße über den Col dell'Agnello nur noch dem Wanderer dient.

Fahren Sie danach doch weiter hinab, halten Sie in **Briançon** inne. Hier können Sie die außerordentliche Festungsstadt durchstreifen, die der allgegenwärtige Vauban hat errichten lassen.

Briançon

Bleiben Sie uns und dem Piemont aber bei aller Liebe zum französischen Nachbarn treu und kommen Sie mit zur Tour nach Turin. Die Straße in Richtung Torino führt durch das **Valle di Susa**, in dem die 8. Tour geendet hat, und streift die kleine Stadt **Exilles** (300 Einwohner), deren Fort Sie unbedingt besuchen sollten. Das **Forte di Exilles** ist vielfach umgebaut und erweitert worden. Zunächst war es von den Franzosen als Tal beherrschende Bastion mit östlicher Verteidigungshaltung gegen Angriffe der piemontesischen Savoyer erbaut worden. Der unverzichtbare Vauban nahm eifrig Verbesserungen und Erweiterungen vor – vergebens. Denn 1708 haben die Savoyer leichthin die uneinnehmbare Bastion eingenommen und flugs umfunktioniert in ein uneinnehmbares Bauwerk, diesmal mit westlicher Verteidigungshaltung allerdings, etwa so dusselig und aussichtslos, als wollte man mit einer Cessna rückwärts fliegen. Sorgfältig, fast in Anbetungshaltung, sind im Inneren der Festung die unzähligen beflissenen Federzeichnungen und Modelle der vielen Militärstrategen ausgestellt, die andauernd und mit wichtiger Gebärde den kommenden Angriff aussichtslos machen wollten. Alles vergebens. Nach erneuter, unblutiger, ja geradezu lustloser Zurückeroberung durch die französischen Truppen wurde im Pariser Vertrag von 1796 gemeinerweise festgelegt, dass das gesamte Bauwerk unter grinsender französischer Aufsicht von den mürrischen, piemontesischen Ex-Eigentümern in seine Einzelteile zerlegt und vernichtet werden müsse. So geschah es. Der Wiener Kongress von 1815 legte dann wiederum den Franzosen die restaurative Pflicht des Wiederaufbaus auf. So haben also die brummelnden französischen Ex-Eigentümer zähneknirschend unter piemontesischer Aufsicht die Brocken aus dem Wald geholt, aufgesammelt, gereinigt und wieder zusammengesetzt, und zwar ziemlich vollständig – jedenfalls so lange, bis die Piemontesen grinsend genickt haben.

Forte di Exilles

Soviel zur Baukultur des Krieges und der großen Verschwendung.

Im Westteil der Festung ist in einer Suite von überwölbten Räumen eine sechsteilige Inszenierung aus Figuren, Licht und Ton geschaffen worden, welche die Atavismen der Landschaft, ihrer Bewohner und ihrer Lebensumstände in ergreifende Bilder umsetzt: die Elemente Fels, Eisen, Eis, Nebel, Schnee und Nacht sind hier immer die Essenzen des Lebens gewesen und haben die Wahrnehmungen und Erinnerungen der handelnden und der behandelten Menschen geprägt. Diese Bilder hätten einen Ehrenplatz in jedem hoch renommierten Museum der Welt verdient und sind das Erstaunlichste, was wir im Piemont an zeitgenössischer Kunst entdeckt haben. Sie wirken hier aber viel intensiver auf den Betrachter, als sie es auf der Dokumenta oder auf irgendeiner verfrickelten Biennale tun würden. Denn gerade der Gegensatz zwischen ihrer Subtilität und der Absurdität der uneinnehmbar eingenommenen Festung verleiht ihnen ungeheure Spannung und Aktualität. Das ist unser Geheimtipp – zum Weitersagen *(montags geschlossen, 10 - 19 Uhr, Anfang Oktober bis Ostern Mittagspause von 12 - 14 Uhr; 10 €, das Fort selbst ist kostenlos).*

Festung von Exilles

Von hier aus kann es nur noch bergab gehen, jedenfalls im geographischen Sinn. Sie erreichen nach etwa 45 km die Hauptstadt Turin und zuvor schon beim Sacra di San Michele die 8. Tour dieses Reiseführers, mit großkalibrigen Höhepunkten im literarischen Sinn – und mit weiteren Stellplätzen.

Alternativ können Sie in den Wintersportort Sestriere und durch das Valle del Chisone über Pinerolo nach Turin reisen. In Exilles müssten Sie dazu allerdings umkehren und ein Stück zurück fahren. Im Valle del Chisone lohnt sich das Dorf **Usseaux**, das zu den *Schönsten Dörfern Italiens* gehört.

Aber wenn Sie mit uns zurück an den Lago Maggiore fahren möchten, wenn wir Sie auf Tour 12 auf einem Stück nach Hause begleiten sollen, müssen Sie zuvor das Piemont einmal durchqueren oder vielleicht doch noch mit Band 74 der WOMO-Reihe von Ligurien aus nach Norden starten.

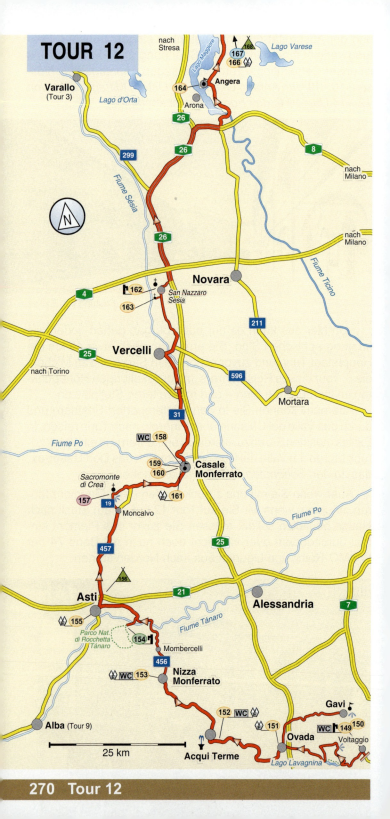

Tour 12: Berge, Wein und Reisfelder 340 km

Voltaggio - Ovada - Acqui Terme - Nizza Monferrato
Asti - Casale Monferrato - Angera - Maccagno

Stellplätze:	in Voltaggio, in Ovada, in Acqui Terme, in Nizza Monferrato, im Parco naturale di Rocchetta Tanaro, in Asti, am Sacromonte di Crea, in Casale Monferrato, in und bei San Nazzaro, in Angera, in Germignaga, in Maccagno
Campingplätze:	bei Asti, in Maccagno
Besichtigen:	Aquädukt bei und Schwefelquelle in Acqui Terme, Santuario di Crea, Abbazia di S. Nazzaro, S. Caterina del Sasso
Essen:	*Café Italia* in Voltaggio, Ristornate/Pizzeria *Borgo di Dentro* in Ovada, Ristoranti *La Commenda* in Acqui Terme und *Boschetto* in Germignaga
Wandern:	bei Acqui Terme, im Parco naturale di Rocchetta Tanaro

Unsere 12. Tour werden Sie nur dann von Anfang an nachfahren, wenn Sie aus Ligurien (über die A 7 ab Genova, Abfahrt ‚Isola del Cantone') heimwärts starten. Sie können aber genauso gut auf halber Strecke einsteigen. Denn für jeden Bedarf bieten wir Ihnen eine abwechslungsreiche Alternative zur weiteren *Autostrada*, falls Sie sich noch zwei oder drei Tage Zeit aufgespart haben. Diese Tour überwindet eine ziemlich große Strecke und führt Sie durch sehr unterschiedliche Landschaften und Siedlungsformen.

Voltaggio

Zunächst wollen wir Sie in den **Parco naturale delle Capanne di Marcarolo** auf eine kleine Wanderung mitnehmen und machen dafür in **Voltaggio** (815 Einwohner) Quartier:

(149) WOMO-Stellplatz: Voltaggio
GPS: N 44°37'18" E 8°50'35", Via Barabina. **Max. WOMOs**: 5.
Ausstattung/Lage: Wasser, Toilette, Mülleimer, Spielplatz / Ortsrand.
Zufahrt: Der große Parkplatz liegt nördlich des Ortskernes noch vor dem Sportplatz. **Hinweis**: Freitags ist zumindest zeitweise wegen des Marktes das Übernachten nicht auf dem ganzen Platz möglich.

(150) GPS: N 44°37'29" E 8°50'35".
Auf der vom Ort abgewandten Seite des **Sportplatzes** kann man auf einer ebenen Fläche ruhiger, möglicherweise sogar klappstuhlgeeignet stehen.

Wer abends kommt und nicht selbst kochen will, kann auf der Terrasse des *Café Italia* in der Hauptstraße einfach und gut essen und dabei schon einmal einen Blick auf die kompakten Fassaden des Dorfes und die schöne alte Brücke werfen, in deren Nähe man auch parken kann.

Von Voltaggio fahren wir über eine kleine Kringelstraße nach Südwesten in Richtung C. degli Eremiti und von dort weiter über eine schöne Panoramastraße nach Mornese. Immer wieder bieten sich erstaunliche Blicke auf die Gipfel des Apennin. Über Casaleggio Boiro kurven wir weiter in Richtung zum Castello di Casaleggio (in Privatbesitz und nicht zu besichtigen), müssen aber vor dem Überqueren des Flusses nach rechts abbiegen. Eine schmale Straße führt uns kurvenreich und über etwa 5 Kilometer direkt in die Wildnis. Wir folgen antiquarischen Wegweisern zu unserem Ziel, den **Laghi di Lavagnina**.

Eine Abschrankung zeigt das Ende der Fahrt an. Hier ist nicht viel Platz zum Parken, aber die Eigentümer eines Bauernhofs sind freundlich und überlassen uns gerne ihren Wiesenrand.

Wir nehmen den linken Zweig der Gabelung und **wandern** in gleichmäßiger Steigung hinauf zum See. Dort begrüßt uns die Staumauer und ein sehenswerter, leider nicht bewirtschafteter Berghof. Von hier führt ein Pfad am Nordufer zum höher gelegenen **Lago inferiore**, der sich über eine malerische Staustufe ergießt. Die Seen zur Gänze zu umrunden verlangt die Bereitschaft zum Querfeldeinmarsch, denn es gibt keinen bewirtschafteten Weg. Wir verzichten und genießen einen beschaulichen Rückweg im Abendlicht.

Wir fahren zurück über Lerma und Belforte und erreichen **Ovada** (12.200 Einwohner). Der Name der Stadt ist ein wenig klangvoller als deren touristische Bedeutung, und die Altstadt

in Ovada

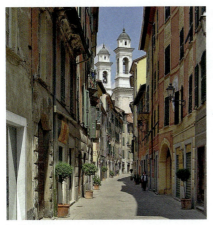

in Ovada

sieht von der Ferne malerischer aus, als sie es in Wirklichkeit ist. Das ist aber nicht nur hier so, und das *Centro Storico* auf einer Bergkuppe gehört auf jeden Fall ins Programm der nicht ganz oberflächlichen Piemontreise. Die wenigen baulichen Sehenswürdigkeiten sind beschildert (und müssen deshalb hier nicht erläutert werden), die Gassen sind eng, aber übersichtlich, und der Weg vom Park- und Stellplatz könnte einfacher und kürzer kaum sein. So lässt kaum jemand diese Stadt aus, deren Stellplatz vor allem deshalb so beliebt ist, weil er nahe zur Autobahn liegt:

(151) WOMO-Stellplatz: Ovada
GPS: N 44°38'25" E 8°38'59", Via Antonio Gramsci.   **Max. WOMOs**: 15.
Ausstattung/Lage: Ver- und Entsorgung, abends klappstuhlgeeignet, Mülleimer, Gaststätten und Geschäfte in der Nähe / Ortsrand.
Zufahrt: Der Platz liegt östlich der Altstadt zwischen dieser und einem Fluss. Sie können ihn nicht verfehlen, wenn Sie die Altstadt umrunden.
Hinweis: Ein Schild warnt Sie vor nächtlicher *irrigatione* (das ist die *Bewässerung*, die bei unserem Besuch nicht in Betrieb war). Manchmal vergnügt sich hier am Abend die Jugend.

Wenn Sie eine richtig gute Pizzeria suchen, werden Sie im **Ristorante *Borgo di Dentro*** garantiert nicht enttäuscht. Die Pizzas kommen aus dem Holzofen, und die Preise, auch diejenigen der sonstigen Speisen, sind erstaunlich niedrig *(Lungo*

Stura Oddini, 5; direkt oberhalb des Stellplatzes, Tel. 0143 381400; montags geschlossen).

Den Liebhabern des Festungsbaus empfehlen wir einen Abstecher nach **Gavi** (4.550 Einwohner). Hier wurde nämlich im 17. Jahrhundert eine ligurisch-römische Gründung zu einer genuesischen **Kanonenfestung** ausgebaut. Dräuend liegt das zweistufige Bauwerk über der Stadt und bewacht den Durchgang nach Süden. Die Auffahrt ist sehr schmal und kann bei Gegenverkehr den Einsatz des Rückwärtsgangs erforderlich machen. Dafür darf man in der Saison immer zur halben Stunde eine hochinteressante Führung genießen, die wegen ihres Gestenreichtums auch für Sprachunkundige belehrend ist. Man ist erstaunt über die Bedeutung der *Forte di Gavi* als Gefängnis bis zum Ende des Zweiten Weltkrieges.

Gavi - Festung

Wer den Wein liebt, nimmt hier die Witterung auf. Der Name *Gavi* löst eine gewisse Kauflust aus, denn der Saft der Cortese-Rebe zählt zu den besten Weißweinen Italiens (leider bekommt man viel zu oft mäßige Qualitäten). Die »Süßen« unter Ihnen können in den kleinen Läden und Straßencafés des Städtchens die vielleicht besten *Amaretti* des Piemont verkosten.

bei Acqui Terme - Blick zum Monviso

Wer sich eher für eindeutig Schwefelhaltiges und den morbiden Charme eines ehemals römischen Kurortes interessiert, sollte von Ovada direkt nach **Acqui Terme** (20.200 Einwohner) fahren. Hier liegt der Stellplatz weniger weit vor der Stadt, als man zunächst befürchtet. Und immerhin dort, wo man sich beim Anblick der alten Therme für einen Moment wünscht, in die Zeit zurückversetzt zu werden, als noch schwefeliges

Wasser, heilende Hände und ein unwirklicher Bäderbetrieb anstelle von Pillen die Leiden von Rheumatismus und Atemwegserkrankungen linderten. Geheilt wurden vermutlich die wenigsten, aber der Badebetrieb war eine gesellschaftliche Einrichtung von großer Bedeutung und mit angenehmen Folgen für die einheimische Wirtschaft. Schon bei den Römern war *Aquae Statiellae* ein beliebtes Bad. Sogar Seneca und Tacitus haben hier gekurt; möglicherweise in der sogenannten **Piscina Romana** am heutigen Corso Bagni neben der *Nuove Terme* und unterhalb des Buchgeschäfts *Liberia Terme (kostenloser Zugang durch den Buchladen während dessen Öffnungszeiten).* Das Zentrum des modernen Kurbetriebs ist das erwähnte, mondäne Grandhotel *Nuove Terme.*

In der Nähe des Stellplatzes hingegen, in der *Terme Regina,* sieht es so aus, als hätten sich hier unlängst noch Kassenpatienten bei nüchternem Kurprogramm gelangweilt, und als sei dann plötzlich das Geld ausgegangen. Dies gilt auch für das daneben liegende Freibad, angeblich eines der größten in Italien. Es scheint schlimmer zu kränkeln als seine Gäste. Wenn Sie ab dessen Becken bergwärts spazieren (wie beim Beginn der nachfolgenden Wanderung) und ein kurzes Stück in das Tal hinein laufen, gelangen Sie zur (kalten) **Fonte Fredda**, einer umbauten Schwefelquelle für Trinkkuren, an welcher Sie entdecken dürfen, dass kaltes Schwefelwasser genauso schlecht riecht wie heißes.

Hauptsächlich wollen wir Ihnen die Lage des Stellplatzes beschreiben und Ihnen raten, davon Gebrauch zu machen, denn Acqui Terme ist eine sehenswerte Stadt, in der Sie unbedingt einmal übernachtet haben sollten:

(152) WOMO-Stellplatz: Acqui Terme

GPS: N 44°39'55" E 08°28'14", Viale Einaudi.   **Max. WOMOs**: 40.
Ausstattung/Lage: Ver- und Entsorgung, Toilette, Spülbecken, Strom, klappstuhlgeeignet, Mülleimer, Schwimmbad gegenüber, Wanderweg, Therme / Ortsrand, aber sehr belebt, 15 Minuten zu Fuß ins Zentrum.
Gebühr: 8 € / 24 Std..
Zufahrt: Der Platz liegt südlich der Innenstadt, von Ovada kommend Richtung *Centro Storico* rechts des Viale Einaudi.
Hinweis: Die angrenzende Straße ist relativ stark befahren. Wir wurden nicht gestört, allerdings nach Ostern bei geschlossenen Dachöffnungen.

Der Stellplatz liegt am Rande eines brausenden Flusses. Leider rauscht auch der Verkehr unüberhörbar. Zwar nicht nachts, aber doch schon in den Morgenstunden. Der leicht faulige Geruch, der Sie umweht, wenn Sie nach wenigen Metern auf dem Weg in die Innenstadt über die Brücke eines kleinen Seitenbachs spazieren, kommt vom Schwefel aus kalten und warmen Quellen.

Der nahe **Aquädukt**, er stammt ebenfalls aus römischer Zeit, hat allerdings mit den Schwefelquellen wenig zu tun und diente, wie alle Aquädukte in römischer Zeit, dem Zweck,

Aquädukt bei Acqui Terme

Frischwasser in die Innenstadt zu leiten und um das reichlich vorhandene heiße Thermenwasser auf Trink- und Badetemperatur abzukühlen. Dem imposanten Rudiment der heute noch vorhandenen Bögen fehlt die oberste Etage, ausgerechnet der Teil, durch den das Wasser geleitet worden ist (in einem nahen Feld sehen Sie noch weitere Reste der einst kilometerlangen Wasserleitung). Das und die Funktionsweise der römischen Frischwasserversorgung wird Ihnen auf Schautafeln lebhaft erklärt.

Aquädukt

Der (oder das) Aquädukt ist im heutigen Sprachgebrauch nicht das, was man bei wörtlicher Auslegung des Begriffs annehmen müsste, eine Wasser*leitung*, sondern in der Regel eine Wasser*brücke*. Meist ist es eine römische, weil die Römer in unserem Reisegebiet als Bewohner oder Besatzer allgegenwärtig waren, und weil neuzeitliche Wasserbrücken selten sind

Es gab zwar schon in Ägypten Aquädukte, bei den Griechen und bei den Persern. Aber perfektioniert wurden die auf gewölbten Bogenstellungen aufgelegten Wasserleitungen erst von den Römern, die schon um 300 vor Chr. ihre Stadt über 11 Aquädukte mit 64 km Bogenlänge (und 2,5 km Tunnel) versorgt haben. Der bekannteste Aquädukt ist zweifellos der Pont du Gard (Languedoc, Band 22 der WOMO-Reihe), berühmte Wasserbrücken stehen auch in Segovia (Spanien), Pergamon und Aspendos (Türkei) sowie in Spoleto (Umbrien, Band 12 der WOMO-Reihe, allerdings aus der Zeit um 500 n. Chr.). Auf der ganzen Welt gibt es auch neuzeitliche Aquädukte, beispielsweise eine Brücke von 7.000 m Länge in Portugal. Und die Mütter und Väter unseres Geldes, die sich für die Abbildungen Brücken und Tore ausgedacht haben, ließen den 5-Euro-Schein mit einem Aquädukt versehen (nachgebildet nach dem Pont du Gard in Südfrankreich).

Überall war (und wird) notwendigerweise auf die Bögen ein wasserführendes Bauteil aufgesetzt, meistens ein Steinkanal, der zum Schutz vor Verdunstung und Verschmutzung mit Steinplatten abgedeckt worden ist. Man kann sich heute mit einiger Fantasie noch vorstellen, wie die Römer mit Hilfe von Sklaven unter schwierigsten Bedingungen Gerüste gebaut und große, behauene Steine mörtellos aufeinander gefügt haben. Für den Laien unvorstellbar hingegen sind die Berechnungen, die erforderlich waren, um über lange Strecken ein gleichmäßiges Gefälle von etwa 0,5 Prozent einzuhalten. Das sind auf 1.000 m nur 5 m. Ohne dieses Gefälle hätte ein Aquädukt jeglichen Sinn verloren, weil das Wasser, um frisch zu bleiben, stetig fließen muss. Im antiken Rom wurde auf diese Weise Wasser über 100 km weit befördert, und man kann nachlesen, dass damals etwa eine Million Einwohner mit täglich 992.000 m^3 Wasser versorgt wurden. Das sind fast 1.000 l pro Nase und mehr als doppelt soviel wie angeblich im Jahr 1968.

Der Aquädukt von Acqui Terme gehört nicht zu den bedeutendsten seiner Art. Aber freuen wir uns, dass er auch ohne Wasserrinne so gut erhalten ist, was wir übrigens darauf zurückführen, dass die Menschen den Respekt vor der architektonischen Meisterleistung früherer Generation bewahrt und die Bögen nicht ganz so rücksichtslos eingerissen haben, wie Häuser und Theater. Vielleicht sind die Bögen aber auch nur deshalb übrig geblieben, weil sie weit außerhalb der Städte standen und es sich nicht gelohnt hat, die Steine über weite Strecken zu transportieren.

Von hier, bzw. dem benachbarten Stellplatz, benötigen Sie bis ins **Zentrum** zu Fuß etwa 15 Minuten, um dann verblüfft zu bemerken, dass das Schwefelwasser inmitten der Stadt so heiß über eine Brunnenschale rinnt, dass man die Hand erschreckt zurückzieht. Das Wasser entstammt einer etwa 75 Grad warmen Schwefelquelle auf der **Piazza La Bollente** *(der kochende Platz)*, die sich in wunderbarer Fassadenkomposition dreieckig um ein Brunnenhaus von 1879 gruppiert, welches in romanophiler Sehnsucht eine Erinnerung an die alte Zeit der Stadt abwirft. Sie gestatten uns hier eine etwas kindische Nebenbemerkung: Nachdem wir die-

Acqui Terme - Piazza La Bollente

sen Platz kennen gelernt hatten, wurde bei uns während des restlichen Urlaubs morgens das Kaffeewasser nicht mehr *gekocht*, sondern *bollentiert*.

Acqui Terme war sichtlich bemüht, sich touristisch neu zu bestimmen: Fleißig wurde an Fußgängerzonen gearbeitet, den etwas vergammelten Kurbezirk hat man Sanierungen unterzogen, deren architektonische Halbwertszeit nach unserem Urteil aber von eher kurzer Dauer sein wird. Man muss jedoch zugeben, dass jener Platz, ein wenig noch die ihn umgehende Fußgängerzone, vielleicht noch der Dom südwestlich oberhalb des Platzes, die einzigen innerstädtischen Sehenswürdigkeiten sind. Das heißt aber nicht, man müsse, nachdem man seine Nase in den Schwefeldampf gesteckt hat, sofort wieder den Heimweg antreten. Denn es gibt rechts hinter dem Brunnenhaus (wenn man auf selbiges draufschaut) ein Lokal des Typs, der im Piemont einmal alltäglich war, heute aber immer seltener anzutreffen ist. Wo man Ihnen ein Menü mit mehr als drei Gängen serviert, mit kleinen Portionen von Speisen, die sich in der Küche vergleichsweise leicht vorbereiten lassen. Im **Ristorante La Commenda** sind es sechs Gänge, darunter zwei Antipasti und zwei Nudelgerichte für insgesamt 35 Euro. Das ist zwar auch Geld, aber in einer Zeit mit hohen Restaurantpreisen dennoch relativ wenig und hier hervorragend angelegt *(Piazza della Bollente 13; Tel. 0144 322462; den ganzen Montag und dienstags mittags geschlossen).*

Direkt am Stellplatz beginnt auch der Weg, der in leicht unterschiedlicher Streckenführung in nahezu jedem seriösen Piemont-Führer abgewandert wird und Ihnen am Ende auch die wassergeschwängerte Vergangenheit von Acqui Terme näher bringt:

Rundwanderung bei Acqui Terme

Am oberen Ende des **Stellplatzes von Acqui Terme** wandern wir auf der von der Hauptstraße abzweigenden Seitenstraße direkt seitlich des Schwimmbades bergwärts und entscheiden uns gleich hinter der alten Therme für die nach links bergauf führende Asphaltstraße (Wegweiser ‚Lussito') und die an dieser Stelle erstmals sichtbare rot-weiß-rote Markierung, die schon bald zusätzlich die Ziffer 531 trägt. Diese rot-weiß-rote Markierung wird uns auf der ganzen Strecke den Weg weisen.

Etwa 200 m oberhalb des Hotels *Pineta* zweigt der Weg nach rechts ab und gabelt sich nach wenigen Schritten erneut. Wir wählen dort die linke Alternative (bei unserer Testwanderung war der rechte Weg der Gabelung, der direkt nach Lussito führt, nicht markiert). Links hingegen

müssen wir bald einen erstaunlich steilen, bei feuchtem Untergrund auch etwas glitschigen Anstieg durch ein Wäldchen bewältigen, an dessen Ende wir fast schon die Straße bei der Antennenanlage des **Monte Stregone**, des mit 408 m zweithöchsten Punktes der Wanderung, erreicht haben.

Die Markierung geleitete uns von hier zunächst ein Stück bergab, und veranlasst uns, etwa 800 m nach den Antennen eine kreuzende Asphaltstraße zu überqueren, um danach auf einem wieder etwas unwegsameren Pfad erneut anzusteigen. Am Gipfelkreuz des 434 m hohen **Monte Marino** können wir wählen, ob wir rechts mit der Nummerierung 531 A zu Tale schreiten, die Wanderung wäre so ein Spaziergang und würde nur gut zwei Stunden dauern. Stattdessen entscheiden wir uns für die weiterhin mit Nr. 531 gekennzeichnete Wegstrecke, die erst etwa 700 m nach dem Gipfelkreuz auf Asphalt stößt und dort mit Nr. 531 B markiert worden ist.

Hier gehen wir rechts auf Asphalt allmählich bergab, halten uns am Beginn der Ortschaft **Ovrano** rechts, um dann alsbald dem Schild zur **Chiesa S. Nazzario e Celso** zu folgen. So ist eine kleine romanische Kirche bezeichnet, die einsam in einem Friedhof steht. Vor dem Gotteshaus führen Stufen abwärts zu einem weiter nach Westen führenden Pfad, der wieder in die Straße mündet. An der nächsten Abzweigung halten wir uns rechts und wandern seitlich eines Baches gemütlich hinunter nach Acqui Terme. Nach einem kleinen, privaten Museum (alte Gebrauchsgegenstände) kommen wir an der sogenannten **Fonte Fredda** (kalte Quelle) vorbei (siehe oben im Text).

Fonte Fredda

Wer den **Aquädukt** noch nicht gesehen hat, begibt sich ganz zum Schluss der Wanderung noch auf das Gelände seitlich der Flussbrücke. Nach etwa drei Stunden kommen wir wieder an unserem Wohnmobil an. Eine Karte ist für die Wanderung nicht erforderlich. Denn am Ausgangspunkt der Strecke ist seitlich des Schwimmbades der Wanderweg angeschlagen (man kann den dortigen Plan fotografieren und unterwegs aufs Display schauen). Außerdem erhält man vom Fremdenverkehrsamt eine Fotokopie der Beschreibung des Wanderwegs. Man kann sich auch die Karte Nr. 19 des IGC (Istituto Geografico Centrale) – vor Ort oder beispielsweise über Amazon – kaufen.

Erwartungsvoll suchen wir das nächste Kleinod und die heimliche Hauptstadt des **Monferrato** auf, einer Hügellandschaft nordwestlich von Alessandria: **Nizza Monferrato** (10.000 Einwohner), gelegen am Fluss Belbo und ideal für den ruhigen Bummel durch arkadenbestimmte Gassen und schmale Treppenverbindungen zwischen den Handwerkerquartieren. Das Treiben gruppiert sich um die riesige Piazza Garibaldi (durchgängig ausgeschildert), auf der freitags ein brummender Wochenmarkt abgehalten wird. Hier kann durchaus genächtigt werden; besser und trotzdem laut ist der städtisch betriebene

(153) WOMO-Stellplatz: Nizza Monferrato
GPS: N 44°46'16" E 8°21'11", Piazzale S. Pertini.   **Max. WOMOs**: 13.
Ausstattung/Lage: Ver- und Entsorgung, Toilette, klappstuhlgeeignet, Mülleimer, laut / Stadtrand.
Zufahrt: Der Platz liegt südlich der Innenstadt und ist ab der Piazza Garibaldi ausgeschildert.
Gebühr: 5 € / Nacht, zusätzlich 3 € für Ver- und Entsorgung.

Nach viel städtischem Gesummse suchen wir Zuflucht in der stillen Natur des **Parco naturale di Rocchetta Tanaro** und entdecken hier einen Spitzen-Stellplatz. Wir erreichen den Naturpark nach bilderreicher Fahrt durch anmutige Weinlandschaften über Mombercelli. Am Ortsausgang von **Rocchetta Tanaro**, vor der in Sicht kommenden Brücke über den Fluss, ist die Einfahrt in den kleinen und unbekannten Naturpark gut mit hölzernen Schildern ‚Parco Naturale' bzw. ‚S. Emiliano' markiert. Die schmale Asphaltstraße windet sich an verstreuten Bauernhöfen vorbei bergan. Dann taucht in einer Gabelung eine Infotafel aus geschnitztem Holz auf. Hier darf man nicht geradeaus weiterfahren, wie das Schild scheinbar fordert, sondern muss sich links halten. Nach weiteren zwei Kilometern liegt rechter Hand ein Parkplatz, der seinesgleichen sucht:

(154) WOMO-Wanderparkplatz: Rocchetta Tanaro
GPS: N 44°51'21" E 8°19'04".   **Max. WOMOs**: 5.
Ausstattung/Lage: Wasser, Mülleimer, Wanderweg, klappstuhlgeeignet, sonntags Kioskbetrieb / außerorts, sehr einsam.
Zufahrt: Wie im vorstehenden Text beschrieben.
Hinweis: Wir haben zu dieser Stelle, was für einen derart einsam gelegenen Platz ungewöhnlich ist, auffallend viele lobende Zuschriften erhalten.

Dort nächtigen wir in himmlischer Ruhe. Morgens grüßen die Wanderer freundlich, und ein netter Förster erklärt sehr ernsthaft, dass hier wegen der Gefahr von Waldbränden das Grillen nicht erlaubt ist. Der kleine Naturpark ist durchzogen

von sehr schönen *single trails* und kann durchwandert werden. Dabei streift man glücklicherweise auch Rocchetta Tanaro. Hier wurde von Giacomo Bologna der Ausbau des Weines in Barrique-Fässern erfunden. Insofern weilen wir auf historischem Boden und feiern diesen wichtigen Umstand in der *Trattoria delle amici* mit einem kühlen Spumante.

in Asti

Nach dieser Einstimmung soll es nun in ein Zentrum des weinseligen Geschehens gehen – nach **Asti** (72.400 Einwohner), den *best-agern* bekannt aus den späten 60ern durch eine Ikone des Wirtschaftswunders und des käuflichen Fernwehs: *Asti Spumante*. Die Stadt ist mehr als eine anständige Tagesadresse für den, der sich durch hektische Betriebsamkeit nicht von der Betrachtung eines Kulturzentrums abhalten lassen will.

Mitten in der Stadt und unter keinen Umständen zu verfehlen ist der riesenhafte **Campo del Palio**, der als Marktplatz dient (Mittwoch und Samstag), aber nicht mehr dem berühmten **Palio**, nach dem er benannt ist. Das Pferderennen ähnelt dem von Siena (Toskana), wo ebenfalls schon seit Jahrhunderten die Reiter der Stadtteile gegeneinander antreten. In Asti steigt das von einem Umzug (über 1.000 Teilnehmer) eingeleitete Großereignis am dritten Sonntag im September auf der dreieckigen **Piazza Alfieri**, nördlich und nahe der Piazza Campo del Palio. Letztere hatte man in den 80er Jahren extra für die Hetze geplant, bevor man einsehen musste, dass nur in der Enge zwischen den Häusern (und den davor errichteten Tribünen) die richtige Wettkampfstimmung aufkam. Reumütig war man deshalb nach einigen Jahren zur Piazza Alfieri zurückgekehrt. Das Rennen geht ohne Sattel über 3 Runden, das sind, wie im olympischen Laufsport und den Bundesjugendspielen, 1.200 m, und belohnt wird nicht nur der Sieger, sondern auch der Letzte (Einzelheiten, auch zur Kartenbeschaffung, siehe unter www.palio.asti.it).

Sie sollten auf der Piazza del Campo parken und nordwestlich davon in das historische Zentrum eintauchen, um mittelalterliche Bauwerke zu bewundern: Schon bald stoßen Sie auf die kleine **Piazza San Secondo**, an deren Rand neben dem

Rathaus die gleichnamige gotische Kirche steht. In der ersten rechten Seitenkammer werden die Banner der Sieger des Palio aufbewahrt, weil sich in der Kirche, weiter hinten rechts, auch die Kapelle des Stadtheiligen, San Secondo, befindet, dem das Pferderennen gewidmet ist *(Mittagspause von 12.30 - 15.30 Uhr).*

Noch sehenswerter ist die **Cattedrale Ss. Maria Assunta**, am nordwestlichen Rand

Asti - San Secondo

der Altstadt, das größte gotische Bauwerk im Piemont (1350 fertig gestellt). Hauptanziehungspunkt ist das **seitliche Portal** im gotischen Flamboyantstil mit einer Darstellung der Himmelfahrt und – ganz oben – dem Kopf eines Herrn Peletta, der in der Mitte des 15.

Asti - seitliches Portal der Kathedrale

Jahrhunderts den kunstvollen Vorbau bezahlt hat. Im Innern lohnt sich vor allem der Blick auf die Weihwasserbecken, die auf Resten römischer Säulen ruhen.

Eine Besonderheit sind in Asti (wie im toskanischen San Gimignano oder im ligurischen Albenga) die noch existierenden **Wohntürme** der einst einflussreichsten Familien, deren höchster die (beschilderte) **Torre Troyana** ist. Die 44 Meter dieses Turms durften im Mittelalter nicht von anderen Geschlechtern übertroffen werden, weil die einflussreichste Familie stets den höchsten Turm hatte. Die runde, genau genommen 16-eckige Torre Rosa am westlichen Ende der Hauptstraße, des Corso Alfieri, hingegen war nur Teil der Stadtbefestigung. Der Name **Alfieri** kommt Ihnen bekannt vor? Kein Wunder, werden im Piemont nämlich allenthalben Straßen und Plätze so benannt. Berühmt

Torre Troyana

sind Vater (Benedetto) und Sohn (Vittorio). Der Alte war ein Baumeister, und der Sohn, ein Zeitgenosse Schillers, gilt als einer der größten Schriftsteller Italiens. Seine Berühmtheit, zumindest der Umstand, dass nach ihm Straßen und Plätze benannt sind, liegt weniger an der bis zu seinem Tod gepflegten wilden Ehe mit einer Gräfin, als an 22 Tragödien, zahlreichen Gedichten und politischen Schriften. Der Vater besaß die Fähigkeiten und das Geld, sich einen Palast zu bauen, an dem Sie auf dem Corso Alfieri (und südlich der Kathedrale) mit Sicherheit vorbei schlendern und in dem Vittorio, wie man so schreibt, das Licht der Welt erblickt hat.

Die Piazza Campo del Palio wird gerne als Stellplatz empfohlen. Wir haben dort noch nicht selbst genächtigt und werden es vermutlich auch nie tun. Der Platz wäre uns im Gegensatz zu Lesern, die hier gut geschlafen haben, zu groß und auch zu laut. Aber entscheiden Sie selbst; auf jeden Fall können Sie hier parken:

(155) WOMO-Stellplatz: Asti

GPS: N 44°53'51" E 8°12'37", Campo del Palio.
Max. WOMOs: 20.
Ausstattung/Lage: Ver- und Entsorgung (in der nordöstlichen Ecke), Mülleimer, viele Gaststätten und Geschäfte in der Nähe / in der Stadt.
Zufahrt: Die Piazza Campo del Palio ist gut ausgeschildert, sie liegt südlich der Altstadt zwischen dieser und dem Bahnhof.

Hinweise: Tagsüber ist der riesige Platz von parkenden Autos stark belegt. Wir haben aber stets noch einen Platz gefunden. In der Nacht auf Mittwoch und Samstag wegen des Marktes nur eingeschränkt nutzbar.

Wer sich über Nacht in Asti aufhalten möchte, dürfte mit dem Campingplatz im Norden der Stadt, der auch Stellplätze für Wohnmobile anbietet, besser bedient sein:

(156) WOMO-Campingplatz-Tipp: Asti *(Umberto Cagni)*

GPS: N 44°55'16" E 8°12'21", Strada Valmanera, 152. **Ortszentrum**: 2 km.
Zeiten: April bis Oktober. **Tel**: 0141 271238. **Ausstattung**: Laden, Pizzeria.
Zufahrt: Der Platz liegt nördlich der Stadt und nördlich der Autobahn zwischen den beiden Abfahrten. **Preis**: 20,50 €.

Wir fahren weiter nach Norden und erreichen kurz hinter **Moncalvo** (wo, wie Sie seit Tour 9 wissen, die besten weißen Trüffeln wachsen) ein weiteres Heiligtum der Gegenreformation: das **Santuario di Crea**. Zum geschichtlichen Hintergrund der frommen *Santuari* haben wir uns bereits in unserer 1. Tour geäußert. Dieses Exemplar liegt etwas abseits der neugierigen Ströme und bezieht gerade aus seiner Vergessenheit seine besondere Schönheit. Nördlich von Moncalvo weist uns ein braunes Schild nach links. Noch vor dem Heiligtum erreichen wir einen famosen Stellplatz:

(157) WOMO-Picknickplatz: Sacromonte di Crea

GPS: N 45°05'40" E 8°16'10", SP 19. **Max. WOMOs**: 5. **Ausstattung/Lage**: Wasser (am Friedhof von Ponzano, Sie kommen daran vorbei), Mülleimer, geräumige Wiese, klappstuhlgeeignet, Picknick-Bank, grandiose Aussicht, Gaststätte im Sacro Monte / außerorts, einsam. **Zufahrt**: Der Platz liegt vor dem Sacromonte an der SP 19, wenn Sie nördlich von Moncalvo über Ponzano Monferrato anreisen. Nehmen Sie die SP 19, nicht die Zufahrt nördlich davon!

Das *Santuario* selbst ist Bestandteil des UNESCO-Weltkulturerbes ‚Sacri Monti' und kann ganz ohne Ablass besichtigt werden. Der zentrale Hof ist sehr vielgliedrig umgeben von der Kirche, einem sehr guten **Restaurant**, einigen im Wiederaufbau befindlichen Nebengebäuden, einem rührenden

Sacromonte di Crea - *Il Paradiso*

Andenkenladen und einer winzigen **Trattoria**, welche die besten *Panini* der nördlichen Hemisphäre anbietet.

Hier beginnt der Kreuzweg durch die im bewaldeten Hügel fast untergegangenen Marien-Kapellen, von denen einige wegen ihrer strengen Schlichtheit auch für diejenigen sehr beeindruckend sind, die sich weniger für die religiösen Hintergründe interessieren. Ursprünglich waren sogar 40 Kapellen geplant, und die ersten der realisierten 23, von denen die Kapelle der Marienkrönung, genannt ‚**Il Paradiso**', am oberen Ende der Anlage, die schönste ist, wurden bereits gegen Ende des 19. Jahrhunderts restauriert. Terrakottafiguren hat man dabei durch Gipsimitate ersetzt, was dem Gesamteindruck aber wenig schadet.

Schon der Wald lohnt den Besuch. Und regelrecht bizarr sind in der Kirche die Bilder, die zum Dank dafür gemalt worden sind, dass die schützende Hand des Herrn nicht erlahmt ist, als der gottesfürchtige Künstler Opfer eines Autounglücks oder eines Banküberfalls wurde.

Nur vereinzelte Touristen verirren sich hierher, dafür immer wieder einige Rennradfahrer, denen die Bezwingung der letzten Steigung vor dem Heiligtum auf teuren Carbon-Maschinen sicher genauso viel wert ist wie dem Pilger des 17. Jahrhunderts auf seinen geschundenen Knien.

Andare in gruppo und die terza multiplica

Rennradfahren ist in Italien mehr als Ertüchtigung oder Leidenschaft: Es ist vielmehr eine Lebenseinstellung. Die Phalanx der Vorbilder ist mächtig: Von Coppi über Pantani bis zu Cipollini haben immer italienische Heroen die Zweiradwelt geprägt. Dabei spielt keine Rolle, wie unrühmlich ihre Biographien letztlich ausgingen. Fausto Coppi, genannt »il campionissimo«, fiel wegen einer illegalen Beziehung zu einer skandalumwobenen Dame (sie wurde wegen ihrer scheinbaren Unbescholtenheit »la dama biancha« genannt) in Ungnade und starb im Alter von 40 Jahren an nichts Lächerlicherem als Malaria; Marco Pantani, wegen seiner eigenwilligen Fahrweise und Kopfbedeckungen »il pirata« genannt, dessen furiose Niederkämpfung des unschlagbaren Lance Armstrong im Jahr 2000 am Mont Ventoux unvergessen bleiben wird, starb 2004 im Alter von 34 Jahren einsam in einem schäbigen Hotel in Rimini an einer Überdosis von allerlei Ungutem in unseliger Mischung. Mario Cipollini schließlich, der Erfinder des »Sprinterzugs« und bekannt als Faxenmacher während der ultraschnellen Abfahrten in den Alpen, wurde im Jahr 2009 wegen Steuerhinterziehung empfindlich abgestraft und nur dank eigenartiger Protektion vor einer mehrjährigen Haftstrafe bewahrt und tingelte jahrelang für kleine Münze auf Jahrmarktsrennen in den Provinzen.

Andare in gruppo bedeutet für den **ciclisto**, sich in einer Gruppe auf das große Ziel vorzubereiten. Im Sommer wird daher in der Ebene trainiert, vorzugsweise sonntags um 11 Uhr. Man trifft sich an der Pizzeria da Pino, die Räder gut vorbereitet, die Beine rasiert, die Trinkflaschen gefüllt mit isotonischen Helfern. Man trägt einheitliche Trikots, die oft der lokale Händler zur Verfügung stellt; sie sind in den Farben der Nationalflagge gehalten und mit »Cicli Antonelli« beflockt. Mit ernster Miene wird das Pensum angegangen. **Andare in gruppo** heißt nun, in strenger Formation zu fahren: hintereinander in gerader Linie, den Kopf gesenkt, um entspannt treten zu können, das Vorderrad ganz knapp hinter dem Hinterrad des Vorausfahrenden, um den Luftwiderstand zu senken, gleichmäßig und ohne abrupte Richtungsänderung. So kann man erstaunliche Stundenmittel herausfahren. Es gilt die Formel: drei Fahrer, die gut eingespielt in gruppo fahren, sind 30 % schneller als ein Alleinfahrer. Alle 200 Meter oder alle 400 m oder auch immer dann, wenn er nicht mehr kann, schert der Führende nach links aus und lässt sich ans Ende der **linea** zurückfallen. Dort gerät er in den Sog der Formation und kann sich erholen. Der nächste übernimmt vorne die Führungsarbeit.

An den Ortseingängen wird dann ein strammer Spurt angezogen, dessen Kulmination eigentümlicherweise immer genau vor dem Eiscafé zelebriert wird. Die **linea** wird kurzfristig aufgelöst, die **ragazzi** gehen aus dem Sattel, die Schlagadern am Hals werden dick wie Taue, wenn die Meute wie eine Arschrakete an den Tischchen vorbeischießt, an denen die Damenwelt, den kleinen Finger am Spumante-Glas abgespreizt, entzückt kreischt. Einige der Helden lassen sich hier etwas zurückfallen und werfen ihre Trinkflasche im Vorbeifahren lässig zur Seite, wie es die Großen beim Giro d'Italia tun. Die Freundinnen unterbrechen ihr Geplapper über die neue Diät und sammeln diskret die Flaschen ein, sobald das Blitzgewitter vorbeigezogen ist.

Im Konvoi wird indessen sofort der Riemen von der Orgel genommen, wenn keine Sichtverbindung zu den Schicksen mehr besteht – so ein Spurt kostet schließlich kostbare Kraft. Bis zum nächsten Dorf wird locker pedaliert, die Kühnen nehmen die Hände vom Lenker. Die Rechte geht zur Trinkflasche, sofern diese noch vorhanden ist, die Linke gleitet wie unter Zwang in Richtung Aduktoren und betastet dort dieses und jenes.

Dann kommt das nächste Dorf in Sicht, es geht wieder zur Sache. Diese Trainingsauffassung erklärt übrigens, warum mittlerweile manche Rennmaschinen mit drei oder mehr Trinkflaschen ausgestattet sind.

Warum das alles? Wofür die Schinderei?

Um am Ende der Saison die Form zu überprüfen, und zwar am besten auf der klassischen Königsetappe des **Giro d'Italia**, die auf dem Hochplateau unterhalb der Drei Zinnen in den Sextner Dolomiten ihr fulminantes Ende findet. Wer es ernst meint, wählt einen Startpunkt, der etwa 150 km von **Cortina d'Ampezzo** entfernt liegt. Hier werden die Carbon-Maschinen ein letztes Mal gecheckt, die Brustwarzen abgeklebt und die verspiegelte Brille geputzt. Dann geht es los, zunächst bis Cortina d'Ampezzo **in gruppo**, aber ohne diese spektakulären Spurts am Eiscafé, denn heute darf man sein Pulver nicht zu früh verschießen. Allenfalls während der Durchfahrt durch Cortina kann die Linke nochmals tun, wonach ihr zumute ist – und dann geht's richtig los:

Die Pass-Straße steigt auf den letzten 14 Kilometern durchschnittlich mit 15 %, in den Rechtskurven der unendlich vielen Spitzkehren erhöht sich die Steigung auf über 20 % - die Lungen pfeifen, die Oberschenkel platzen schier, der Blick wird eng. Der raue Asphalt ist übersät mit anfeuernden Parolen: »Forza **Cipo**« und »Sei grande Marco« steht dort geschrieben, aber der eigene Name nicht. Wie weit noch? Schaffe ich es dieses Jahr noch einmal, ohne abzusteigen?

In den 80er Jahren reagierte der japanische Hersteller Shimano als erster und brachte die **„terza multiplica"** auf den Markt: ein drittes Kettenblatt auf der Pedalachse mit 32 Zähnen erlaubte seitdem eine andere Art der Fortbewegung: dank der großen Übersetzung konnte man nähmaschinenartig im Sitzen nun Steigungen überwinden, die bis dato den dickwadigen Profis vorbehalten waren, allerdings an extremen Steigungen nur so langsam fahrend, dass die so genannte Eierfahrt sich einstellte: man musste zwar nicht absteigen, aber fiel mangels Fahrgeschwindigkeit eiernd seitwärts um. Dabei wurde man manchmal von rüstigen Fußgängern überholt.

Für den Puristen kommt der Einsatz der terza multiplica auf der Königsetappe nicht in Frage – schließlich darf sie beim Giro auch nicht gefahren werden. Außerdem hat der Hersteller Campagnolo – natürlich die erste Wahl des italienischen Patrioten – dieses feature lange Zeit mit Missachtung gestraft.

Wer aber trotzdem die **terza multiplica** auflegt, muss sich wiederum der Missachtung der Puristen gewiss sein und darf sich nicht wundern, wenn er das Wort »**finocchio**« zu hören bekommt, was eigentlich »Fenchel« heißt, aber in der Umgangssprache »Schwuchtel« bedeutet.

Auf den letzten zwei Kilometern scheint es noch steiler zu werden. Der Kopf explodiert, es geht nicht mehr weiter. Einzelne steigen ab und schieben kopfschüttelnd ihre Carbonmaschine hinauf. Einer, den ich in Zeitlupentempo überholt und um seine Kapitulation keuchend beneidet habe, hat mir oben erzählt, dass er seit 50 Jahren an Ferragosto die **Tre Cime** bezwungen hat. Heute hat er zum ersten Mal gewendet und schieben müssen. Er hat geweint und Selbsttötungsgedanken geäußert.

Wir haben – wie es alle tun, die so oder anders oben ankommen – tüchtig miteinander gezecht, um die Mineraldepots aufzufüllen und die Gefahr der Dehydrierung zu bannen. Nachdem dies sichergestellt war, sind wir übereingekommen, dass es nur darauf ankommt, überhaupt oben anzukommen, egal wie. Hauptsache: ohne **terza multiplica**.

Zusammen mit zwei anderen Kollegen haben wir uns im Abendlicht tollkühn und krakeelend die Pass-Straße hinuntergestürzt. Wir waren stark wie noch nie, wir waren unsterblich. Dann ist einem von uns der Schlauch im Vorderrad geplatzt, weil er einfach zu viel gebremst und so die Felge zum Glühen gebracht hat. Ein heftiger Massensturz war die Folge, mit prächtigen Abschürfungen und einem Schlüsselbeinbruch.

Wir sind dann miteinander ins Tal hinuntergelaufen – und zwar **in gruppo**.

Wir fahren einen kleinen Schlenker nach Osten und wenden uns nach **Casale Monferrato** (38.000 Einwohner). Von Süden in die Stadt kommend fällt uns rechts der Straße, mitten in einem Wohngebiet gelegen, ein stillgelegter Hochofen auf. Reiche Kalkvorkommen in dieser Gegend konnte man anhand der vielen Zementfabriken bereits an den Hängen bei der Anfahrt erkennen. Von einem brüchigen Zaun umgeben, liegt die schöne Industrieruine in einem kleinen versehentlichen Park und kann fast ungehindert auch aus der Nähe betrachtet werden. Der Zaun ist wirklich sehr brüchig.

Niemand weiß mehr über diese Region und natürlich auch über die Stadt als der vielsprachige und weltkundige Mitarbeiter der Touristeninformation am Rande der Piazza Castello. Dieser große Parkplatz liegt zwischen dem westlichen Rand der Altstadt und dem Po und dient außer verschiedenen Märkten eher dem Parken als der Übernachtung:

WOMO-Stellplätze: Casale Monferrato

(158) Piazza Castello
GPS: N 45°08'11" E 08°26'48", Piazza Castello.   **Max. WOMOs**: 10.
Ausstattung/Lage: Toilette (am nordöstlichen Rand des Platzes), Mülleimer, Geschäfte, Gaststätten / innerstädtisch, oft von Anwohnern überfüllt.
Zufahrt: Folgen Sie den Schildern ‚Castello'.
Hinweise: Wegen des Marktes nicht in der Nacht auf Dienstag und Freitag. Das ist eher ein Park- als ein Stellplatz.

(159) Via dei Mulini
GPS: N 45°08'13" E 8°26'22", Via dei Mulini.   **Max. WOMOs**: 5-7.
Ausstattung/Lage: abends klappstuhlgeeignet, Mülleimer / Stadtrand.
Zufahrt: Fahren Sie von der Piazza Castello auf der Via XX Settembre an einem Kreisverkehr stadtauswärts nach Westen und Richtung Coniolo. Beim Einkaufsmarkt *famila* biegen Sie nach recht in die Via dei Mulini und halten sich bald links bis zu einem kleinen Parkplatz vor dem Rugbyplatz.

(160) Freibad (Piscina)
GPS: N 45°08'13" E 8°26'06", Strada alla Diga.   **Max. WOMOs**: 5.
Alternativ erwähnen wir daher noch den Parkplatz beim städtischen Freibad, wenige hundert Meter weiter stadtauswärts, ebenfalls in der Nähe des Po und westlich der Piazza Castello;

(161) Ver- und Entsorgung am Palazzetto dello Sport (Sportpalast) südlich der Vauban-Festung; **GPS**: N 45°07'32" E 8°27'43", Piazzale Azzurri e Veterani. Dort kann man auch relativ einsam übernachten.

Das **Castello dei Conzaga** wurde in den letzten Jahren saniert, und inzwischen ist hier eine Galerie eingezogen. Aber das Herzstück des mittelalterlichen Zentrums liegt einige Schritte weiter östlich. Es ist die Piazza Mazzini, die im Volksmund wegen des dortigen Reiterstandbildes von König Carlo Alberto nur **Piazza del Cavallo** genannt wird. Unweit davon ist der romanische **Duomo S. Evasio** nicht zu übersehen. Ungewöhnlich ist die Erschließung der Kirche durch eine prächtige Vorhalle, in welcher bei Sonnenschein wunderschönes Licht herrscht und die einen über einige Stufen hinunter in einen fünfschiffigen Kirchenraum führt. Dieser beeindruckt einerseits durch seine imposanten Abmessungen, irritiert andererseits jedoch durch seine unerklärlich verzogene Säulenanordnung *(Mittagspause 12 - 15 Uhr)*. Wegen ihrer gotischen Fassade sehenswert ist auch die etwas weiter nördlich gelegene **Chiesa San Domenico**. Insgesamt lädt die umliegende Altstadt, die für den Autoverkehr gesperrt ist, unter Arkaden oder auch in verwinkelten Gassen mit unzähligen kleinen Läden und Restaurants zum ziellosen Herumschlendern ein.

Das Castello darf nicht mit der Anlage des französischen Festungsbauers Vauban verwechselt werden, in der sich lärmende Pfadfindergruppen oder auch picknickende Großfamilien auf den Wiesen zwischen den ehemaligen Kasernen tummeln. Vor der Festungsanlage liegt ein riesenhafter Platz, auf den man ausweichen kann, wenn alle oben genannten Tipps versagen oder wenn man in einem Gefährt anreist, für das sonst alle Stellplätze zu klein sind.

Eigentlich sollte hier unsere Tour durch das Monferrato und damit durch das Land an den Füßen der Berge enden. Uneigentlich aber können Sie ja den Heimweg gemeinsam mit uns antreten. Wir meiden die nahe gelegene Autobahn und be-

schließen, den Rückweg Richtung Vercelli durch die Reisebene zu nehmen. Staunend entdecken wir eine Landschaft, die wir bislang mit dem Fernen Osten in Verbindung gebracht haben.

Ein kleiner Exkurs in die Welt des Reises kann nicht schaden: Die Idee des nachhaltigen Anbaus der Reispflanze kam den Zisterzienser-Mönchen im 15. Jahrhundert angesichts des natürlichen Wasserreichtums der in der Ebene vorhandenen Sümpfe. Sie entwickelten das System der Reis-Cascinen, die als inselhafte Ansiedlungen im Meer der Feuchtfelder aus folgenden Komponenten bestanden: eingedeichte und planvoll bewässerte Reisfelder für den Broterwerb, eine Kirche für die Erbauung der Lebenden, ein Friedhof für die Davongegangenen, eine Osteria für das Gespräch der Ersteren über die Letzteren und eine bescheidene Unterkunft für die Zeit dazwischen.

Wir bewegen uns auf schnurgeraden, dammartigen Straßen durch endlose Wasserflächen, in denen sich der Himmel und die vereinzelten Cascinen spiegeln. Wir bewundern die ausgeklügelten Bewässerungssysteme, die inzwischen fast 9.000 km Länge umfassen und von den Flüssen Sesia, Ticino, Dora Baltea und Po gespeist werden. Der für die Feinverteilung der Wassermengen Verantwortliche heißt übrigens *acquaiolo*, so wie man den für die Feinverteilung des Belags auf der Pizza Verantwortlichen *pizzaiolo* nennt. Insofern dürfen wir uns sicher als *womoiolos* bezeichnen.

Die europäischen Reismetropole **Vercelli** (47.000 Einwohner) lassen wir in diesem Reiseführer weiterhin aus, wie auch die Großstadt **Novara** (105.000 Einwohner). Dafür befassen wir uns mit dem Risottoreis und liefern Ihnen ausnahmsweise auch mal ein Kochrezept:

Italienische Reissorten

Angeblich existieren weltweit über 100.000 Reissorten. Wir haben uns dabei nicht vertippt, die fünf Nullen sind völlig richtig. Dass es unterschiedliche Reisarten gibt, wissen schon die Älteren unter uns, die in ihrer Jugend zumindest Milchreis, meist mit Zucker und Zimt, und »normalen« Reis, in der Regel verkocht und klebrig, zu essen bekamen. Später kam Kochbeutel-Reis hinzu; danach, als die Kochkunst in Deutschland erfunden wurde, Wildreis (der gar kein Reis ist), und vor nicht allzu langer Zeit Sushi-Reis, Basmati-Reis sowie Arborio-Reis für das Risotto.

Bis zu einer unserer letzten Italienreisen wären wir fast jede Wette eingegangen, dass gutes Risotto stets aus Arborio-Reis zubereitet wird, wenngleich wir uns während der ganzen Jahre, in der wir immer mal wieder versucht haben, zu kochen, wie in Italien, nicht erklären konnten, dass uns nie ein wirklich gutes Risotto gelungen ist.

Das Rätsel wurde gelöst, als wir in einem kleinen Laden, in dem das gesamte Warenangebot in einem Regal stand, nur eine einzige Sorte Reis kaufen konnten und froh waren, überhaupt eine Alternative zu den ewigen Nudeln zu bekommen.

Unsere Zubereitung war wie immer: Wir haben für das Grundrezept klein geschnittene Schalotten (oder Zwiebeln) in hälftig Olivenöl und Butter angedünstet. Als die Zwiebeln glasig waren, haben wir pro Person eine halbe Tasse Risottoreis hinzu gegeben und zunächst ohne weitere Flüssigkeit gerührt, bis auch der Reis leicht glasig geworden ist. Danach haben wir mit Weißwein abgelöscht und nach und nach Flüssigkeit aufgefüllt (im Zweifel Wasser oder Weißwein, wobei die Art der Flüssigkeit davon abhängt, welche Geschmacksrichtung das Risotto bekommen soll – dazu gleich). Wir haben die Flüssigkeit so dosiert, dass wir immer nur so viel angeschüttet haben, wie erforderlich war, um den Reis gerade zu bedecken. Dabei haben wir, was wirklich wichtig ist, die ganze Zeit gerührt. Und immer, wenn Flüssigkeit verdampft war, haben wir nachgefüllt. Das dauerte so lange bis der Reise gar war, was wir nie mit der Uhr messen, sondern auch bei diesem Essen durch Verkostung geklärt haben. Der Reis musste sämig werden, aber noch Biss haben, *al dente*, wie die Italiener sagen. Zum Schluss haben wir noch zerlaufene Butter und geriebenen Parmesankäse (wichtig!) untergerührt.

Und dann haben wir uns an unseren Campingtisch gesetzt und vor Staunen den Mund fast nicht zugekriegt. Der Reis war eindeutig besser als jeder selbst zubereitete Risottoreis unserer Erinnerung. Und der Grund für dieses Wunder war ganz einfach: Der Kaufmann, der sich nur mit einer Reissorte bevorratet hatte, hatte klugerweise die beste gewählt: **Carnaroli**.

Wir haben es danach mehrfach ausprobiert. Carnaroli-Reis ist, wenn das Risotto noch Biss haben soll, eindeutig besser als Arborio (oder Vialone). Leider gehört er zu den teuersten Reissorten. Sie bekommen ihn heutzutage in Italien in jedem Supermarkt und in Deutschland in den meisten Feinkostgeschäften, selbstverständlich auch über das Internet.

Sie fragen noch nach der Zugabe, die darüber entscheidet, ob Sie Steinpilzrisotto, Spargelrisotto o.ä. auftischen. Die bereiten Sie zunächst – und vor dem Reis – in einem anderen Topf, in dem Sie beispielsweise Steinpilze mit Zwiebeln, Knoblauch, Weißwein und etwas Bouillon andünsten (statt Pilzen nehmen Sie beispielsweise Spargel und keinen Knoblauch). Die auf diese Weise gewonnene Flüssigkeit nehmen Sie, um, wie oben beschrieben, aufzufüllen, nachdem Sie mit Wein abgelöscht haben. Die Pilze (oder Spargel) geben Sie erst dann zum Reis, wenn dieser fertig ist.

Vielleicht klingt das alles komplizierter als es ist. Aber der entscheidende Faktor für das Gelingen ist eindeutig der **Carnaroli-Reis**.

Nördlich von Vercelli und östlich des Fiume Sesia liegt die **Benediktinerabtei San Nazzaro**, die für uns einen der schönsten Orte des Piemont darstellt. Die kleine Gemeinde, die ausschließlich vom Reisanbau lebt, ist im Besitz eines wunderbaren Gebäudeensembles, bestehend aus der Kirche, einem freskengeschmückten, zweigeschossigen Kreuzgang und mehreren Wirtschaftsgebäuden, die geschützt innerhalb einer Befestigung mit Burgfried liegen. Die

Fresko in der Abtei San Nazzaro

Berge, Wein und Reisfelder

San Nazzaro

Fresken stammen aus dem 15. Jahrhundert, der 35 m hohe Campanile hat sogar romanische Ursprünge, ebenso wie die Seitenschiffe der Klosterkirche *(10 - 12 und 14 - 18 Uhr)*. Die ganze Anlage strahlt eine so friedliche und beruhigende Atmosphäre aus, dass wir diesen idyllischen Ort früher nicht als Stellplatz ausgewiesen und ihn nur als Abstecher empfohlen haben. Wir waren aber meistens die einzigen ausländischen Besucher und glauben nicht, dass wir bei Aufgabe unserer Zurückhaltung die Massen anziehen. Einer der Stellplätze liegt auch etwas außerhalb:

WOMO-Stellplätze: San Nazzaro

(162) <u>Sportplatz</u>
GPS: N 45°26'15" E 8°25'07", Via Fratelli del Olmo. **Max. WOMOs**: 8.
Ausstattung/Lage: Wasser (an der Friedhofsmauer gegenüber – Sie sollten die Qualität vorher prüfen), klappstuhlgeeignet, in der Nähe Laden und die sehr schlichte Gaststätte *Al Sesia* (Leser haben die Pizzas gelobt) / Ortsrand.

Zufahrt: San Nazzaro erreichen Sie, wenn Sie von Norden kommen, am besten über die A 4, Richtung Torino. Östlich des Autobahnkreuzes mit der A 26 nehmen Sie die Abfahrt *'Biandrate'* und fahren über Biandrate nach San Nazzaro. Wenn Sie von Süden über die A 26 nahen, müssen Sie am Autobahnkreuz zunächst Richtung *'Milano'* fahren.
Sie durchqueren San Nazzaro und folgen an der abknickenden Hauptstraße dem Wegweiser *'Campo Sportivo'*, Richtung Fluss. Der Parkplatz liegt gleich hinter den letzten Häusern, etwa 200 m nach der Klosteranlage.

(163) Madonna della Fontana
GPS: N 45°25'37" E 8°25'29". **Max. WOMOs**: 5.
Ausstattung/Lage: Wasser, Picknickbänke / außerorts, einsam.
Zufahrt: Fahren Sie durch San Nazzaro und folgen Sie der abknickenden Hauptstraße und dem Wegweiser nach Borgo di Vercelli. Etwa 1 km südlich von San Nazzaro zweigt zwischen Reisfeldern ein Sträßchen zu einem Kirchenkomplex ab, wo Sie unter Bäumen schön stehen können.

Mit dem festen Vorsatz, nun tatsächlich den Rückweg anzutreten, begeben wir uns auf die nahe Autobahn nach Norden, um nach nur wenigen Kilometern erneut der Versuchung zu erliegen. Statt der seelenlosen Autobahn wählen wir den Weg über das **östliche Ufer des Lago Maggiore**.

Zwar wildern wir hier in fremden Revieren, denn das östliche Ufer des Lago Maggiore gehört zur *Lombardia* und nicht zum *Piemonte*, aber es gibt gute Gründe für den Fremdgang:

Zunächst stoßen wir auf **Angera** (5.600 Einwohner), deren berühmte Festung Castello Rocca Borromeo uns schon als Bildhintergrund von unserer zweiten Tour bekannt ist. Der Eintritt in die zinnenbekrönte Festungsanlage ist genau so teuer wie ihre Mauern mächtig sind. Mit dem Billet erkauft man sich aber immerhin das Recht auf die Besichtigung eines integrierten Puppenmuseums und einen unvergleichlichen Gegenblick auf das westliche Ufer des Sees. In Angera finden Sie sogar einen Stellplatz am Seeufer:

(164) WOMO-Stellplatz: Angera
GPS: N 45°46'18" E 8°34'49", Via Ungheria. **Max. WOMOs**: 5.
Ausstattung/Lage: Mülleimer, Gaststätten und Geschäfte / Ortsrand.
Zufahrt: Der Stellplatz liegt neben dem Hafen östlich des Ortes.

(165) Ispra
Einen Versuch wert ist auch der Rand der Uferstraße im nördlichen **Ispra**, wo im Norden des Ortes ein Landzipfel in den See ragt; wir haben keine Verbotsschilder gesehen; schöner Blick auf den See, Platz für zwei bis drei Fahrzeuge;
GPS: N 45°49'26" E 8°36'45".

Berge, Wein und Reisfelder

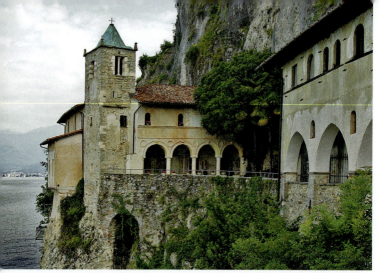

Santa Caterina del Sasso

Auf dem weiteren Weg nach Norden erreichen wir zwischen km 21 und km 22 die Abfahrt nach **Santa Caterina del Sasso**, dem Postkartenmotiv des Lago Maggiore schlechthin – ursprünglich stille Einsiedelei, später Kloster, seit den 70er Jahren Ziel der klimatisierten Omnibus-Sternfahrten und neuerdings ausgestattet mit einem überdimensionierten Besucherzentrum. Der Weg hinab zu dem nestartig am Steilufer gelegenen Wallfahrtsort ist verbunden mit dem Abstieg über 324 Naturstein-Treppenstufen und führt je nach Besuchszeit entweder zu wunderbaren Fotomotiven (nachmittags, weil vormittags die Anlage im Schatten liegt) oder zu heftigem Gedränge mit schnatternden Touristen (ganztags).

In früheren Büchern hatten wir Ihnen Gaststätte und Stellplatz von **Cerro** empfohlen und Sie damit für die nächste Reise, jedenfalls nicht für den häuslichen Alltag, eingestimmt. Im Lokal hat aber der Besitzer (oder dessen gastronomischer Anspruch) gewechselt, und der Stellplatz wurde mit Blumenkübeln kastriert.

Eine schöne Alternative direkt am See finden Sie im ansonsten eher uninteressanten **Germignaga** (3.800 Einwohner):

(166) WOMO-Stellplatz: Germignaga

GPS: N 45°59'47", E 8°43'27", Via Bodmer.   **Max. WOMOs**: 6.
Ausstattung/Lage: Ver- und Entsorgung, Strom (3 €), Mülleimer, Gaststätten und Geschäfte in der Nähe / Ortsrand.
Zufahrt: Der Stellplatz liegt seitlich der Durchgangsstraße vor dem Ort am See und kann nicht übersehen werden.
Gebühr: 15 €, die mit Münzen bezahlt werden müssen.
Hinweise: Der Platz ist oft belegt, wenn man nicht früh kommt. Nach unserer Beobachtung wurde es toleriert, wenn WOMOs zur reinen Übernachtung auf den Pkw-Plätzen standen. Badeverbot!
Eine **weitere Entsorgungsstelle** finden Sie an der Straße nach Cunardo und Autostrada, der SS 394, bei N 45°58'53" E 8°44'26".

Germignaga - Stellplatz

Eine überraschend leckere Pizza aus dem Holzofen bekommen Sie etwa 250 m entfernt (an der Straße nach Norden) im **Ristorante *Boschetto***, wo alles, was wir getestet haben (wir essen übrigens nie, wir testen nur), gut schmeckt, wo man aber auf der Heimfahrt aus einem Urlaub weiter im Süden deutlich bemerkt, dass man sich den Pizzerien *San Remo* oder *Portofino* in Mannheim oder Köln nähert.

Maccagno

Auch wenn wir keinen Lombardei-Führer schreiben, sollen hier noch je ein weiterer Stell- und Campingplatz erwähnt werden. Beide liegen in **Maccagno** (2.000 Einwohner) fast nebeneinander. Der malerische Ort hat am Ostufer des Lago eine ähnliche touristische Bedeutung wie das schräg gegenüber liegende piemontesische Cannobio:

(167) WOMO-Badeplatz: Maccagno
GPS: N 46°02'24" E 8°44'09", Via Virgilio Parisi. **Max. WOMOs**: 10.
Ausstattung/Lage: Mülleimer, Gaststätten und Geschäfte in der Nähe, Entsorgung auf dem nahen Campingplatz (10 €), Seeufer mit Bademöglichkeit ca. 200 m / im Ort.
Zufahrt: Der Stellplatz liegt beschildert südlich des Flusses beim Stadion.

(168) WOMO-Campingplatz-Tipp: Maccagno *(Azur)*
GPS: N 46°02'17" E 8°44'03", Via Corsini, 3. **Ortszentrum**: 0,5 km.
Zeiten: Ende März. – 31.10. **Tel**: 0332 560203.
Ausstattung: Laden, Pizzeria in der Nähe, direkt am See.
Zufahrt: Der Platz liegt beschildert südlich des Flusses.
Preise: 20 – 43 € (die Uferplätze sind die teuersten).

Am letzten Morgen vor der Heimfahrt treten wir in Maccagno ans Ufer. Auf der gegenüberliegenden Westseite des Lago sehen wir Carmine und nördlich davon Cannobio. Fast drei Wochen ist es her, dass dort, am ersten Tag der Reise, der Urlaub wie die Ewigkeit vor uns lag, dass wir noch hofften, in dieser Zeit wenigstens drei Bücher zu lesen und ganz nebenbei für Sie und erst recht für uns das halbe Piemont zu erkunden. Alles haben wir nicht geschafft. Wir könnten problemlos mit dem gleichen Tatendrang von vorne beginnen – und würden dabei das halbe Buch wieder umschreiben. Dasselbe würde sich nach der nächsten Runde wiederholen, denn wir hätten abermals Neues entdeckt.

Wir werden immer wieder gefragt, weshalb wir Jahr für Jahr dieselben Gebiete anfahren, anstatt die trendigen Fernreiseziele. Dafür gibt es viele Gründe, darunter der Respekt vor der Natur und den Einheimischen, die Abscheu, diese auszubeuten, die Furcht vor dem Massentourismus, die Angst vor gesellschaftlichen und touristischen Umwälzungen, der Zwang zur Neuauflage ….

Letzten Endes aber ist es der Reiz, bei jeder neuen Fahrt das alte Reisegebiet neu erleben zu können. Ein Reiseführer bleibt nämlich, ganz gleich wie umfangreich er ist, allzeit ein unvollendetes Werk.

Und irgendwie steht man immer am Anfang.

Die Tipps und Infos

Campingplätze

Dass italienische Campingplätze relativ teuer sind (an den Seen und in der Hochsaison für vier Personen über 50 EUR/Tag) kann Sie auf den Reisen dieses Buches allenfalls an den Seen ernsthaft ärgern. Sonst werden Sie nämlich nur wenige Campingplätze finden. Die Plätze an oder in der Nähe der genannten Badegewässer sind in der Hochsaison, zumindest wenn sie erst am Spätnachmittag anreisen, häufig ausgebucht. Wir nennen Ihnen bei den Touren daher die Telefonnummern, damit sie reservieren oder nach einem Platz fragen können (wobei wir mit der Angabe der Nummer nicht versprechen, dass eine Reservierung überhaupt möglich ist). Je früher am Tag Sie den Campingplatz beehren, umso größer sind die Chancen auf Einlass. **Die beste Zeit ist vormittags zwischen 11 und 12 Uhr**, wenn andere Leute gerade aufgebrochen sind.

Cannobio - *Camping Riviera* Nr. 03 (Tour 1)

Hunde sind meistens erlaubt, wir weisen auf Verbote hin – möglicherweise nicht ganz vollständig, weil wir unsere Aufgabe nicht darin gesehen haben, einen Hunde-WOMO-Führer zu schreiben, auch wenn Leser das häufig fordern.

Auf manchen italienischen Campingplätzen pflegt man eine ausgedehnte Mittagspause (häufig zwischen 13.30 und 15 Uhr), in der Sie sich bisweilen nicht anmelden können. Meistens darf man trotzdem auf das Gelände fahren.

Leser haben uns auf die Preisvergünstigungen einiger Plätze in der Nebensaison hingewiesen, wenn Sie im Besitz einer sogenannten *CampingCard* des ACSI sind *(Näheres unter www.campingcard.com/de)*.

Diebstahl

Niemand von uns ist vor Dieben gefeit, auch wenn unser Reisegebiet nicht zu den besonderen europäischen Gefahrenzonen gehört. Dennoch ist Vorsicht geboten, besonders an den Gewässern. Sie müssen überall aufpassen. Je sorgloser Sie sind, umso eher schlagen die Diebe zu.

Es gilt eine **Grundregel**, die Sie eisern befolgen müssen: **Verlasse nie dein WOMO mit nichts als dem Autoschlüssel in der Hand**. Denn die Diebe lauern womöglich hinter den Büschen und wissen, dass Sie mehr als diesen Autoschlüssel dabei haben: Geld, eine Fotoausrüstung, ein Notebook und die Damen eine Handtasche. Tragen Sie aber nichts unterm Arm, müssen diese Dinge zwangsläufig im WOMO zurückgeblieben sein. Eine Auto- oder Reisemobiltür ist aber für den Profi ein Klacks. Er öffnet sie in Sekunden.

Das betrifft besonders die Leser, die ein Wohnmobil gemietet haben, weil diese Fahrzeuge gegen Autoknacker schlecht gesichert sind. Die Besatzung solcher Mietmobile muss immer damit rechnen, das schwächste Glied in der Kette zu sein. Den Fahrzeugen, durchweg neuesten Modellen mit wenig individuellen Innereien oder sogar Aufklebern, sieht der erfahrene Gauner schon von weitem an, dass die Mieter unkundiger und sorgloser sind als alte Hasen. **Das dürfen Sie in keiner Minute vergessen**, schon gar nicht auf dem Autobahnrastplatz oder an anderen Stellen, an denen Sie nur kurz Ihr Fahrzeug verlassen. Die wenige Minuten dauernde Einkehr ist oft die beste Gelegenheit, im Auto herumliegende Wertgegenstände einzusammeln. Wenn es irgendwie geht, sollte auf Rastplätzen immer ein Familienmitglied im Auto bleiben, und wenn das nicht geht, müssen die Wertsachen zur kurzen Erfrischung (und Entleerung) mitgenommen werden! **Trotz aller Warnungen hören wir immer wieder von Diebstählen, bei denen die Besatzung das WOMO zu einer Besichtigung nur <u>kurze Zeit</u> verlassen und sogar abgeschlossen hat, während aber <u>alle</u> Wertgegenstände im Fahrzeug verblieben sind, einschließlich Geld und Ausweisen, häufig in einem Rucksack auf dem Bett oder an einem anderen deutlich sichtbaren Ort.**

Ihr Wohnmobil sollte über geeignete Sicherungsvorkehrungen verfügen. Diese sind zwar für einen brutalen Einbrecher nur eine Hemmschwelle, denn wer ein derart leicht gebautes Fahrzeug aufbrechen will, über erforderliches Werkzeug und einen entsprechenden Zerstörungswillen verfügt, kriegt jedes Reisemobil auf. Aber der Bösewicht zaudert eher, wenn er sieht, dass ihm sein Handwerk nicht leicht gemacht wird. Immer wieder wird uns in Leserbriefen von aufgebrochenen Wohnmobilen berichtet, aber noch nie, dass die **Alarmanlage** scharf geschaltet war. Abgesehen davon, dass eine solche Vorrichtung Lärm macht, den Sie in der benachbarten Kneipe oder am nahen Strand möglicherweise selbst hören, dürften schon entsprechende Aufkleber an den Seitenscheiben oder ein blinkendes Lichtchen eine gewisse Warnfunktion haben. Der Einbau ist leider teuer und kostet gut und gerne 500 Euro, aber er belohnt Sie mit einem deutlich sorgenfreieren Urlaubserleben (Sie sollten ab und zu an entlegener Stelle die Funktion testen).

Es gibt auch wirksame **mechanische Hürden**: Der WOMO-Verlag verkauft Ihnen den *WOMO-Knacker-Schreck*, den Sie auch in Mietmobilen einsetzen können und der die Vordertüren wirksam verriegelt (funktioniert nicht bei Ford-Modellen, weil die Armlehnen in den Türen eine Öffnung zum einhaken haben müssen). Pfiffig sind die Schlösser von *Heosafe* (www.heosolution.de) sowie die Produkte der Firmen *Thule* (www.thule.com) und *Fiamma* (www.fiamma.it) – ein Blick in die Online-Kataloge lohnt sich auch wegen anderer Produkte). *Heosafe* und *Thule* haben viele relativ neue Produkte im Angebot – sogar für Kastenwagen (aber bei Drucklegung leider immer noch kein Produkt, mit dem man die Schiebetür des Fiat Ducato von innen verriegeln kann). Dabei wundert uns nur, dass derlei Zubehör nachgerüstet werden muss, wo doch der Käufer eines Wohnmobils, der durchschnittlich über 60.000 Euro hinblättert, zu seiner Sicherheit gerne ein paar Euro mehr ausgeben würde (löblich ist das ab Werk lieferbare Zusatzschloss, das beispielsweise *Hymer* – auch zum Nachrüsten – für die Aufbautüren anbietet, das aber bei vielen teuren Hymermobilen nicht eingebaut wird, weil erstaunlicherweise sogar deren Käufer am falschen Fleck sparen). Aber da Sie, liebe Leser, schon erfahrene Wohnmobil-Reisende sind oder sich zumindest auf dem Weg dorthin befinden, werden Sie der Industrie ihre an Äußerlichkeiten orientierte Verkaufspolitik lassen, die Ihnen einen gewissen Einbruchsschutz bietet. Denn neben Ihrem WOMO steht zumeist ein schlechter gesichertes, das von den Dieben bevorzugt wird. Ein ganz elementarer Tipp: Bewahren Sie wertvolle Dinge und wichtige Utensilien (täglich benötigte Medikamente) nicht in Aktentaschen oder kleinen Koffern auf. Alles, was ein Schloss hat, wird als erstes geklaut. Besonders der Schminkkoffer, der, wie uns die Leserbriefe zeigen, nicht nur zum festen Repertoire eines deutschen Mietmobils, sondern auch zur Lieblingsbeute eines eiligen Womo-Knackers gehört.

Das alles hat mit der **Übernachtungssicherheit** auf freien Stellplätzen nichts zu tun. Nur wenige Leser haben mir im Verlauf von 12 Jahren von einem nächtlichen Überfall (in Südfrankreich) berichtet. Und die standen fast alle auf einem Autobahnrastplatz, wo ich **niemals** übernachten würde. Es gibt nichts Gefährlicheres, selbst wenn Sie wohnmobile Nachbarn haben!!

Zur etwaigen notwendigen Kartensperrung lesen Sie Näheres beim Stichwort *Geld*.

Freies Camping / Stellplätze

Wenn man an freies Camping denkt, also an eine Übernachtung außerhalb der Zeltplätze, hat man oft zwiespältige Gefühle. Einerseits will man beim freien Camping alles das erleben, was man sich vorgestellt hat, als man ein Wohnmobil gemietet oder gekauft hat. Man erwartet das leichte, ungeregelte Leben und möchte an den Stellen bleiben, die einem gerade gefallen oder die einem vom WOMO-Führer vorgeschlagen werden. Befragungen haben aber ergeben, dass erstaunlich

Stellplatz Nr. 01 in Cannobio (Tour 1)

Stellplatz Nr. 111 in Barolo (Tour 9)

viele Wohnmobilfahrer fast ausschließlich Zeltplätze besuchen, obgleich ihnen freie Plätze zumindest zeitweise viel lieber wären. Viele Leser haben also Angst. Insbesondere die Deutschen, die in Betracht ziehen, etwas Verbotenes zu tun. Und genauso vielen ist deshalb bange, weil sie einen nächtlichen Überfall befürchten.

In Norditalien ist aber die Wahrscheinlichkeit einer nächtlichen Attacke nahe Null, soviel ist sicher. Kein Leser hat uns aus Ligurien je von einem Überfall berichtet. Und der WOMO-Verlag hat bei aller Bescheidenheit allein Italien betreffend eine Leserschaft im sechsstelligen Bereich. Die Angst spielt sich also nur in Ihrem Kopf ab, sie ist dort am größten, wo sie am unberechtigsten ist. Ein einsames WOMO mutterseelenallein im stockdunklen Wald ist gleichbedeutend mit der Garantie für eine unbehelligte Nacht, und doch werden Sie dort von jedem Knacken erschreckt. Der umtriebige Autobahnrastplatz hingegen wiegt Sie weit mehr in Sicherheit, obwohl gerade hier die gelegentlich in der Presse veröffentlichten Überfälle stattfinden (Bösewichte sprühen angeblich Narkosegas ins Auto und knacken dann die schlecht gesicherten Türen; dagegen helfen sowohl die oben schon erwähnten Zusatzschlösser wie auch ein elektronisches Gerät, das Sie vor Narkosegas warnt und welches Sie im Fachhandel kaufen können).

Die Angst vor der Nacht auf den von uns erwähnten Stellplätzen ist objektiv also unbegründet, zumal die Existenz dieses Reiseführers neben dem Nachteil, dass die Stellplätze überbelegt sein könnten, auch den Vorteil hat, dass Sie in der Ferienzeit sehr häufig neben einem gleich gesinnten Nachbarn stehen.

Genauso unbegründet ist die Angst vor dem Gesetzesverstoß. Wir möchten Sie nicht animieren, sich auf Plätze zu stellen, die als Verbotszone gekennzeichnet sind, obgleich sich italienische Freunde, die ihre Polizei besser kennen, davon wenig beeindrucken lassen. Zumal es in Italien kein generelles WOMO-Übernachtungsverbot gibt und angeblich auch einzelne Gemeinden nicht die Befugnis besitzen, ein solches für ihr Gebiet anzuordnen. Gehen Sie davon aus, dass Sie auf öffentlichem Gelände (!) überall dort stehen, also parken dürfen, wo kein spezielles Schild angebracht ist, beispielsweise ein Durchfahrt- oder Nachtparkverbot (was Sie sonst beim »Parken« in Ihrem Auto tun, geht niemanden etwas an!), und verfallen Sie nicht dem Irrglauben, dass ein symbolisch durchgestrichener Wohnwagen/Zelt/Wohnmobil die Übernachtung verbietet. Untersagt ist nicht das Parken, nur das Campen. Das gilt auch für das verbale Verbot ‚No camping', das wir immer wieder an öffentlich beschilderten Stellplätzen feststellen. Damit meint man einen Aufenthalt mit Wäscheleine, Klappstühlen und/oder ausgefahrener Markise, schlimmstenfalls auch geöffnetem Fenster. Wir haben mehrfach bei den Touristeninformationen nach Stellplätzen gefragt, woraufhin uns gerade solche genannt wurden, an denen das Zelten verboten war.

Italien ist **das** Land der Wohnmobile, entsprechend großzügig ist die Obrigkeit. Und wenn Sie wirklich einmal von der Polizei weggeschickt werden, bricht die Welt auch nicht zusammen, allenfalls wird Ihr deutscher Gehorsam angekratzt. Obwohl in fast ganz Italien das freie Übernachten unproblematisch ist, wollen wir an dieser Stelle erneut darauf hinweisen, dass weder Verlag noch Autoren die Gewähr dafür übernehmen, dass Sie auf den in diesem Buch empfohlenen Stellplätzen legal die Nacht verbringen dürfen.

Das freie Übernachten ist im Landesinnern sehr viel einfacher als Sie es sich vielleicht vorstellen. Schwieriger ist es freilich an der Küste oder an anderen Gewässern, wo Sie aber merken, auf welchen Plätzen Sie tatsächlich nicht geduldet werden.

Erfreulicherweise erkennen zunehmend mehr Gemeindeverwaltungen die touristische Bedeu-

Stellplatz Nr. 105 in Novello (Tour 9)

tung der Wohnmobile und führen Sie mit den Wegweisern **Sosta Camper**, **Area di Sosta** oder **Camper Stop** zu »offiziellen« Stellplätzen, die ganz unterschiedlich, nicht selten auch gar nicht ausgestattet sind. *Carico* weist übrigens auf Wasserversorgung hin, mit *scarico* wird eine Entsorgungsmöglichkeit bezeichnet. Besonders in Küstennähe kommt der privat betriebene, kommerzielle Stellplatz in Mode, bestens ausgeschildert und kostenpflichtig, da der Betreiber mit dem Platz Geld verdient. Meistens darf man dort, weil die Lizenz eines Campingplatzes fehlt, nicht campieren, also keine Klappstühle und keine Markisen benutzen (was oft nicht kontrolliert wird). Gelegentlich wird aber der Pass kontrolliert, wie auf einem Campingplatz.

Vom kleinsten Dorf bis zur größten Stadt finden Sie in Italien – bei kleineren Städten zumeist am Ortsrand – Parkplätze, die unmittelbare Küste allerdings ausgenommen. Die üblichen blauen Schilder weisen den Weg. Hier sollten Sie ein Nachtlager suchen, falls Ihnen die freie Natur zu unheimlich ist. Wenn nichts mehr hilft, folgen wir dem Wegweiser zum Sportplatz *(campo sportivo)* oder zum Friedhof *(cimitero)*. Auch Restaurants außerhalb der Ortsbebauung verfügen oft über geräumige Parkplätze, die allerdings ein Abendessen notwendig machen. Wir haben aber schon mehrfach erlebt, dass man uns dann dort zum Verweilen eingeladen hat. In Mode kommen auch (kostenpflichtige) Stellplätze bei Bauern *(Agriturismo)*, die wir aber noch nie ausprobiert haben.

Ein Problem nimmt in den letzten Jahren gerade auf schön gelegenen Stellplätzen zu, wir führen es darauf zurück, dass junge Italiener immer länger zu Hause wohnen bleiben. Und dass sie fast alle ein Auto besitzen, in dem sie mit der Partnerin einer Tätigkeit nachgehen, für die ein Autositz nicht geschaffen, wenngleich dafür schon millionenfach zweckentfremdet wurde. Man erkennt diese Plätze bisweilen daran, dass sie von Papiertaschentüchern (und anderem) verunziert werden, zumeist erkennt man sie aber nicht oder zu spät. Die Störung tritt daher überraschend ein, in der Regel aber nur in der Nacht von Samstag auf Sonntag, mit Abstrichen auch in der Nacht davor. Lästig daran ist das ständige An- und Abfahren, weil die Verweildauer unerwartet kurz ist. Und das ist eigentlich nur deshalb lästig, weil die Liebenden erstaunlich wenig Schamgefühl besitzen und demgemäß beim Einparken kaum Abstand zu einem Wohnmobil einhalten. Entweder ist Ihnen ein fester Schlaf vergönnt, Sie fahren weiter oder Sie stellen sich in eine Ecke des Parkplatzes, wo sich Ihnen die fahrbaren Liebeslauben wenigstens nur von einer Seite nähern können. Am besten stellt man sich zwischen zwei schon vorhandene Wohnmobile, und zwar so, dass kein Pkw mehr dazwischen passt.

Wenn ich gelegentlich im Internet in Wohnmobilforen, unter anderem im Forum des WOMO-Verlages, surfe, lese ich immer wieder Klagen über **Parkgebühren** oder **andere Entgelte**, und es entsteht der Eindruck, dass nur der die perfekte Wohnmobilreise erlebt, der möglichst wenig ausgibt. Das verstehe ich nicht, so habe ich nämlich nicht den Eindruck, die meisten meiner Kollegen hätten nach der Anschaffung ihres Wohnmobils den letzten Groschen aus der Hand gegeben. Wie kann man sich darüber beklagen, dass man für eine Nacht zehn Euro bezahlen muss, wenn man Fünfzigtausend oder mehr für ein einziges Auto hingeblättert hat, das schon durch die erstmalige Zulassung zehn Prozent seines Wertes eingebüßt hat?

In einer Welt, in welcher der Tourismus eine feste Wirtschaftsgröße ist, sollten wir in keiner Sekunde daran zweifeln, dass wir nur dort, wo wir auch Geld ausgeben, in Zukunft geduldet sind. Damit meine ich nicht verschwiegene Plätzchen in untouristischen Gebieten, sondern den Wohnmobilurlauber als eine in Haufen auftretende Spezies. Warum sollten einer solchen Gruppierung Wasser, Müllkapazitäten, Toilettenanlagen, wertvolles Bau-, Garten- oder Agrarland unentgeltlich zur Verfügung gestellt werden, wenn der Nutzer nur das konsumiert, was er in seiner voluminösen Heckgarage herangekarrt hat? Diese Zeiten sind in allen Gebieten, in denen mit dem Tourismus Geld verdient wird, vorbei. Sie werden auch nicht wiederkehren, ganz gleich, wie laut man das beklagt.

Wir raten Ihnen demnach, in Ihrem Fahrzeug ein **Depot von Ein- und Zwei-Euro Münzen** anzulegen, vielleicht noch von ein paar Fünfzigern, und dafür zu sorgen, dass dieses stets gut gefüllt bleibt. Viele Stellplätze

Stellplatz Nr. 13 in Oggebbio (Tour 2)

müssen nämlich mittels Münzeinwurf in **Parkscheinautomaten** bezahlt werden. Polizeikontrollen sind erstaunlich häufig.

Die Bedienung dieser Geräte erfordert bisweilen eine hohe Intelligenz, Experimentierfreude – und nicht selten Nachsicht, falls trotz Bezahlung einfach kein Parkschein ausgedruckt wird, der Automat das Geld aber behält (das haben wir mehrfach erlebt und konnten nicht klären, ob wir etwas falsch gemacht hatten). Richtig ärgerlich wird es, wenn für den zweiten Versuch die Münzen aufgebraucht sind und Sie sinnieren, ob nach einem nicht bezahlten italienischen Knöllchen in der Heimat Repressalien drohen (nach Parkverstößen unseres Wissens derzeit nicht, aber das ist keine wirkliche Lösung des Problems fehlenden Münzgeldes). Erfahrene Weltenbummler schauen erst mal zu, wie Einheimische den Apparat bedienen.

Gas

Das Stichwort hat an Aktualität verloren, nachdem fast alle Wohnmobile über zwei 11 kg **Flaschen** verfügen, mit denen eine durchschnittliche Leserfamilie ohne zu heizen beinahe einen ganzen Sommer lang verreisen kann.

Wer zur Vorratswirtschaft nicht fähig ist, kann sich in Italien auf vielen Campingplätzen, und in Eisenwaren-/Freizeitgeschäften *(Ferramenta)* eine teure, blaue *Camping-Gaz* Flasche kaufen. Für den Einsatz im WOMO braucht man aber auch ein spezielles Anschlussstück (möglichst schon zu Hause kaufen und ausprobieren, ob es an Ihren Regler passt). Man kann auch eine kleine, blaue italienische Gasflasche (5 kg) leihen, die billiger ist als die *Camping-Gaz* Flasche und in den deutschen Flaschenkasten passt. Das Pfand wird bei der Rückgabe ersetzt.

Langzeiturlauber benötigen unbedingt ein **Füll-Set**, mit dem sie in Italien an einigen Stationen die eigene Flasche füllen lassen können. Zuständig ist auch hier die *Ferramenta* oder der *Distributore-Gas*, die meistens daran zu erkennen sind, dass sich am Haus oder im Schaufenster ein kleines Dreieck mit Flamme befindet. Eine Liste von

Piemontesischen Gasverkäufern finden Sie unter [http://liguria.pagi-negialle.it/piemonte/gas.html](http://liguria.paginegialle.it/piemonte/gas.html), wenn Sie nach dem Öffnen der Seite in das Suchfeld *bombole gas* eingeben (ob an jeder Adresse Flaschen befüllt werden, ist jedoch unwahrscheinlich). Nach einer Füllstation fragt man bei den zahlreichen Gastankstellen, die meistens nur eingebaute Tanks befüllen, oder auf Campingplätzen, die bisweilen sogar von mobilen Abfüllern besucht werden (*füllen* heißt *riempire* und *Gasflasche* heißt *Bombola di gas*). Ohne das aus Deutschland (Österreich oder der Schweiz) mitgebrachte Set geht in der Regel nichts, weil die Abfüller kein Anschlussstück für deutsche Flaschen besitzen.

Schließt man eine italienische Gasflasche an, benötigt man einen passenden Anschlussschlauch (siehe oben). Außerdem ist Vorsicht geboten, denn ein italienischer Regler eignet sich nicht immer für Ihre Gasanlage. Die Wohnmobile schreiben nämlich heutzutage einen unterschiedlichen Gasdruck vor, der auf dem in Ihrem WOMO eingebauten Regler, dem runden Ding an der Gasflasche, aufgedruckt ist, und der unbedingt beibehalten werden muss (30 oder seltener 50 mbar). Wohnmobilbesitzer mit fest eingebautem **Gastank** oder einer **Tankflasche** sind in Italien gut dran, dort ist das Gastankstellennetz so dicht wie sonst nirgends in Europa. Man kommt ständig an den Schildern ‚*Gasauto*' oder ‚*G.P.L.*' (das heißt *Gas Propano Liquido*) vorbei. Notfalls kann man auch an einer normalen Benzintankstelle nach der nächsten Gastankstelle fragen. Dort braucht man einen speziellen Adapter für die deutschen Tankstutzen, der jedoch an den Gastankstellen vorrätig ist. Achtung: Gelegentlich sieht man auch Tankstellen mit dem Schild ‚*Gas Metano*'. Dort bekommt man Methangas, das auf keinen Fall für Ihre Campinggasanlage geeignet ist.

Schrauben Sie möglichst in ein älteres WOMO eine **Schlauchbruchsicherung**, das dauert 15 Minuten. Sie ist unerlässlich, wenn Sie, was fast alle tun und was derzeit nur in Frankreich verboten ist, unterwegs mit Gas kühlen. Die Sicherung verhindert, dass Gas bei einem Unfall oder einem Schlauchbruch in großer Menge ausströmt. Nach dem 1.1.2007 erstmals (!!) zugelassene Fahrzeuge müssen in der EU mit einer Schlauchbruchsicherung oder dem Strömungswächter **SecuMotion** ausgerüstet sein, der serienmäßig eine Schlauchbruchsicherung enthält. Dieser Regler ist am Fahrzeug montiert, und Sie brauchen für ausländische Gasflaschen passende Anschlussschläuche (Tabelle und Einzelheiten über *www.truma.com*).

Geld

Geld zieht man flächendeckend mit Pin-Code aus dem **Bankautomaten**, am besten mit der ec-Karte (die inzwischen meistens *Girocard* heißt), fast genauso oft auch mit der **Kreditkarte** (*Visa* oder *Eurocard*), was aber deutlich teurer ist. Beim Tanken kann man fast ausnahmslos mit der Kreditkarte, oft auch mit der ec-Karte bezahlen, in Supermärkten und in Restaurants aber nicht immer. Beim Gaststättenbesuch sollten Sie zur Sicherheit ausreichend Bares dabei haben, oder zumindest vorher fragen.

Zu den Reisedokumenten höchster Wichtigkeit, deren diebstahlgeschützter Ablageplatz niemals in Vergessenheit geraten darf, gehört der Zettel mit der Kreditkarten- und Scheckkartennummer sowie der Telefonnummer der Zentrale. Beides brauchen Sie für die Kartensperre: In Deutschland erreichen Sie unter 0049-116 116 die Hotline für etwa 90 Prozent aller Bank- und Zahlungskarten wie *Maestro*, *EC*, *Euro/MasterCard, VISA* und *American Express* (Näheres unter www.kartensicherheit.de). Rufen Sie dort **umgehend** an, wenn die Karte abhandengekommen ist, und sei es auch mitten in der Nacht. Nur wenn Sie davon berichten können, dass Ihnen das Stück Plastik gerade erst, vor wenigen Minuten, verlustig gegangen ist (und dass Sie die Geheimzahl nirgends aufgeschrieben haben), zahlt die im Kredit- oder Scheck-Kartenvertrag enthaltene Versicherung, falls ein Bösewicht Missbrauch treibt!

GPS

In diesem Reiseführer sind für alle Stell- und Campingplätze die Koordinaten angegeben. Das nutzt Ihnen nur, wenn Sie ein Navigationsgerät besitzen, in das man Koordinaten eingeben oder, noch besser, zugleich eine Datei mit allen Koordinaten aufspielen kann. Sie können beim WOMO-Verlag die CD zum Buch erwerben und auf diese Weise alle Stell- und Campingplätze als sogenannte **POIs** (das ist die Abkürzung von **P**oint **o**f **I**nterest) auf Ihr Navi überspielen. Die CD enthält die gebräuchlichen Formate. Näheres erfahren Sie beim Kauf der CD.

Benutzen Sie bitte ein GPS-Gerät, in dem Sie die Darstellung der so genannten Winkelschreibweise (Darstellung der Koordinaten) **einstellen können**. Das funktioniert bei den meisten Navis, aber viele Leser wissen das nicht, wie die Zuschriften zeigen. Der WOMO-Verlag hat sich zwar inzwischen für die Darstellung von **Grad (°), Minuten (')** und **Sekunden (")** entschieden, aber es sind noch ältere Auflagen in Umlauf, und es gibt jede Menge Konkurrenz mit anderer Schreibweise. **Wir bekommen viele Zuschriften irritierter Leser, die die Stellplätze nicht finden, weil sie in ihr Gerät statt Sekunden einen Nachkomma-Wert der Minuten eingeben!!**

Wer sein Gerät nicht umstellen kann, benötigt einen Taschenrechner (heutzutage im Smartphone) und muss umrechnen: Um eine Gradzahl mit Nachkommawert ohne Minuten- oder Sekundenzeichen in Minuten und Sekunden umzurechnen, nehme man zunächst den ganzen Nachkomma-Anteil der Gradzahl, multipliziere mit 60 und setze das

Komma nach der zweiten Stelle (Beispiel: aus 43,84537 Grad rechnet man 0,84537 x 60 = 50.7222 Minuten = 43°50.722'). Um die Sekunden zu erhalten, muss man den neuen Nachkomma-Wert abermals mit 60 multiplizieren und bekommt so 43 Sekunden; die Winkelschreibweise führt also zu 43 Grad, 50 Minuten und 43 Sekunden (= 43°50'43").

In diesem Buch werden Ihnen Sekunden **ohne Nachkommastelle** genannt. Sie werden nämlich die Nachkommastelle, die viele Geräte (z.B. *tomtom*) gar nicht anzeigen, nicht brauchen.

Wir empfehlen Ihnen ein Navigationsgerät von **Tomtom** oder **Garmin**. Beide sind übersichtlich, funktionieren fast tadellos und können die POIs des WOMO-Verlages gut integrieren.

Sinnvoll ist eine aktive (also mit Stromversorgung) **Armaturenbretthalterung** aus. Gerade bei (vollintegrierten) Wohnmobilen ist ein Navi an der Scheibe unpraktisch und häufig zu weit vom Fahrer entfernt. Außerdem können Sie das Navi ohne größeren Fummeleien einfacher aus der Halterung ziehen und zum Stadtbummel mitnehmen (deshalb empfehlen wir kleine Geräte). Vermutlich die besten Autohalterungen bietet der Hersteller **Brodit** an *(www.brodit-shop.de)*. Sie müssen in Ihrem Auto nichts bohren oder beschädigen.

Zu Navis speziell für Lkw oder Wohnmobile besitzen wir keine eigenen Erfahrungen (wir sind sehr an Ihren Informationen dazu interessiert).

Falls Sie mit einem Smartphone den rechten Weg suchen, kommen nach unseren Erfahrungen die Programme von *Tomtom* oder *Navigon* in Frage. Das Tomtomprogramm für das **iPhone** haben wir selbst getestet. Man muss leider alle Koordinaten selbst eingeben, dann funktioniert es aber gut, wenn man die Winkelschreibweise beachtet (die Ihnen am Gerät als ‚Beispiele' unter dem Einfügefeld vorgegeben wird).

Noch in der Erprobung ist bei uns *maps.me*, ein Programm für alle gängigen Smartphone-Betriebssysteme. Sie können **kostenlos** Karten downloaden und **offline** (!!) und damit auch insoweit kostenlos navigieren, wenn Ihr Smartphone eine GPS-Funktion besitzt, wie beispielsweise die *iPhones* oder die meisten anderen neuzeitlichen Geräte und Tablets. Man kann zwar Koordinaten nur in der Dezimal-Winkelschreibweise eingeben (einfach mit Komma eintippen), Adressen aber unproblematisch, und man kann die vom WOMO-Verlag bezogenen Koordinaten (sie heißen bei *Maps.me* ‚Lesezeichen' – im Format *kml*) leicht aufspielen und danach zu den einzelnen Plätzen navigieren (dazu erst das Lesezeichen aufrufen und auf ‚Nach' oder ‚Route' tippen, man kann zwischen Auto und Fußgänger wählen). Die Bedienung ist gewöhnungsbedürftig, aber die Navigation funktioniert, wenn auch ohne Ton, nach unseren bisherigen Tests zuverlässig (auch hier bin ich an Berichten über Ihre Erfahrungen interessiert; Näheres siehe unter *Landkarten*).

Hunde

Die schlechte Nachricht zuerst: Sie dürfen höchstens fünf Hunde mitbringen.

Im Übrigen benötigen Sie den **EU-Heimtierausweis** mit einer Beschreibung des Tieres, mit dem Namen und der Adresse des

Eigentümers, dem Nachweis der Tollwutimpfung sowie mit der Chip-Identifizierungsnummer.

Für in Deutschland geimpfte Hunde muss das Mindestalter bei der Erstimpfung 3 Monate betragen und diese muss wenigstens 21 Tage zurückliegen. Sie sind verpflichtet, eine Identifikation (Chip) bei Ihren Hunden anbringen zu lassen. Ist Ihr Liebling jünger als drei Monate, gelten Sonderbestimmungen.

Maulkorb und Leine müssen stets zur Hand sein, und angeblich drohen Geldbußen bis 200 Euro, wenn der Vierbeiner bei der Fahrt nicht im WOMO festgezurrt ist. Nicht auf allen Campingplätzen sind Hunde erlaubt.

Internet

Wir kennen nun endlich auch eine ausgezeichnete Möglichkeit für einen **bezahlbaren Internetzugang in Italien**:

Kaufen Sie sich bei dem Südtiroler Anbieter **Messaxio** unter www.messaxio.com/ in deutscher Sprache von Deutschland, Österreich oder der Schweiz aus, also schon zu Hause, eine **italienische Telefonkarte** von **TIM**. Bei Drucklegung kostete eine Prepaid-Sim-Karte der italienischen Telefongesellschaften TIM mit Versand und Bearbeitung rund 30 €. Die Karte ist ein Jahr lang gültig und kann, wenn sie vor Ablauf eines Jahres – von zu Hause aus – wieder mit neuem Guthaben aufgeladen wird, beliebig lange verlängert werden. Die Investition ist also einmalig.

Über diese Karte können Sie dann – ebenfalls von zu Hause aus – einen Tarif buchen, der einen zeitlich befristeten Datendownload ermöglicht, der so umfangreich ist, dass Sie damit während Ihres Urlaubs im Internet fast grenzenlos surfen können, sofern Sie nicht Filme runterladen. Einzelheiten können wir Ihnen hier nicht nennen, da sich die Tarife häufig verändern. Die jeweils angebotenen Tarife finden Sie auf der Internetseite von TIM (http://www.tim.it/internet unter >Chiavette< und >Offerte Internet<), eine Anleitung erhalten Sie von Messaxio oder im Forum des WOMO-Verlages unter >Mobiles Internet in Italien<.

Aber Achtung: Wenn Sie die Funktionalität der Karte bereits von Deutschland, Österreich oder der Schweiz aus testen wollen, benötigen Sie ein weiteres, zusätzliches Guthaben auf Ihrer SIM-Karte, weil der eigentliche Tarif nur den Zugang von Italien aus ermöglicht.

Wahrscheinlich gehören Sie zu den Menschen, die sowohl mit einem Smart-Phone wie auch mit einem Laptop im Urlaub *online* sind. Oder Ihre Kinder verweigern die Mitreise, wenn Sie nicht den allzeitigen Internetzugang garantieren können. Sie fragen deshalb sorgenvoll, ob Sie für jedes mitgenommene Gerät eine eigene italienische SIM-Karte benötigen oder ob Sie sich beim Austauschen der Karten während des Urlaubs die Finger wund fummeln müssen. Das müssen Sie nicht, wenn Sie sich einen sogenannten **mobilen Hotspot** kaufen (man nennt die Geräte auch mobile WLAN-Router, UMTS-Router oder MIFI). Das ist ein elektronisches Teil, etwas kleiner als ein Handy und mit Akku, das Sie für unter 100 Euro in Elektronik-Märkten oder bei Internet-Anbietern kaufen können. In dieses Teil wird Ihre italienische Telefonkarte eingelegt, und die Computer

Ihrer Lieben, samt deren Smart-Phones stellen eine WLAN-Verbindung dazu her, wie zum heimischen WLAN-Router. Damit können vier bis fünf Teilnehmer gleichzeitig surfen. Ihre Telefonerreichbarkeit über die gewohnte Rufnummer bleibt dabei erhalten. Sie müssen nur das kleine Teil immer dabei haben und einschalten (und aufpassen, dass Sie es nicht irgendwo liegen lassen oder geklaut kriegen – und häufig den Akku aufladen). Wir haben das ausprobiert und sind begeistert. Bisweilen, bei schlechtem Telefonempfang (mit 2G), ist der Internetzugang etwas langsam, aber wir hatten überall Empfang und brauchten nirgends mehr einen kostenpflichtigen Campingplatz-Zugang zu buchen. Empfehlenswert sind die mobilen Hotspots des Herstellers HUAWEI. Für die Einrichtung dieses Gerätes muss man wissen, dass der Name des Hotspots eine Buchstaben-Ziffernkombination ist und dass der Zugangsschlüssel auf dem Gehäuse des kleinen Mifi-Hotspots, und außerdem noch einmal (oder nur) im Innern auf einem Aufklebezettel aufgedruckt ist.

Theoretisch können Sie sich die italienische Karte natürlich auch in Italien kaufen, Sie müssen dabei aber Ihre Steuernummer angeben, um Missbrauch zu vermeiden. Gerüchteweise haben wir gehört, es genüge dabei auch eine Phantasienummer.

Wer keine derartige Vorsorge trifft, muss weiterhin mit Roaming-Gebühren rechnen oder zumindest vor Abreise mit seinem heimischen Telefonkartenanbieter einen Sondertarif vereinbaren (womit Sie jedoch nur eine Telefonkarte in Ihrem Smart-Phone haben und demgemäß noch vorsorgen müssen, dass das Smart-Phone auch als Router eingesetzt werden kann; mit diesem Komplex möchten wir uns hier nicht weitergehend beschäftigen).

Wer sich um das alles nicht kümmern möchte, kann auf den meisten Campingplätzen einen kostenpflichtigen, sehr selten auch einmal unentgeltlichen WLAN-Internetzugang in Anspruch nehmen.

Karten

Wenn Sie sich nur eine Straßenkarte leisten, empfehlen wir die Karte von *Michelin: Local 351*, *Piemont-Aostatal*, Maßstab 1:200.000. Nicht nur weil wir Reiseführer schreiben, operieren wir mit Straßenkarten unterschiedlichen Maßstabes: Mit der Michelin-Karte *Regional 561* im Maßstab 1:400.000, weil sie einen hervorragenden Überblick bietet und weil man dort die Etappen optimal abschätzen kann. Empfehlenswert sind auch die Marco Polo-Karte *Piemont, Aostatal* im Maßstab 1:200.000 oder die Karte von *freytag & bernd, Piemont*, im Maßstab 1:150.000, die Sie beim WOMO-Verlag bestellen können.

Diese beiden und die Michelin *Local* sind sehr präzise und für diverse kleinere Nebenstrecken, auf denen wir uns bewegen, unerlässlich. Wir setzen eine von den dreien in diesem Buch voraus. **Das Navigationsgerät alleine reicht auf keinen Fall.**

Falls Sie ab und zu wandern möchten, suchen Sie natürlich nach **Wanderkarten**, die es nur für den Alpenbereich flächendeckend gibt; Näheres können Sie unter der Überschrift *Wandern* nachlesen.

Besitzer eines Smartphones laden ***maps.me*** und orientieren sich gerade in Städten, und zwar **offline**, also völlig kostenlos (siehe beim Stichwort *GPS*). Allerdings sind nicht alle Straßennamen eingezeichnet, dafür zahlreiche Wanderwege.

Literatur

Als die 1. Auflage des Vorvorgängerwerkes (in dem noch Ligurien enthalten war) in die Regale der Buchhändler kam – leider viel zu oft in eine Ecke abseits der eigentlichen Reiseliteratur und neben die Angler, den ADAC und die Biker, war das Angebot an Reiseliteratur über das Piemont gering. Der **DUMONT-Kunstreiseführer** *Piemont und Aosta-Tal* war fast konkurrenzlos und das Maß der Dinge. Über die trockene Betrachtung der Serie haben wir uns in anderen Büchern gelegentlich ein wenig kritisch geäußert, was wir hier nicht wiederholen wollten. Wie dankbar sind wir damals den profunden Recherchen von **Ida Leinberger** und **Walter Pippke** gefolgt. Auf unserer Internetsuche nach lieferbaren Büchern über das Piemont stießen wir auf ein unglaublich dürftiges Angebot, soweit wir uns nicht über Wein informieren wollten, oder über Gasthäuser, Wein-Reisen und Trüffeln. Als habe man im Piemont nur Flaschen und Speisekarten betrachten können.

Der Notstand ist inzwischen beseitigt. Besonders durch **Sabine Becht** und ihr *Piemont & Aostatal* aus dem Michael-Müller-Verlag, das wir Ihnen sehr empfehlen. Wer sich länger am Lago Maggiore aufhält, braucht dazu als spektakuläre Insiderlektüre das Buch ***Lago Maggiore*** von **Wolfgang Abel** aus dem Oase-Verlag. Wer Wolfgang Abel kennt, hat das Buch sowieso schon. Sinnvoll ist für diesen Teil des Zielgebietes auch der Titel *Oberitalienische Seen* aus dem **Michael Müller Verlag**. Die beiden piemontesischen Seen nehmen in dem schönen Buch von **Eberhard Fahrer** den ihnen gebührenden Raum ein.

Freunde der Valle Maira (Tour 11) verehren den Titel ***Antipasti und alte Wege: Valle Maira - Wandern im andern Piemont*** von **Ursula Bauer** und Jürg Frischknecht aus dem Rotpunktverlag, Zürich.

Sabine Bade und **Wolfram Mikuleit** haben sich in ihrem Buch ***Partisanenpfade im Piemont*** (Herausgeber Verlag Querwege, www.querwege.eu, ISBN 978-3-941585-05-8) mit diesem Thema so intensiv auseinandergesetzt, dass wir den Kauf des Buchs nur dringend empfehlen können, zumal es die historischen Hintergründe wunderbar mit Wanderungen verbindet, die in kaum einem anderen Wanderführer zu finden sind.

am Lago di Castello (Tour 11)

Notfälle

Wir empfehlen dringend eine sehr preisgünstige **Auslandskrankenversicherung** (bis zu 45 Tagen). Sie sollte für jeden Wohnmobilreisenden eine Selbstverständlichkeit sein. Wer sich dazu nicht entschließen kann, benötigt für Italien und die Transitländer eine **europäische Krankenversichertenkarte** (EHIC). Das Dokument im Scheckkartenformat kann direkt bei Ärzten und Kliniken vorgelegt werden. Die Ausstellung der Karte ist kostenfrei und muss bei der heimatlichen Krankenkasse beantragt werden. Gewährt werden bei der Vorlage alle notwendigen Leistungen – allerdings zu den Bedingungen, die vor Ort gültig sind. Wer die EHIC nicht vorweisen kann, wird zu entsprechenden Tarifen als Privatpatient behandelt und muss in Vorleistung treten. Gegen Rechnungsvorlage wird in der Heimat möglicherweise ein Teil wieder erstattet.

Adressen deutschsprachiger **Ärzte**: erhält man bei den Konsulaten oder vom ADAC, München (Tel. 0049 89 22 22 22), aber auch bei den örtlichen Touristenbüros oder beim Campingplatzverwalter.

Im schlimmsten aller schlimmen Fälle: Wenn Sie einen Auslandsschutzbrief haben, werden Sie, Ihre Familie und das WOMO kostenlos nach Hause transportiert; ADAC siehe eben.

Apotheken:

Die Öffnungszeiten: 9-13 und 16-20 Uhr; die Anschrift der Nachtapotheke kann man an jeder anderen Apotheke erfahren, zumeist unter der Überschrift *turno*.

Botschaften:

Deutsche Botschaft in Rom, Tel. +39 06 49213-208, Notruf in dringenden Fällen +39 335 7904170; Fax: +39 06 49213-320, http://www.rom.diplo.de/Vertretung/rom/de/02/Oeffnungszeiten/Oeffnungszeiten.html
Generalkonsulat der Bundesrepublik Deutschland, Milano, Tel. 02 623 1101;
Österreichische Botschaft in Rom, Tel. +39 06 841 8212, Fax: +39 06 853 52991;
Schweizer Botschaft in Rom, Tel. +39 06 809 571, Fax: +39 06 808 8510.

Notruf:

Polizeinotruf und Rettungsdienst: 113, Feuerwehr: 115, Carabinieri: 112 (funktioniert alles auch per Handy).

Pannendienst:

Automobil Club Italiano - ACI: 116

Deutschsprachiger Notrufdienst des ADAC in Italien Tel. 02 661591
und in München: Tel. 0049 89 222222
ÖAMTC-Notrufzentrale Wien: Tel. 0043 1 3831111
Weitere Infos erhalten Sie unter dem Stichwort *Unfall*.

Rad fahren

Wir kennen uns mit Radtouren nicht aus (und würden uns deshalb freuen, wenn uns mal ein Leser zwei oder drei nicht zu sportliche Rundtouren vorschlagen könnte). Trotzdem haben wir im Sommer, wenn wir weniger wandern, Räder dabei. Nur mit diesen kann man nämlich diverse Ziele erreichen, sofern man nicht auf den Bus angewiesen sein möchte. Ein Rad leistet zudem immer gute Dienste, wenn Sie Campingplätze besuchen.

Sollten Sie zu den Gestrigen gehören, die Wert auf ein möglichst kleines WOMO legen und den entbehrlichen Leerraum, den man Heckgarage nennt, lieber nicht durch die Gegend fahren, sondern nur bei Bedarf ein Rad auf einen Heckgepäckträger schnallen (das eindeutig beste System ist nach unserer Meinung übrigens das von *Fiamma*), benötigen Sie unbedingt eine rot-weiße **Warntafel** (*Panello* – gibt's beim ADAC, im Kfz-Zubehörhandel oder beim Campinghändler). Ohne dieses Teil riskieren Sie Strafen bis zu 200 Euro.

Reisezeit / Klima

Unser Zielgebiet liegt in verschiedenen klimatischen Zonen und erst recht in unterschiedlichen Höhen. Wir müssen also noch mehr als in anderen Büchern differenzieren:

Selbst im **Frühling** (sicherheitshalber) nur mit Schneeketten im Gepäck praktikabel, im Grunde also ungeeignet, sind das Aosta-Tal und die sogenannten West-Täler, weil Sie dort in alpine Regionen vorstoßen, wo man, entsprechende Infrastrukturen vorausgesetzt, bis ins Frühjahr Wintersport betreiben kann. Wir nehmen nicht an, dass Sie dieses Buch gekauft haben, um nach Stellplätzen für Wintercamping zu blättern. Das Restgebiet ist ab Ende März machbar, vermutlich auch schon früher, aber in diesen Zeiten kennen wir uns nicht aus. Wenn Sie damit umgehen können, dass **März, April** und **Mai** keineswegs regenarm sind, dass Sie in den Bergen mit deutlich mehr Niederschlägen rechnen müssen als beispielsweise im südlicheren Ligurien, werden Sie mit ein wenig Glück überall schöne Tage erleben. Sowohl an den Seen, wie auch in der Langhe haben wir schon Ende März tolle Frühlingstage am Stück erlebt. Im selben Urlaub, nach einem plötzlichen Wetterumschwung, hätte uns aber auch ein Graupelschauer nicht überrascht, als wir unsere Stimmung nur noch mit den kulinarischen Gaben des Landes, am Abend vor allem mit den flüssigen, davor bewahren konnten, ähnlich dem Thermometer abzusacken. Mit anderen Worten, die Heizung war dann stundenlang in Betrieb. Aber das änderte sich überraschend schnell, und es folgten wieder wunderbare Sonnentage.

Das Wetter ist südlich der Alpen meist besser und wärmer als in Deutschland, wenn auch die Natur nicht weiter fortgeschritten ist als bei uns in Baden.

Über **Ostern** ist in Italien wirklich jeder, der ein Wohnmobil besitzt, auf Achse. Zu keiner anderen Zeit sind die Stellplätze derart bevölkert. Am Abend des Karfreitag geht es los, und wir kennen Plätze, auf denen wir am Ostersonntag und -montag (in Italien im Gegensatz zum Karfreitag ebenfalls ein Feiertag) über 100 Fahrzeuge sahen, während in den Sommermonaten dort weniger als 5 Reisemobile oder gar keine anzutreffen waren. Ostern ist auch die Zeit, in der Wohnmobilverbotsschilder völlig ignoriert und die Verstöße genauso wenig geahndet werden.

Meiden Sie am Nachmittag des Ostermontags jede Art von Fernstraße, namentlich die Autobahn, weil dann halb Italien auf der Rückreise ist. Der **25. April** ist Nationalfeiertag, und wenn Ostern in dessen Nähe liegt, was allerdings nur selten vorkommt, ebbt der Andrang auch am Nachmittag des Ostermontags noch nicht ab.

Was sollen wir Ihnen über **Mai** und **Juni** berichten, die Zeit um Pfingsten? Sie haben viel Zeit, sind Lehrer, aber dummerweise nicht in Baden-Württemberg oder Bayern, Sie würden gerne, aber Sie können nicht. Sie tun uns leid, weil das die beste Zeit ist, und zwar fürs ganze Zielgebiet. Die Tage sind länger als im September, und die Natur trägt noch ihr Frühsommerkleid. Wir trösten Sie, indem wir Ihnen mitteilen, dass die Niederschlagsmenge aber noch deutlich über dem Durchschnitt liegt. Und dass der **2. Juni** ein Feiertag ist, ebenfalls mit hohem Verkehrsaufkommen.

Eine sehr schöne Zeit ist auch die erste **Julihälfte**, in deren Genuss diejenigen kommen, denen die Kultusminister keine Pfingstferien bescheren.

Je mehr wir uns auf den **August** zu bewegen, umso problematischer wird es in der Nähe von Gewässern, also an den Seen, und mit Abstrichen auch in den Bergen. Vor den ersten beiden Augustwochen muss man wirklich warnen! Das gilt nicht für das Piemont abseits der Seen, wo die Hauptreisezeit des Jahres noch lange nicht begonnen hat und wo Sie das ganze Jahr über Patz finden. Aber wer möchte im August das Schloss von Barolo besichtigen? Was auch wirklich eine Schnapsidee wäre, weil es um diese Zeit in den flacheren Regionen brütend heiß werden kann und man dann, verzichtet man schon auf die Küste, tunlichst in das Aosta-Tal oder in die West-Täler reisen sollte. Juli und August sind für diese Regionen ideal.

Die meisten Italiener beenden ihre Sommerferien am **Wochenende nach dem 15. August**, dem sogenannten *Ferragosto* (Mariä Himmelfahrt – in Italien Feiertag). Wenn Sie mit Hilfe unserer Bücher nur den einzigen, folgenden Tipp beherzigen, hat sich das Geld schon gelohnt: Meiden Sie an den beiden Wochenenden vor und nach dem 15.8. jedweden Verkehr auf italienischen Fernstraßen. Sie vergeuden sonst wertvolle Lebenszeit. Die Straßen, insbesondere die Autobahnen, sind dann noch voller als an Ostern, an den Mautstellen schwitzen Sie in langen Schlangen (das ist die Gelegenheit, Ihnen mal wieder die blauen Fahrspuren für die *Via Card* in Erinnerung zu bringen, wo Sie Ihre Kreditkarte, nicht aber die EC-Karte, meist ohne Wartezeit in den Schlitz schieben – Magnetstreifen nach unten rechts.).

Nach dem 20. August wird es in unserem Reisegebiet richtig leer, **Ende August** treffen Sie neben den Südlichtern aus Bayern und Baden-Württemberg, die dann wegen der notorisch späten Sommerferien häufig Ihren Weg kreuzen, fast nur noch Rentner. Die retten sich über den September und vielleicht sogar bis deutlich in den **Oktober**. Dann allerdings trifft man sie neben den nun urlaubenden Genussreisenden nur noch in und um Alba, Asti, Barolo und vielleicht in La Morra. Auf der Suche nach den ultimativen Trüffeln und bei der Weinprobe, die sie just dann zelebrieren möchten, wenn die Winzer Wichtigeres zu tun haben. Kurz, im Oktober, je nach dem Zeitpunkt deutscher, österreichischer und vielleicht auch schweizerischer Herbstferien, ist im südlichen Piemont die absolute Hochsaison. Nicht dass Sie dann um einen Stellplatz bangen müssten, wohl aber um einen Sitzplatz in den Lokalen, die um diese Zeit im *Feinschmecker*, in der *Zeit* oder bei *GeoSaison* als Geheimtipps gehandelt werden.

Die Trüffel-Saison dauert angeblich bis zum März, das aber interessiert Sie nicht. Spätestens in den ersten Novembertagen werden Sie unser Buch, möge es bis dahin gebraucht und zerfleddert sein, ins Regal stellen. Vielleicht haben Sie zuvor ein paar klare **Herbsttage** erlebt, mit zum Greifen nahen Westalpen und aus den Tälern der Langhe aufsteigenden Nebelschwaden. Mit ganz einfachen Worten: Die beste Zeit der Langhe liegt, so sehr wir die Tage um Ostern mögen, zwischen Anfang Oktober und Mitte November.

Restaurants

Leider nur noch sehr selten werden Ihnen im Piemont traditionelle Menüs aufgetischt. Gereicht wird dann zu einem (meist günstigen) Pauschalpreis eine mehr oder weniger **feste Menüfolge**, die heutzutage in Touristengegenden kaum noch angeboten wird, weil die Fremden ständig und unerträglich umbestellt, gemeckert und am Ende noch den Preis benörgelt haben. Das ist sehr schade, weil sich diese Sequenzen typischer Gerichte, besonders von Vorspeisen, meist durch ein optimales Preis-/Leistungsverhältnis auszeichnen. Wenn Sie sich darauf nicht einlassen möchten (Sie müssen ja nicht alles essen), wechseln Sie lieber das Ristorante. Aber nicht jedes Menü zu einem festen Preis *(Prezzo fisso)* ist die reine Freude:

Roswitha, Heinz und das Menu zum festen Preis

Abends, kurz vor sieben, auf dem Stellplatz oberhalb von Torino:

Heinzie, lass uns heute Abend doch endlich mal Essen gehen ! Hier soll die Küche doch so aufregend mediterraneisch sein. Da unten ist eine Trattoria mit einer Terrasse und Blick auf Turin.

Wittie, es bleibt dabei: erst am letzten Abend, wenn alles verstaut ist und ich das Problem mit dem Fahrradträger gelöst haben, gehen wir eine Pizza essen. Vorher nicht. Heute Abend machen wir ganz einfach einen Pichelsteiner auf und gönnen uns ein kühles Warsteiner.

Später, um acht, nachdem Heinz am Fahrradständer genestelt und Roswitha mit der kleinen Lilly Gassi gegangen ist:

Heinzie, wir sind an der Trattoria vorbeigekommen. Da steht ein Schild: Menu als *Prezzo fisso*. 16 Euro, mit Wein und Kaffee, drei Gänge, hat mit der Kellner erklärt, zum Festpreis. Der spricht richtig Deutsch, hat mal in Gelsenkirchen gearbeitet, als Gastarbeiter, sagt er. Heinzie, komm schon! Heute nicht schon wieder Pichelsteiner.

Festpreis? Gelsenkirchen? Hört sich gut an. Auf geht's.

Um 20.30 h steht Alfredo am Tisch von Roswitha und Heinz und verbeugt sich tief, die Krümel der Vorpartie vom Tischtuch wedelnd. Die Aussicht auf Torino ist atemberaubend.

Buena sera, Signora e Signore. Eine bissele Wassere fur de Hundele?

Gerne. Sehr freundlich.

Wasse wolle esse, Signora e Signore? Desiderate un aperitivo? Habemer heut Sogliola alla principessa mitte Pilze, habemer auch scheene Conoglio alla Senape, isse aussem Wald vonne hiere. Heisste Kaninche.

Danke, wir nehmen zweimal das Menue zum Festpreis. Mit Coperto und zwei Gängen und Nachtisch und einem Wasser und einem Viertel Wein und einem Kaffee?

Molto bene, signora e signore.

Für 16 Euro pro Person? Zum Festpreis?

Essato, Signora e Signore, isse Festepreis. Buona schelta. Auguri.

Um 21 h kommt das Coperto, eine kleine Wegwerfflasche mit Mineralwasser und ein Plastiknapf mit Wasser für Lilly. Alfredo schenkt mit grosser Geste ein. Alfredo deutet auf einen, der am Nachbartisch eine wunderbare Vorspeisenplatte bearbeitet.

Habemer scheene Vorspeisepiatta, isse Antipato misto. Wolle mal probare? Alles frisch vonne cucina nostra. Isse goldiges Hundele! Heisste wie?

Lilly. Was meinst Du, Heinzie? Sieht lecker aus. Siehst Du die gebratenen Suschienie?

Also gut. Man lebt nur einmal. Her damit! Und den Wein bitte weiß, und im Kühle!

Molto bene, Signora e Signore.

Um 21.30 h bringt Alfredo eine mächtige Vorspeisenplatte, groß wie ein Klodeckel. Schön ausgarniert, sogar Scampi sind drauf und Tomate mit Mozzarella. Er bringt Rotwein in der Karaffe mit.

Boon appetito, Signora e Signore. Isse goldiges Hundele, de Billy. Woher komme?

Aus Winsen an der Luhe. Sie heisst Lilly.

Warich in Gelsekirch.

Sehr schön.

Alfredo entfernt sich mit Bücklingen im Rückwärtsgang. Um 22 h ist die gewaltige Vorspeisenplatte gerade zur Hälfte vertilgt. Heinz rülpst dezent in die Serviette. Roswitha hat rote Flecken am Hals.

Ich schaff nicht noch zwei weitere Gänge. Was machen wir jetzt?

Wir erklären dem Kellner, dass wir auf den zweiten Gang verzichten, dann bleibt's beim Festpreis.

Und der Wein?

Was ist mit dem Wein?

Wir wollten eigentlich Weißwein ! Du weißt, ich vertrage den roten nicht, ich bekomme Sodbrennen.

Ich bestell Dir einen weißen. Zweidrei Euro, darauf kommt's nicht an. Man lebt nur einmal.

Du bist ein Schatzie, Heinzie.

Alfredo erscheint und räumt die halbvolle Platte ab.

Tutto a posto, Signora e Signore? Ware gutt?

Wunderbar. Wir würden gerne wegen der Vorspeise auf den zweiten Gang verzichten, geht das?

Ware nich gutt die Antipasti?

Doch, alles wunderbar. Gruß an die Küche. Aber jetzt bitte nur noch die Pasta. Wir schaffen nicht mehr. Und bitte einen Weißwein für meine Frau.

D'accordo, Signora e Signore. Noche bissele Wassere fur de Hundele? Heisste?

Lilly. Aber immer noch Festpreis?

Mache kein Sorge. Wassere für den Hundele isse includo.

Siehst Du? Der ist doch total nett.

Die Pasta kommt, zusammen mit einer Flasche Vernaccia di San Gimigniano im Kühler und dem Kaffee. Die Pasta ist gut, der Wein ist frisch und spritzig.

Und? Was sagst Du jetzt, Heinzie? Die Plauze voll, und noch eine halbe Flasche Wein am Tisch. Kann es denn einem besser gehen für 32 Euro?

Du hast Recht, Wittie, wie Du ja immer Recht hast. Schenk mir nach. Aber der Wein geht bestimmt extra.

Ist schon okay. Man lebt nur einmal.

So isses. Man lebt eben nur einmal. Noch ein Grappinchen vielleicht?

Warum eigentlich nicht?

Alfredo bringt noch etwas Wasser für Lillys Napf.

Tutto a posto, Signora e Signore?

Grazie. Können wir noch zwei Grappa haben?

Con piacere, Signora e Signore. Vengono alla casa.

Alfredo erscheint mit zwei Grappe und der Rechnung, diese verdeckt in einem kleinen hölzernen Reliquienschrein. Selten hat ein Grappa so gut geschmeckt. In der Ebene leuchten die Lichter der Großstadt, in der Ferne ahnt man die Höhenzüge des Westalpenbogens. Heinz legt seine Rechte um Roswithas Schulter.

Haben wir es nicht wirklich gut? Doch, Heinzie. Und viel besser als schon wieder Pichelsteiner im WOMO.

Der Schrein wird geöffnet. Roswitha und Heinz erstarren. Die Rechnung beläuft sich auf 98 Euro. Der *Scontrino* weist aus:

2 x Coperto	6 Euro
2 x Antipasto misto	36 Euro
2 x Pasta	24 Euro
1 x Vernaccia di San Gimigniano	32 Euro
2 x Grappa della casa	a la casa.

Was machen wir jetzt?

Bezahlen. Kein Trinkgeld jedenfalls.

Aber warum so viel?

Weil wir a la Carte bestellt haben.

Alfredo erscheint lächelnd.

Noche bisssele Wasser fur den Hundele Heisste Millie?

Heinz legt einen Hunderter hin.

Heisste Lilly. Stimmt so.

Normalerweise wird Ihnen heutzutage gar kein Menü mehr angeboten, und bei der Vorstellung an aus der Speisekarte gesondert auszuwählende *Antipasti, Primi, Secondi e Dolci*, genau genommen bei der Addition der Preise dafür, wird Ihnen ganz schwach, weil Sie mal gehört haben, jeder italienische Kellner werde Sie schlecht behandeln, wenn nicht sogar des Lokals verweisen, falls Sie nicht das volle Programm abarbeiten – und bezahlen. Das ist Quatsch! In normalen wie auch in besseren oder teureren *Ristoranti* können Sie bestellen so viel, aber auch so wenig Sie wollen. Italiener pflegen das ebenso.

Sie bekommen, wenn Sie das wollen, auch zweimal Pasta nacheinander und müssen nur beherzigen, dass das Hauptgericht *(Secondo)* bisweilen immer noch nur aus einem Stück Fleisch oder Fisch (im Piemont eher selten) besteht, wenn Sie keine *Contorni* (Gemüse oder Kartoffeln) dazu ordern.

Unser Reisegebiet ist das Land der **Antipasti**. Es lohnt sich, das häufig zu beherzigen.

Das Essen im Lokal ist in Italien trotzdem **teuer**, ganz gleich, ob sich das Etablissement *Ristorante, Locanda* oder *Trattoria* nennt. Preiswert, und zwar auf ähnlichem Niveau wie in Deutschland, sind nur Pizzerien. Eine **Pizza** schmeckt in Italien inzwischen wie in Deutschland (so rum ist es wohl richtig).

Wein ist in italienischen Gaststätten erstaunlich preiswert. Selbst gute Flaschen kosten kaum mehr als im Geschäft oder beim Erzeuger.

Pane e coperto, also der Grundpreis dafür, dass Sie zu Tisch sitzen dürfen, ist immer noch üblich, wenngleich nicht mehr flächendeckend.

Bitte beachten Sie, dass sich die von uns bei den einzelnen Touren angegebenen Öffnungszeiten von Jahr zu Jahr verändern; der Ruhetag wird zwar meistens beibehalten, bezüglich der Ferien krempeln manche Wirte aber ihre Jahresplanung völlig um, weshalb wir diese bei unseren Empfehlungen meist nicht angegeben haben. Deshalb empfiehlt sich ein vorheriger Anruf.

In einer Region, die sich so sehr, wie das Piemont, den Antipasti verschrieben hat, gibt es auch **Häppchen**, wenn man sich gar nicht zum Essen in ein Gasthaus begeben hat. Ein einfaches Bittergetränk, in letzter Zeit ein modischer *Aperol-Spritz*, wahrscheinlich auch nur ein Wasser (womit wir uns aber nicht so gut auskennen), genügt dem Wirt, um Ihnen zur blauen Stunde

eine Platte mit Köstlichkeiten, meist kleinen belegten Broten, auf den Tisch zu stellen, die Sie schwankend macht, ob Sie das Abendessen ausfallen lassen sollten. Häufig stehen für die Gäste, die sich nicht setzen, große Platten auf der Theke. Einheimische langen dort erstaunlich beherzt zu. Der Mut gilt sowohl der Menge, als auch dem Reinigungszustand der eigenen Hände.

Sehenswürdigkeiten / Öffnungszeiten

Montags sind außer den Kirchen fast alle Sehenswürdigkeiten geschlossen!

Auch an anderen Tagen scheitern Besichtigungen häufig an **Öffnungszeiten**, die für Mitteleuropäer ungewohnt sind. Sie müssen nämlich grundsätzlich davon ausgehen, dass über Mittag, also zwischen 13 und 15 Uhr, alles dicht ist, wobei wir auch die Kirchen mit einbeziehen. Es gibt zwar Gotteshäuser und Museen, die den ganzen Tag über offen sind, gerade bei den Kirchen ist das aber die Ausnahme. Unangenehm ist aber, dass es keine Gesetzmäßigkeit oder Verlässlichkeit gibt.

Acqui Terme - Piazza Bollente

An den Pforten der Museen knöpft man Ihnen hohe **Eintrittsgebühren** ab, kleinere Schulkinder lässt man oftmals umsonst hinein. Dabei ist man bezüglich des Alters der Kinder großzügig. Staatliche Museen müssen Bürgern der EU, sind diese unter 18 oder über 64 Jahre alt, kostenlosen, Schülern und Studenten (gegen Ausweis) zum halben Preis Eintritt gewähren. Kirchen sind überwiegend eintrittsfrei. Die Eintrittspreise sind seit der letzten Auflage überwiegend stak gestiegen, und lassen den Besucherandrang nach unseren Beobachtungen deutlich zurückgehen.

Zu unseren beliebtesten Zielen gehören die Dörfer, die als Mitglied der Vereinigung *I borghi più belli d'Italia (Die schönsten* Dörfer Italiens) aufgenommen worden sind. Wir zählen Ihnen die bei den Touren beschriebenen Orte hier nochmals auf. Soweit Dörfer in diesem Buch nicht behandelt werden, liegen sie weit abseits unserer Touren:

Chianale (Tour 11)	Etroubles (Anreise)
Garessio (Tour 10)	Neive (Tour 9)
Orta San Giulio (Tour 3)	Ricetto di Candelo (Tour 5)
Usseaux (Tour 11)	Vogogna (Tour 1)

Wenn wir uns mit Listen beschäftigen, sollen hier auch die Bauwerke und Landschaften unseres Reisegebietes zusammen gefasst werden, die auf der UNESCO-Liste des Welterbes stehen, welche sich aus Stätten des Weltkulturerbes, des Weltnaturerbes und des Erbes der immateriellen Kulturgüter zusammen setzt:

- Residenzen des Hauses Savoyen in Turin und Umgebung
- Sacri Monti (»Heilige Berg«) im Piemont und in der Lombardei
- Weintraubenlandschaften im Piemont: Langhe, Roero und Monferrato

Telefonieren

Die **Ländervorwahlziffer** nach Italien ist stets die 0039, danach **muss die 0 der Ortsvorwahl mitgewählt** werden. Von Italien sind die Ländervorwahlziffern (ohne 0 der Ortsvorwahl):

von Italien nach Deutschland	0049
von Italien in die Schweiz	0041
von Italien nach Österreich	0043

In Italien wird (außer bei Notruf) immer die Ortsvorwahl einschließlich der 0 mitgewählt – auch aus demselben Ortsnetz – wie aus dem Ausland!! **Alle Angaben gelten auch für Funktelefone.**

Toiletten

Wenn wir bei den Stellplatzempfehlungen Toiletten nennen, geschieht das in erster Linie nicht, um Ihnen einen Fingerzeig zur Entleerung Ihrer bordeigenen Chemietoilette zu geben, sondern das dient hauptsächlich den Lesern, die ohne Toilette unterwegs sind oder ein Örtchen nur außerhalb der fahrbaren vier Wände aufsuchen (die Anzahl derer ist größer als man denkt).

Die Chemietoilette sollten Sie dort möglichst nicht entleeren, weil das so gut wie nie ohne Spritzer abgeht und weil es dazu an den erwähnten Entsorgungsstationen ausreichend Alternativen gibt

Von weiteren guten Ratschlägen im Zusammenhang mit großen oder kleinen Geschäften soll in diesem Buch nicht auch noch die Rede sein.

Unfall

Wenn das Schicksal Sie ereilt, sollten Sie als erstes daran denken, dass Sie auf sich selbst gestellt sind. So Sie einen Unfallgegner haben, notieren Sie sofort dessen Kennzeichen und unbedingt seine Versicherungsgesellschaft sowie die Versicherungsnummer. Beides können Sie von einem viereckigen Aufkleber hinter der Windschutzscheibe (bei Motorrädern in einer kleinen Plastiktasche am Vorderbau des Fahrzeuges) ablesen. Es ist nämlich weiterhin schwierig, nur anhand des Kennzeichens den Haftpflichtversicherer zu ermitteln. Machen Sie möglichst eine Vielzahl von Fotos von Kennzeichen und Versicherungsplakette, den Unfallendständen, den Verkehrszeichen, Spuren und der Gesamtsituation. Die Polizei kommt nur bei schweren Sachschäden, oder wenn Personen verletzt wurden. Falls der Unfallgegner keine Polizei möchte und Sie eindeutig schuld sind (die Verkehrsregeln sind im Wesentlichen die gleichen wie bei uns), falls niemand schwer verletzt worden ist, können Sie auch mit Ihrem Kontrahenten Formalitäten austauschen, ohne die Polizei zu rufen. Dann ersparen Sie sich nämlich mit hoher Wahrscheinlichkeit ein nicht geringes Bußgeld oder gar eine Kautionszahlung. Ihr **Haftpflichtversicherer** wird den Schaden nämlich auch regulieren, wenn Sie ohne Zuhilfenahme der Polizei über den Unfall wahrheitsgemäß berichten. Nur unverzüglich, das heißt so schnell Sie können, also spätestens am nächsten Tag, sollten Sie die Haftpflichtversicherung telefonisch informieren und Weisungen zu weiteren Verhaltensmaßnahmen entgegen nehmen. Einzelheiten können Sie meistens in der Heimat nach Rückkehr aus dem Urlaub nachreichen. Unterschreiben Sie nichts, was Sie nicht verstehen und lassen Sie sich nicht von gegnerischen Mitfahrern oder von Passanten beeinflussen.

Seit einiger Zeit hat der EU-Gesetzgeber die **Regulierung von Unfallschäden** deutlich leichter gemacht: Wenn sich der Unfall in einem EU-Staat ereignet hat oder wenn der Unfallgegner aus der EU stammt, kann der Schaden von zu Hause aus in deutscher Sprache reguliert werden. Beim Zentralruf der Autoversicherer erfahren Sie in Deutschland (unsere Leser aus Österreich und der Schweiz bitten wir um Nachsicht, dass wir die Einzelheiten nicht recherchieren konnten) unter 0800-2502600 (Anrufer aus dem Ausland erreichen den Zentralruf unter 0049 40 300 330 300), falls Sie das Kfz-Kennzeichen und möglichst auch die Versicherung des Unfallverursachers angegeben haben, einen Regulierungsbeauftragten, meist ein anderes Versicherungsunternehmen. Dort melden Sie Ihre Ansprüche an. Es gilt aber das Schadensrecht des Unfallortes (also die dortigen Verkehrsregeln und auch die dortige Gesetzgebung über Schmerzensgeld, Rentenansprüche etc.). Informationen finden Sie unter www.adac.de/Auslandsunfall. Inzwischen können deutsche Bürger Schadensersatzansprüche aus einem in Italien von einem Italiener verursachten Verkehrsunfall auch in Deutschland vor deutschen Gerichten, aber, wie gesagt, nach italienischem Recht, einklagen. Das ist wesentlich besser als früher, aber immer noch so kompliziert, dass wir Ihnen weiterhin eine **Rechtsschutzversicherung** dringend empfehlen. Dass Sie für Ihr Wohnmobil eine Vollkaskoversicherung abschließen sollten, müssen wir nicht gesondert erwähnen.

Sie haben ein Wohnmobil **gemietet**? Fragen Sie Ihren Vermieter *vor* Abschluss des Mietvertrages, ob das Fahrzeug auch vollkaskoversichert ist. Fragen Sie Ihren Vermieter nach der Rechtsschutzversicherung. Falls er keine unterhält, Sie sich aber selbst rechtsschutzversichert haben, beispielsweise für Ihr normales Auto, genießen Sie Rechtsschutzversicherungsschutz auch als Fahrer eines fremden Autos, sofern Ihre eigenen Rechte betroffen sind. Dieses gilt für den gesamten strafrechtlichen Bereich, also für Geldstrafen, Freiheitsstrafen und auch für die Durchsetzung Ihrer eigenen Schadensersatzansprüche, wenn Sie einen Körperschaden erlitten haben. Achten Sie darauf, dass Ihre Familienmitglieder in dieser Rechtsschutzversicherung mitversichert sind. Wir können Sie, um dieses unheilvolle Kapitel zu beschließen, nicht eindringlich genug bitten, alle diese Dinge nicht auf die leichte Schulter zu nehmen.

Schließen Sie nach einem Unfall sofort das **Gasflaschenventil**.

Zuletzt verweisen wir auf das Stichwort *Notfälle*. Sowie darauf, dass unsere versicherungsrechtlichen Ratschläge nur für Deutschland überprüft sind.

in Torino

Verkehr / Tankstellen

Gemeint sind die Vorschriften in Italien, wir nennen Ihnen die **überraschendsten**:

Auf zahlreichen Straßen muss man auch bei wärmstem Wetter bis ins Frühjahr (beispielsweise vom 15.11. bis zum 15.4.) **Schneeketten** mitführen – kein Mensch tut das.

Ein **Reservekanister** ist verboten. Aber Sie wären vermutlich der erste Leser, der kurz vor der Grenze die 5 l in den Fahrzeugtank umfüllt.

Ein Bußgeld riskieren Sie, wenn Sie keine **Warntafel** an Ihrem überstehenden Heckgepäckträger angebracht haben, selbst wenn dieser hochgeklappt ist. Der sogenannte *Panello* muss aus Alu sein, die früher gebräuchliche Plastiktafel ist bei Einheimischen noch häufig im

Einsatz, sie wurde aber schon vor Jahren verboten. Und es hört sich nicht an wie ein Gerücht, wenn gemunkelt wird, die Warntafelindustrie habe Dankesschreiben an die Bürokratie geschickt.

Die Empfänger solcher Post sind dieselben, denen die Warnwestenindustrie die Füße küsst, muss doch in Italien und Österreich, wie inzwischen auch in Deutschland und der Schweiz, jeder, der pannen- oder unfallbedingt sein Auto verlässt, eine gestreifte **Warnweste** tragen, also auch die Beifahrer.

Die Glühlampenindustrie wird sich über verstärkten Birnenverbrauch freuen und ebenfalls Danke sagen: Seit dem Jahr 2003 ist in Italien außerorts auch tagsüber auf allen Straßen **Abblendlicht** vorgeschrieben (was auf Landstraßen nur etwa jeder Dritte befolgt). Österreich hat die Lichtpflicht wieder abgeschafft, dafür wurde sie in der Schweiz eingeführt.

Die Strafen sind saftig: 200 Euro, wenn der *Panello* fehlt. 1.000 Euro und der Führerschein sind nach einer Geschwindigkeitsüberschreitung von mehr als 40 km/h in den Händen der Polizei. Für Geschwindigkeitsüberschreitung unter 40 km/h können zwischen 100 und 400 Euro fällig werden. Selbst wer nur bis zu 10 km/h zu schnell ist, zahlt zwischen 25 und 100 Euro. Kurvenschneiden oder das Befahren des Sicherheitsstreifens bringen ebenfalls den Führerschein in Gefahr.

Dafür werden **stationäre Blitzer** durch Verkehrsschilder deutlich angezeigt. Man zahlt also für seine Unaufmerksamkeit.

Wenn die Parkplatzmarkierungen aus **blauen Linien** bestehen, ist der Parkscheinautomat nicht weit, das Parken kostet nämlich Geld. Auch auf kommunalen Stellplätzen kommt immer mehr blaue Farbe zum Einsatz. **Gelbe Linien** bedeuten Parkverbot.

Zebrastreifen sind für deutsche Fußgänger gefährlich, weil italienische Autos nicht anhalten – und für deutsche Autos, wenn sie anhalten. Damit rechnet kein italienischer Hintermann.

Auf den Autobahnen ist an den **Mautstellen** größte Vorsicht geboten. Wer sich auf der falschen Spur eingeordnet hat, weil er zum Beispiel die *Telecard* mit der *Via Card* verwechselt hat und dann rückwärts fährt, muss sich einen Ersatzfahrer suchen, falls die Polizei zuschaut. Die zieht nämlich dann sofort den Führerschein ein, weil man auf der Autobahn bekanntlich nicht rückwärtsfahren darf. Wenn Sie also in die falsche Spur gelangt sind, bleiben Sie stur stehen und warten Sie, bis Ihnen das Personal zu Hilfe kommt. Nehmen Sie dennoch auf **italienischen Autobahnen** die mit *Viacard* gekennzeichnete Spur und stecken Sie Ihre Kreditkarte (*Visa* und *Eurocard* funktionieren, aber meistens nicht die *ec-Karte*) in den Schlitz (ohne Geheimzahl und Unterschrift, den Magnetstreifen rechts unten), und Sie düsen nach wenigen Minuten weiter!

Ab **1,5 Promille Blutalkohol** wird Ihr WOMO vom italienischen Staat eingezogen und versteigert. Sie bekommen vom Erlös aber keinen Cent ab!

Zur Schonung Ihrer Urlaubskasse nachfolgend eine Tabelle über die erlaubten Höchstgeschwindigkeiten (km/h):

	Autobahn	Landstraße	Ortschaft
Schweiz	120	80	50
Österreich	130	100	50
Italien	130	90	50

Bei Drucklegung gab es im Zielgebiet zwar verschiedene **Umweltzonen**, aber keine hat uns beeinträchtigt. Jedenfalls haben wir keine uns behindernden Verbotsschilder gesehen.

Eine **grüne Versicherungskarte** ist für Italien wie auch für die Transitländer nicht erforderlich, sie wird aber allgemein empfohlen. Wir empfehlen Ihnen auch dringend eine **Vollkaskoversicherung** und einen **Schutzbrief**, beides halten wir, genauso wie die **Rechtsschutzversicherung** für eine Selbstverständlichkeit wie die Auslandskrankenversicherung.

Dem **schlechten Zustand** vieler Straßen sieht man den schlechten Zustand der italienischen Staatsfinanzen zunehmend an. Das **Tankstellennetz** ist in Italien dicht. Aber die meisten Säulen sind über Mittag zwischen 12.30 und 15 Uhr geschlossen. Auch sonntags ist es oft schwierig, eine offene Zapfstelle zu finden. Beides gilt nicht für Autobahnen, wo Sie 24 Stunden tanken können. Falls die Tankstellen bestreikt werden, gibt es auf den Autobahnen trotzdem Sprit, weil dort der Streik verboten ist. Die Urlaubskasse wird entlastet, wenn Sie an den zunehmenden Selbstbedienungssäulen tanken. Sie erkennen diese an der Beschriftung *fai da te (mach es selbst)*. Bei Drucklegung war es ein Fehler, noch schnell in der Schweiz zu tanken, nachdem dort die Preise am höchsten waren.

Vorsicht ist beim verbreiteten **Tanken per Automaten** geboten. Leser haben berichtet, dass kein Diesel geflossen ist, obwohl der Automat den Geldschein geschluckt hat (mit kleinen Scheinen ausprobieren). Bei uns hat die Betankung allerdings stets funktioniert, wenn auch meist mit der Visa-Karte und erst nach längerem Austesten der richtigen Bedienungsreihenfolge.

Wanderungen

In den meisten bergigen oder hügeligen Gebieten unseres Führers finden Sie markierte Wanderwege, mehr als Sie bei unseren zurückhaltenden Wandervorschlägen erwarten. Auf hervorragende Reviere treffen Sie an den Seen, in den Alpen und mit Abstrichen auch in der Langhe.

Unser Reisegebiet wird in mehreren Wanderführern behandelt. Vom Bruckmann-Verlag wird angeboten:

- *Lago Maggiore, Luganer und Comer See: Die 40 schönsten Wandertouren* von Eugen E. Hüsler.

Während das vorgenannten Buch, ähnlich einem normalen Reiseführer, auch auf die allgemeinen Sehenswürdigkeiten eingeht, konzentrieren sich die **Rother Wanderführer** aus dem Bergverlag Rother ausschließlich auf ihr Thema. Von Rother gibt es:

- *Lago Maggiore* von Jochen Schmidt,
- *Aostatal* von Johannes Führer,
- *Piemont Nord* von Iris Kürschner
- *Piemont Süd* ebenfalls von Iris Kürschner.

Im Verlag **Michael Müller**, in der Reihe MM-Wandern, haben Sabine Bade und Wolfgang Mikuteit unter dem Titel *Piemont* 38 Touren zusammen gestellt, bei denen aber, wie auch in den Piemont-Titeln von Rother fast ausschließlich die Alpen bewandert werden.

Leider gibt es zur Zeit kein einziges reines Wanderbuch über die Langhe, weshalb Sie unsere bescheidenen Vorschläge umso mehr schätzen sollten.

Häufig können Sie nur mit Hilfe der Karten des **Istituto Geografico Centrale** wandern. Sie decken (meistens im Maßstab 1:50.000, die Hochgebirgskarten sind mit 1:25.000 genauer) das gesamte Gebiet unseres Führers ab und sind vor Ort in Zeitschriften- oder Buchläden erhältlich, außerdem bei (www.manymaps.com oder www.mapfox.de). Fragen Sie in Italien nach der *Carta dei sentieri* (Wanderkarte). Die Karten sind etwas gewöhnungsbedürftig. Längst nicht alle dort eingezeichneten Wanderwege sind in der Natur auch markiert (sowie umgekehrt), aber man kommt damit zurecht. In der waldarmen Langhe, wo man zum Teil auf Sicht läuft, kann man sich auch sehr gut ohne Karte orientieren. Vertrauter sind die **Kompass-Wander-**

karten im Maßstab 1:50.0000, die Sie aber nur zu den Seen und zum Aosta-Tal erwerben können und die teilweise nicht ganz ohne Fehler sind (Näheres unter www.kompass.at).

Ansonsten gehören natürlich die üblichen Ausrüstungsgegenstände zur Wanderung: feste, möglichst halbhohe Schuhe (die wir bei allen Wanderungen voraussetzen), ausreichende Wassermengen (im Sommer bis zu 2 l pro Person), Regenschutz, Pflaster, Taschenmesser usw.

Nachfolgend fassen wir die in diesem Buch abgewanderten Strecken zur besseren Übersicht noch einmal zusammen:

- Von Cannobio nach S. Agata und zum Orrido di Sant'Anna (Tour 1)
- Über Carmine superiore nach Cannero (Tour 2)
- Aufstieg in die vergessene Steinwelt (Tour 2)
- Hinauf zur Zuflucht des Hirten (Tour 4)
- Auf dem Walserweg nach Dorca (Tour 4)
- Von Glair nach Paquier (Tour 6)
- Am spätmittelalterlichen Entwässerungskanal entlang (Tour 6)
- Auf der Suche nach Artefakten (Tour 6)
- Kleine Burgenwanderung (Tour 7)
- Direkt vom Euter (Tour 7)
- Rundwanderung in Veny (Tour 7)
- Per andare al Piemonte -Teil 1 (Tour 7)
- Per andare al Piemonte -Teil 2 (Tour 7)
- Der Torinesische Triathlon (Tour 8)
- Von Novello nach Monforte (Tour 9)
- Von Saluzzo zum Schloss von Manta (Tour 10)
- Vom *Campo Base* zum Pte. Belle Combe (Tour 11)
- Von Maddalena zum Belvedere Monviso (Tour 11)
- Rundwanderung bei Acqui Terme (Tour 12)

Wasserversorgung

Fast jede Ortschaft in Norditalien verfügt über einen oder mehrere Wasserhähne, die man in den meisten Fällen auch relativ leicht findet, allerdings nicht immer anfahren kann. Wir verfügen deshalb über einen etwa 8 m langen Wasserschlauch und setzen Ähnliches auch bei Ihnen voraus. Wenn Sie nämlich nur ein kurzes Schläuchlein mit einem einzigen Anschlussstück mitführen, wird es gelegentlich Probleme geben (den Schlauch benötigen Sie häufig auch für Versorgungsstationen). Die meisten italienischen Wasserhähne haben ein Schraubgewinde üblicher Größe. Wir besitzen neben einem Gewindeanschluss verschiedene, etwa 40 cm lange Schlauchenden (es gibt in den Baumärkten bei uns durchsichtige PVC-Schläuche, bei denen der jeweils kleinere genau in den nächst größeren hineingesteckt werden kann), mit deren Hilfe man seinen Schlauch jeder Dicke eines

Wasserhahns, der vorne kein Gewinde hat, anpassen kann. Notfalls kann man den Schlauch auch in den Wasserhahn hineinstecken. Außerdem gibt es im WOMO-Handel (zumeist mit einem Duschkopf) einen kurzen Schlauch mit einem dehnbaren Gummianschluss, den man über die meisten Wasserhähne schieben kann. Befestigen Sie dieses Gummiteil an Ihrem Füllschlauch! Wir halten es allerdings für unangebracht, den Schlauch in einem Friedhof anzuschließen – oder generell fremdes Wasser im Übermaß kostenlos und ungefragt zu bunkern.

Wir hantieren seit Jahren mit einer 10 l Gießkanne, es gibt nichts Praktischeres, wenn man die Kanne sauber hält und unterwegs Platz für sie hat.

An den öffentlichen Zapfstellen bekommen Sie durchweg Trinkwasser, dessen Qualität von uns natürlich nicht analysiert werden kann, dafür entkeimen wir ziemlich regelmäßig mit *Micropur*, einem geruchs- und geschmacklosen Mittelchen auf der Basis von Silberionen, frei von Chlor und Jod, das auch der Veralgung Ihrer WOMO-Wasserleitungen vorbeugen soll.

Immer wieder sehen wir an Wasserzapfstellen herrenlose **Tankdeckel**. Ein Tag ohne Tankdeckel ist leider ein problematischer Tag – zumal man das Malheur erst bemerkt, nachdem man stundenlang durch staubige Landschaften gefahren ist. Wir empfehlen deshalb einen Ersatzdeckel. Außerdem ziehen wir nie den Schlüssel aus dem Schloss des Deckels und legen diesen während des Wasserfassens auf einen Vordersitz. Dann ist die Wahrscheinlichkeit, mit offenem Tank loszufahren, nahe Null.

Wein

Auch in Italien gilt die **0,5 Promille-Grenze**. Allzu tief sollten Sie also bei der Weinprobe nicht ins Glas schauen.

Die versiertesten Fachleute haben sich in ganzen Büchern, ja Werken, über *Barolo, Barbaresco, Barbera & Co* ausgelassen. In vorlie-

gendem Buch anspruchsvoll über Wein zu schreiben, hieße daher, mit den großen Hunden das Bein heben zu wollen – und nicht einmal das zu können. Dieser Schmach möchten wir uns nicht aussetzen und bleiben daher an der Oberfläche:

Die **Preise** der guten Gewächse sind im Piemont so hoch wie anderswo, aber sie sind in den letzten Jahren nur noch wenig gestiegen (weil die Weine dann nicht mehr gekauft würden). Auch beim Winzer kostet die Flasche *Barolo* oder *Barbaresco* stets mehr als 10, meist über 15 Euro, einen *Dolcetto* gibt es nie unter 5 und selten unter 6 Euro. Aber nach wie vor sind die Weine bei den Winzern deutlich preiswerter als in vielen Weingeschäften, wo sie wiederum gar nicht so sehr viel preiswerter sind als in den Restaurants. In letzteren kann man am besten und in Ruhe ein Fläschchen testen, falls man sich Sorte, Winzer und Jahrgang (!) aufschreibt. Wenn man dann beim Erzeuger die beim Essen erschlurfte Lage nachgekauft und die erste Flasche zu Hause entkorkt hat, ist man oft etwas enttäuscht. Fragen Sie uns nicht, woran das liegt; bisweilen am Jahrgang, meist an der Stimmung und nicht selten auch daran, dass wir zu Hause nicht das Passende dazu essen. Eine überzeugende Erklärung haben wir allerdings auch nicht, wir finden uns mit dem Phänomen einfach ab, lassen das Mitbringsel mehrere Monate, wenn nicht sogar Jahre in Ruhe und sind dann weniger enttäuscht.

Sie erwarten **Adressen**? Damit uns die Biertrinker und Aldi-Rotweinkenner, die Wein nur nach der Farbe, mehr noch nach dem Preis unterscheiden, nicht wieder mit E-Mails überhäufen, um uns aufzuklären, sie hätten einen WOMO- und keinen Weinführer erworben, liefern wir Ihnen hier eine sensationelle Adresse, die einzige, an der Ihnen der Autor dieser Zeilen einen Rotwein unter 5 Euro empfiehlt – und ihn vor allem auch selbst und in größtmöglichen Mengen kauft: Fahren Sie zu den **Fratelli Rabino** nach Santa Vittoria d'Alba *(liegt westlich von Alba an der Strecke nach Bra, westlich des hochgelegenen Ortsteils und nördlich der Bahnstrecke sowie der SS 231, siehe Karte Tour 8 – N 44°41'56" E 7°55'26", Via Rolfi, die Zufahrt von Westen scheint schwierig, ist es aber nicht)* und kaufen Sie *Nebbiolo*. Im Jahr 2015 kostete die Flasche sagenhafte 4,80 Euro. Zu diesem Preis (selbst wenn er ein wenig gestiegen sein sollte) bekommen Sie

bei den *Fratelli Rabino*

im ganzen Piemont nichts Besseres. Leser haben auch die weißen Sorten und den Rosé empfohlen. Aber Achtung, ab Juni ist in jedem Jahr das Meiste ausverkauft *(www.fratellirabino.com)*.

Einst hat uns ein Leser geschrieben, es wäre diskriminierend, Ihnen zu sagen, guter Wein koste normalerweise über 8 Euro. Leider ist guter Wein nicht billig (Ausnahme siehe oben), aber niemand ist ein schlechter Mensch, wenn er dafür kein Geld ausgeben kann oder will. Wenn es aber darum geht, Ihnen in einem Reiseführer auf <u>einer</u> Seite ein paar Weingüter zu empfehlen, macht das nur Sinn, wenn wir Ihnen mehr als Allerweltsadressen nennen. Sollen wir diese eine Seite streichen, weil der größere Teil unserer Leser Tee, Bier oder Wein aus dem Supermarkt trinkt? Und was tun wir mit den Wanderstrecken, den Kirchen, den Museen, den Campingplätzen und den Restaurants?

Erlauben Sie uns nur noch zwei Weingüter, die Sie gar nicht ansteuern müssen, weil Sie nahezu das komplette Sortiment aller örtlichen Erzeuger auch in der **Cantina Comunale** in **La Morra** kaufen können, angeblich zu Preisen wie beim Winzer (die Preise unterscheiden sich nur in Cent-Bereich; der Laden liegt beschildert im oberen Ortsteil seitlich des Aussichtsplatzes und darf nicht mit anderen Etablissements in La Morra verwechselt werden). Bei größeren Mengen sollten Sie doch das Weingut ansteuern, denn in La Morra müssen Sie die Schätze tragen:

Die *Azienda Agricola Cascina Ballarin*, La Morra, befindet sich unten im Tal im Ortsteil Annunziata, an der Straße, der SP 3, nach Barolo, gleich wenn man von La Morra heruntergekommen ist, rechts. Der *Barolo ‚Tre Ciabot'*, zur Hälfte aus dem Barrique-Fass gefällt uns besonders, weil er mächtig, würzig und weich ist. Zuletzt kostete er rund 25 Euro. Teurer ist der *Barolo* ohne Barrique; er nennt sich ‚*Bricco Rosso*' und kostete über 30 Euro. Wir haben uns auch mit dem wesentlich preiswerteren *Dolcetto* eingedeckt, den wir gern trinken, bei dem zu Hause jedoch ein wenig der oben geschilderte Effekt eingetreten ist. Der bessere *Nebbiolo* kostete rund 7 Euro und schmeckt ähnlich dem der Fratelli Rabino. *Cascina Ballarin* empfehlen wir auch deshalb, weil das Weingut auf einer schönen, aber ein wenig geräuschbelasteten Wiese über **drei WOMO-Stellplätze** verfügt, nebst einer Dusche und einem Frühstücksraum *(GPS: N 44°37'49" E 7°57'36", Tel. 0173 50365; www.cascinaballarin.com)*. Die Betreiber heißen mit Nachnamen Viberti, genauso wie die unseres dritten Tipps:

Die **Azienda Agricola Eraldo Viberti**, La Morra liegt im Ortsteil S. Maria, Borgata Tetti 53 *(Tel. 0173 50308 der Ortsteil Santa Maria liegt nordöstlich von La Morra; www.eraldoviberti.com)*. Eraldo keltert einen der besten *Barolo*, sein Nachteil ist nur, dass er pro Jahr damit lediglich etwa 16.000 Flaschen produziert und demnach nicht in der Lage ist, Ihre Heckgarage mit Barolo-Kisten zu füllen. Beim *Barbera*, den er auch herstellt, ist er weniger kleinlich. Seine Weine sind teurer als die der *Cascina Ballarin* (die Flasche Barolo kommt auf gut 30 €). Die geringe Menge und diverse überschwängliche Bewertungen in der Fachliteratur haben die Preise in die Höhe schnellen lassen.

Eraldo Viberti bevorzugt das kleine **Barriquefass**. Das tut inzwischen mehr als die Hälfte der Winzer im Piemont, nachdem in den 80er Jahren eine neue, junge Generation die hergebrachten Produktionsmethoden geradezu radikal verändert hat. Sie reduzierte die Traubenmenge auf weniger als die Hälfte, führte Gärtanks aus Edelstahl mit integrierter Kühlung ein und kleine, französische Barriques, statt alter slowenischer Eiche. Ihr Vorreiter war Elio Altare, den angeblich sein Vater enterbt hatte, nachdem Elio mit der Kettensäge die großen Holzfässer angegriffen hatte. Es entstand ein tiefer Graben zwischen den *Modernisten* und den *Traditionalisten*, der bislang erst teilweise wieder zugeschüttet ist. Der Hauptunterschied besteht darin, dass die modernen *Barolo*, wenn sie nach etwa drei Jahren auf den Markt kommen, schon trinkfertig sind, während die Produkte der *Traditionalisten* bis zu 10 Jahre im Keller nicht angerührt werden dürfen, ehe sich der Gerbstoff ausreichend abgebaut hat.

Aber so ganz hat man sich doch noch nicht angenähert, zumal sich Önologie und Politik mischen: »*No Barrique, No Berlusconi*« schrieb einst der bekannte *Traditionalist* Bartolo Mascarello in großen Lettern auf seine Flaschen.

Es bringt der Buchstabe mit sich, das **W**, dass wir am Ende unserer Bücher meistens miteinander auf Land und Leute, die Winzer und Köche, unsere Verleger, immer seltener auf die Produzenten unserer Wohnmobile, gelegentlich auf die Bürgermeister und den Wettergott, in erster Linie aber auf Sie und Ihren Urlaub anstoßen.

Stichwortverzeichnis

A

Abbazia di S. Maria 235
Abbazia di Staffarda 231
Acceglio 253
Acqui Terme 274
Alagna Valsesia 79
Alba 201
Angera 61, 293
Antagnod 135
Aosta 142
Aosta-Tal 121
Apotheken *310*
Arona 59
Arvier 154
Asti 281
Augusta Bagienorum 226
Avigliana 196
Avise 158
Aymavilles 148

B

Balmuccia 85
Barbaresco 205
Bard 130
Barolo 217
Basilica di Superga , 176
Baveno 56
Biella 103, 109
Bielmonte 100
Bien 152
Bionaz 143
Borgosesia 99
Borzone 212
Botschaften *310*
Breuil 137
Briançon 267
Brünigpass 18
Brusson 133

C

Campertogno 77
Campingplätze *297*
Candelo 109
Candia 116
Cannero Riviera 51
Cannobio 24
Capella delle Brunate 225
Carcoforo 87
Carmine 51
Casale Monferrato 288
Cascata del Toce 38
Castelli di Cannero 52
Castello di Masino 113
Castello Sarriod de la Tour 151
Castiglione Falletto 216
Cavour 232
Ceresole Reale 166
Certosa di Pavia 20
Cervatto 95
Champoluc 135
Chardonney 132
Cherasco 228
Chianale 265
Chiappera 253
Chivasso 118
Civiasco 72
Cogne 148
Col de Joux 136
Col de Nivolet 169
Colle dell'Agnello 267
Colle del Piccolo San Bernardo 159, 164
Colle di Sampeyre 260
Colosso di San Carlo 60
Combes 155
Courmayeur 164
Cuneo 240
Cursolo 35

D

Degioz 152
Del Grand Etret 153
Diano d'Alba 211
Diebstahl *297*
Domodossola 42
Donnas 129
Dora Baltea 114
Dorca 90
Dronero , 250

E

Elva 254
Etroubles 17
Exilles 267

F

Favaro 105
Fenestrelle 233
Fénis 140
Feriolo 56
Ferrera 95
Finero 36
Fobello 95
Fontainemore , 125
Forte di Exilles 267
Forte di Fenestrelle 233
Fossano 239
Frassino 259

Freies Camping 299

G

Gaby 127
Garessio 246
Gas 303
Gavi 274
Geld 304
Germignaga 294
Gignese 62
Gotthard-Pass 17
GPS 305
Graglia 106
Grand Haury 155
Gran Paradiso , 150
Gran San Bernardo 16
Gressoney la Trinité 128
Gressoney S. Jean 127
Grimselstraße 18
Grinzane Cavour 213
Grondo 97
Großer Sankt Bernhard 17
Grotta di Bossea 246

H

Haareinkäufer 257
Hône 131
Hunde 306

I

Il Sciatore 168
Internet 307
Introd 151
Isola Bella 57
Isola dei Pescatori 57
Ispra 293
Issime 126
Issogne 132
Ivrea 123

K

Karten 308
Klima 311

L

Lac Lexert 143
Laghetti di Nonio 71
Laghi del Nivolet 170
Laghi di Avigliana 196
Laghi di Lavagnina 272
Lago di Beauregard 156
Lago di Candia 116
Lago di Castello 261
Lago di Ceresole Reale 168
Lago di Lessert 143
Lago di Mergozzo 45
Lago di Morasco 41
Lago di Place Moulin 144
Lago d'Orta 64
Lago Maggiore 23
Lago Verney 162
Lago Viverone 111
La Morra 223
Langhe 201
La Salle 158
La Thuile 159
Lillaz 150
Literatur 309
Locana 167

M

Maccagno 295
Maddalena 261
Madonna del Sasso 69
Madonna di Loreto 108
Madonna di Luzzara 69
Maen 137
Malesco 36
Mandria 116
Mango 210
Manta 237
Marmora 254
Marsaglia 246
Mazzè 115
Melle 259
Mergozzo 47
Moncalvo 283
Mondovi 241
Monferrato 280
Monforte d'Alba 216
Monte Bianco 164
Monte Rosa 82
Montorfano 45
Monviso 264
Murazzano 246
Muzzano 107

N

Neive 207
Nizza Monferrato 280
Nonio 71
Notfälle 310
Notruf 310
Novara 290
Novello 219
Nus 140

O

Öffnungszeiten 317
Oggebbio 52
Oira del Lago 70
Okzitanisch 252
Ollomont 143
Omegna 64, 71

Orta-Pettenasco 69
Orta S. Giulio 65, 66
Ovada 272

P

Pannendienst 310
Panoramica Zegna 99
Pâquier 137
Parco della Burcina 106
Passo Gran San Bernardo 16
Pavia 20
Pella 70
Periasc 134
Perno 215
Perreres 140
Pianaronda 94
Piode 77
Plan Veylé 161
Pollone 106
Pont-Breuil 152
Pont Canavese 166
Pont d'Aël 148
Pontechianale 261
Ponte della Gula 93
Pontemaira 253
Pont Saint-Martin 124,125
Pralungo 103
Prazzo 254
Pte. Belle Combe 253

R

Racconigi 230
Rad fahren 311
Reisezeit 311
Restaurants 313
Rey 143
Riale 40
Rifugio Pastore 83
Rifugio Savoia 170
Rima 86
Rimasco 85
Rimella 93
Riva Valdobbia 79
Rivoli 195
Rocchetta Tanaro 280
Rochefort 157
Roisan 145
Romano Levi 207
Ronco 70
Rosazza 102

S

Sabbia 94
Sacra di San Michele 198
Sacri Monti 43
Sacromonte Calvario di Domodossola 44
Sacromonte di Crea 284
Sacromonte di Ghiffa 54
Sacromonte di Varallo 72
Sacromonte d'Orta 65
S. Agata 29
Saint Vincent 136
Saliceto 95
Saluzzo 235
Sampeyre 260
San Bernardino 18
San Carlo 60
San Giovanni 45
San Gottardo 17
Sankt Bernhard-Tunnel 17
San Michele 198
San Nazzaro 291
Santa Caterina del Sasso 294
Santa Maria Maggiore 36
Sant'Anna 33
Santuario di Graglia , 106
Santuario di Vicoforte , 244
Santuario d'Oropa 103
Savigliano 230
Scopello 77
Sehenswürdigkeiten 317
Serra 111
Serralunga d'Alba 214
Serre 254
Simplonpass 18
S. Maria Delibera 251
S. Martino 258
Sovazza 62
Staffarda 231
Stellplätze 299
St. Pierre 151
Stresa 57
Stupinigi 194
Superga 176
Surier 157

T

Tankstellen 320
Telefonieren 318
Toiletten 318
Torino 175
Traffiume 32
Trüffeln 203
Turin 175

U

Unfall 318
Uselêres 157

V

Val d'Egua 87
Val di Gressoney 124
Val Formazza 37

Val Grande 75
Val Grisenche 156
Valle d'Ayas 133
Valle di Champocher 131
Valle di la Thuile 159
Valle di Susa 267
Valle Maira 249
Valle Varaita 258
Val Locana 166
Vallon di Cogne 148
Val Mastallone 93
Valnontey 150
Valpelline 143
Val Savarenche 151
Val Sesia 75
Val Tournenche 132, 136
Val Veny 164
Varallo 72
Venaria Reale 191

Veny 165
Verbania 54
Vercelli 290
Vergne 222
Verkehr 320
Vernante 241
Verrès 132
Vicoforte 244
Villeneuve 151
Viverone 112
Vogogna 44
Voltaggio 271

W

Walser 80
Walserweg 90
Wanderungen 323
Wasserversorgung 324
Wein 325

Der WOMO®-Knackerschreck

* ist die universelle und **sofort sichtbare Einbruchssperre**.
* Wird einfach in die beiden Türarmlehnen eingehängt, zusammengeschoben und abgeschlossen. (tagsüber unter Einbeziehung des Lenkrades, nachts direkt, somit ist Notstart möglich).
* Passend für Ducato, Peugeot, Renault Master, MB Sprinter und VW (alle Typen).
* Krallen aus 10 mm massivem Stahl, d. h. nahezu unverwüstlich.

Ab 49,90 € – und nur bei WOMO!

Der WOMO®-Aufkleber

* passt mit 14 cm Breite auch auf Ihr Wohnmobil.
* ist das weit sichtbare Symbol für alle WOMO-Freunde.

0,00 € – und nur bei WOMO!

Der WOMO®-Leserservice

Passend zu unseren Reiseführern bieten wir in unserem Online-Buchshop unter **www.womo.de** an:

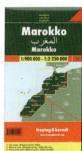

* Die besten **Autokarten** von Michelin, Freytag & Berndt, Reise-know-how, die garantiert die komplette Reiseroute abdecken.
* Die Kauderwelsch-**Wörterbücher** für jede Sprache unserer Reiseländer.
* Von jedem Reiseland mindestens einen Rother-**Wanderführer** über die schönsten Wanderregionen.
* Eine **GPS-CD** für jeden Reiseführer mit allen Koordinaten zur schnellen Übertragung auf Ihr Navi (Garmin, TomTom, Falk).

Info-Blatt für das WOMO-Buch: Piemont '16
(ausgefüllt erhalte ich 10% Info-Honorar auf Buchbestellungen direkt beim Verlag)

Lokalität: **Seite:**   **Datum:**
(Campingplatz, Camptour, Transittour, Gaststätte, usw.)

○ unverändert   ○ gesperrt/geschlossen   ○ folgende Änderungen:

Lokalität: **Seite:**   **Datum:**
(Campingplatz, Camptour, Transittour, Gaststätte, usw.)

○ unverändert   ○ gesperrt/geschlossen   ○ folgende Änderungen:

Lokalität: **Seite:**   **Datum:**
(Campingplatz, Camptour, Transittour, Gaststätte, usw.)

○ unverändert   ○ gesperrt/geschlossen   ○ folgende Änderungen:

Lokalität: **Seite:**   **Datum:**
(Campingplatz, Camptour, Transittour, Gaststätte, usw.)

○ unverändert   ○ gesperrt/geschlossen   ○ folgende Änderungen:

Lokalität: **Seite:**   **Datum:**
(Campingplatz, Camptour, Transittour, Gaststätte, usw.)

○ unverändert   ○ gesperrt/geschlossen   ○ folgende Änderungen:

Lokalität: **Seite:**   **Datum:**
(Campingplatz, Camptour, Transittour, Gaststätte, usw.)

○ unverändert   ○ gesperrt/geschlossen   ○ folgende Änderungen:

Meine Adresse und Tel.-Nummer:
Nur <u>komplett</u> ausgefüllte, <u>zeitnah</u> eingesandte Infoblätter können berücksichtigt werden!

Wir bestellen zur sofortigen Lieferung: (Alle Preise in € [D], Preisänderungen vorbehalten)

☐ Wohnmobil Handbuch	19,90 €	☐ Ligurien	17,90 €	☐ Schottland	18,90 €
☐ Wohnmobil Kochbuch	12,90 €	☐ Loire-Tal/Paris	17,90 €	☐ Schwarzwald	17,90 €
☐ Heitere WOMO-Geschichten	6,90 €	☐ Languedoc/Roussillon	19,90 €	☐ Schweden (Nord)	18,90 €
☐ Albanien	19,90 €	☐ Marokko	19,90 €	☐ Schweden (Süd)	19,90 €
☐ Allgäu	17,90 €	☐ Namibia	19,90 €	☐ Schweiz (Ost)	19,90 €
☐ Auvergne	19,90 €	☐ Neuseeland	24,90 €	☐ Schweiz (West)	18,90 €
☐ Baden-Württemberg	19,90 €	☐ Niederlande	19,90 €	☐ Sizilien	18,90 €
☐ Baltikum	20,90 €	☐ Nord-Frankreich	18,90 €	☐ Slowenien	17,90 €
☐ Bayern (Nordost)	19,90 €	☐ Normandie	17,90 €	☐ Spanien (Nord/Atlantik)	19,90 €
☐ Bayern (Südost/Oberbayern)	19,90 €	☐ Norwegen (Nord)	19,90 €	☐ Spanien (Ost/Katalonien)	18,90 €
☐ Belgien & Luxemburg	19,90 €	☐ Norwegen (Süd)	19,90 €	☐ Spanien (Süd/Andalusien)	17,90 €
☐ Bretagne	18,90 €	☐ Österreich (Ost)	19,90 €	☐ Südafrika (Krüger NP)	24,90 €
☐ Burgund	17,90 €	☐ Österreich (West)	18,90 €	☐ Süditalien (Ost/Apulien)	19,90 €
☐ Dänemark	19,90 €	☐ Ostfriesland	19,90 €	☐ Süditalien (West/Kalabrien)	17,90 €
☐ Elsass	18,90 €	☐ Peloponnes	18,90 €	☐ Süd-Tirol	18,90 €
☐ England (ab 1.2.2017)	18,90 €	☐ Pfalz	19,90 €	☐ Thüringen	19,90 €
☐ Finnland	19,90 €	☐ Piemont/Aosta-Tal	19,90 €	☐ Toskana & Elba	19,90 €
☐ Franz. Atlantikküste (Nord)	17,90 €	☐ Polen (Nord/Masuren)	17,90 €	☐ Trentino/Gardasee	17,90 €
☐ Franz. Atlantikküste (Süd)	17,90 €	☐ Polen (Süd/Schlesien)	17,90 €	☐ Tschechien	18,90 €
☐ Griechenland	19,90 €	☐ Portugal	17,90 €	☐ Tunesien	17,90 €
☐ Hessen (Norden + Osten)	19,90 €	☐ Provence & Côte d'Azur (Ost)	18,90 €	☐ Türkei (West)	18,90 €
☐ Hessen (Mitte + Süden)	19,90 €	☐ Provence & Côte d'Azur (West)	18,90 €	☐ Türkei (Mitte-Kappadokien)	17,90 €
☐ Hunsrück/Mosel/Eifel	19,90 €	☐ Rumänien	19,90 €	☐ Umbrien & Marken mit Adria	18,90 €
☐ Irland	19,90 €	☐ Pyrenäen	19,90 €	☐ Ungarn	17,90 €
☐ Korsika	18,90 €	☐ Sachsen	18,90 €	☐ Venetien/Friaul	19,90 €
☐ Latium/Rom/Abruzzen	18,90 €	☐ Sardinien	19,90 €	☐ Wales	18,90 €
☐ Kroatien / Montenegro	19,90 €	☐ Schleswig-Holstein	19,90 €	... und jährlich werden's mehr!	

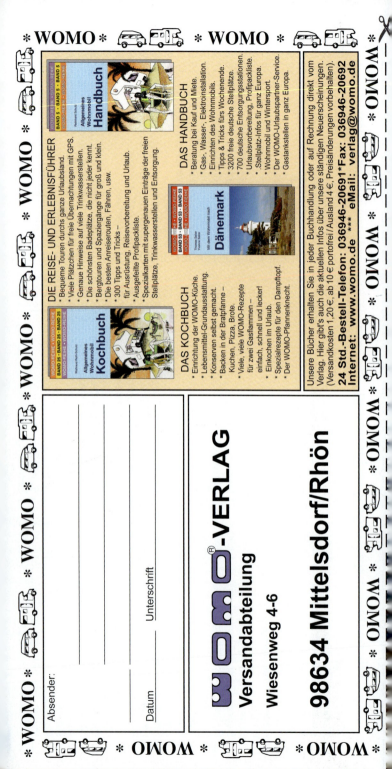